16	3	2	13
5	10	11	8
9	6	7	12
4	15	14	1

CB029309

Zuza Homem de Mello

MÚSICA NAS VEIAS
Memórias e ensaios

editora 34

EDITORA 34

Editora 34 Ltda.
Rua Hungria, 592 Jardim Europa CEP 01455-000
São Paulo - SP Brasil Tel/Fax (11) 3811-6777 www.editora34.com.br

Copyright © Editora 34 Ltda., 2007
Música nas veias © Zuza Homem de Mello, 2007

A FOTOCÓPIA DE QUALQUER FOLHA DESTE LIVRO É ILEGAL, E CONFIGURA UMA
APROPRIAÇÃO INDEVIDA DOS DIREITOS INTELECTUAIS E PATRIMONIAIS DO AUTOR.

Edição conforme o Acordo Ortográfico da Língua Portuguesa.

Fotografia da capa:
Arnaldo Pappalardo

Capa, projeto gráfico e editoração eletrônica:
Bracher & Malta Produção Gráfica

Preparação dos originais:
Ercília Lobo

Revisão:
Fabrício Corsaletti

1ª Edição - 2007, 2ª Edição - 2021

CIP - Brasil. Catalogação-na-Fonte
(Sindicato Nacional dos Editores de Livros, RJ, Brasil)

Mello, Zuza Homem de, 1933-2020
M386m   Música nas veias: memórias e ensaios /
Zuza Homem de Mello. — São Paulo: Editora 34,
2021 (2ª Edição).
360 p.

ISBN 978-85-7326-382-4

1. Música popular brasileira - História.
2. Jazz - História. 3. Conjuntos instrumentais -
Orquestras. I. Título.

CDD - 780.92

MÚSICA NAS VEIAS

Prefácio 7

1. O coração da música 11
2. Bandolim do Jacob 27
3. O poder da voz 51
4. Aceita dançar? 71
5. "An Impression of Jazz in New York" 147
6. Swing Heil! 195
7. Vozes da alcova 235
8. Nada como o *show business* 259

Fontes consultadas 339
Créditos das imagens 343
Índice onomástico 345
Sobre o autor 358

Prefácio

Desde menino sou fascinado por contadores de histórias.

Tenho remota lembrança do severo tio Dias, rosto magro, gravata borboleta de bolinhas brancas, atrás de uma pesada escrivaninha de madeira entalhada, cercado de livros, a maioria encadernada em vinho com letras douradas nas lombadas, no gabinete de sua casa na rua Cardoso de Almeida, em São Paulo. Sua voz grave, com sotaque português, pois emigrara de Portugal aos 19 anos, ecoava solene naquele ambiente sóbrio, abastecendo minha imaginação infantil com episódios curiosos sobre Capistrano de Abreu e outros autores da literatura brasileira. Esse tio, José Alves Dias, era o respeitado editor da Companhia Melhoramentos de São Paulo.

Meu tio Alcyr também carregava no sotaque, embora não tivesse qualquer ascendência lusitana próxima. Argumentava convincentemente que admirava e se dava bem com os portugueses, fosse qual fosse seu nível social. Brilhante orador, improvisava também em francês com tamanha fluência que parecia ter o texto decorado. Em suas descrições hilárias, combinava com inteligência a simplicidade de uma carriola lotada de prosaicos cagalhões d'alguma vaca com tiradas filosóficas maliciosas. Eu, embevecido, ouvia-o em seu escritório, à esquerda da entrada de sua casa na rua General Jardim, n° 808, igualmente forrado de livros e recortes de jornais que ia empilhando após a leitura.

Um terceiro contador de histórias emérito era meu tio Flavio, irmão de meu pai. Conhecido no meio boêmio da intelectualidade da cidade, era um solteirão que se reunia noite após noite com amigos na "prainha", como era alcunhada a calçada sob a marquise do monumental cine Ipiranga. Rato de biblioteca, discorria sobre qualquer tema com propriedade, fossem bielas de locomotivas a vapor, fachadas de edifícios erigidos no início do século XX em Nova York ou obturadores de câmeras fotográficas alemãs, conseguindo igualmente perceber em fotos aéreas as sutis diferenças entre Pittsburgh e Cleveland, sem que nunca tivesse posto os pés em nenhuma das duas cidades. Tampouco em Nova York. Os livros eram a paixão de tio Flavio, que os folheava com a rapidez do hábito quando buscava uma determinada página.

Geralmente olhando de baixo para cima, convivi em nossa fazenda com contadores de histórias de sotaque caipira, da região cortada pela Estrada de Ferro Sorocabana no trecho entre Botucatu e Avaré. Enquanto malhava uma ferradura em brasa ou serrava uma tora de peroba na oficina encostada ao terreiro de café, o maquinista Átila Ferreira proseava emendando um causo no seguinte, pitando o cigarro de palha que preparava com zelo, lascando, com o afiado canivete que portava ao cinto, um pedaço de rolo de fumo de corda que exalava penetrante olor de nicotina.

Eu não percebia o passar das horas quando, emperiquitado sobre a carga de sacos de café colhido, amontoados na carroça que retornava da lavoura, acompanhava um de meus dois carroceiros prediletos, os sagazes irmãos Luiz e Roque Mazzini, sem perder um só gesto de seu comando seguro sobre a tropa. Para mim ambos pareciam conhecer tudo no mundo. Talvez Luiz, cachimbando pensativo seu pito curvo com fornilho de madeira escura e anel metálico, fosse um tanto trancado, ao passo que Roque, de olhar vivo e maroto, era um frasista despachado, com quem eu me esbaldava. "Se é baná ou abaná, não sei", dizia, referindo-se ao processo de separação da terra e do café em grão antes da lavagem. "O que interessa é café no lavador", completava, solucionando a seu modo um desprezível dilema de ordem linguística.

Entre os mestres do Liceu Pasteur, o professor Telles, de História Geral, era um sensacional narrador de aventuras, criando fantasias que nos deixavam boquiabertos. Emanuelle Corinaldi, Juvenal Cruz Neto, Israel Sancovski e eu acreditávamos piamente que os fenícios tinham inventado submarinos a vela que navegavam livremente impulsionados pelos ventos do mar Egeu.

Conservo na memória a voz de cada um deles, lembro-me saudoso das descrições entusiasmadas de meu pai, da sonoridade radiofônica de meu idolatrado tio Geraldo, do timbre e da impecável dicção do charmoso tio Marcus, lembro-me das pausas, do ritmo e das inflexões deles todos ao contarem suas histórias.

Sem que me desse conta, tive a ventura de aprender pelas palavras. Eis a razão de um livro sobre música neste feitio.

MÚSICA NAS VEIAS

Memórias e ensaios

1.

O coração da música

Para o *gentleman* Ray Brown, meu mestre

Pensando bem, acredito que meu interesse pelo contrabaixo cresceu quando comecei a frequentar O Boteco, o bar na descidinha da rua Rego Freitas, em São Paulo, onde a música era providenciada por uma dupla de verdadeiros ases: no piano, Moacyr Peixoto, com seu touché delicado como se apalpasse as teclas, e, no contrabaixo, Juvenal Amaral, um dos grandes músicos brasileiros em seu instrumento. Tocava com finura seu baixo de madeira clara, mantendo o cotovelo esquerdo elegantemente levantado e produzindo um som gordo que ressoava pelo ambiente. Embevecido, fixava-me em seus movimentos, a mão esquerda prendendo as cordas como um alicate enquanto o indicador da direita puxava-as com vigor. Ouvindo um repertório de primeira, soberbamente executado, eu sonhava poder tocar um contrabaixo, para o quê era imprescindível... adquirir um contrabaixo.

Fiquei sabendo que Xu Vianna, outro músico que brilhou na vida noturna da capital paulista, estava a fim de vender seu instrumento. Um baixo escuro, pequeno, de três cordas e fora de moda, muito aquém do que eu imaginava. Era tudo o que se tinha no difícil mercado de contrabaixos usados lá por 1952 em São Paulo. Era pegar ou largar.

Contrabaixo de três cordas era comum no século XIX, mas depois caiu em desuso, cedendo lugar para o de quatro cordas afinadas em intervalos de quarta nas notas mi, lá, ré e sol, das graves às agudas. Eventualmente é acrescida uma quinta corda, mais grave, para se chegar ao dó antes do mi. Mais recentemente foi criado um apetrecho para que a própria corda mi possa atingir o dó grave: uma extensão adicionada junto às cravelhas.

O contrabaixo é o maior e mais grave componente da família do violino, composta de quatro instrumentos bastante semelhantes na forma mas diferentes no tamanho, tocados com um arco que, ao friccionar as cordas, provoca sua vibração. O menor e mais agudo é o violino, seguindo-se a viola, o violoncelo e o contrabaixo. A história mostra que a seção de cordas é que dá densidade e transmite personalidade a uma orquestra sinfônica, como a inebriante sonoridade forjada por Eugene Ormandy às cordas da Filarmônica da Filadélfia, que me deixariam extasiado no Carnegie Hall de Nova York em outubro de 1957.

Se por um lado o violino, a voz soprano do naipe, é o mais ágil e lírico dos quatro, o contrabaixo, com menos recursos, tem uma sonoridade profunda, embora débil, exigindo ponderável dose de energia do executante. Por suas limitações, o contrabaixo não é intrinsecamente um instrumento solista, tendo uma precária literatura se comparada com a dos três demais. Um dos mais notáveis contrabaixistas da música clássica foi o regente Serge Koussevitzky, que dirigiu a Sinfônica de Boston.

A fim de se obter uma nota longa e invariável num contrabaixo usa-se um dos dois tipos de arco empunhado em posições diferentes: o modelo francês ou italiano é tocado como o do violino ou do violoncelo, ao passo que com um arco alemão ou Simandi, que resulta num som mais vigoroso, o músico puxa ou empurra o arco com o dorso da mão direita para baixo e os três dedos médios apoiados num talão mais largo que o francês. Talão é a peça entre o feixe de crina, que provoca a vibração das cordas, e a vareta de madeira flexível, que durante dois séculos foi manufaturada com a variedade de pau-brasil conhecida como "pernambuco".

Em geral, na música popular, com a exceção dos tangos, o contrabaixo é executado em pizzicato (que significa ponteado), técnica também empregada na música clássica: dedilha-se energicamente as grossas cordas de tripa ou aço com o indicador da mão direita para se obter notas incisivas de um efeito rítmico significativo. Enquanto isso a mão esquerda é usada para prender a corda da nota desejada numa posição em que o polegar fica atrás do braço do instrumento, como num violão, e os outros quatro dedos abertos em dois vãos, um entre o indicador e o médio, outro entre este e o mínimo, com o anular reforçando a pressão do dedo menor. Cada vão corresponde a meio tom de uma escala. Reconhece-se um contrabaixista que não estudou quando junta os quatro dedos da mão esquerda apertando a corda para cada nota. Tocado em pizzicato, o contrabaixo é o instrumento que melhor se ouve a grande distância, sendo as notas percebidas com notável nitidez, remetendo o ouvinte mais atento aos sentidos rítmico e harmônico da música. Presumo ter sido essa identificação com a pulsação e com o alicerce da base harmônica que me levou a escolher o contrabaixo como o instrumento que eu gostaria de tocar um dia.

Ainda eufórico, depois de adquirir o baixo do Xu Vianna, levei o bicho para casa e comecei a tocar direto. Só de assistir Juvenal, eu já sabia mais ou menos o que devia fazer. Ensaiava com discos na vitrola, principalmente os de pianistas, tentando imitar meu ídolo de então, Eddie Safranski (1918-1974), um virtuose da orquestra de Stan Kenton. Em pouco tempo senti que sozinho não iria a lugar algum, e então procurei Juvenal para as primeiras aulas e exercícios, seguidos pelo método mais recomendado na época, o de Bob Haggart, outro contrabaixista de jazz e autor da música "What's New?".

Não demorou muito para que eu recebesse um convite do clarinetista amador Luiz Fernando Mendes, com quem viveria grandes noitadas de música, para tocar com um grupo de jazz tradicional, o Paulistania Jazz Band. Verdade seja dita: que eu saiba não havia outro baixista na cidade disponível para a vaga, o bastante para concluir que tocar contrabaixo tinha lá suas vantagens. Todos os grupos necessitavam de um.

O pianista do Paulistania era um italiano magrinho de óculos sem aro, o terno Eduardo Vidossich, um dedicado estudioso do jazz tradicional no Brasil. Dedicado e competente, só que irremediavelmente impermeável às inovações, pois, seguindo os princípios de seu famoso colega argentino, o escritor Nestor Oderigo, considerava que a pureza do jazz já tinha ido por água abaixo na Era do Swing. Bebop então, nem chegar perto: era o fogo ardente de Belzebu. Eu pensava exatamente o contrário. Adorava Dizzy, Bird e Bud Powell — assim como Lenita Miranda de Figueiredo, que era apaixonada por Bud, e confessava com voz envolvente, em seu programa "Um piano ao cair da tarde", da Rádio Eldorado, o quanto se emocionava ouvindo aquele pianista louco.

Em pouco tempo surgiram novos convites, os calos nos dedos se formaram rapidamente, o telefone tocava e eu agarrava todos os pedidos para tocar, fossem de profissionais ou de amadores. Na casa de Horacio Salgado — que só tocava em fá sustenido; para os leigos, nas teclas pretas —, com Dudu do banjo — um talento inato que mandava ver em qualquer tonalidade —, e aos sábados em bailinhos, onde defendia uma graninha. Cheguei até a tocar numa tarde com um garoto de onze anos, considerado um prodígio pelo meu amigo Roberto Saboya, que me intimou a ouvi-lo em sua casa na Vila Mariana. O menino tocava só em dó maior, mas era mesmo talentoso. Seu nome era César Camargo Mariano.

Certa vez o contrabaixista Thibor telefonou-me perguntando se me interessava em comprar um de seus dois baixos. Os músicos de São Paulo, que se reuniam à tarde em frente à Catedral da Sé para bater papo e

O coração da música   13 acertar algum serviço, sabiam perfeitamente que Thibor tinha os melhores instrumentos da cidade, tocando em orquestra sinfônica com um deles e num conjunto de polca, numa choperia, com o outro. Saí ventando para uma rua do Bexiga, subi a escada de três em três degraus e quando me vi diante do seu baixo, quase perdi o fôlego. Se ele pedisse o dobro, daria um jeito de arranjar o que faltava. Voltei com o baixo na perua Dodge, carreguei-o para o quarto, tirei a capa, encostei-o no canto e passei a noite namorando-o como se fosse minha futura esposa. Aquele sim era um contrabaixo de verdade. Bastava esbarrar na corda ré e, sem o menor esforço, vinha um som redondo daquela caixa acústica miraculosa. A corda lá vibrava profunda como um tímpano de orquestra.

Os convites para bailinhos aos sábados aumentaram e como a moça se reunia em nossa casa da rua Cincinato Braga, nº 144, para ensaiar à tarde, os encontros se tornaram um programa fixo, uma "open house" para quem aparecesse, incluindo Father John Crowley, que anos depois me daria uma recomendação para poder frequentar a pioneira School of Jazz, nos Estados Unidos. A música rolava até às sete da noite, uns tocavam, outros assistiam, e às nove íamos para o batente que durava até às três ou quatro da matina. Terminávamos de madrugada abocanhando sanduíches de pernil ou de queijo derretido, com chope gelado ou frappé de coco batido, no bar do Jeca, esquina da São João com a Ipiranga. Nosso baterista era o grande trunfo no conjunto de baile. Armando Calandra, sósia do Tony Curtis, era um pândego por quem logicamente as garotas caíam matando. Como nenhum de nós era soberbo, sempre sobrava uma beiradinha interessante. Tocávamos de tudo: samba, baião, boleros e, o que mais enchia a pista, rock and roll, quando eu me permitia um exibido solo de baixo com aquela visagem de rodopiar o instrumento. Notem que não mencionei "solo de rabecão", como tive de ouvir algumas vezes, disfarçando com um sorriso amarelo a vontade de mandar o indivíduo àquela parte.

Eu também tocava jazz no trio do excelente pianista Wilson Cúria com Bert Wokenski, baterista austríaco casado com uma loira gostosíssima, banquete para quatrocentos talheres, do qual os mais atirados se serviram à vontade. Menos o pianista e o baixista, que ficaram chupando dedo até hoje. Wilson montou uma das mais prestigiadas escolas de piano de São Paulo anos depois, mas do Bert nunca mais ouvi falar. Aos domingos pegava uma boca nos chás dançantes na antiga sede do Paulistano, com entrada pela rua Colômbia; uma noite por semana ensaiava com a orquestra do Mackenzie, dirigida pelo famoso maestro de orquestra de

Zuza praticando contrabaixo ao som da vitrola com discos de trios, como o LP *Liquid Sounds*, do pianista Paul Smith, na sala de visitas da casa da rua Cincinato Braga, nº 144, em São Paulo.

O trio do pianista Wilson Cúria, com Bert Wokenski na bateria e Zuza no contrabaixo, num programa de televisão com a orquestra da Tupi, em maio de 1956.

baile Walter Guilherme; toquei com Pedrinho Mattar, que sabia de cor o título e os detalhes de todos os filmes que você pudessse imaginar; com o grande Esmeraldino, um negão maravilhoso, com seu pequeno cavaquinho; com o celebrado saxofonista americano Booker Pittman, que não encostava mais a boca nem em copo de cerveja, pois àquela altura já tinha consumido todo o álcool a que tinha direito em sua existência terrena; com o pianista americano Louie Cole, no apartamento da alameda Franca de uma candidata a cantora chamada Maysa Matarazzo; com o querido pianista Rodolfo Vianna; e até com um conhecido professor de piano-jazz da cidade, Paul Urbach, por quem eu não nutria o mínimo entusiasmo. A paga é que era boa. Paralelamente, estudava a sério com meu novo professor, o Russo da orquestra sinfônica da Rádio Gazeta.

De vez em quando eu dava canjas numa boate pertinho de onde morava. Certa noite, o baixista da casa, um neguinho tão miúdo que teoricamente jamais poderia tocar um contrabaixo normal, me perguntou: "Você não quer me substituir? Recebi um convite e vou me mandar". Era o Azeitona, que foi para a Baiúca e, anos depois, tocou por muito tempo com Toquinho, além de ter sido baixista do fabuloso conjunto de Walter Wanderley, junto com Papudinho (trompete), Heraldo do Monte (guitarra) e um baterista excepcional, o Arrudinha. O pernambucano Walter Wanderley, um músico fora de série, se tornou o maior nome brasileiro no órgão Hammond, embora nem soubesse usar a pedaleira dos baixos. Walter era essencialmente um pianista que tocava órgão, e não um organista. Ele tocava de ouvido e marcou seu estilo com um swing inigualável, timbrando os dois teclados com uma sonoridade extremamente pessoal, que o identificava em quaisquer das numerosas gravações de que participou, incluindo os melhores discos de sua mulher, Isaurinha Garcia, e o terceiro LP de João Gilberto.

Em abril de 1956 ganhei meu primeiro salário mensal como músico da Boite Savage, na rua Treze de Maio: 6 mil cruzeiros. Gastei 5.967 para comprar à vista a quinta edição, em sete volumes, do alentado *Grove's Dictionary of Music and Musicians*. Tocando com um quarteto formado por Joãozinho (guitarra), Wanderley (acordeon e piano) e Oliveira (sax e clarinete), eu atacava às nove e largava às duas da manhã. Quatro entradas de 45 minutos, tocando para o pessoal dançar de rosto colado e namorar no escurinho, ao som de nosso timbre "à la" Art Van Damme e George Shearing que embalava macios sambas-canção "mela cueca" e sambas rasgados, intercalados por intervalos nos quais tomávamos um cafezinho na padaria da praça Oswaldo Cruz.

Em sua residência na avenida Rebouças, Décio Bellergade Rodrigues promovia várias *jam sessions*, como a que teve como convidado o pianista Dick Farney. Da esquerda para a direita: Luiz Fernando Mendes, Zuza, Décio, Dick e, encoberta, Lenita Miranda de Figueiredo.

Sob a direção do maestro Walter Guilherme, foi criada a grande orquestra da Universidade Mackenzie, que se apresentou no Auditório Rui Barbosa, em 1959, tendo entre seus integrantes o futuro *band leader* Luiz Torres (entre os trompetistas), Wilson Cúria (ao piano) e Zuza (no contrabaixo).

A Faculdade de Engenharia foi virando um abacaxi que eu não conseguia descascar. Cálculo integral e derivadas eram impenetráveis para mim como o mistério da Santíssima Trindade, um panarício que durou até a noite em que aconteceu uma conversa séria com meus pais. Cheguei como de hábito minutos depois das duas, abri a porta de mansinho e lá estavam ambos no sofá à minha espera: "Meu filho, nós nunca controlamos seu horário de voltar, mas nos últimos dois meses você chega todas as noites regularmente entre duas e duas e meia. Você não está trabalhando como músico, está?". Como disfarçar para Seu Juca e Dona Lisah?

Dei um sonoro "bye bye" à secretária da Faculdade de Engenharia Industrial, que indagou, talvez ainda esperançosa: "O senhor não prefere trancar a matrícula e voltar daqui a um ano?". "Nem pensar", respondi, satisfeito com minha convicção. Fui atrás do que gostava, trocando a trigonometria pelas sextas napolitanas nas aulas de harmonia com o professor Savino de Benedictis, as Tríades de Doberheimer pelo círculo de quintas do professor Caldeira Filho, e segui tocando meu baixo.

A função de um contrabaixo, seja numa orquestra, conjunto ou até num trio ou duo, é invariavelmente a menos notada. Escondido, atrás de todos, pouco se percebe das notas graves que determinam, no entanto, a pulsação de uma execução. Ademais, o contrabaixo emite notas básicas que identificam acordes designativos da estrutura harmônica de uma composição, isto é, o caminho da melodia. Dessa maneira, para o músico que está à frente, seja ele um pianista, saxofonista, guitarrista ou o que for, o contrabaixo é o guia rítmico e harmônico do início ao fim, é crucial, é o órgão cardiovascular da música. Quando o contrabaixo para ou não anda bem, vai tudo pro brejo. Afundam todos como um trem descarrilando numa ponte, os vagões caindo um a um e mergulhando feito autômatos no rio. Para os músicos, o contrabaixo tem por isso mesmo uma importância radicalmente oposta à que aparenta ao ouvinte desavisado. Embora costume ser sempre muito aplaudido num solo de jazz, sozinho o contrabaixo pouco representa, não se basta, está sempre dando suporte a alguém, nesse aparente segundo plano. Nessas condições, o contrabaixista que, ao se colocar sempre atrás, percebe melhor que ninguém a reação do público, precisa estar imbuído de uma considerável dose de devoção, sabendo que estará sempre acompanhando outro músico.

Meu terceiro e mais importante professor de contrabaixo foi um dos grandes mestres da minha vida. A ele devo uma parte daquilo que não se consegue jamais retribuir, a formação do caráter. Ele é um exemplo, um *gentleman* e um conselheiro com quem pude manter uma amizade duradoura e sumamente cordial. Para o mundo do jazz, Ray Brown foi um dos mais notáveis contrabaixistas da história, e o mais eloquente modelo de "walking bassist".

Antigamente tocava-se o contrabaixo de jazz no primeiro e terceiro tempo de cada compasso (isto é, na primeira e terceira das quatro frações de um compasso), com pausas no segundo e quarto tempos, o que tinha como resultado uma *cocktail music* sem muito swing, como a orquestra de Lawrence Welk. Em bom português, era uma música "quadrada". Eventualmente, para ser ouvido como os demais instrumentos, alguns baixistas usavam o estilo "slap bass", puxando a corda de encontro à madeira do braço para provocar um estalo. Nos anos 30, o contrabaixista Walter Page, da célebre seção rítmica da orquestra de Count Basie, tocava nos quatro tempos de cada compasso, *tum-tum-tum-tum*, em vez de *tum*-pausa-*tum*-pausa, evidenciando melhor a pulsação. Era o "walking-bass", o fundamento do que se chama de swing. Em tese, as quatro notas, de igual duração, devem recair precisamente em cada um dos quatro tempos do compasso, mas no jazz isso não ocorre. Há um ínfimo deslocamento, uma sutil nuance rítmica, não escrita na pauta, que se traduz na essência do swing.

"Para aprender o que é swing, você tem que ouvir os discos da orquestra de Count Basie dos anos 30 e 40", foi o conselho de Ray Brown na primeira aula na School of Jazz de Lenox, Massachussets, no verão de 1957. Ninguém melhor que ele para me mostrar o caminho das pedras.

Antes de completar dezenove anos, Ray Brown saiu de sua cidade, Pittsburgh, e viajou para Nova York, hospedando-se na casa de uma tia. Na mesma noite em que chegou foi com seu primo conhecer o jazz da rua 52, que fervilhava com um clube atrás do outro, ocupado por estrelas de todas as épocas numa oferta inimaginável. Em sua primeira noite, Ray assistiu sucessivamente Erroll Garner, Art Tatum, Billie Holiday, Coleman Hawkins e Hank Jones, que já era seu amigo. Os dois conversavam quando Dizzy Gillespie entrou no bar e Ray pediu ao amigo para lhe ser apresentado.

— Dizzy, este é um amigo meu, Ray Brown, um ótimo contrabaixista.

— Você topa pegar um trampo? — perguntou Dizzy a Ray, sem nunca tê-lo visto tocar.

— Onde? — respondeu Ray, quase tendo um ataque do coração.

— Vá até minha casa ensaiar, amanhã às sete da manhã.

O coração da música

Ao chegar no dia seguinte, Ray deu de cara com os músicos do ensaio: nada menos que Dizzy ao trompete, Bud Powell ao piano, Max Roach à bateria e Charlie Parker ao sax-alto. A nata do bebop em cada instrumento, na clássica formação de quinteto. Foi o primeiro grupo com que Ray Brown tocou no seu segundo dia de Nova York. Como se vê, sua sorte não era só ter o atraente nome de Ray Brown...

Fixou-se então como baixista do quinteto de Dizzy e Charlie Parker, as vozes de sopro mais significativas do bebop. Ray estava com ambos no Billy Berg's de Los Angeles, em 1946, quando foi convidado para sua estreia em disco no trio do pianista Dodo Marmarosa, pela etiqueta Atomic. Gravou à beça com Bird e Diz, que o convidou para integrar a *big band* formada no ano seguinte, quando Ray Brown começou a escrever suas primeiras composições e arranjos.

Certa noite, como faltasse meia hora para atacar com a *big band*, foi dar um pulo no Carnegie Hall a fim de assistir ao início do concerto do Jazz At The Philharmonic, o JATP, produzido pelo empresário Norman Granz. Eram oito e meia, e como o baixista contratado ainda não havia chegado, Norman se irritou, querendo começar a apresentação na hora marcada. Alguém então lhe disse:

— Tem um baixista aí na coxia para ver o show.

Norman não titubeou:

— Você aí, vem aqui. Pode entrar no palco e tocar no concerto.

Ray retrucou:

— Não posso, tenho que atacar daqui a meia hora com Dizzy Gillespie.

— Pode entrar que eu ligo para o Dizzy e resolvo essa situação.

Assim Ray Brown estreou no Carnegie Hall, tocou o primeiro "set" com os astros do JATP, caindo nas graças de Norman Granz, e chegou meia hora atrasado na *big band* de Diz sem ser admoestado. Granz cumprira o combinado.

Mas Ray seria despedido por Dizzy Gillespie logo depois, quando se casou com a grande cantora Ella Fitzgerald em 1947. Não fazia sentido ter na banda um músico vestindo um terno de quatrocentos dólares enquanto os demais ganhavam sessenta ou setenta por semana. Como marido, baixista e líder do trio de Ella, Ray Brown contratou seu grande amigo Hank Jones como pianista, ao mesmo tempo em que integrava a fantástica trupe do JATP de Norman Granz, conjunto que rodava metade do ano pelo país tocando em salas de concerto e era recebido com banda de música no exterior. Esses astros do jazz desfilariam em carro aberto no caminho entre o aeroporto e o centro de Tóquio, na primeira excursão de um elenco de jazz ao Japão.

Em 1949 Ray Brown conheceu o novo pianista do JATP, o canadense Oscar Peterson, que o convidou para formarem um duo, substituindo Major Holley. Estrearam em novembro num clube de Washington, o Newell's and Alex. A química entre os dois resultou num casamento duradouro que, acrescido dos guitarristas Barney Kessel (de 1952 a 53) e Herb Ellis (de 1953 a 58), com a mesma formação do King Cole Trio, perdurou por anos e anos como um "top" digno da canção de Cole Porter. Com guitarra em lugar de bateria, o trio podia imprimir às suas interpretações uma velocidade vertiginosa, nunca antes atingida, deixando o mundo do jazz boquiaberto. Posteriormente a guitarra foi substituída por bateria (Ed Thigpen e depois Louis Hayes), mas Ray permaneceu dezesseis anos com Oscar Peterson.

Em 1966, Ray Brown mudou-se para a Califórnia, onde se tornou um dos mais solicitados músicos de estúdio em gravações com cantores ou em trilhas para cinema, num período em que os músicos de jazz desfrutavam de preferências e regalias por sua competência.

Em Los Angeles o acaso interferiu novamente, provocando nova abertura na carreira de Ray Brown. Quincy Jones, outro que se mudou para a costa oeste, estava sem saber o quanto pedir a uma gravadora para fazer os arranjos de um disco com Aretha Franklin, quando Ray Brown lhe sugeriu que se fosse arranjador e produtor teria mais controle sobre o disco, além de subir de status em sua carreira.

— Você diria isso quando ligarem? — perguntou Quincy.

— Claro — respondeu Ray Brown.

Quando o telefone tocou, o diretor fez a pergunta:

— Então, Quincy, quanto você quer para ser o arranjador?

— Um momento, é melhor você falar com meu *manager* — disse, passando o telefone a Ray Brown.

— Alô? É que o Quincy preferia ser também o produtor desse disco.

— Produtor? OK — respondeu o diretor sem pestanejar.

Desde esse dia, Ray Brown passou a ser o homem de confiança de Quincy Jones em dezenas de discos e produções, para ser ele também mais tarde um grande produtor.

Em 1973, Ray Brown foi o escolhido por Duke Ellington para gravar um disco reproduzindo temas das célebres gravações em duo dos anos 40 com Duke e Jimmy Blanton, o fabuloso baixista da orquestra que falecera prematuramente aos vinte e três anos de idade.

Fosse uma gravação normal de jazz, os músicos primeiro decidiriam no estúdio o que tocar, combinariam depois a tonalidade, dariam uma passada marcando a ordem e o tamanho dos solos, e só aí é que iriam gravar. Porém, assim que entraram no estúdio, Duke mandou o técnico rodar a fita e disse:

— Ray, toque alguma coisa.

— O que por exemplo?

— Qualquer coisa.

Ray iniciou um blues e Duke foi atrás, como se já tivessem ensaiado. Metade do disco foi feita assim. A outra metade foi de recreações. "Duke é o único músico capaz disso. Só uma pessoa especial como ele pode tirar isso de dentro de você. Eu tocava, ele tocava, e a gente tinha o disco", me disse o baixista que tocou em mais de 2 mil gravações em sua vida.

Com uma sonoridade robusta e uma execução notoriamente pulsante, Ray Brown enriqueceu o *tum-tum-tum-tum* introduzindo um fraseado mais sofisticado, desenvolvido a partir de Jimmy Blanton. Prendia as cordas com a firmeza de uma morsa, estocando cada uma de tal maneira que prolongava o som da nota, como se uma emendasse na outra. A fluência de Ray Brown estimulava a imaginação dos solistas, transmitindo uma levada impulsiva aos músicos do grupo e excitando os ouvintes a ponto de sentirem sua barriga dançar. Sua pegada era imperceptivelmente antes do tempo, como a mão esquerda do pianista Erroll Garner, dando a falsa impressão de retardar o andamento, ou de puxar os músicos para trás. Nada disso: sua condução era impecável e contagiante.

O instrumento de Ray Brown era duro, com cordas mais grossas que o normal e muito próximas do braço, exigindo um tremendo esforço para se conseguir um som corpulento. Emprestou-me o baixo para estudar e tocar durante todo o curso que fiz na School of Jazz. Vendo-o executar aquelas escalas, os glissés e as apogiaturas com tamanha facilidade, não se tinha ideia de sua patada. Entre os músicos residentes no curso estavam também outros dois grandes contrabaixistas: Ralph Peña (do Jimmy Giuffre Three) e Percy Heath (do Modern Jazz Quartet), cujo baixo com duas cordas de aço era uma delícia de tão macio. Numa tarde inesquecível, me convidaram para ver uma "jam" de três contrabaixos. Durante mais de uma hora tocaram blues, revezando-se nos solos, numa competição que não teve vencedor e apenas um assistente.

Nossos caminhos se cruzaram algumas vezes, em São Paulo (quando Ray veio pela primeira vez ao Brasil, em 1968), em Nova York e em Los Angeles, onde morava. Em 2000, Ray Brown veio ao Free Jazz Fes-

Zuza observa seu mestre Ray Brown (1926-2002) na School of Jazz em Lenox, Massachussetts, em agosto de 1957.

Último encontro entre Zuza e Ray Brown, no dia seguinte à apresentação do Ray Brown Trio no Free Jazz Festival de 2000, em São Paulo.

tival, tocou num sábado, e seu trio foi considerado a melhor atração daquela edição. Na ocasião, ele foi figura de honra num grande almoço de domingo que lhe foi oferecido na casa de Ercília, minha mulher. No final da tarde, levei-o para o hotel de onde partiria naquela noite, de volta para os Estados Unidos. Foi o último encontro com o professor.

Em sua época, os maiorais do contrabaixo eram Charles Mingus, Red Mitchell, Percy Heath e Oscar Pettiford, o gênio.

Da geração seguinte, convivendo com esses mestres, um grande destaque era Paul Chambers, que tocava seus solos com arco (como os notáveis Slam Stewart e Major Holley antes dele) e tinha uma inimitável puxada nas duas cordas mais graves. Com Red Garland (piano) e Philly Joe Jones (bateria) ele formou a mais perfeita e swingante seção rítmica de todos os grupos que Miles Davis liderou em sua vida. Não cheguei a ver Scott La Faro — que, como Jimmy Blanton, mudou o curso da história do instrumento no jazz —, pois lamentavelmente ele também morreu muito cedo, com 25 anos, num acidente de automóvel. Dos baixistas dessa mesma geração, Eddie Gomez, Dave Holland, Charlie Haden e Ron Carter (possivelmente o mais elegante de todos eles e com confessa influência de Ray Brown) são os "top" de linha, a *finesse* do contrabaixo. Entre os mais novos, o que mais me impressionou foi Charnett Moffett.

No Brasil, conheci bem o respeitadíssimo Vidal Ramos, um simpático gordo de bigodinho aparado que tocava o fino em gravações em penca, tanto no quinteto de Radamés Gnattali como na orquestra da Rádio Nacional, onde eu ia vê-lo tocar. Depois dele destacaram-se vários baixistas na música brasileira: os irmãos paraenses Oliveira da Paz, Luiz Chaves, músico exímio, e Sabá. Com o extraordinário baterista Toninho Pinheiro, Sabá formou a medula pulsante do Jongo Trio (com Cido Bianchi ao piano), do Som Três (com César Mariano) e do Dick Farney Trio, ponto alto na combinação baixo/bateria no Brasil. Ainda em São Paulo, eu admirava Juvenal Amaral (que em certo momento da vida se mandou para Las Vegas, onde tocou por muitos anos na orquestra do Thunderbird Hotel) e o espirituoso Xu Vianna, um dos mais irreverentes personagens da música paulistana, de quem cada músico tem uma boa história para contar.

Xu não era muito bom de leitura, mas ainda assim muito solicitado para gravações. Certa vez, tocava no estúdio com uma orquestra sob a regência do sisudo maestro Renato de Oliveira, que se via obrigado a repetir uma música, pois Xu não conseguia executar determinada passagem com muitas notas. Incomodado, o maestro indagou:

— Você está tendo dificuldade? O que se passa?

Sem se dar por achado, Xu respondeu tranquilamente, por detrás dos óculos grossos:

— Maestro, por que tantas notas, se tão poucas resolveriam?

De uma geração posterior deve-se citar, entre os grandes baixistas, Zeca Assumpção e seu primo Nico Assumpção (1954-2001), Tião Neto (1931-2001) e Luiz Alves, nomes que deram consistência superior ao contrabaixo acústico na música brasileira.

Outros baixistas em atividade espalhados pelo eixo Rio-São Paulo são Lito Robledo, Rogério Botter Mayo, Jorge Helder, Bororó, Adriano Giffone, Paulo Russo, Sergio Barroso, Tony Botelho, Zerró Santos, Célio Barros e Dôdo Ferreira. Em Curitiba, José Antonio Boldrini é um grande baixista e em Campinas, também Gilberto de Syllos. Todos tocam contrabaixo acústico. Curiosamente, o mais influente baixista na música brasileira dos últimos 30 anos, Luizão Maia (1949-2005), tocava baixo elétrico. Este instrumentista traçou novo rumo ao transportar a batida do surdo de escola de samba para o contrabaixo.

Depois que entrei como técnico de som na TV Record em 1959, as oportunidades de tocar foram escasseando. Os calos nos dedos foram sumindo e o instrumento ficava a maior parte do tempo encapado no canto do quarto. Comecei até a sentir dificuldade em afiná-lo. Olhava desanimado para o companheiro que me dera tanto prazer, aquele precioso instrumento, sendo desperdiçado. Fui me dando conta de que o baixo não podia continuar mudo para sempre. Decidi vendê-lo a um músico que soubesse o que tinha nas mãos, usando-o como merecia. Ofereci o baixo para Luiz Chaves. O valor pedido era ridículo. Anos depois, Luiz me disse ter recusado nos Estados Unidos uma oferta de cem mil dólares pelo instrumento. Comercialmente, pode ter sido um péssimo negócio, mas musicalmente foi a melhor solução. Nas mãos de Luiz Chaves, meu ex-contrabaixo foi o pulso do Zimbo Trio no Brasil e no exterior, acompanhando músicos como Jacob do Bandolim e cantoras como Elizeth Cardoso e Elis Regina.

O coração voltou a bater, e isso não tem preço.

2.

Bandolim do Jacob

Para Hermínio Bello de Carvalho,
que tanto tem feito pela música brasileira

Jacob Pick Bittencourt certamente não era o que se pode chamar de sujeito simpático. Afora ser um homem parrudo, de cabeça enorme (tamanho 63), voz dominadora e olhar firme, era seco no trato. Sim, seco, sisudo, de poucas palavras, duro até. Mas na intimidade podia se derreter docemente, como um sorvete, o que possibilitou descrições radicalmente opostas, dependendo do autor. Hipertenso e hipocondríaco, abnegado pai de família, Jacob foi funcionário público e músico, concomitantemente, por quase toda a sua existência. Seus dedos grossos moviam-se com impressionante destreza tanto sobre o teclado da máquina de escrever quanto pelas cordas de um instrumento.

A partir dos anos 40, Jacob tornou-se o maior herói e o modelo por excelência de todos os bandolinistas do Brasil, até mesmo do mais reputado entre os que o precederam, o pernambucano Luperce Miranda (1904-1977).

A grande diferença entre o "mandolino" napolitano do século XVIII, o derradeiro instrumento da família do alaúde até hoje em uso, e o bandolim, que se fixou no século XX entre os solistas dos grupos de choro no Brasil, reside no formato do fundo de seu corpo, a caixa acústica do instrumento: um fundo abaulado no primeiro e chato neste. Ambos têm forma de pêra, levemente diferentes, em razão da ligeira concavidade no trecho do contorno próximo ao braço do bandolim. Uma terceira dessemelhança reside nas cordas, cinco pares no "mandolino" e quatro no bandolim.

As cordas duplas do bandolim são feridas por um plectro, ou palheta, que propicia a execução dos "tremolos" tão familiares na música napolitana, ocasionais nos choros brasileiros. Seus pares de cordas são afinados em intervalos de quinta, como num violino. O bandolim foi o instrumento que o prodigioso Jacob elevou a um grau de refinamento capaz de deslumbrar a quem quer que fosse.

Dotado de fortíssima personalidade e elevado poder de persuasão, Jacob era um artista sentimental, uma pessoa impulsiva e espirituosa, um indivíduo estoico e metódico. Tão metódico que gravava seus discos sempre com um microfone de determinada marca, mantendo os controles rigorosamente ajustados de acordo com uma tabela de equalização dos potenciômetros que ele mesmo elaborara quando, em certa ocasião, foi obtida, no seu entender, a reprodução ideal. Tinha consigo uma tabela que listava o nome, a data e o instrumento de cada um dos músicos com quem tinha gravado desde o primeiro disco.

Uma de suas virtudes era o magistral uso da palheta, que resultava numa sonoridade quase fantástica do instrumento, indelevelmente carimbado como seu sobrenome artístico, sobreposto ao de família: do Bandolim. Um sobrenome mais musical e bem mais conhecido que Pick Bittencourt.

Nascido em 14 de fevereiro de 1918 na maternidade da rua das Laranjeiras, nº 180, filho do farmacêutico Francisco e da polonesa Raquel Pick, cursou o primário na Escola Deodoro, o admissão na Deutsche Schule, o primeiro ginasial e o comercial completo na British American School em Botafogo, formando-se em contabilidade aos 19 anos. Foi prático de farmácia, vendedor pracista, agente de seguros, vendedor de material elétrico, de parafusos, de sabão a granel e de material de papelaria, dono de um laboratório e de duas farmácias, sucessivamente. Ganhou um violino de sua mãe, mas passou a pinicar as cordas com grampos de cabelo, sem saber que para isso havia um instrumento adequado, até que, depois de informado nesse sentido, comprou por 80 mil réis, na loja Guitarra de Prata, um bandolim de "cuia", modelo napolitano. Nele estudou sozinho, sem métodos nem professores, tendo sido sempre um autodidata, aprendendo a ler música por sua própria conta em 1949. Tocou instrumentos com as cordas afinadas em quintas justas e vibradas por palheta.

Essas informações foram colhidas de uma autobiografia datilografada por ele mesmo e largamente aproveitada em textos publicados a seu respeito. A fim de compor um perfil seu tão abrangente quanto fosse possível no restrito espaço de uma contracapa de disco — no caso, o LP *Do Arquivo do Jacob*, uma compilação lançada em 1978 que produzi para a RCA Victor —, vali-me, entretanto, de outra fonte: trechos de cartas suas que, se mais espaço houvesse na ocasião, poderiam trazer detalhes ainda mais reveladores de sua personalidade.

Repleta de confidências, amargura e aspectos de sua carreira, essa correspondência, que segue agora consideravelmente menos fracionada, perfaz um período de quase vinte anos e é dirigida a seu amigo Rossi que, na época, autorizou por escrito sua publicação.

O cantor paulista Alberto Rossi era seu ex-companheiro dos velhos tempos da Rádio Ipanema, onde Jacob atuou como solista de bandolim de 1938 a 1943, quando então escreveu a primeira carta do lote. Entre os músicos que o acompanhavam como solista, destaca-se o violonista César (Benedito César Ramos de Faria, pai de Paulinho da Viola), que, ao longo de anos e anos, tomou parte no seu grupo regional, denominado por ele próprio Época de Ouro, título de um de seus discos preferidos.

Na primeira carta, Jacob, então com 25 anos, revela ter dado uma guinada na sua vida — algo que, todavia, não daria certo:

Rio, 5-abril-943
Caro amigo Rossi —
Consequências inevitáveis da "mocidade" afastaram-te do nosso convívio mas, em breve, esperamos que tais obstáculos sejam removidos para que possamos gozar a tua amável presença; aliás, deste prazer, o Marcilio terá a prioridade pois pretende ir a São Paulo durante este mês.

Quanto a mim, graças a Deus, briguei com o Milonguita e, consequentemente, abandonei não só a Rádio Ipanema como toda e qualquer emissora, depois de um dissídio trabalhista em que obtive ganho de causa.

Ingressei no comércio e tendo conseguido algumas representações aqui no Rio, pretendo angariar outras de São Paulo.

Não imaginas o quanto passei mal durante a época do sucesso de "Coqueiro Velho", pois toda a vez que o ouvia sentia com mais intensidade as saudades do "emburrado e silencioso" amigo que havia partido para São Paulo...

Rossi, meu desabafo aí está, como vês!
Jacob

"Coqueiro Velho" é o samba-canção de Fernando Martinez e José Marcilio (referido na carta) gravado por Orlando Silva em 1940. Jacob voltaria a atuar noutra emissora, a Rádio Mauá, PRH 8, conforme relata na carta de setembro de 1946:

Em 1943, como foi de meu desejo, abandonei o rádio e, depois de dois anos de duras privações, já casado e com dois filhos (um casal, tendo o homem 6 anos e a menina 5), fiz um concurso na Justiça do Distrito Federal para o cargo de escrevente juramentado e, graças a Deus, cá estou na 19ª Vara Criminal — Palácio da Justiça — no exercício de minhas funções.

Mas... por insistência exclusiva de minha esposa voltei ao rádio e, desde o ano findo, trabalho na Mauá, extinta Ipanema, com pessoal inteiramente novo e numa situação, dentre meus colegas de casa, invejável. Confesso que, à tua revelia, em junho de 1945, quando a rádio sofreu uma reforma promissora, propus à direção que então existia a renovação de valores e, por consequência, um convite a ti e a outros cantores paulistas. Mas o golpe de 29 de outubro destruiu nossos planos pois, como sabes, a Mauá não vive de publicidade, e sim de subvenção do Governo, de maneira que, no momento, a situação é "teutônica e desigual"... a Nacional, desfalcada de preciosos elementos, está revigorando seu "cast" com valores inteiramente novos e, como ela, outras estão se cansando dos "canastrões"... o rádio carioca está entregue quase que exclusivamente aos paulistanos — creio num sucesso certo e merecido, isto independente da minha alegria que me causaria tua vinda para o Rio. Observação minha: as rádios cariocas estão se dedicando mais ao gênero orquestra do que àquele que é acompanhado por conjuntos regionais...

Jacob

Assim, ao mesmo tempo em que retoma sua atividade de músico, Jacob passa a dar expediente no Palácio da Justiça, na rua D. Manoel, números 29 a 31, revelando uma extraordinária rapidez ao escrever à máquina na mesma velocidade em que o juiz inquiria o depoente.

Suas primeiras gravações foram realizadas para a marca Continental, pela qual esteve contratado de junho de 1947 a janeiro de 1949, deixando quatro discos de 78 rotações que incluíam, entre outros, seus choros "Treme-Treme" e "Remeleixo", "Flamengo", de Bonfiglio de Oliveira, e sua valsa "Feia". Em abril de 1949, Jacob iniciava uma longa e frutífera permanência na nova gravadora RCA Victor, entrando em estúdio em maio para gravar quatro músicas. O início na nova gravadora foi assim relatado a seu amigo Rossi em 25 de maio:

Junto envio-te minha primeira música editada. Pede à vizinha do lado para descascá-la ao piano e diz-me se não sou muito feliz nos títulos.

Antes que me esqueça: estou na RCA Victor desde 23-4-49. Comunica ao teu amigo da filial de São Paulo. Gravei no dia 18 o "Despertar da Montanha" com "Língua de Preto", e o "Flor do Abacate" com aquele chorinho meu que tanto gostas: "Dolente". Não adquiras nem um dos

O jovem Jacob Pick Bittencourt, no início de sua carreira.

dois porque faço questão de oferecer-t'os com algumas asneiras escritas nas etiquetas. Minha saída da Continental perturbou um pouco a publicidade em torno da visita do Dutra a Truman... A onda foi de tal ordem que supus haver praticado um crime. Mas não estou arrependido. Espero que com a nova fábrica RCA meus discos sejam postos à venda em tal quantidade que até nas lojas de cuteleiro ficarão expostos ao lado de faquinhas, facas e facões...

Bem, Rossi, o MM Juiz me chama. Vamos fazer Justiça... e um "quebra-ossos" daquele que, hoje, lamenta não ser construtor em vez de bandolinista...

Jacob

Jacob vive, no ano de 1949, um período agitado, repleto de novidades, além da mudança de gravadora, e algumas aflições familiares, como conta em carta de 9 de agosto escrita em papel timbrado da Rádio Mauá:

Velho Rossi,

A sinceridade que imprimes às tuas cartas é de tal sorte que, mesmo que me enviasses uma folha de papel em branco, nela leria facilmente tudo que pretendes me dizer. Assim são as sólidas amizades resultantes de uma afinidade e de um afeto profundos.

Ainda recebi tua carta no mesmo endereço. As outras que virão, por certo, já me encontrarão em Jacarepaguá. Vou te expor meus problemas, no momento, e verás que o destino do Jacob é semelhante ao do ascensorista...

A perna direita de meu filho Sergio [Sergio Bittencourt, compositor, 1941-1979], atingida por um derrame decorrente da moléstia que o atormenta, foi engessada no dia 31 findo, e assim deverá permanecer por seis meses até ser solidificada a articulação do joelho para todo o sempre. Chega? Tem mais:

Pedi demissão à Mauá. Depois de muita luta, foi concedida. É que tentaram torcer o teu amigo e é mais fácil, a meu ver, torcer uma barra de aço de duas polegadas fabricada na United Steel Corporation... Pontos de vista...

Consequências: interesse por parte da Cruzeiro do Sul e, principalmente, da Nacional. Imagina, Rossi, a que ponto chegou a imbecilidade aqui no Rio: Jacob na Nacional! Cidade despoliciada, é natural que tal aconteça: os contos do vigário são passados a 3 x 2... Aconselha-me, por favor.

Comprei um terreno maravilhoso em Jacarepaguá, no qual empatei todos os tostões que tinha. Estou providenciando financiamento no Ipase para a construção de um barraco digno de acolher-te e aos teus quando vieres ao Rio.

Não achei casa. Para não mais aborrecer meu locador, construí um galpão no terreno da casa de um amigo em Jacarepaguá, onde esta semana vou meter minha mobília, geladeira, acessórios etc. e com ele residir até a casa ficar construída, o que poderá durar um ano. É na casa do Amorim.

Ignorante da compra do terreno que iria fazer e cansado de despesas com o Austin, comprei, a prestações e novo, um Morris Oxford grená de banda branca. Te gusta?

Como lês, a vida para mim corre como "dolce far niente". Tudo muito azul, com confetes doirados e música, muita música. Mas felizmente estou de moral bem levantada e não há problemas de ordem econômica. O coração é que de quando em vez estrila...
Jacob

Um ano e pouco depois, Jacob aborda suas relações com os candidatos da eleição a ser disputada em outubro de 1950, que reconduziria Getúlio Vargas ao poder. Jacob menciona disfarçadamente sua debilidade cardíaca:

Se São Paulo, nesse particular, está como o Rio, sinceros pêsames. Aqui, até "leão de chácara" do Dancing Brasil é candidato. E nunca tive tantos amigos: "Fulano é teu amigo", "Beltrano é amigo do funcionário público", "Sicrano é amicíssimo do músico"... O diabo é que meu coração é por demais pequeno para abrigar tanta safardana...
Jacob

No dia 17 de janeiro de 1952, Jacob se abre com o "Estimado Rossi" numa carta com timbre da Rádio Mayrink Veiga, onde atuava. Longa e radicalmente oposta à de dois anos e meio antes, é marcada pelo desânimo e por tristes notícias, compensadas por preciosas e detalhadas informações sobre seu instrumento, penetrando na essência de sua sonoridade:

Não sei, sinceramente, como iniciar. Sei, apenas, que devo te pedir desculpas por aquela forma estranha de desabafar a mágoa de ver-me tratado por V.S... Mandei-te aquela papelada porque não estava de espírito tranquilo para escrever-te e, mais do que a prodigalidade das palavras, ficaria mais patente o laconismo frio de datas e algarismos.

Estou cansado, Rossi, juro-te. Só vejo em volta de mim sofrimento e desânimo. Adylia sofreu a 1ª de uma série de três operações íntimas e já se prepara para a 2ª, que deve ocorrer nesta quinzena. Minha mãe, no dia de Finados, sofre uma crise violenta da qual só se esperava a morte. Era uma úlcera gastroduodenal em vias de perfurar o estômago. Aparentemente, salvou-se, mas sabe Deus à custa de que sacrifícios. Meu filho, que já tinha uma perna atrofiada pela osteoartrite hemofílica, ficou com a outra do mesmo jeito justamente no dia de Natal. Parece que o Destino se compraz em testar-me supondo talvez que não sou humano, que minhas forças não tem um limite. Mas esta porcaria um dia estoura e ficaremos todos livres deste martírio permanente que não se interrompe sequer por 24 horas. Até uma afilhada, uma pretinha de alguns meses de idade e que comigo reside, pois é filha de um casal de empregados meus, adoeceu gravemente, e, já agora, depois da chegada do Oswaldo, isto é, no dia 10 do corrente, faleceu em nossa casa. Bastou fazer parte da família...

Rossi, não estou dramatizando situações. São 11 anos desta vida. Estou com 33 anos e, todavia, sinto o peso de 70. São raros os momentos de alegria e inúmeros os de tristeza. De sorte que já me repugna escrever-te, porque é um desfiar de lamentos sem conta. Não sei retê-lo comigo, principalmente se levarmos em consideração que é a única pessoa que consegue, bem ou mal, que eu escreva uma epístola. É natural que os nervos, eriçados como os espinhos de um ouriço, se extravasem numa palavra mal escolhida ou num gesto impensado. Estou perdoado?

Vamos aos fatos de maior interesse.

Quanto aos bandolins: suponho, Rossi, que sou vítima de uma desatenção dos Del Vecchio. Estive aí em janeiro de 1951, expliquei tudo que queria pessoalmente, depois por carta e, finalmente, por telefone. Só faltou telegrama, rádio e TV. Um ano depois, quase, o Del Vecchio manda-me perguntar, pelo Orlando Silveira, que comigo trabalha na Mayrink, se quero bandolim com quatro ou mais cordas! Faz-me dois bandolins ao invés de um bandolim e uma violinha e depois ainda enfia uma conversa de encomenda especial que é fácil de engolir quando não se tem a experiência de 17 anos desta joça. O que há de concreto, meu caro Rossi, é o seguinte: esta gente não se convence que o som do meu bandolim decorre da maneira com que dele arranco sons, e não, exclusivamente, do instrumento. De sorte que quando não quero encomendar um bandolim, todos receiam (cá no Rio, a totalidade dos fabricantes) que o bandolim não dê o som do meu e daí o recuo para não perder o cartaz. Português claro, meu velho. E a prova está no seguinte: há dias soube que na Colônia de Alienados de Jacarepaguá existe um lusitano, empreiteiro de obras ou cousa que o valha, que nas horas vagas fabrica, como amador, instrumentos de corda nos quais ele aplica o que ele próprio chama de "senso artístico". Os enfeites que utiliza são quase exóticos, pois não obedecem àquela linha que costumamos ver nos instrumentos industrializados. Madeira, da pior. Inventa instrumentos tais como violões de nove cordas, violinos "tipo Stradivarius", guitarras, o diabo, enfim, e cada qual mais grosseiro do que o outro. Pois bem: desesperado com o estado do meu bandolim, fui visitá-lo e, anonimamente, pedi-lhe que me mostrasse o estoque. Prontamente fui atendido e, tão logo tirei algumas notas num, fui identificado pelo homenzinho. Mas aí já dizia que aqueles instrumentos não me serviriam. Havia necessidade de fabricar um especial para o "grande artista" etc. E eu, perversamente, desiludi-o. Escolhi um bandolim feito de tabibuia (madeira para tamancos), cheio de defeitos encobertos com massa de vidraceiro, mas de agradável aparência, encordoei-o a meu jeito, fiz alguns reparos em pontos essenciais como cavalete, pestana etc. e larguei a palheta. Mas só o fiz depois de pagar o preço estipulado: Cr$ 800,00. Foi minha sorte: depois de ouvir, o homem não queria vender, tive que soltar meia dúzia de coices e eis-me com um bandolim novo, que todos reputam uma maravilha e com o qual encerrei as gravações do álbum de Nazaré, que iniciara com o outro. Estou ou não com a razão? Del Vecchio fez-me esperar muito. Agora, é natural que ele espere um pouco, ao menos. Quanto ao Romeu Di Giorgio, só conheço como bom fabricante de violões... e mais nada.

Quanto à Record: o que me escreves sobre os regionais, assusta-me. De qualquer forma penso tirar férias em abril ou maio, o mais tardar, para fazer uma "blitzkrieg" musical em São Paulo, mas desejava antecipadamente saber do Raul Duarte, por teu intermédio: a) qual o horário que pretende programar-me; b) programa de quantos minutos; c) quantas vezes por semana. Servirão as respostas para que eu, orientado por Luiz Gonzaga, cuja chegada espero a qualquer momento, possa dizer o preço que deve valer tal ou qual serviço...

E aqui encerro, Rossi, com juros, as palavras que te devia, enviando-te um forte amplexo e desejo de mil venturas e felicidades a V.S. e Exma. família. Bandido!

Jacob

Bandolim do Jacob

Aí começaria a relação de Jacob com a cidade de São Paulo, onde fez amigos inseparáveis, apesar de ocasionais divergências. Menos de quatro meses depois, Jacob agradece a Rossi a acolhida na capital paulista, convida-o a vir com a família passar alguns dias em sua casa, descreve detalhes sobre a possível contratação de seu regional para uma temporada na Rádio Tupi de São Paulo e de uma turnê pelo Nordeste. Em seus textos de construção impecável, já familiares ao leitor nesta altura das epístolas, finaliza criticando o procedimento de ratear o cachê em partes iguais entre os componentes da caravana, refletindo sobre o modo como o músico é tratado:

Muito interessante, não resta dúvida, esquecidos que estão de que, à frente da caravana, vai um nome feito e que já desperta a curiosidade pública. Não basta ser o melhor Regional. Essa circunstância, por enquanto, é do conhecimento daqueles que militam no meio. O grande público, por sua vez, ainda não reconheceu isto, dada sua natural ignorância e ao desvio de seu paladar para outros setores artísticos tais como o canto, o humorismo e as novelas. O músico só desperta interesse em último lugar e o contrário só sucede quando ele não é músico de fato. É o caso daquele nosso conhecido...
Jacob

É certo que o "nosso conhecido" seja o grande rival de Jacob, o excepcional cavaquinhista Waldir Azevedo (1923-1980), em fase de grande êxito com apenas duas músicas, "Brasileirinho" (1949) e o baião "Delicado" (1950). Foi o primeiro músico brasileiro a ganhar muito dinheiro compondo choro. Falava macio, usava peruca, era gentil, modesto e um fenômeno tocando um insignificante cavaquinho de quatro cordas, dele extraindo uma sonoridade tão robusta que parecia esconder um amplificador dentro do instrumento. Ainda que "Brasileirinho" tenha sido gravado intensamente no Brasil, e até hoje é um *must* em espetáculos de choro, de preferência no final, quando levanta a plateia, Waldir deixou outras composições maravilhosas, como "Vê Se Gostas" e "Pedacinhos do Céu". "Delicado" lhe rendeu somas fabulosas para a época, excursões pela América do Sul e Europa, além de ter sido gravado inúmeras vezes no exterior.

Nada disso acontecia com Jacob, que no último dia do ano de 1952, ainda enciumado com o "outro", escreve:

Desde 6/8, data da atual 1ª carta da série de quatro, já se vão cinco meses, ou melhor, um período de verdadeiro inferno na minha vida. Sofri uma derrapagem espetacular, no Leblon, para não matar um motorista sem carteira que ali treinava e que desrespeitou uma preferencial e, consequentemente, capotei duas vezes, feri-me com certa gravidade na mão e braço esquerdos e o concerto do carro importou em Cr$ 25.000,00, felizmente pagos pelo causador do evento, ficando 32 dias sem condução e residindo "logo ali", como se costuma dizer na roça. Isto alterou-me a rotina... concorreu para um descontrole imprevisto. Novembro: meu colega de cartório, Rafael, entrou em férias... fez uma falta tremenda, dando motivo a que o teu amigo, diariamente, chegasse ao cartório à 7:30 e ainda levasse serviço para fazer em casa. Adylia com um hipertireodismo que cada vez mais me deixa preocupado com seu futuro. Sergio fazendo umas massagens... e as obras. Ah! As obras. Estão chegando ao fim, mas sabe Deus à custa de que aborrecimentos e sacrifícios... Del Vecchio!... Agradeço-te o estrilo que lá fizeste e diz-lhe que fica a seu critério fabricar ou não o bandolim que me prometeu. Para mim tanto faz. Até um incêndio o homenzinho é capaz de ter provocado para não ter a "alta responsabilidade de fazer um bandolim para Sua Alteza Jacob do Bandolim". Mas os faz às dúzias para Garoto, Menezes, Waldir etc. Será que eu, por haver visitado a loja sujo de viagem, de calças zuarte, barbado e desgrenhado, não lhe inspirei confiança? Se depende disso, na próxima irei lá de casaca e cartola.

Aimoré: diz-lhe que o nosso interesse é mútuo... Estimo que eu possa interpretá-las a contento. Pede-lhe que m'as envie por escrito. Sentir-me-ei honrado com isso. Mas avisa-o: nada excessivamente moderno. Prefiro aquelas em que tenha inculcado seu sentimento e não seu talento. Este os músicos já o conhecem sobejamente e o público não reconhece, e aquele é, inversamente, mais objetivo. Não vês o Garoto? Faz música para músicos e dá-se mal. O "outro" as faz para o público. Dá-se bem, mas por pouco tempo. O ideal é aliar uma cousa à outra, e manter-se num nível de produção satisfatório...

Deixei de gozar férias em 1952 para, em 1953, gozá-las acumuladamente num total de 60 dias, dos quais pretendo dispor de 50 para viajar... dar um, dois ou dez espetáculos diários, podendo, além disso, trabalhar em qualquer estação, pois não sou exclusivo da Mayrink... minhas pretensões são aquelas comuns a qualquer de nós: ganhar dinheiro. Quanto? Não sei fixar a base porque, como sabes, nunca viajei... os que me acompanharem (exceto René Bittencourt) irão a cachê fixado por mim

Bandolim do Jacob

dentro do quantum que me couber... aceita de teu mal educado mas sincero amigo, desejos de mil venturas em 1953, muita música e pouco charuto, ao lado de D. Mirtila e desses dois anjos para os quais peço a benção de Deus como se fora para os que tenho em casa.

Jacob

Não há referências posteriores à desejada excursão. Aimoré (1908-1979) é o compositor e violonista que participou do regional das rádios Record e Kosmos de São Paulo, atuou em dupla com Garoto e participou de trilhas de filmes paulistas nos anos 50, quando era arquivista do Teatro Municipal.

Ao final de fevereiro de 1953, Jacob escreve uma carta curta, queixando-se da gravadora:

Vou enviar-te o exemplar de minha última gravação, o "Nosso Romance" e "Reminiscências", sobre a qual desejaria tua apreciação sincera... no ano passado a RCA enterrou-me um disco sobre qual tinha fortes esperanças: o "Forró de Gala". E assim certamente sucederá com o "Nosso Romance" que, com poucos dias de lançamento, está despertando grande curiosidade no carioca.

Em abril, Jacob começa a ter problemas de vesícula. Passaria a vir cada vez mais frequentemente a São Paulo, entrosando-se com os chorões paulistas, frequentando saraus e tocando assiduamente com o grupo reunido pelo violonista Antonio D'Auria (1912-2003), o Conjunto Atlântico, cujo bandolinista era outro grande músico, Isaías de Almeida.

Quanto à vesícula, o cirurgião recomendou-me que cuidasse da operação o mais breve possível. Fiz os exames de laboratório e mais alguns radiográficos. Constatado o "macadame" em quantidade de assombrar, preparei-me para entrar de férias, mas... estou tomando as "aguinhas" e não tive mais cólicas... manda dizer-me sobre a possibilidade de trabalhar em junho noutro local em São Paulo além da Record. Seja boate, cantina, particular etc.

Jacob

A 2 de junho de 1953, Jacob estreou uma temporada de vários dias na Rádio Record, sendo apresentado como o "Mago do Bandolim" e acompanhado pelos violões de César Moreno e Arthur Duarte. O vio-

Reunião de chorões em São Paulo, com Jacob e Mauro Silva e seu regional, na casa de Alberto Rossi. De pé, da esquerda para a direita: Alberto Rossi (cantor), Toni (pandeiro), Mauro Silva (flauta) e Jacob (bandolim). No meio: Plínio e Jairo (violões). À frente: Luizinho (cavaquinho) e Mario Cosenza (violão).

lonista Antonio D'Auria foi ao auditório, apresentou-se e convidou-o para jantar num restaurante da Praça da Sé, onde Jacob despertou invulgar interesse dos músicos paulistas, desejosos de conhecê-lo pessoalmente. O flautista Mauro Silva até colocou seu regional à disposição. No dia seguinte, D'Auria apanhou-o no hotel, levando-o para um sarau em sua casa. Entre os presentes, o mais destacado músico de São Paulo era o concertista de bandolim Amador Pinho, cuja técnica apurada Jacob já conhecia. Apesar de habitualmente conseguir tocar de cara uma música ouvida pela primeira vez, Jacob não conseguiu tocar o choro "Inverso", de Amador, que, então, mostrou-lhe o dedilhado correto, de acordo com a execução de peças clássicas. Esse foi o primeiro de muitos saraus em São Paulo, nos quais se intensificou a amizade de Antonio D'Auria com Jacob.

Em outro sarau, o flautista Mauro Silva convocou seu regional para lhe mostrar uma nova composição que compusera para ele, a valsa "Delírio". Após a execução, Jacob comentou secamente:

— Mas eu já conheço essa valsa.

Surpreso, Mauro ficou sem saber o que responder, enquanto, para provar o que afirmava, Jacob pediu ao regional para repeti-la, tocando-a integralmente.

Mauro ficou visivelmente desnorteado, até que Jacob acalmou-o, marotamente:

— Mauro, não é nada disso. Tenho o privilégio de memorizar uma música na primeira vez que ouço. Nunca ouvi essa valsa antes...

Na correspondência com Alberto Rossi segue-se outro grande intervalo, rompido apenas em maio de 1955, podendo-se deduzir que nesses dois anos houve contatos pessoais frequentes entre ambos. Jacob apresenta-se com assiduidade na Rádio Record nos monumentais programas especiais "Noite dos Choristas", com mais de cem músicos de São Paulo, como conta em 25 de maio:

Não pude, infelizmente, ir à tua casa no dia 14, pois os últimos detalhes da "Noite dos Choristas" prenderam-me na Record até tarde e, ao contar com o carro do Ferraz...

Comunico-te que foi preciso ir a São Paulo para que os broadcasters cariocas soubessem que existo. Já fui chamado pela Nacional. Hoje ao meio dia, também pela Mayrink, e com pressa esquisita... aguardemos os acontecimentos. O Paulinho [Machado de Carvalho Filho] deu-me um pro-labore excelente, inesperado (5.000), e um bronze lindo com base de

mármore. Vê-lo-ás quando vieres ao Rio. Todos os comentários foram excelentes. Não sei se o mesmo de tua parte. Manda-me os recortes de jornais assim que puderes e, com a possível urgência, a relação dos cronistas que fizeram referências a meu respeito, para que eu lhes agradeça.
Jacob

Em julho de 1955, Jacob continua ativo, preocupado com a divulgação e cuidando de suas fotos. Nos conselhos ao cantor Alberto Rossi, faz extensa análise sobre o gênero musical predominante na época:

Lembra, porém, que a fase, em rádio e música, é de transição. Nota-se uma mudança rápida e progressiva na orientação dos que dirigem as emissoras e fábricas de discos. Não estarás, por acaso, insistindo demais nos boleros? Não seria conveniente, por exemplo, soltares um daqueles soberbos números brasileiros que cantava na Ipanema? Por que não fazes um repertório de música brasileira evocativa? Não daquele tipo tão explorado pelos canastrões de outrora, mas sim aquelas em que entrasse mais uma dose de poesia, de força interpretativa, de "savoir dire". Músicas que servissem de moldura para um poema trágico ou lírico... um gênero semelhante ao de Nora [Ney], mas alcançando um âmbito psicológico maior. Lê um pouco de Hermes Fontes e, mui moderadamente, o velho Augusto dos Anjos... Faz uma letra, já, e manda-ma. Musica-la-hei de forma a que, do todo, transpareça frontalmente uma declamação e não uma melodia. Vamos fazer uma tentativa. Que nos custa?... e permita-me o lembrete: os homens isolam-se cada vez mais. Só reúnem-se quando é necessário dinheiro. Mas a quem confiam os dramas, as dúvidas, os sentimentos que, forçosamente, tem dentro de si? A ninguém mais!... Na religião, encontrarão apenas a esperança de uma solução futura, certa ou duvidosa. Assim, a medicação imediata, a de solução entorpecente, mas de resultados certos, seria a arte. E, desta, a música. E, desta, ouvir quem, aos nossos ouvidos, dissesse à solução para esses problemas, demonstrasse que reconhece o que vai dentro de nós, que declarasse que também sofre como quem o ouve... E antes que me esqueça, observa que todo o mundo canta para as mulheres como se só elas tivessem problemas espirituais. E, para os homens?... O que há por aí é a exploração sistemática de um tema só: o amor. Querida pra cá, ama-me pra lá, amor com dor, dor com amor, e não sai desse círculo vicioso, como se o desencanto ou as paixões do homem se limitassem ao amor da mulher. E os desencantados de outro tipo?... É o amor, por acaso, o problema principal dos

homens maduros que conheces? Até o suicídio, Rossi, é hoje mais empre-
gado na solução de outros problemas que não o do amor! O romantis-
mo cedeu lugar ao comodismo... sou de opinião (poderá doer-te, mas
perdoa-me a sinceridade) que o teu repertório cai no lugar-comum. Em
São Paulo, em todos os cantos e bibocas, encontrei cantores de boleros.
Essa febre, necessariamente, teria que baixar com o tempo... Vamos fa-
zer um teste? Pois não. Sol maior. "Meu amor, não posso mais viver sem
voceeeee..."... Fá sustenido menor (sempre é um pouco mais complica-
do). "No hay em todo el mundo, mujer como túuuuuu..." Resultado:
HIDROSQUEOCELE!

Perdoa, Alberto, o teu amigo que muito te estima e, por isso, vive
em masturbações mentais para resolver o teu problema que é, também,
o do velho
Jacob

Jacob retorna outras vezes a São Paulo, produzindo e apresentando
em 29 de abril de 1956, na Rádio Record, a "Segunda Noite dos Choristas". Justifica-se mais uma vez outro intervalo de dois anos sem correspondência, quebrado numa carta de seis páginas em que Jacob relata
episódios dramáticos, confirmando sua impulsividade incontida que ul-
trapassava o limite da razão. De fato, em certa ocasião, num restaurante
em São Paulo, pediu arroz doce de sobremesa e foi ficando tão furioso
com a demora que, ao ser servido, tomou o prato do garçom e atirou-lhe
contra o rosto. O garçom tentou agredi-lo com uma faca e Jacob foi sal-
vo pelo seu violonista César Moreno que, sendo delegado de polícia, sacou de um revólver em sua defesa.

Em 29 de dezembro de 1957, Jacob escreveu:

Era natural que quisesses provar quão sólida é a amizade que nos
une e, não fora a falta de tempo, creio que seria eu o autor dela, da fa-
mosa carta, e isso porque a nossa amizade é sincera, certa e desinteres-
sada... Acaba de vez com essas tolices, Alberto, e crê-me, de todo o co-
ração, o mesmo amigo que sempre fui: malcriado, turrão, verborrágico,
emocional, agitado etc., mas sincero ao extremo de magoar àqueles a
quem, como tu, estimo como se a um irmão.

Vamos ao que interessa: nada produzi em 1957. Foram lançados
dois discos em 78 rpm e um LP [Choros Evocativos]. O 1º de 78 foi gra-
vado em 1956 ["Isto é Nosso" e "Noites Cariocas"] e o 2º, gravado em
maio de 57, constitui-se de duas músicas de Pixinguinha ["Sofres Porque

Queres" e "Cochichando"]. *Quanto ao LP, nada mais é que uma coletânea de matrizes de discos meus antigos, há anos gravados. Portanto, nada fiz em 1957. Esterilidade total. Várias circunstâncias colaboraram para isso. A saber:*

Em dezembro de 56 ou janeiro de 57, sofri o 1º acidente no dedo médio da mão esquerda, a mais necessária. E é duro, Alberto, a gente ver a falange dobrada em ângulo reto, sem obedecer à vontade, sem voltar ao primitivo lugar... Colocar aparelhos de gesso com talas de metal para reinserir o tendão na falange e, desse esforço, resultar uma dor tão grande que, certa vez, dentro do carro, parado, aguardando um sinal na esquina da Ouvidor com Uruguaiana, soltei um berro sem o querer! Todos a olharem para mim e eu com cara de palerma. Ver uma carreira destruída diante da fragilidade do corpo humano é desesperador, Alberto.

A seguir, em Guiti, em férias, sento-me numa espreguiçadeira, esta desmonta-se e eu, instintivamente, seguro-me por baixo dela, isto é, coloco as mãos nas "tesouras" que a sustentam. Os meus 88 kg fazem as "tesouras" fechar... Da mesma mão, o dedo mínimo fica esmagado, reduzido a 4 mm de espessura, porejando sangue, triturado como cartilagem de galinha. Rolei no chão, aos urros, não de dor física, mas de dor moral, pois ainda estava convalescendo do outro dedo. O dedo atingido, o mínimo, é o que mais emprego nas célebres "apoggiaturas" e "glissés" que dão colorido ao que toco. Um na tala e outro esmagado! Só restava-me fazer o que tentei e não consegui, graças a Adylia: corri para o quarto à procura de minha arma para encerrar, de vez, esta malfadada vida que tanto me tem aporrinhado ultimamente. E era tão terrível o aspecto daquele pedaço de carne amassada que eu só implorava que me amputassem o dedo. Felizmente, um cirurgião, também em férias, acudiu-me, pondo-me o dedo n'água fervendo durante meia hora! E ele inchou novamente qual bola de ping-pong. O abalo moral superou de tal forma a dor física, que me recusei à anestesia, pois, em verdade, nem senti a água fervente. Só havia dentro de mim a revolta, ódio de mim mesmo, de minha vida. E a arma havia sumido... Ficou o traumatismo. Massagens no Fluminense, aplicações disso e daquilo, orações, e, finalmente, apesar de deformado, posso funcionar o dedo. Não com aquela desenvoltura antiga, pois dói-me por vezes. Até hoje, continuo com as massagens... E eu havia levado minhas letras, minhas músicas para por em ordem e fazer uma surpresa, uma blitz em 1957. Danei-me todo... Que férias, Alberto... Aí, entrei eu e D. Adylia: nela voltaram as manifestações de tireoide e, em mim, as das úlceras aliadas a uma tremenda hiper-

Bandolim do Jacob

tensão. Por duas vezes Othon acudiu-me em crises que quase culminaram em colapsos. Cheguei a 23 x 14! Hoje, um pouco melhor, acuso 18 x 11... É preciso que eu conte com detalhes para que entendas, embora tal seja enervante.

Façamos, pois, um retrospecto: de dezembro de 56 a maio de 57, um dedo. De fevereiro de 57 a maio de 57, outro dedo. De fevereiro a junho, Sergio. De julho a novembro, hipertensão minha e doença de Adylia. Não houve interrupção. E aí, veio o pior: não sei por que cargas d'água, D. Adylia achou em meu carro um lápis de sobrancelha! "Seu Alberto"! Não podes imaginar o que tenho passado por causa desse maldito lápis... E quando a situação começava a acalmar-se, um gaiato ou uma gaiata escreveu uma carta anônima para Adylia, dizendo que eu tinha outra... Foram precisos 17 anos de casado para que passasse por uma dessas. E é de encher, velho... Mas ainda não terminou: veio o Natal e com ele as despesas que eu não podia saldar, pois não tive renda, praticamente, em 1957... Para o Natal, fui buscar minha mãe, que vinha passando bem de saúde. Pois bem, Alberto. Já no dia 24 eu estava uma pilha de nervos... perdi o apetite e, sem participar da mesa, fui dormir às 22 h. Já de madrugada, fui despertado por Adylia para acudir mamãe. Apresentava hemorragia interna, convulsões e o coração ameaçava entrar em colapso... E ainda houve uma série de acontecimentos de menor importância, pois um mal nunca vem só. Rusgas com amigos, faltas ao serviço, censuras, atropelei uma menor... fui à TV Record para arrebentar uma corda como simples principiante... Uma delícia, Alberto!

E agora, a confissão mais delicada e muito íntima. Durante esse tempo escapei duas vezes do suicídio... Uma, no laboratório fotográfico, altas horas, luzes amarelas e vermelhas acesas, o radiozinho tocando Mozart, analisando a foto de uma paisagem, criaram um ambiente em torno de mim e... quando dei acordo de mim, despertado por uma melodia alegre e barulhenta com que teve início o outro programa da rádio, vi que estava com o revólver na mão, à altura do ouvido! Não fui eu, juro-te, Alberto, quem o empunhou! Eu não estava ali naquele instante!

Saí, como um louco, em disparada, e lá só retornei decorridos dois meses. Hoje só trabalho de portas abertas, com o rádio bem alto e sem levar a arma comigo. Outra igual, duas semanas depois, aconteceu no meu escritório. Em iguais circunstâncias. Mas disso, melhorei, graças a Deus!

Alberto: entro de férias no dia 16/1 e ficarei em casa, tentando, mais uma vez, ajeitar minha vida... Nesse período, irei a São Paulo para con-

versarmos melhor, pois preciso de tua ajuda, de teu socorro, já que tão bom tens sido para mim...

Encerrando, peço que me escrevas, hoje mesmo, se possível, dizendo, em uma só palavra (bem ou mal), como recebeste esta carta...

Abraça-te o velho (agora já sem aspas)

Jacob

Por ironia do destino, Waldir Azevedo sofreria, nos anos 70, no jardim de sua casa em Brasília, um acidente terrível muito semelhante ao de Jacob, quando sua máquina de cortar grama decepou parte do dedo anular da mão esquerda. Com o naco, encontrado depois, foi feito um implante e ele pode voltar a tocar brilhantemente.

A última carta de Jacob para Alberto Rossi é de 4 de outubro de 1959, e, como as anteriores, exemplar no vernáculo. Bem-humorada, mostra de forma rasgada essa faceta de Jacob:

Rossi do coração,

Foi preciso esperar o domingo para, livre de carpinteiros, pintores, ladrilheiros, serventes, pedreiros, eletricistas e caterva, poder dedicar alguns minutos ao amigo que, paciente e longe, espera S. Excia. como que à felicidade.

Tentei durante a semana escrever-te. Foi impossível. Pois ao carpinteiro fui obrigado a ensinar o uso do formão... ao pedreiro, o traço da massa... ao pintor, a dissolução exata do Crem-art... e ao ladrilheiro, esperar uma brecha entre os vários goles de cachaça que tomava, para empunhar a espátula e, com as minhas mãos, colocar o piso que, a seu ver, estava torto de fábrica... Pudera!... O que não havia de estar torto naquele bestunto atrofiado pelo álcool?

Dirás: que raio de gente foi o Jacob arranjar. Mas aqui em Jacarepaguá é assim. Não há concorrentes. De sorte que abusam. Um amigo, de Niterói, para salvar-me, ofereceu-me, de graça, quantos operários quisesse e de qualquer especialidade. Ficaria eu obrigado apenas a fornecer-lhes a dormida e alimentação. Entusiasmei-me. Seria uma economia oportuna para o que já foi ao último furo do cinto das economias. Mas, qual. Era um presente de grego. A tempo pude saber que os tais operários eram detentos de bom comportamento do Presídio de Niterói! Delicioso! Eu, que já não durmo à noite com os que tenho em casa, passaria a não dormir de dia com os fora... Mas, cessadas as lamúrias, vamos ao que interessa:

Belo presente o que me mandaste. Já eras o meu sócio no Arquivo Musical Jacob Bittencourt. E agora, com o crédito aberto, podes sacar ad libitum...

Escoimado esse acervo do que for supérfluo, certo restará muita coisa útil. Mas ainda não cheguei lá porque as obras não estão terminadas. Estou louco para que venhas ao Rio ver o que fiz. Está um brinco. Fora do prédio principal, todo pintado de branco fosco, com luzes fluorescentes, estantes gigantescas, bancada de serviço, galeria de retratos de músicos célebres (a fazer) e uma vontade imensa de trabalhar e produzir. E — esquecia-me — um canto onde poderás repousar quando o Henrique deixar. Aqui vai um pouco de ciúme, não resta dúvida, mas se eu não bronquear, continuarás, com certeza, a debochar das intenções hospitaleiras deste outro judeu que sou eu...

ÉPOCA DE OURO — *Os recortes que me enviaste (e que tão úteis têm sido no meu álbum de recortes) dão-me uma impressão geral de sua situação no mercado paulista. Vem melhorando dia a dia. Mas, despreocupa-te. Não quero ser best-seller ou, melhor, não faço questão de sê-lo para que o tombo não seja grande. Tenho mantido, nestes 25 anos de bandolim, um certo equilíbrio artístico do qual não pretendo, por ora, me afastar. Meu escopo tem sido (e disso és testemunha) apresentar as nossas coisas boas numa interpretação honesta, sem distorções, sem influências alienígenas pervertidas, e, assim como ao sapo de Emilio de Menezes, resta-me "a serena virtude de nunca no meu charco ofender a ninguém"... Ainda não escandalizei a opinião pública, favorável ou não ao meu gênero. Sylvio Túlio Cardoso [crítico musical de O Globo] é detalhe. É um dente quebrado numa engrenagem de aço, e que, mais cedo ou mais tarde, será retificado. Tenho a tranquila certeza de que fiz um disco honesto e que agradou a quem tem brasilidade. E, principalmente a mim, meu maior detrator. Portanto, aguardemos os acontecimentos. Certos, porém, podem todos ficar. Palhaçadas não as farei, nem que na miséria fique. Eles têm que me engolir como sou e não como desejam que eu seja! Danem-se! E si hay um valiente que quiera luchar com outro, que venga, carajo!...*

IDA A SÃO PAULO — *Aguardo, esta quinzena, a chegada de um grupo de violonistas de Pernambuco e Paraíba, dos quais alguns se hospedarão aqui em casa durante um mês. É gente formidável, de que alguns conheço pessoalmente e outros através de fitas magnéticas. Merecem ser ouvidos pela pureza do que tocam... Planejo, pois, aproveitar o período de 30/10 a 2/11 para levá-los a São Paulo e apresentá-los aos Choristas.*

Gostaria que se hospedassem em residências particulares e não em hotéis, embora não tenham problemas econômicos... Teremos, creio, boas reuniões para as quais, como sempre, estás eleito padrinho e supervisor. Fala com a turma, com essa gente boa de que vives cercado e escreve-me.

E, finalizando, um forte abraço, Rossi, e outros tantos aos teus "apêndices", envia-te o pessoal cá de casa tendo à frente o velho e sempre certo
Jacob

A bossa nova teve impacto negativo na carreira de Jacob. Intensificou seus problemas de úlcera e hipertensão, e acabou por refletir numa certa inatividade musical. Permanecia horas e horas em seu arquivo no Rio de Janeiro, cuidando do acervo ao invés de produzir. Lá tinha partituras originais, como a do Hino Nacional Brasileiro, que ele mesmo remendava com fitas adesivas vindas do Japão, em tonalidades diferentes, que não destoassem do papel amarelado pelo tempo. Sua meticulosidade era espantosa: na cabeceira de sua cama havia um painel luminoso dividido por áreas, que se acendiam quando alguém tocasse o trecho correspondente da cerca elétrica que mandou construir à volta da propriedade. Imediatamente, comunicava-se por um microfone com seu caseiro, para que verificasse o que ocorria.

Tomando remédios que enfileirava no peitoril da janela, Jacob sentia-se no final dos anos 50 abandonado e desprestigiado. Dizia que o Rio de Janeiro era um deserto e São Paulo um oásis, queixando-se de ter feito um repertório com mais de vinte músicas inéditas que não conseguia tocar em público. Contentou-se em gravar em 1959, na Rádio Ministério de Educação, uma fita que ficou encostada por quase dois anos.

Ao mesmo tempo em que dizia agir como um cavalo, dando coice como defesa de seu sentimentalismo, chegava a chorar escondido depois de executar músicas como a "Valsa Simples", de Hervê Cordovil. No espetáculo "Cancioneiro do Brasil", em setembro de 1961, ficou tão emocionado que teve de sentar-se após sua apresentação para se recuperar. Esse espetáculo, realizado no auditório do Colégio Mackenzie em São Paulo — do qual participaram Ataulfo Alves, Cyro Monteiro e Aracy de Almeida, entre outros —, pode-se dizer, marca um ressurgimento na carreira de Jacob. Durante a década de 60 ele foi devidamente homenageado e convidado com frequência para programas musicais da televisão, especialmente o "Bossaudade", da TV Record. Nesse programa foi entusiasticamente aplaudido ao tocar "Noites Cariocas" com o regional de

Caçulinha, depois de ser apresentado pela cantora Elizeth Cardoso, que afirmou ter sido por ele descoberta. O ponto culminante nesses anos de êxito e reconhecimento de sua obra pode ser considerado o espetáculo (gravado originalmente em três discos da Funarte) no Teatro João Caetano, em fevereiro de 1968, quando Hermínio Bello de Carvalho reuniu Jacob e seu conjunto Época de Ouro, o Zimbo Trio e Elizeth Cardoso, no qual ele foi alvo de uma estonteante ovação da plateia. O soberbo artista brasileiro, que não se considerava um músico profissional, era consagrado em definitivo, para mais tarde ser aclamado internacionalmente como um dos maiores bandolinistas de toda a história da música. Para alguns, o maior de todos.

O primeiro enfarte ocorrera no Teatro Casa Grande, em março de 1967, quando, após executar "Lamento", ficou tão emocionado com a intensidade dos aplausos de um público jovem, amante da bossa nova e supostamente antagônico, que não aguentou: saiu do palco cambaleando e caiu na coxia. Desde esse dia começou a ficar apavorado. Achava que não ia durar muito e viajava frequentemente a Brasília, onde se internava num hospital para ser tratado por um médico de sua confiança. Havia sofrido edema pulmonar, tinha tido úlcera supurada e dizia-se um "driblador de enfarte". Evitava emocionar-se, sabendo que isso poderia ser fatal.

Em agosto de 1969, foi à casa de Pixinguinha pedir algumas composições para o disco que estava preparando. Conversaram bastante, Jacob escolheu algumas como "Aradir", "Acerta o Passo" e "Ainda Existe", e voltou para casa dirigindo seu automóvel. No trajeto sentiu a dor. Sozinho, aos gritos, conseguiu chegar, parando o carro defronte ao portão da garagem, debruçado sobre o volante, disparando a buzina em sinal de desespero. Foi carregado pela mulher e o caseiro até a varanda e morreu nos braços de Adylia.

Tempos antes, tinha enviado uma mensagem gravada em fita para seu amigo Antonio D'Auria, assim finalizada:

No mais, meus amigos, uma enorme saudade de vocês todos, uma saudade que às vezes não me deixa dormir, porque eu remoço perto de vocês. Me sinto mais animado nessa batalha de música porque, quando não estou em São Paulo, estou metido aqui na toca, onde eu espero vocês um dia para se hospedarem aqui em casa e ver o material que eu tenho aqui. Conto voltar breve e estreitar cada um de vocês, Barão, João da Mata, Jaime, Lázaro, Isaías, Agostinho, Walter Bitteli e toda a turma que com tanto carinho me trata aí. Bom, D'Auria, já estou engasgando, é melhor parar de falar, sabe? Uma boa noite para vocês, mas uma boa noite mesmo. Ouçam a passarada que já está acordando enquanto eu vou dormir agora.

3.

O poder da voz

> Para Renato Macedo, elegância de voz e de gosto,
> meu inspirador no rádio

Talvez tenha sido a música o que me atraiu para o rádio. Ou terá sido o inverso?

De todo modo, foi com minha avó materna, a querida vovó Elisa, que fui descobrindo a ventura de poder sonhar ouvindo rádio. Ouvíamos juntos horas e horas, de manhã, à tarde e à noite, até acabar o "Noturno do Sumaré", último programa de auditório da Rádio Tupi PRG 2, que começava às 22 horas e terminava com o quadro do notável Pagano Sobrinho, o único humorista surrealista no Brasil, por quem tive uma admiração incontida. Nesse programa de meia hora, havia uma orquestra para acompanhar Lolita Rodrigues cantando músicas espanholas e Leny Eversong, canções americanas. O regional do Rago, o primeiro a incorporar o acordeom, tocado por Orlando Silveira, acompanhava cantores de música brasileira, como o sambista gaúcho Caco Velho, o "homem que tinha uma cuíca na garganta" e que também traçava um contrabaixo nas *jam sessions* de jazz no clube L'Amiral. Tendo nos intervalos a voz imponente do locutor Alfredo Nagib, o programa terminava às dez e meia. Depois íamos dormir.

Como a casa de vovó na praça Amadeu Amaral se comunicava por uma porta nos fundos com a nossa, na rua Cincinato Braga, vira e mexe eu ia visitá-la. Lá estava ela sentadinha, jogando paciência com um baralho miúdo que cabia direitinho no braço ancho do sofá, fumando cigarros da marca Turcos com ponteiras de cor violeta, ao lado do rádio--vitrola Philco modelo 1937, sempre ligado. Sentava-me ao pé dela, com o ouvido colado no alto-falante, e ali ficava desligado do mundo, com o olhar perdido no jardim.

No seu quarto de dormir havia um radinho de cabeceira portátil branco, cujos controles nas extremidades superiores eram dois discos vermelhos serrilhados, que ouvíamos à noite quando dormia em sua casa, o que eu adorava.

Comecei ouvindo programas infantis, a "Escolinha da Dona Olinda" com Nhô Totico pela Rádio Cultura, PRE 4. Sozinho e sem script, Vital Fernandes da Silva improvisava durante meia hora os diálogos da professora com seus alunos: o Mingote, o seu Mingau, o seu Sebastião, o japonês e outros mais. Nhô Totico imitava quinze vozes masculinas e femininas diferentes, dialogando entre si sem se confundir, conseguindo passar instantaneamente da voz da professora esbravejando para a voz tímida do Minguinho, aluno exemplar e querido da Dona Olinda, pois sempre respondia acertadamente a todas as questões. Politicamente correto mas, para mim, o mais sem personalidade de todos. Não me esqueço da noite em que meu tio Jacques levou-me à Cultura, o "Palácio do Rádio" na avenida São João, nº 1.285, um belo edifício *art deco*, para assistir no auditório de poltronas de madeira de cor creme ao programa do Nhô Totico. Aquele senhor de bigodes e cabelos ondulados, com óculos sem aro e ar de dentista, ficava sozinho no palco, ao lado das estantes da orquestra, mudando de voz instantaneamente. Era assombroso, um verdadeiro mágico.

Outro programa que eu não perdia na adolescência era o seriado de aventuras da Rádio Difusora, as aventuras de "O Homem-Pássaro", que voava com um motorzinho nas costas e aparecia sempre para combater os inimigos. Não perdia também os capítulos diários do Vingador, um mascarado a serviço do bem; gostava tanto das aventuras de Tarzan que me inscrevi no clube de amigos, recebendo pelo correio um brochezinho vermelho com um dente branco de galalite pendurado, como um talismã arrancado de alguma fera das selvas africanas. Quando ia à casa de meus tios Marcus e Cordelia, onde eu tinha liberdade de dormir bem tarde, depois das 10, ouvíamos juntos o aterrorizante programa policial "O Sombra" interpretado por Rodolfo Mayer, um ícone do rádio desde que começou na Record, em 1927. Com voz cavernosa, um dos expoentes da história do rádio brasileiro, Otávio Gabus Mendes (pai de Cassiano), dava início ao programa apresentando nosso herói com esta frase solene: "Quem sabe o mal que se esconde nos corações humanos? Ha, ha, haaa! O Sooombra saaabe!". Um friozinho percorria a barriga da gente com a música assustadora que se seguia.

Ouvia muito a Rádio Record, onde meus programas favoritos eram a "Escola Risonha e Franca", com o Barbosinha (que seria depois conhecido como Adoniran Barbosa), e "O Crime Não Compensa", com os diálogos entre o locutor Gastão do Rego Monteiro e o delegado Dr. Arthur Leite de Barros, que cunhou uma expressão famosa, "Siiim, Gastão!".

Atrações do elenco do "Noturno do Sumaré" na Rádio Tupi: as cantoras Lolita Rodrigues e Leny Eversong (pseudônimo de Hilda de Campos Soares da Silva), o sensacional humorista Pagano Sobrinho e o locutor Alfredo Nagib.

Era a resposta fatal que ele dava em tom dramático a perguntas do tipo: "E ele matou mesmo, doutor Arthur? A sangue frio?". Aí vinha o bordão que todo mundo conhecia.

Nos fins de semana eu não perdia o rádio-teatro do Manoel Durães, com seu sotaque lusitano dos atores de teatro antigo no Brasil. Seu elenco exclusivo, para as radiofonizações de peças clássicas transmitidas nas tardes de sábado, incluía sua mulher Edith Morais, geralmente a principal personagem feminina, fosse uma mocinha ou uma velhota, e um radioator chamado Nestório Lips. Alguém se habilita a citar um nome mais marcante no rádio-teatro brasileiro? Aliás, nomes sonoros era o que não faltava no rádio. Outro: José Paniguel, locutor da Record.

O rádio-teatro de Manoel Durães tinha um formato tradicional, ao passo que o das rádios Tupi e Difusora era mais moderno. Lá brilhavam Lia Borges de Aguiar e Walter Forster, Fernando Balleroni, os locutores Homero Silva e Ribeiro Silva, o menino Walter Avancini, o futuro diretor Cassiano Gabus Mendes e outros que vi pessoalmente em plena função, no dia em que meu tio Geraldo levou-me para conhecer os estúdios das duas emissoras no Sumaré, PRG 2 e PRF 3. Atrás da grande janela de vidro, lá estavam eles em carne e osso com as folhas de papel do script nas mãos, defronte aos microfones, em poses nada condizentes com a dramaticidade de que tratava o texto. Na cena de uma discussão violenta, Heitor de Andrade, representando um personagem enfurecido, se encostava placidamente numa estante, como se estivesse descansando. A voz era tudo no rádio. Através das vozes, o rádio-ouvinte imaginava como bem entendesse o cenário, os rostos, a beleza, a feiura, as expressões e atitudes.

Certo dia, ganhei do tio Geraldo um dos melhores presentes de minha vida: um microfone de verdade, acessório do gravador de som que ele me deu. O principal era evidentemente o gravador de fio da marca Webcor, mas minha fixação era naquele microfone redondo de redinha metálica. Reparem que não disse gravador de fita, que, imagino, ainda não existia naquela época para uso doméstico. Acreditem: o som era gravado e depois reproduzido num fio de arame muito fino, que corria e era enrolado num carretel. Depois das primeiras brincadeiras gravadas, em que ouvi pela primeira vez minha própria voz num alto-falante, comecei a montar meus próprios "programas de rádio", focalizando a vida e a obra de grandes compositores, entremeando textos biográficos que colhia em livros com trechos de suas músicas, reproduzidos na grande vitrola Standard Electric e captados pelo mesmo microfone. Luiz Gonzaga, Pixinguinha, Cole Porter e George Gershwin foram tema de alguns desses

Nhô Totico, criador de todas as vozes da "Escolinha da Dona Olinda", um dos programas favoritos da petizada, o então humorista do rádio Adoniran Barbosa, na época praticamente desconhecido no mundo da música brasileira, e o casal Edith Morais (irmã da atriz Dulcina de Morais) e Manoel Durães, que viviam os principais personagens do rádio-teatro levado ao ar semanalmente pela Rádio Record.

programas, que levavam dias para serem concluídos. Não dá para descrever o prazer que tive com aquele inesquecível divertimento, que consumia horas e horas sem que eu as sentisse passar.

Durante as férias de três meses no verão, e mais um no inverno, em julho, a família toda ia para a fazenda São Pedro do Paraíso, e lá eu não despregava do rádio Zenith que sintonizava perfeitamente as principais emissoras do Rio de Janeiro, Tupi, Mayrink Veiga e Nacional. A "PRK 30", de Lauro Borges e Castro Barbosa, o "Edifício Balança Mas Não Cai" e o "Piadas do Manduca", escrito e dirigido por Renato Murce, eram os humorísticos favoritos. Além dos programas estritamente musicais apresentados nas noites da semana — "Um Milhão de Melodias", com a grande orquestra dirigida pelo maestro Radamés Gnattali, e o programa de Dick Farney —, havia os longos programas das tardes de sábado, como o César de Alencar, recheados de atrações que eu adorava: o cowboy Bob Nelson, os Trigêmeos Vocalistas, cantando e sapateando, Os Cariocas, Jorge Goulart, Ângela Maria, Marlene, Nora Ney, Jorge Veiga, Ivon Cury, Carlos Galhardo, Orlando Silva, Chico Alves, Luiz Gonzaga, Trio de Ouro, Linda Batista, Blecaute, uma constelação de vozes a quem devo a formação de meu conhecimento e gostos na música popular brasileira. Aprendia e sabia de cor o repertório desse povo todo.

Incentivado por tudo que ouvia e imaginava, resolvi reproduzir meus programas de auditório num grande salão de arreios no porão da fazenda. Uma vasta mesa de catar grãos de café virou palco, e o encerado do terreiro pendurado no teto era a cortina. Nos fins de semana eu convidava os filhos dos empregados da fazenda e o "auditório" ficava lotado para assistir nosso "elenco", composto de dois filhos do administrador, meu primo João Eduardo Motta, meu irmão Kiko Homem de Mello e eu. Fazíamos tudo: tocávamos gaita e pandeiro, cantávamos baiões, sambas e marchinhas de Carnaval, representávamos adaptações de livros — como os policiais de Sherlock Holmes, em que eu tinha que rebolar para inventar as falas quando o detetive, concentrado, tentava resolver o crime tamborilando com as pontas dos dedos na poltrona enquanto raciocinava. Aos domingos de manhã apresentávamos um programa de calouros para a meninada que se dispusesse a participar. Cantavam modas caipiras e as músicas que conheciam das rádios, eram julgados e recebiam como prêmio um saco de balas que eu trazia da venda da cidade. Assinando a nota na conta do meu pai, naturalmente.

Depois das férias, a família toda voltava para São Paulo, saindo no trolley guiado por meu pai e puxado por uma parelha de cavalos da raça

Destaques do *cast* de rádio-teatro da Tupi e da Difusora: os galãs Ribeiro Filho e Walter Forster, e o jovem Cassiano Gabus Mendes, que depois assumiria a direção geral da TV Tupi (aqui com a mulher Elenita Sanches, também radioatriz, e o primeiro filho, Otávio, o futuro ator Tato Gabus Mendes).

Percheron. Embarcávamos no trenzinho de três vagões que partia à tarde de Itatinga até a estação de Miranda Azevedo, onde fazíamos a baldeação para o noturno que vinha resfolegando de Presidente Prudente, conduzido por uma monstruosa locomotiva à lenha. Eu ficava horas acordado no leito da cabine, vendo a paisagem escura, até cair no sono. Desembarcávamos na manhã seguinte na estação Júlio Prestes, da Sorocabana, hoje Sala São Paulo, sede da OSESP. Estava de volta à escola.

O mesmo tio Geraldo Homem de Mello, que me dera o gravador e era engenheiro de torres e transmissores de rádio, tendo construído várias emissoras paulistas, levou-me um dia aos novos estúdios da Rádio Panamericana, na qual tinha uma participação societária. Ainda eram na rua São Bento, nº 299, antes da rádio ser adquirida pelo Dr. Paulo Machado de Carvalho e transformada na emissora dos esportes. Lá estavam o grande Mário Lago — que viera do Rio a convite de um dos sócios, o teatrólogo Oduvaldo Vianna —; César Monteclaro, uma das mais agradáveis vozes do rádio e até hoje em plena atividade em comerciais de televisão; e, muito jovem ainda, Hélio Ansaldo, vestindo uma jaqueta de couro.

Ao passar pelas ruas Direita e São Bento, a gente tinha chance de cruzar com essas figuras, a maioria de bigodinho bem aparado e cabelos empastados de gomalina, todos facilmente identificados por um distintivo dourado em forma de microfone, espetado na lapela, aceito por nós, pobres mortais, como prova da sobrenaturalidade dos artistas de rádio.

Nesse dia assisti ao programa infantil "Clube do Cavalinho Preto", e fiquei tão fascinado que perguntei esperançoso a meu tio:

— Você me deixa trabalhar aqui um dia?

A resposta não foi muito animadora, mas o destino estava traçado. Muitos anos depois, eu iria trabalhar na Rádio Panamericana.

Em outubro de 2004, meu amigo Julio Brisola me convidou para assistir ao jogo do nosso amado tricolor com o Santos, no estádio do Morumbi — com direito à tribuna de honra, no camarote do presidente e junto com os cardeais do São Paulo Futebol Clube, um dos quais era o próprio Julio. Gentilmente ele me apresentou a cada um deles, e, para minha surpresa, todos, sem exceção, já me conheciam através do programa na Rádio Jovem Pan. O surpreendente é que o último programa tinha ido ao ar mais de dezesseis anos antes.

O "Programa do Zuza", o "programa para quem tem música nas veias" — *slogan* criado por Mario Fanucchi, um estimado amigo e profundo conhecedor de rádio e TV — marcou definitivamente minha vida na música. Frequentemente sou cobrado por antigos ouvintes pelo fato de não estar mais atuando no rádio. Reclamam que preciso voltar e que não deveria ter parado, alguns recordam detalhes de um determinado programa, outros afirmam que invariavelmente ligavam o rádio do automóvel no "Programa do Zuza" quando voltavam do trabalho, chegando a confessar que assim aprenderam a gostar de música.

Ajudar as pessoas a saber ouvir música era precisamente o objetivo que eu tinha desde que recebi o convite de Tuta Amaral de Carvalho para apresentar um programa musical na Rádio Jovem Pan, às 5 da tarde.

Tuta, com quem eu já tinha trabalhado dez anos na TV Record, sugeriu que além de apresentar o programa como qualquer disc-jóquei da época, operasse eu mesmo a mesa de som, como ocorria nas emissoras americanas. "Você trabalhou dez anos em mesa de som nos musicais da TV Record; fazer um programa de rádio vai ser moleza, é só também falar", incentivou-me o futuro patrão dos onze anos seguintes. "Como você conhece música não vai ter problema. Só não tenha pressa. O programa tem que ser diário, mas até pegar audiência leva uns quatro anos, depois todo mundo vai ouvir seu programa", completou Tuta, uma das pessoas que mais entende de rádio que conheci.

Depois de alguns testes, armado com fones de ouvido e um microfone pendurado no pescoço por uma coleira, lançamos o "Programa do Zuza" no dia 1º de março de 1977, apresentando-o diariamente de segunda a sexta, das 5 às 6 da tarde, pela Rádio Jovem Pan AM.

Pelo que sei, algum tempo depois é que a Rádio Cidade do Rio de Janeiro lançou um disc-jóquei operando também a mesa de som, novidade que viria a diferenciar os programas musicais das emissoras FM dos que perduraram durante anos nas AM, nos quais havia um apresentador e o operador na técnica do outro lado da janela de vidro. Na Jovem Pan AM, em 620 Khz, saímos na frente das FM.

Na viagem que fiz aos Estados Unidos nesse ano, comprei um par de fones acoplado a um microfone bem menor e mais prático. Pelo fone do lado direito ouvia o que estava sendo transmitido (*no ar*), e pelo fone do ouvido esquerdo, o que na linguagem de *broadcasting* se denomina de *cue*, isto é, o que deve estar pronto para ser transmitido. Assim, era possível ajustar, num dos dois *pick-ups* disponíveis, o ponto certo do disco a ser tocado enquanto o disco que tocava no outro *pick-up* ia ao ar. Ou então, ir preparando o próximo disco durante o comentário. Pode parecer complicado para um leigo, mas é relativamente simples para um músico que ouve o que quer ouvir, podendo separar sons diferentes em cada ouvido. O músico aprende a se concentrar no que deseja, filtrando o que não deseja escutar.

"Ajustar o ponto certo do disco a ser tocado?", indagarão os leitores mais jovens, justificando que bastava acionar o *play* da faixa escolhida do CD. Cabe então uma informação que só me dei conta ser necessária no dia em que minha neta Luísa, ligadíssima em música, me perguntou quando ainda tinha 8 anos: "Vovô, o que é disco?". Fiquei desconcertado. Por isso é imprescindível esclarecer a esses jovens que os discos naquela época eram os LPs de 33 rotações, geralmente com seis faixas de cada lado. Estávamos ainda na época do vinil, e "o ponto certo" era o início da faixa.

No programa, além das informações indispensáveis sobre cada gravação, eu costumava acrescentar alguma pequena história ou tecer alguns comentários. Eventualmente, se tivesse que chamar a atenção para um determinado detalhe, não me importava em interromper a música no meio e depois prosseguir. Ou repetir a música toda desde o início. Minha ideia era dar uma nova dinâmica ao programa, quebrando o esquema que vigorava em rádio até então, no qual o locutor anunciava "Ouviremos agora 'Aquarela do Brasil', de Ary Barroso, com Jorge Goulart", antes da música, e "Acabamos de ouvir 'Aquarela do Brasil', de Ary Barroso, com Jorge Goulart", depois que terminava. A intenção era integrar a fala de locutor com a música, fundindo uma na outra. Assim, interrupções que ninguém se atrevia a fazer em rádio passavam com naturalidade. Do mesmo modo, ninguém reclamava quando a música era reiniciada do meio para o fim, como costumava fazer naquele trecho da batucada de tamborins de samba em "Chega Mais", de Rita Lee.

Pelo menos uma vez por semana o programa recebia um convidado, cuja entrevista seguia o mesmo esquema: suas frases também podiam ser interrompidas desde que fosse oportuno. Quando o entrevistado mencionava uma canção, ela entrava em cima da citação, ilustrando adequadamente o que fora dito. A entrevista não se tornava monótona, pelo contrário, ficava mais rica. Tudo isso era possível porque o programa não era ao vivo, embora isso não fosse notado pelo ouvinte. Era gravado duas ou três horas antes de ir para o ar, permitindo essas edições.

Quarta-feira era o "dia do ouvinte", quando eram atendidas as solicitações de quem enviava cartas ao programa — cartas que, além dos pedidos, traziam os pontos de vista de seus autores, lidos por mim no ar. Assim, foi-se formando, aos poucos, um verdadeiro clube de ouvintes, todos eles se manifestando livremente sobre música. Alguns se corresponderam entre si e pelo menos três deles tornaram-se amigos, ligados pela música: a amorosa Rosinha Neto, o músico Gê Tok, que se tornou guitarrista, e Alessandra de Souza Alves, que seguiu carreira de jornalista. Até hoje nos correspondemos, tendo uma ligação de amizade que o tempo não afeta.

Havia ouvintes de todas as classes sociais: médicos, engenheiros, publicitários, taxistas, empregadas domésticas, prisioneiros, músicos amadores e profissionais, professores, estudantes universitários, mamães buscando seus filhos na escola — o que os unia era uma fidelidade a toda prova, manifestada durante os onze anos em que o programa esteve no ar. Alguns ouvintes faziam verdadeiras confissões de suas vidas particulares, revelando que viam a música como um verdadeiro bálsamo para seus problemas íntimos. Um dos casos mais dolorosos foi o de uma ouvinte que me escreveu do hospital onde estava internada, e quando seu pedido foi atendido, uma semana depois, já havia morrido, como me relatou depois seu irmão.

Com um entrevistado aconteceu algo semelhante: desejando obter informações da misteriosa carreira de um grupo vocal paulista dos anos 20, o "Grupo X", que seguia a linha do Bando da Lua, recebi a visita do único sobrevivente do conjunto, Amílcar de Conti, que revelou detalhes de sua trajetória de cinquenta anos antes. O registro gravado esclareceu o mistério, mas Amilcar nunca ouviu o programa. Faleceu uma semana depois de nosso encontro.

Entre as personalidades já falecidas cujos depoimentos estão gravados nas cópias das fitas que preservei, estão, por exemplo, Candeia, Elis Regina, Elizeth Cardoso, Gonzaguinha, Itamar Assumpção, Jackson do Pandeiro, João do Vale, Nara Leão, Orlando Silva e Tom Jobim.

Produzi também programas especiais, temáticos: as músicas abordando a chuva; o samba "Aquarela do Brasil", com trechos de suas dezenas de gravações e a descrição da original pelo próprio arranjador, maestro Radamés Gnattali; sobre a Rádio Jovem Pan, com a participação de Estevam Bourroul Sangirardi; sobre os recitativos na música brasileira, são alguns deles. No dia seguinte à morte de Vinicius de Moraes, li no *Jornal do Brasil* uma crônica de Carlos Drummond de Andrade narrando a chegada do poeta no Céu e seu diálogo com São Pedro. Era um programa de rádio pronto. Consegui a colaboração de dois atores extraordinários, Gianfrancesco Guarnieri e Renato Consorte, que gentilmente gravaram com emoção as falas dos dois personagens. Foi só ilustrar com música e o programa ficou sensacional. Não tinha como dar errado.

O prefixo do programa era formado por trechos de quatro gravações que indicavam a sua linha musical: a primeira era o choro "Teclas Pretas", de Pascoal de Barros, com o grande saxofonista Zé Bodega. Logo após a introdução com os metais da orquestra Tabajara havia uma pausa, em que enxertei um grupo vocal anunciando: "Zuza!". Durante o solo do tenor vinha a voz inconfundível do locutor oficial da emissora, Franco Neto: "Aí vem o Zuza". Seguia-se o instigante piano de meu ídolo Duke Ellington, para a entrada da orquestra em "Take the A Train", de Billy Strayhorn. Franco retornava: "Tocando e falando de música com você". Seguia-se o som delicioso do sax-alto de Abel Ferreira em "Doce Melodia", antes do arremate de Franco: "Um programa para quem tem música nas veias". A quarta música era o clássico de Cole Porter, "I Get a Kick Out of You", com a orquestra do canadense Percy Faith. Sobre o trecho das cordas eu entrava, iniciando sempre com a mesma frase:

— Boa tarde a todos vocês que têm música nas veias!

O "Programa do Zuza" foi inspirado no estilo descontraído de um de meus ídolos no rádio, o adorável radialista Renato Macedo, cuja naturalidade e comunicabilidade espontânea foram a chave de seu sucesso na Record e na Excelsior. Renato era o mais velho dos três irmãos Macedo, com Fausto e Ricardo, figuras de proa do rádio paulistano.

Assim, o programa foi ao ar sem nenhum preconceito de gênero musical, abraçando de Charlie Parker a Tonico e Tinoco, numa emissora essencialmente de música popular brasileira, na época. Quando toquei, num dos primeiros programas, uma música com a grande dupla da música sertaneja, foi um deus nos acuda no departamento comercial da Jovem Pan. Os contatos publicitários queriam me crucificar por tocar moda caipira no horário das 5 da tarde, um verdadeiro sacrilégio em relação às normas que eles julgavam intocáveis na Jovem Pan. Com o apoio do Tuta, segui em frente por mais onze anos sem nenhum dia de ausência, com ampla e total liberdade de escolha, sem qualquer interferência, durante toda a duração do programa.

Antes mesmo da estreia do "Programa do Zuza", eu já havia sido convocado pelo Tuta para uma tarefa, acredito, inédita no rádio brasileiro até então: gravar uma série de vinhetas para a programação da Rádio Jovem Pan. Além da identificação da emissora, cada tipo de informação seria precedido de uma vinheta, que terminava com o logotipo sonoro de um grupo vocal a quatro vozes cantando sempre a mesma melodia: "Rádio Jovem Paaan!". Detalhe fundamental: o trabalho seria realizado numa empresa especializada em jingles e vinhetas em Dallas, Texas.

Mario Fanucchi, que teve significativa trajetória nas TVs Tupi e Cultura, foi diretor de criação da Rádio Jovem Pan e autor do *slogan* do "Programa do Zuza": "um programa para quem tem música nas veias".

Início de carreira de três personalidades do rádio, os locutores da Rádio Record, PRB 9, no ano de 1932, quando a emissora era a porta-voz da Revolução Constitucionalista de São Paulo. Da esquerda para a direita: Renato Macedo (o inspirador do "Programa do Zuza"), Nicolau Tuma e Raul Duarte.

Fizemos uma relação de tudo que pretendíamos e no dia 6 de março fui para Dallas, onde passei dez dias gravando num pequeno estúdio alugado, o primeiro da Jam Productions, empresa dirigida por um verdadeiro gênio dos jingles, Jon Wolfert. Depois de selecionar o material com o chefe de vendas e profundo conhecedor do rádio americano, Fred Hardy, gravamos em torno de trinta vinhetas diferentes, incluindo a mais intrigante de todas: "O Homem do Tempo", que deveria preceder as informações meteorológicas de Narciso Vernizzi. Aquela voz esquisitíssima, como a de um robô, é do próprio Jon, que utilizou um sistema denominado Sonovox, desenvolvido nos anos 40 por um músico americano para possibilitar a fala de pessoas com perda das cordas vocais. Com seu Sonovox, Jon havia criado um som singular, como a voz de um ser extraterrestre, através de um captador sonoro encostado na sua garganta combinado com uma nota do teclado eletrônico da época, o Moog. Anos depois, esse processo trabalhoso seria consideravelmente simplificado num equipamento denominado Harmonizer, que distorce as vozes.

O maior problema na produção dessas vinhetas era corrigir o sotaque do grupo vocal, de modo a não parecer serem cantadas por americanos. Como na língua inglesa não existe o som nasal — como em "Pan" — surgia uma dificuldade quase insuperável. Bastava que um dos cantores errasse para estragar tudo. A voz grave do baixo Jim Clancy, de quem me tornei amigo, dava uma imperceptível marca registrada aos jingles da Jam. Quando retornei com as fitas gravadas ao Brasil, foi um alvoroço na rádio. Naquela mesma tarde Tuta mandou programar várias vinhetas, que passaram a dar à Jovem Pan uma personalidade única, aumentando extraordinariamente sua marcante presença no rádio paulista.

Fui ainda outras vezes a Dallas para produzir novas vinhetas, cada vez mais sofisticadas e originais; a Jam cresceu e se instalou numa sede própria, com vários estúdios avançadíssimos. Mas, durante esses anos todos, quase ninguém no rádio brasileiro soube que as vinhetas da Jovem Pan eram cantadas por americanos.

Essas viagens solidificaram minha amizade com Fred Hardy, um americano grandalhão e generoso, notável vendedor e um perfeito modelo do que se define em língua inglesa como um "character". No Rio de Janeiro seria uma figuraça. Certa vez, em uma das mais de vinte viagens que fiz a Dallas, ainda estávamos, Ercília e eu, retirando as malas da esteira no movimentadíssimo aeroporto DFW quando surgiu aquela figura enorme, com seu maroto sorriso de moleque travesso que esconde alguma surpresa. Ao atingirmos o estacionamento, Fred mostrou-nos orgulhoso seu mais novo brinquedo: um Rolls-Royce negro dos anos 50, que ele fez questão de dirigir sozinho na boleia, como um competente e prestativo *chauffeur*, portando um charmoso boné antigo. Ficamos instalados no andar superior de sua casa no elegante bairro de Highland Park.

Fred adorava agendar os jantares nos melhores restaurantes de Dallas, que ele conhecia como ninguém, solicitando a reserva sempre em nome de "Hardy's Party". Era o selo de garantia de horas inesquecíveis em sua adorável companhia, o que perdi para sempre no dia em que ele se foi. Não acordou depois de um animado Réveillon, morte digna de um verdadeiro *bon vivant*.

No ano de 1977 houve um *boom* do gênero choro no Brasil. Em pouco tempo, antigos músicos que estavam de bobeira começaram a ser chamados para shows e gravações. Tuta aproveitou a oportunidade para provar o que os boletins do Ibope, talvez por deixar de pesquisar entre ouvintes nos automóveis, não confirmavam: a Jovem Pan era uma das emissoras mais ouvidas na cidade. Propôs um espetáculo a ser chamado "O Fino da Música", que seria cercado de todas as adversidades possíveis: deveria ser numa segunda-feira, no Palácio das Convenções do Anhembi — uma caveira de burro, por ser fora de mão —, não haveria divulgação pela televisão e pelos jornais, nem lambe-lambe nas ruas, e a venda de ingressos seria dificultada. Quem quisesse o seu teria de subir ao 24° andar do edifício Winston Churchill na avenida Paulista, onde fica a Rádio Jovem Pan, para fazer fila e comprar com a mocinha sentada na mesa da entrada. A divulgação do espetáculo seria feita exclusivamente pela emissora. Não contente, Tuta impôs mais uma dificuldade: o espetáculo não poderia ter nenhuma grande estrela, nenhum cantor famoso e somente músicos pouco conhecidos. Em resumo, tratava-se de juntar todos os elementos adversos e ainda assim alcançar sucesso com um espetáculo divulgado apenas através da emissora, comprovando que a real audiência da Jovem Pan era muito superior àquela que o Ibope registrava. A estratégia de Tuta foi coroada de êxito.

Quando me propôs o plano, sugeri reunir o mais importante grupo de choro da música brasileira, o regional do Canhoto. Não tocavam juntos desde 1955, embora estivessem todos vivos. Fui à casa do Canhoto (Waldomiro Tramontano), fiz a proposta, e ele, após muita hesitação, resolveu topar. Juntamos novamente seu cavaquinho com a flauta de Altamiro Carrilho, o acordeom de Orlando Silveira, o pandeiro de Jorginho e os dois mais célebres violões brasileiros no gênero, Dino Sete Cordas e Meira. O elenco foi completado com o saxofonista Paulo Moura e um grupo de choro do Rio, a orquestra do trombonista Raul de Barros e o conjunto Atlântico, de São Paulo.

Durante alguns dias não se falou noutra coisa na Jovem Pan senão no grande momento em que os músicos do regional do Canhoto fossem tocar depois de tanto tempo separados. Cada participante foi entrevistado e em três tempos a cidade ficou entusiasmada ao saber da vida artística de cada um deles e da sua importância na música brasileira, o que muita gente ignorava. Inclusive os contatos de publicidade da própria rádio que, ao ouvirem o nome de Paulo Moura, me perguntaram: "Como é que vamos vender a publicidade com esse cara que ninguém sabe quem é?". O fato é que, através da Jovem Pan, o público paulista ficou num alvoroço nunca visto, ansioso para ver os grandes músicos como se viessem de outro planeta.

Chegaram do Rio naquela manhã de 26 de maio, desceram um a um do ônibus em que tinham viajado e, à noite, com o Anhembi abarrotado, até com cadeiras extras, realizaram um dos mais lindos espetáculos de música instrumental que São Paulo assistiu. Nilton Travesso, diretor do espetáculo, sugeriu que Raul de Barros entrasse tocando trombone pelo fundo da plateia para juntar-se à orquestra no palco, abrindo a noitada. Fausto Canova foi o apresentador. Foi um arraso.

O "Fino da Música" transformou-se numa série mensal, estendida à música vocal, com a vinda de algumas novidades que cantaram pela primeira vez em São Paulo, como Alcione e Emilio Santiago. Outro momento inesquecível foi a reunião da orquestra Tabajara, que há anos não se apresentava ao público paulista, com o maestro Severino Araújo e seus quatro irmãos (Nelson, Plínio, Zé Bodega e Jaime) ao lado de Elizeth Cardoso que, em agosto de 1954, fora sua *crooner* no célebre baile realizado por Assis Chateaubriand no Château de Corbeville, próximo de Paris. Ao contratar a orquestra, combinei com Jaime Araújo que Zé Bodega iria solar o choro "Teclas Pretas", o prefixo de meu programa. Pouco depois do início do espetáculo, Zé sentiu-se mal e teve que ser atendido no posto médico do Anhembi. Fiquei apavorado, mas depois do susto ele disse que estava bem e iria tocar. Assistiu-se a uma exibição do maior saxofonista tenor brasileiro de sua época, gravada no disco do espetáculo lançado no mesmo ano.

Logo após ter gravado seu LP *Elis* (o que tem "Romaria"), convidamos Elis Regina para um "Fino da Música" que representaria o lançamento do disco. Ao nos reunirmos para decidir como seria distribuída a pequena verba do patrocinador, destinada ao cachê de Elis e seu gru-

Com microfone e fones de ouvido especiais, o "Programa do Zuza" era gravado à tarde no estúdio da Rádio Jovem Pan para ser transmitido às 17 horas.

O décimo aniversário do "Programa do Zuza", em 1987, foi comemorado com um especial ao vivo reunindo, entre outros, as cantoras Ângela Maria, Nora Ney, Célia e Leny Andrade, o cantor Jorge Goulart, a dupla Pena Branca e Xavantinho, o grupo Premê, os violonistas Antonio Rago e Paulinho Nogueira, os radialistas Roberto Corte Real, Morais Sarmento, Walter Silva e Henrique Lobo, o produtor Aloísio de Oliveira, ouvintes e, surpreendentemente, Geraldo Vandré (à esquerda), que declarou na ocasião: "Estou fora de mercado". Houve show com todos eles.

po, estavam sendo feitas algumas propostas, quando ela mesma fechou a questão: "Gente, somos quantos? César, Wilson, Nathan, Crispin, Wilson, Dudu e eu. Então dividimos o total em sete partes iguais e está tudo resolvido". A reunião terminou aí e os ingressos foram colocados à venda quinze dias antes da estreia, seguindo o mesmo esquema da moça na mesinha. Foi uma loucura no 24º andar e em oito horas estava tudo vendido. No dia 25 de julho de 1977, Elis, grávida de sete meses de Maria Rita, comandou o espetáculo, do qual também resultou, anos mais tarde, o CD *Elis ao vivo*, avaliado pela Billboard como uma obra-prima de técnica e um triunfo artístico.

Dois anos depois, o mesmo título "O Fino da Música" foi aproveitado para uma série de programas em estúdio que desenvolvi com Leda Cavalcante, com a duração de três horas, ocupando a tarde toda e focalizando em cada um deles um grande nome da música brasileira. O primeiro foi Roberto Carlos, que me concedeu uma longa entrevista no Rio de Janeiro, base sobre a qual foi montado esse programa recheado com gravações de seus sucessos e com muitas recordações do tempo da Jovem Guarda. Foram também focalizados na série Tom Jobim, Maysa, Dick Farney e até Pixinguinha, que já tinha morrido. Sua voz foi obtida a partir de seu depoimento concedido anos antes ao MIS do Rio de Janeiro.

Naturalmente, a par dessas atividades, o "Programa do Zuza" permanecia no ar diariamente das 5 às 6, com uma audiência impressionante. Jamais consegui entender porque esse programa, tendo recebido seis vezes o prêmio APCA de melhor musical no rádio paulista, não despertava muito interesse na área comercial da Jovem Pan. Na única fase em que foi patrocinado, por um curto tempo, eu próprio havia conseguido a chancela da empresa, de meu caro amigo Isaac Sverner. O departamento de vendas sentiu-se ofendidíssimo, como se eu fosse um atravessador, e um dos contatos foi oferecer-lhe o programa por um valor menor que o estabelecido por Tuta, em nosso diálogo a respeito. Foi uma mancada imperdoável, que estourou no meu colo e ainda me deixou em péssima posição perante Isaac. O patrocínio foi cortado.

Apesar do amplo reconhecimento ao "Programa do Zuza" nos vários setores da emissora, houve mais de uma tentativa de encurtar o programa para meia hora, a última delas em 1987, com o que não concordei. Ao mesmo tempo, as solicitações para outras atividades aumentavam cada vez mais, a começar por uma turnê com Milton Nascimento ao Japão, que aconteceria meses depois. Percebi que era o momento certo de parar e virar a página. Antes que alguém me desse a entender que o programa não era mais o mesmo, comuniquei ao Tuta minha decisão. Continuei por mais algumas semanas, e no dia 28 de fevereiro de 1988 o último programa foi irradiado pela Jovem Pan. A música final foi o "Samba da Benção", com Vinicius de Moraes louvando os imortais da música popular brasileira. O "Programa do Zuza", para quem tem música nas veias, saiu do ar.

4.

Aceita dançar?

Para Paulo Moura, companheiro querido de tantas horas de música

Este ensaio começou a ser elaborado nos anos 70, quando decidi embrenhar-me num setor pouco explorado da música brasileira, as orquestras de dança da primeira metade do século XX. Durante meses frequentei assiduamente uma loja de discos usados num subsolo da rua Roberto Simonsen, nº 22, onde fui adquirindo do proprietário, Walter Ferreira Alves, o amigo Varti, as bolachas de 78 rotações, indispensáveis como referência sonora. Elas foram reunidas em uma modesta coleção de 280 discos, exclusivamente de música instrumental brasileira, que afinal se fez valer.

Paralelamente, consegui colher depoimentos de vários músicos daquela época, muitos já aposentados, obtendo valiosos relatos que, juntamente com as fotos que me foram gentilmente cedidas por eles, se constituiriam no arcabouço deste trabalho. No entanto, as atividades profissionais que se sucederam impediram-me de prosseguir, e o material ficou guardado na gaveta por cerca de trinta anos, enquanto a coleção de discos ficou perambulando até ser arquivada como devia.

Agora, o ensaio vem à tona. É uma fonte disponível a todos, com interesse especial aos instrumentistas brasileiros, em vista de revelações e referências detalhadas sobre músicos significativos, alguns totalmente esquecidos, que faço questão de citar face à sua responsabilidade direta pela estrutura e acabamento do majestoso edifício que hoje encanta o mundo, o da música popular brasileira.

Após a Primeira Guerra Mundial, cristalizaram-se, a partir da América do Norte, dois elementos fundamentais no crescente setor de lazer dos países do mundo ocidental: o cinema e os salões de dança animados por *jazz bands*. Esta nova expressão disseminou-se de tal forma que a década de 20 foi, por obra do escritor Scott Fitzgerald, chamada de Era do Jazz — entendendo-se tal conceito para muito além do jazz como forma musical originária de Nova Orleans, de forma a designar, com considerável abrangência, uma atitude de vida febril, na qual sobrava dinheiro e divertimento.

Por conseguinte, não pode ser visto como incorreto, nem ao menos exagerado, estender o conceito de *jazz band* para formações musicais, mais ou menos padronizadas, destinadas à função que melhor caracterizou a diversão típica da Era do Jazz, a dança. Danças beirando um frenesi a que jovens de ambos os sexos se entregavam de corpo e alma, como se o mundo fosse acabar no dia seguinte. Os resquícios da Guerra de 1914 ainda pairavam na memória quando as demonstrações de destreza e elegância no desempenho de novos passos, que surgiam a três por dois, poderiam eventualmente ser o passaporte para uma nova conquista amorosa. Ao som de *jazz bands*, dançava-se na Europa com mais energia e prazer que em qualquer outra década anterior. E por mais tempo também.

No Brasil não foi diferente. *Jazz bands* proliferaram como sinônimo e substituto das orquestras de baile, aventurando-se o mais rápido possível no repertório dos novos gêneros e ritmos que surgiam. Sua formação incluía a seção rítmica (centralizada na bateria), banjo, tuba e eventualmente piano, dois ou mais violinos e os quatro instrumentos de sopro que variavam entre trompetes e trombones (nos metais), clarinetes e, novidade na família das palhetas, o saxofone. A sonoridade ampla e flexível do sax, bem como o formato sinuosamente atraente, iriam franquear sua incorporação gradual ao jazz e à música dançante como um de seus símbolos mais originais, distinguindo-se por ser o único entre os quatro sopros que, oficialmente, se situa na periferia de uma orquestra sinfônica.

Antes da Primeira Guerra, especificamente nos primeiros catorze anos do século XX, a música instrumental brasileira gravada era dominada por dobrados, mazurcas, choros, polcas, valsas e quadrilhas, gêneros que, não escondendo a forte influência europeia, revelavam o que devia estar em voga nos eventuais bailes de então.

Nas gravações, pelo rudimentar processo mecânico, as formações mais numerosas eram denominadas bandas, como a Banda da Casa Edison (nome da famosa marca de discos do passado) e a Banda do Malaquias, músico que também chefiava a banda anterior.[1]

---

[1] Formações mais simples, com três ou quatro músicos (geralmente flauta ou clarinete, violão e cavaquinho), eram chamadas de "grupos": Grupo da Cidade Nova, Grupo Carioca, Grupo do Louro. Grande parte de seu repertório não resistiu ao tempo, mas um desses grupos, o Passos do Choro, gravou em 1915 uma peça que atravessaria os anos,

Por volta de 1916, surgem em disco as primeiras formações denominadas orquestras, como a Orquestra Odeon (igualmente devido à fábrica de mesmo nome), a Orquestra de Luiz de Sousa, que gravou um one-step denominado "Rag-Time", e a Orquestra de Madame Hugot, que gravou outro one-step intitulado "Gabi", possivelmente uma referência à *partenaire* do grande bailarino brasileiro Duque — personagem que elevou o maxixe de dança popular à condição de gênero de sucesso nos salões de baile europeus.[2]

As gravações do emergente gênero "one-step" nos dois discos mencionados representam o primeiro registro de uma ainda incipiente influência americana na nossa música dançante. Essa influência se afirmou um pouco mais em 1917, quando a Orquestra Pickman, atração da Sorveteria Alvear na avenida Rio Branco, dirigida pelo violinista Alexandre Pickmann, grava o fox-trot "Ragging this Scale".[3] Tudo indica que essa seja a primeira menção num disco brasileiro ao gênero americano que se consagraria mundialmente, o fox-trot, literalmente o "passo da raposa", também chamado "toddle".

Acentua-se a partir daí, na música dançante do Brasil, a predominância dos ritmos americanos sobre os de ascendência europeia. Desde 1910 os compositores americanos se propunham a criar músicas mais dançáveis, dando ênfase à síncope introduzida pelo ragtime, abrindo a possibilidade de dançarinos e músicos profissionais excursionarem às grandes capitais da Europa, onde obteriam êxito em cabarets, revistas teatrais e salões de baile. O sucesso das músicas americanas respingou na música dançante do Brasil.[4] Até então, porém, nenhuma formação instrumental

---

a polca "Apanhei-te Cavaquinho", do mais destacado compositor brasileiro da época, o fenomenal Ernesto Nazareth.

[2] Quando esse personagem histórico da música brasileira, o bailarino Duque (1884-1953), decidiu apresentar o maxixe na Europa, certamente na esteira do sucesso atingido pelo tango antes da Primeira Guerra, encarregou o maestro Alfredo Martins (que era violoncelista) de montar a orquestra que iria acompanhá-lo, por volta de 1914. Uma vez na Europa, o conjunto que já vinha do Brasil com o violinista João de Mesquita e o pianista Ernani Braga foi enxertado com músicos locais, mas, ainda assim, pode ser considerado o primeiro grupo instrumental a tocar música brasileira dançante na Europa.

[3] Música de Edward Claypool, lançada nos Estados Unidos com a Conway's Band em 1915.

[4] O grande *hit* americano de 1920, "Whispering", com a orquestra de Paul Whiteman, também foi gravado na Odeon brasileira por uma orquestra chamada Sanfelippo, reforçando a tendência que se espalhava rapidamente pelo mundo.

Aceita dançar?

adotara o nome de *jazz band*, o que só vai ocorrer quando o fox-trot "Vênus" é lançado em 1923 com a Jazz Band Brasil-América.[5] No repertório dançante dessa *jazz band*, destacava-se o fox-trot "Yes, We Have No Bananas", gravado nos Estados Unidos por Eddie Cantor em 1922.

Nas gravações das bandas brasileiras dos vinte anos iniciais do século XX, pode-se distinguir, com alguma imprecisão, que a seção rítmica empregava pelo menos dois dos cinco instrumentos de percussão habituais em uma banda militar, a saber: tambor, tarol, caixa, bombo e prato, cada qual nas mãos de um músico. A mais relevante novidade do ciclo das *jazz bands* no Brasil foi um instrumento, ou melhor, um conjunto de instrumentos de percussão agrupados, aqui batizado de bateria, no qual o músico aproveitava também os pés para acionar um pedal conjugado ao bumbo disposto verticalmente. Como dispunha também da caixa, montada sobre um tripé, de tambores e de pratos metálicos, todos acoplados no mesmo conjunto, um só músico conseguia executar a tarefa de três ou quatro com sincronia aperfeiçoada, o que além de significar uma mudança radical, trazia uma pulsação mais contagiante, fundamental na música para dançar. Como se não bastasse, a posição vertical da membrana do bumbo, que podia ter até 80 cm de diâmetro, expunha uma área de grande visibilidade, utilizada para se escrever o nome da *jazz band*. Assim disposta, a bateria concentrava tamanha atenção que, nas fotografias, seguindo o modelo americano, o baterista figurava em destaque, ocupando a posição central como se fosse ele o líder do conjunto.

O saudoso Jorginho Guinle, profundo conhecedor do jazz no Brasil, informa que, por volta de 1920, o conjunto do baterista americano Harry Kosarin[6] foi provavelmente o primeiro a exibir essa bateria ame-

---

[5] A Jazz Band Brasil-América era liderada pelo saxofonista João Batista Paraíso, o J. B. Paraíso, com a seguinte instrumentação: piano, violino, saxofone, trombone, trompete, banjo e bateria. Em suas poucas gravações posteriores participava também um cantor identificado no selo do disco como F. W. Brown, possivelmente o pseudônimo do cantor José Monteiro.

[6] Baterista e também pianista, Kosarin chegou com Pingitore (banjo e irmão de Mike Pingitore, da orquestra de Paul Whiteman) e o violinista Raul Lipoff, atuando como instrumentista e *band leader* no Rio e em São Paulo. Em fotos da Rag-Time Band de Harry Kosarin, que também era anunciada em outras ocasiões como American Rag Jazzing Band ou Harry Kosarin's Yazz Band, ou ainda Harry Kosarin with his Jazz Band, aparecem Kosarin e Louis Poland tocando banjo. Após sua atuação como músico e líder do grupo Harry Kosarin e seus Almirantes, que gravou discos como a marchinha "As-

ricana em nosso país, um instrumento até então desconhecido entre os músicos brasileiros. Vindo ao Brasil procedente da Argentina, onde morou, tendo atuado no Armenonville de Buenos Aires, é bem possível que Kosarin tenha importado também sua designação, uma vez que o instrumento, denominado na língua inglesa "drums" (literalmente "tambores"), já chegou da Argentina com o nome castelhano que seria adotado no Brasil: bateria.

A data aproximada da revolucionária introdução da bateria no Brasil, citada por Jorginho Guinle, é apontada com mais detalhes pelo professor Alberto Ikeda em seu acurado artigo "Apontamentos históricos sobre o jazz no Brasil: primeiros momentos". Entre agosto de 1919 e fevereiro de 1920, o jornal O *Estado de S. Paulo* estampava anúncios sobre a presença em diferentes locais de São Paulo da "excelente Rag-Time Band de Harry Kosarin, com soberbo repertório de novidades novaiorquinas". Segundo as pesquisas do professor Ikeda, Kosarin apresentou-se de 14 a 17 de fevereiro de 1920 na Rotisserie Sportsman, na capital paulista.

O conhecido pianista e maestro João de Souza Lima descreveu em sua autobiografia detalhes que o impressionaram em Kosarin, o "primeiro *drummer* (baterista) americano, que se juntou ao nosso conjunto nos bailes. Causava verdadeiro espanto vê-lo e ouvi-lo tocar acompanhando os conjuntos de dança. Chamava-se Harris Korsarin (*sic*). Homem simpaticíssimo, sempre alegre, brincalhão, era um verdadeiro Paganini na maneira de tocar. De uma destreza diabólica, com aquela coleção de instrumentos, fazia diabruras rítmicas, colaborando com uma maneira sempre muito bem adaptada ao tipo de música". Fica assim documentado que a bateria já fazia parte de pelo menos um conjunto de *jazz band* no Brasil desde agosto de 1919.

No entanto o próprio Ikeda pressupõe, fundamentado em registro da revista *Fon-Fon* de 1º de dezembro de 1917, que a orquestra de determinado espetáculo importado no Teatro Fênix do Rio de Janeiro tinha "um músico trepidante que, além de batucar em onze instrumentos diversos, ainda por cima sopra nuns canudos estridentes e remexe-se durante todo o espetáculo, numa espécie de 'guigue' circunscrita ao lugar

---

sim Sim" acompanhando Carmen Miranda em 1932, Kosarin aqui permaneceu dedicando-se à importação de partituras americanas, de grande utilidade para as orquestras brasileiras. Nos anos 60 retornou aos Estados Unidos.

Aceita dançar?

que ele ocupa na meio dos seus colegas". Conforme outros números da mesma revista pesquisados por Ikeda, esse músico, anunciado como o "Baterista dos Onze Instrumentos", era, com as "American Girls", uma das atrações de tal espetáculo, que foi apresentado duas semanas depois (de 17 a 29 de dezembro de 1917) no Teatro Apollo de São Paulo sob o nome de "American Rag-Time Revue" pela empresa Baxter & Williard's. Seria ele um baterista? Nesse caso esse músico desconhecido teria se antecipado a Kosarin. O fato é que Kosarin acabou se tornando conhecido como "o maestro que introduziu o jazz no Brasil". Pode-se dessa maneira avaliar o grau de importância que foi atribuído à bateria: era sinônimo de jazz.

De sua parte, o ilustre baterista Luciano Perrone lembra ter visto pela primeira vez uma bateria no Cine Odeon do Rio, tendo começado a tocar um instrumento com pedal acionando o bumbo-mestre no Cine Parisiense por volta de 1923.

Na primeira excursão da companhia Bataclan ao Brasil, em 1923, o instrumento foi a sensação no conjunto do baterista americano Gordon Stretton, o Gordon Stretton Jazz Band, que acompanhava a cantora e bailarina Little Esther.[7]

O conjunto de novidades sonoras e visuais proporcionadas pelas *jazz bands* descortinou assim inéditas perspectivas na música popular, modificando radicalmente o conceito de orquestra de dança, o que coincidia com a chegada de ritmos mais dinâmicos (one-step e fox-trot) e passos mais elaborados (charleston e shimmy), caracterizando uma inédita liberalidade entre os casais, motivos mais que suficientes para atrair quem gostava de dançar. Dessa forma, cavalheiros e damas seriam renomeados, através dos anos, como rapazes e moças.

Em sintonia com o resto do mundo surgiram inevitavelmente outras formações brasileiras adotando o rótulo *jazz band*: a Orquestra Ideal Jazz-Band, que gravou o one-step "Oh! Monsieur", e a Jazz-Band do Batalhão Naval, com o fox-trot "Home Agen Blues".[8]

Quem porém sobreviveria a umas poucas gravações apenas seria a Jazz Band Sul-Americana Romeu Silva, liderada pelo razoável saxofonista que assumiu posição de destaque ao gravar com assiduidade pelo selo

---

[7] Outros músicos americanos dessa *jazz band* eram John Forrester (trombone ou piano), Paul Wiser (clarineta) e um trompetista que foi substituído pelo brasileiro Acioly.

[8] Um evidente erro de grafia, pois o correto seria "Home Again Blues".

Na capa de uma partitura, um raro retrato do músico norte-americano Harry Kosarin, responsável pela introdução da bateria nas *jazz bands* brasileiras.

Odeon. Romeu, por vezes grafado Romeo, gravou com sua *jazz band* 69 músicas instrumentais.[9] Seu repertório incluía poucos fox-trots, como "Tea for Two", e era dominado por maxixes e sambas, alguns de sucesso passageiro ("Fubá", "Chuá, Chuá", "Nosso Ranchinho", "Zizinha"), quase todos flagrantemente ingênuos na letra e na música, e de quase nenhuma consequência no porvir da música brasileira. Uma exceção era uma peça de Ernesto Nazareth, "Escorregando".

No ano de 1925 cessa a produção de discos da *jazz band* de Romeu Silva na Odeon, que foi rapidamente substituída pela American Jazz Band Silvio de Souza, que fora seu pianista. O que aconteceu?

O sax-tenor Romeu Silva (1893-1958), um bonitão que aliava seus atributos de aparatoso líder e compositor sofrível à iniciativa de empresário ousado e bem articulado, conseguiu obter em 1925 uma valiosa ajuda do ministro do Exterior Felix Pacheco para promover uma viagem à Europa representando a música dançante de nosso país. Assim municiado, o inquieto e alinhado *band leader* partiu com um grupo de músicos para divulgar o samba e o maxixe brasileiros, num repertório que intercalava esses ritmos com fox-trots e tangos, procurando rivalizar com as atrações dos mais luxuosos salões de dança e cabarés das grandes capitais europeias. No Brasil, Romeu já era o mais destacado líder de *jazz band*, fazendo bela figura à frente de seus comandados, elegantemente trajados de *smoking* e contando com a valiosa ajuda do milionário Otavio Guinle para adquirir os instrumentos importados que utilizavam. O grupo permaneceu sete anos percorrendo Portugal, Espanha, França, Bélgica, Suíça, Alemanha, Inglaterra e Itália.[10]

Romeu Silva voltaria em seguida ao Brasil, mas por pouco tempo. Em 1932 embarcou com nova formação para os Estados Unidos, de onde

---

[9] Provavelmente 34 discos, além de outros 68 títulos acompanhando seu *crooner* Fernando (que também tocava banjo), somando 137 músicas, o que representa uma considerável parcela da produção da gravadora no período, que foi de 137 discos. Como cada disco tinha duas músicas, pode-se concluir que cinquenta por cento do que foi gravado na Odeon entre 1923 e 1925, aproximadamente, teve a participação da Jazz Band Sul-Americana Romeu Silva.

[10] Com músicos como o trompetista Mario Silva, os bateristas Bibi Miranda e Leonel Guimarães, os banjoistas Gastão Bueno Lobo e Fernando Albuquerque (também cantor, como se viu), o pianista Francisco Marti, os trombonistas Cavalo Marinho (Sátiro Augusto de Almeida) e Abdon Lira, o violinista Francisco (Cicillo) Bernardi, o saxofonista Luiz Lopes e o próprio Romeu também ao sax. Chegaram inclusive a gravar com a estrela negra americana, radicada em Paris, Josephine Baker.

Primeiro maestro a se destacar internacionalmente com uma *jazz band* brasileira, o elegante Romeu Silva, em retrato realizado em Nova York pelo renomado fotógrafo de artistas Murray Norman.

retornou em 1935 para inaugurar o Cassino Atlântico do Rio de Janeiro. Em 1937 atuou no Tabaris e nas rádios El Mundo e Belgrano, durante os oito meses de estada em Buenos Aires, e em 1939 viajou novamente aos Estados Unidos, para a Feira Mundial de Nova York, regressando em definitivo ao Brasil somente em 1940.

Mostrando olho clínico na escolha de seus comandados, Romeu Silva escalou, ao longo desses vinte e tantos anos de intensa atividade, alguns músicos que merecem ser destacados. No início dos anos 30 o posto de sax-tenor foi ocupado por Fon-Fon, futuro líder de uma orquestra notável, enquanto os postos de sax-alto e clarinete foram preenchidos pelo afamado Luiz Americano; para as viagens à Argentina e aos Estados Unidos, Romeu levou o vibrante baterista Sut, considerado um dos maiores ases do instrumento no Brasil daqueles tempos; o pianista na temporada de Buenos Aires em 1937 era Elpídio Pessoa, depois apelidado Fats Elpídio, grande pianista de orquestras brasileiras; na excursão de Nova York, em 1939, era Vadico, parceiro de Noel Rosa e também arranjador. Na banda de 1937 tomavam parte o saxofonista Aristides Zaccarias, que se celebrizaria tocando clarineta à frente de sua própria orquestra nos anos 40, e o sax-alto Pascoal de Barros, sobre quem há parcas informações, a não ser tratar-se de um músico extraordinário, o que pode ser confirmado por uma de suas composições, o choro "Teclas Pretas".

Evidentemente, não se pode ignorar o grupo instrumental brasileiro que mais sucesso alcançou no exterior nos anos 20, os célebres Oito Batutas, liderados por Pixinguinha, que — sem se apresentarem em salões de dança, mas sim em palcos e cinemas do Rio, São Paulo, Minas, Paraná, Bahia e Pernambuco —, encetaram em janeiro de 1922 a famosa viagem a Paris, com a ajuda, para despesas de passagem, de Arnaldo Guinle. A excursão recebeu incisivos protestos de intelectuais e jornalistas brasileiros, por serem os músicos negros e estarem representando nosso país diante dos europeus. Estreando no Dancing Sheherazade, na época sob a direção do bailarino Duque, os Oito Batutas permaneceram de fevereiro a agosto de 1922 na França. "Não era porém uma *jazz band*, pois não tinha nem piano nem bateria", assinalava corretamente o *Le Journal* de Paris, diante da instrumentação do grupo "Les Batutas".[11]

---

[11] Os instrumentos eram flauta (Pixinguinha), violão (Donga), violão (China), cavaquinho (Nelson Alves), bandolim (José Alves Lima), pandeiro (Feniano) e ritmo (José Monteiro), portanto sete músicos.

Foto de divulgação da orquestra de Romeu Silva realizada em Buenos Aires, nos anos 30. Entre os músicos, Zaccarias (sax-alto), Fats Elpídio (piano), Sut (bateria) e uma rara imagem do extraordinário saxofonista Pascoal de Barros.

Temporada de Romeu Silva e sua orquestra na Argentina, em 1937.
Da esquerda para a direita: Fats Elpídio (piano), Vicente La Falce (sax-tenor),
Vivi (sax-alto), Zaccarias (sax-alto), Romeu Silva (regente), Sut (bateria), Luiz Lopes
(contrabaixo), Fernando Albuquerque (guitarra), Ivan C. Lopes (trompete),
Aires Pessoa, o Pernambuco (trompete) e W. Grant (piano).

A orquestra de Romeu Silva no Cassino da Urca, Rio de Janeiro, em 1938.
Alguns do músicos retratados, regidos pelo maestro, de casaca:
Ivan Lopes (trompete, à esquerda), Sut (bateria), Luiz Lopes (contrabaixo),
Vicente La Falce (sax-tenor) e Fernando Albuquerque (guitarra).

Embora tenham tocado esporadicamente músicas para dançar — incluindo "um fox-trotezinho para variar", nas palavras do próprio Pixinguinha —, Os Batutas, após seu retorno da Europa, continuaram se apresentando praticamente só em teatros, do Brasil e da Argentina. Em Buenos Aires ocorreu um desentendimento entre seus elementos, provocando uma cisão no grupo.[12] Depois de junho de 1923, em uma formação que já revelava influência das *jazz bands*, o conjunto passou a chamar-se Bi-Orquestra Os Batutas, tocando sambas, fox-trots e marchas carnavalescas para dançar. Não perderia por esperar quem ainda acreditasse que o prodigioso flautista Pixinguinha, que em 1922 voltou da Europa tocando saxofone, cedo ou tarde aderiria à moda da *jazz band*.

Em 1926, na terceira temporada da companhia de revistas Ba-ta-clan pelo Brasil, a diretora Madame Rasimi encarregou o baterista paulista Carlos Blassifera, o Carlitos, de organizar um grupo para cuidar da parte musical de suas apresentações, e assim nasceu a Carlito's Jazz Band.[13] Depois de atuar em Pernambuco, a trupe estreou no Teatro Sá da Bandeira de Lisboa, em outubro, até que ao final da temporada o grupo foi desmembrado e sua existência artística, sob a epígrafe de *jazz band*, praticamente encerrada.

Uma considerável parcela dos músicos profissionais tem um irrestrito encantamento em abrir mão de uma carreira relativamente pacata, um ofício estável e seguro, para correr o risco de aventurar-se em busca do desconhecido. Afinal, pensam os que são dotados dessa inquietude de beduíno, teoricamente um músico pode conseguir trabalho em qualquer grande capital, num navio, num bar com música ao vivo ou numa orquestra de teatro. Não é de se duvidar que o sucesso dos Oito Batutas de Pixinguinha, acrescido da novidade de seu novo instrumento, um saxofone-tenor que encarnava o espírito do jazz, possa ter aguçado em outros músicos brasileiros a vontade de tentar uma nova fase em suas carreiras, trocando o Rio de Janeiro pelo desconhecido mundo europeu dos anos 20, ainda que tivessem de enfrentar um frio nada familiar. Uma vez passadas as agruras da Primeira Guerra, as grandes cidades da Europa mostravam sua ansiedade pelo jazz, pelos fox-trots, pelo tango e, em menor escala, pelo que ainda restava da onda do nosso maxixe. Assim é que,

---

[12] A temporada na Argentina foi de 7 de dezembro de 1922 a abril de 1923, e nesse período foram realizadas em Buenos Aires vinte gravações com os Oito Batutas.

[13] O grupo era completado por Sebastião Cirino (trompete), Zé Povo (trombone), Vanderley (saxofone), Donga (banjo/violão), Augusto Vasseur (piano) e um violinista.

Aceita dançar?

seguindo as pegadas de Pixinguinha, um outro bando de músicos brasileiros foi tentar a sorte onde a demanda por entretenimento tinha como um dos focos a dança: as capitais europeias. A despeito do desconhecimento do idioma local eles partiram do Brasil. A linguagem entre músicos é universal.

O grupo era liderado pelo violinista paulista Eduardo Andreozzi (1892-1979), sobre quem há poucas informações quanto à sua trajetória no Brasil, a não ser a de que estudou com o professor Bastiani no Rio de Janeiro e que, entre 1919 e 1922, a Orquestra Andreozzi, sob sua direção, atuara na sala de espera do Cine Odeon e no Palace Hotel, nessa cidade. Outrossim, o destaque é que, antes da viagem, possivelmente entre 1919 e 1923, a Orquestra Andreozzi gravou nada menos que 21 discos pela marca Odeon.[14] Gravados pelo rudimentar processo mecânico, tais discos revelam uma orquestração igualmente rudimentar, limitando-se ao solo de violino, executando a linha melódica de cada parte, secundado pelo instrumento harmônico (piano) em acordes de acompanhamento bem simples. Os demais instrumentos melódicos seguiam o líder, ou seja, reproduziam em uníssono a linha melódica, como se estivessem todos lendo a mesma partitura. É possível que houvesse alguns músicos que tocassem de ouvido, o que certamente não é o caso de Andreozzi, que sabia ler música corretamente. Apenas vez por outra (como na segunda parte do tango "A Derrubada" ou em "Evocação") é que ocorre um contracanto, em uníssono ou em harmonização elementar, por parte dos instrumentos, onde a flauta, por ter o som agudo, é ouvida com mais clareza. Tais constatações podem sugerir que, até então, todos os

---

[14] Pela constituição da Orquestra Andreozzi que atuou na sala de espera do Cine Odeon, com dois violinos, duas violas, um violoncelo, piano, contrabaixo, címbalo (pratos), flauta e clarineta, pode-se entender por que o repertório de tais discos inclui tangos argentinos (como "El Triunfo", seu primeiro disco) e valsas (como "Missouri" e "Eterna Saudade"). Mas há também sambas como "Confessa Meu Bem", onde o que se ouve é um violino executando a melodia. Pode-se supor que essa sonoridade seja também a de outros gêneros, como o fox-trot americano "Hindustan", o tanguinho de Marcelo Tupinambá "Tietê" e o célebre "Tiger Rag", ragtime da Original Dixieland Jazz Band. Em 1923, seguindo a tendência da época, sua orquestra passa a ser nomeada nos selos de seus discos de Jazz Band Andreozzi e grava mais cinco músicas, todas fox-trots americanos. A sexta música desses três discos era com dois músicos americanos da Gordon Stretton Jazz Band: Paul Wiser à clarineta e o trombonista John Forrester tocando piano. Possivelmente o contato com os músicos americanos tenha levado Andreozzi a iniciar a convivência com seu segundo instrumento daí em diante, o saxofone, que usaria nas gravações da Jazz Band Andreozzi, bem como nas que iria efetuar na Europa.

discos de música brasileira fossem assim primitivos — o que na verdade não ocorreu.[15]

A viagem de Eduardo Andreozzi e seu grupo para a Europa deve ter ocorrido em 1924. A formação instrumental, adequada ao título de *jazz band*, era: piano (Chamek), trompete (Gabriel), trombone (o americano John Forrester), sax-alto (José Arias), sax-tenor (Nelson Roriz), bateria (Arruda), banjo (José Andreozzi, seu irmão) e o líder tocando violino ou saxofone. A partir daí, por incrível que pareça, as peripécias sobre sua carreira foram registradas com maiores detalhes, sabendo-se, por exemplo, que estreou no Majestic Hotel de Milão antes de seguir para a Alemanha, onde tocou no Deutsches Theater de Munique em outubro de 1925. No início de 1926, Andreozzi estava em Berlim, onde gravou pela Deutsche Grammophon um repertório dominado por tangos, como "Organito de la Tarde", de Castillo, e "Sentimiento Gaucho", de Canaro, sob o nome de Andreozzi's South American Orchestra. Gradualmente seu repertório latino foi sendo substituído pelo jazzístico e, possivelmente, seu violino pelo saxofone, como demonstram os títulos e a formação instrumental da segunda leva de seis discos lançados pela mesma marca. Pelo menos até agosto de 1927, Andreozzi permaneceu em Berlim, excursionando depois dessa data por vários países e cidades da Europa até pelo menos julho de 1934, quando atuava no Tabaris de Dusseldorf. Ao falecer, em 1979, estava no Rio de Janeiro.

Motivados pela expressão que sintetizava a música dançante dos anos 20, músicos de outras capitais do Brasil seguiram a moda da *jazz band*. Em São Paulo, a Jazz Band Manon já era a preferida pela melhor sociedade paulistana quando foi escolhida para repartir com o conjunto de Romeu Silva a parte dançante da inauguração do Hotel Esplanada, em 1923. Com o nome inspirado na ópera de Massenet, a Jazz Band Manon era dirigida por Dante Zanni (1893-1977), que fora violinista em orquestras de salas de cinema da cidade, como o Coliseu, no largo do Arouche, e tocava em pé o seu violinofone trazido da Europa pela famosa profes-

---

[15] Miguel Angelo Azevedo, o Nirez, um dos mais competentes estudiosos da música brasileira do passado, opina que "no período de 1902 a 1918, muitos conjuntos de choro e bandas de música tinham uma maneira muito bonita de interpretar, sempre com solo, contracanto ou contraponto, baixaria, etc. A partir de 1918, parece que as orquestras passaram a tocar todos os instrumentos por uma única partitura, sem contraponto, sem contracanto, como acontecia também no canto, onde o cantor interpretava e a orquestra 'acompanhava', ou por outra, tocava a mesma melodia num uníssono paupérrimo. A orquestra Andreozzi embarcou nessa fase de uníssono, infelizmente".

Aceita dançar?

A Apollo Jazz Orchestra no Teatro Fênix, no Rio de Janeiro, em 1924, com o trompetista Napoleão Tavares à esquerda. Nos anos 30, o músico formaria a sua própria orquestra, Napoleão Tavares e seus Soldados Musicais.

Jazz Band Manon, a mais solicitada orquestra para os bailes paulistanos na década de 20. Da esquerda para a direita: Vicente Scala (banjo), Vicente (violino), Afonso Longo (bateria), Dante Zanni (violinofone e líder), Canela (sax-tenor), Alcebíades Correa (piano), Antonio Scalabrini (trombone de válvulas) e Angelo Scalabrini (no invulgar piston egípcio).

sora de danças de São Paulo, madame Poças Leitão. Era um violino acoplado a um pavilhão metálico destinado a ampliar o som, aproveitando o mesmo princípio de amplificação sonora dos megafones de lata que se vê em fotos do cantor americano Rudy Valee.

A mais reputada *jazz band* da cidade atuava regularmente no salão Trianon da Avenida Paulista em São Paulo, localizado no subsolo da pérgula com uma vista panorâmica para o vale da avenida Nove de Julho, onde hoje está o MASP. Contratados por Vicente Rosatti para animar bailes aos domingos em dois períodos, das quatro da tarde à meia-noite, executavam maxixes, sambas e fox-trots, em arranjos americanos trazidos pelo já mencionado Harry Kosarin, que era o baterista do conjunto.[16] Embora não tenha gravado discos, a Jazz Band Manon dominou o cenário dançante paulista na década de 20, chegando a multiplicar-se por vários grupos sob esse nome, um expediente que permitia animar bailes no mesmo dia em locais diferentes.[17] Outras *jazz bands* da cidade, como a Salvans, não desfrutaram da mesma projeção.

Os músicos do Nordeste também foram mordidos pela mosca das *jazz bands*: em 1926, o compositor, arranjador e pianista Lourenço da Fonseca Barbosa, o Capiba (1904-1997), fundou em Campina Grande a Jazz Band Campinense Club, cuja formação básica era de dois saxofones (alto e soprano), um trombone, um trompete, um violino, piano e, como não poderia deixar de ser numa *jazz band* de respeito, a bateria à frente com o nome bem estampado no bumbo. Como seus dois irmãos, João e Severino, trombone e violino, Capiba era aluno do antigo mestre de banda de Campina Grande, Severino A. de Souza Barbosa, seu pai, que lhes transmitiu a orientação do culto musical, comum no interior do Brasil. Quando a família mudou-se para João Pessoa, Capiba organizou a Jazz Band Independência, que atuou nos bailes do Club Astreia entre 1928 a

---

[16] Kosarin era o líder original do grupo que animava os bailes do Trianon, até que se desentendeu com dois habitués de projeção na sociedade paulistana, Cunha Bueno e Guilherme Prates, sendo despedido. Dante foi convidado a assumir a chefia do grupo, com um pianista e um banjoista alemães, um saxofone e o baterista Péricles Negrão da Sinfônica. Aos sábados tocavam no Automóvel Club no vale do Anhangabaú e no Avenida Clube da rua Dom José de Barros, onde por muitos anos o Germânia, depois Esporte Clube Pinheiros, teve sua sede social.

[17] Ao se retirar dessa atividade, Dante Zanni resolveu dedicar-se apenas à tradicional loja paulista de música, a Casa Manon (inicialmente na rua Direita e depois na rua 24 de Maio), deixando o conjunto sob a chefia do baterista José Maria de Oliveira, que ainda tocou por certo tempo na sala de espera do antigo Cine República.

Aceita dançar?

1930 com uma das mais extravagantes indumentárias de todas as *jazz bands* do planeta.

Influenciados pela heroica travessia do Atlântico em avião por Sacadura Cabral e Gago Coutinho, os músicos apresentavam-se trajados de aviadores, com macacões, toucas tapando seus ouvidos, óculos de piloto e... gravatas borboletas, única reminiscência da elegância em voga no traje das *jazz bands*.

Ao mudar-se para o Recife para fazer o curso de Direito, Capiba idealizou com Vicente Andrade Lima, que estudava Medicina e tocava trompete, um grupo formado exclusivamente por estudantes acadêmicos. Assim foi fundada no início de 1931 a famosa Jazz-Band Acadêmica, conhecida como Acadêmica, que estreou tocando na Festa da Esmeralda realizada no Derby Club.

Em curto espaço de tempo, tornou-se o grupo mais solicitado para bailes e festividades nos principais clubes da capital pernambucana — Internacional, Jockey Club, Tênis Boa Viagem e Associação Pernambucana de Atletismo —, pois além de músicos versáteis (tocando também instrumentos de corda e bandoneon, numa formação denominada Orquestra Típica, destinada à execução de valsas e tangos), a categoria social de seus integrantes lhes permitia participar das festas como convidados, alegres e animadíssimos. Empregavam o que recebiam na compra de instrumentos, de partituras musicais e no auxílio à Casa do Estudante Pobre do Recife. Seu repertório era constituído de frevos, sambas e marchas cariocas, em arranjos de Capiba, e de fox-trots como "Who" e "Sunny Boy", em arranjos originais americanos adquiridos no Brasil.

No Carnaval de 1933, a Jazz-Band Acadêmica veio ao sul tocar no Baile do Municipal, quando se deu o lançamento oficial do frevo no Rio de Janeiro. Tocaram em outros bailes com grande sucesso, mas retornaram ao Recife sem realizar nenhuma gravação.

Em 1934, houve uma cisão na orquestra, e a maior parte do grupo original, liderado por Andrade Lima, ficou com o nome Jazz-Band Acadêmica de Pernambuco, mantendo por conseguinte o "Acadêmica" já consagrado e agregando o nome do estado de origem. Por seu turno, Capiba foi convidado por Filinto Nunes de Alencar, o Carnera, para organizar o Bando Acadêmico, o "Bandão", como ficou conhecido por ser bem mais numeroso, que durou por volta de dois anos.

A nova formação da Jazz Acadêmica ficou sob a direção do pianista José Maria de Pádua Walfrido, mas foi sob a regência do célebre maestro Zuzinha (José Lourenço da Silva) que a Jazz-Band Acadêmica de Per-

A *jazz band* de Campina Grande, Paraíba, dirigida pelo pianista e futuro compositor Capiba, em 1926. Da esquerda para a direita: João Capiba (trombone de válvulas), Artur Aprígio (sax-alto), Flávio Elói de Almeida (bateria), Lourenço Capiba (piano), Walfredo Lima (trompete), Severino Capiba (violino) e Evídio Barreto (sax-soprano).

A Jazz Band Independência no final dos anos 20, com seus músicos trajados de aviadores. Da esquerda para a direita: Pedro (sax-alto), José Marques (violino), Vicente Andrade Lima (trompete), Guaracy (banjo), João César (trombone) e Zé Andrade (bateria). Deitado à frente, o líder Lourenço Capiba.

A primeira formação da Jazz-Band Acadêmica, do Recife, em 1931. Da esquerda para a direita: Ewaldo Altino (banjo e bandoneon), Vicente Andrade Lima (trompete), Luiz Casado (piano), Teófilo de Barros Filho (violino, pai de Théo de Barros, o autor de "Disparada"), Pedro Malta (bateria), Lourenço Capiba (sax-tenor), Ivan Tavares (tuba), Homero Freire (sax-alto) e Manuel Cavalcanti (sax-alto).

A Jazz-Band Acadêmica nos anos 30, em sua segunda formação. À direita, de pé, o *crooner* Fernando Lobo (que se tornaria conhecido como cronista e compositor).

nambuco gravou em 22 de fevereiro de 1935 duas músicas numa sessão particular para a RCA Victor: o maracatu "No Batuque" e o frevo "Morena de Pernambuco". Em dezembro, novamente no Rio de Janeiro, a Jazz Acadêmica gravou novo disco, desta vez editado e lançado em fevereiro do ano seguinte: o frevo-canção "Pare, Olhe, Escute e Goste", acompanhando Fernando Lobo. Este foi *crooner* do conjunto durante um breve período, para, depois, ao se mudar para o Rio em 1936, conquistar fama como jornalista e compositor.[18]

Em Porto Alegre, a febre das *jazz bands* esquentou depois de setembro de 1927, quando o flautista Albino Rosa ficou fascinado com a nova instrumentação do grupo de Pixinguinha em sua passagem pela capital gaúcha, combinando nos sopros trompete (Bonfiglio de Oliveira), trombone (Ismerino Cardoso) e dois saxofones (Pixinguinha e J. B. Paraíso). Nessa altura até Pixinguinha aderira à *jazz band* atendendo àqueles que não perderam por esperar, e seu grupo chamava-se agora Jazz Band Os Batutas. Albino não perdeu tempo para transformar seu Regional Espia Só na Jazz Espia Só. Dispensou os dois violões e o cavaquinho, trocou sua flauta pelo saxofone, agregou mais um sax, além de trompete, trombone, banjo, baixo-tuba e um ritmista, mantendo apenas o baterista Heraldo Alves. O cantor Leopoldo de Carvalho usava um megafone no repertório dominado por choros, polcas, havaneiras, valsas, marchas e charlestons, o ritmo da moda. Alternando smoking com um traje mais esportivo para as matinês — blazer azul marinho, calça boca de sino, gravata borboleta e um boné de marinheiro —, a Jazz Espia Só fez sucesso durante seis anos nos salões porto-alegrenses que não tinham preconceito de cor, como o da Sociedade Germânia, e em festas da classe mais abastada da capital gaúcha. Ao aceitar o convite de um empresário para uma excursão pelo Brasil em 1932, Albino foi ludibriado em Santa Catarina, ficou depenado, mas ainda conseguiu manter alguns integrantes do conjunto e chegar com eles até Santos, onde levantou alguns trocados em cabarés da zona portuária. Tocando em barcos da costeira, foram bater em Belém do Pará, sem que tivessem gravado um só disco. Albino morreu em 1982.[19]

---

[18] Em Fortaleza também havia uma *jazz band*: a Iracema Jazz Band, com três saxes, um trompete, banjo, piano, violino e, como sempre, o baterista ao centro.

[19] Outras *jazz bands* gaúchas no final dos anos 20 foram a Royal Jazz Band (fundada pelo baterista Alvino Beroldi e o pianista Helmut Grünewald), a Jazz Real, a Jazz Guarani e a Jazz Band Tupinambá.

O crack da Bolsa de Nova York em 1929 devastou os Estados Unidos. Entre os que perderam milhões de dólares da noite para o dia, vários se suicidaram, o desemprego tomou conta do país, faltava comida, a indústria musical americana estava à beira da falência, projetos de filmes e shows musicais foram para a geladeira, a vendagem anual de discos caiu de 100 para 6 milhões de unidades, a RCA Victor cortou a produção de vitrolas para fabricar aparelhos de rádio, salões de dança cerraram as portas. Acabou-se o que era doce, e o que ainda sobrava de diversão musical restringia-se ao ambiente familiar das salas de visitas, onde a música chegava de graça para qualquer um através das ondas hertzianas do rádio.

Os passos do "charleston", com as mocinhas cruzando os braços apoiados nos joelhos em movimento de abrir e fechar, foram soterrados, dando lugar aos saltos e piruetas nas acrobacias dos casais dançando o "lindy hop". Ao mesmo tempo em que a Era do Jazz submergia, despontava uma nova onda nos anos 30.

Impulsionada pelo New Deal do presidente Roosevelt, a economia dos Estados Unidos foi se recuperando gradualmente, a ponto de ser inaugurado, antes da metade da década de 30, o mais suntuoso monumento ao *entertainment* do país, o Radio City Music Hall, no gigantesco complexo do Rockefeller Center, em Nova York, onde também se localizavam os estúdios da poderosa cadeia de rádio NBC (National Broadcasting Company), transmitindo música ao vivo de costa a costa. Tudo por conta dos anunciantes.

Em menos de cinco anos a música de dança se modificara radicalmente. Sumiram as *jazz bands* de seis a oito integrantes. Surgiram vagas para triplicar o número de músicos dos conjuntos, representando uma fase auspiciosa para os profissionais competentes. Entre outubro de 1929 e novembro de 1934, quando foi lançado o programa de gala "Let's Dance", transmitido aos sábados à noite do monumental estúdio 8H da NBC, e estrelado por três orquestras que se revezavam para que as famílias americanas pudessem dançar em suas residências, a Era do Jazz foi engolida de vez pela Era do Swing, e as *jazz bands*, pelas *big bands*. Violinos, violas e violoncelos foram abolidos e os instrumentos de sopro foram aumentados, compondo seções que dialogavam entre si. Estabeleceu-se um naipe de três ou quatro trompetistas sentados na última fileira, e outro à sua frente, de dois ou três trombonistas, permitindo-se uma certa autonomia entre ambos. De outra parte o número de saxofones saltou para três, possibilitando a emissão de três notas diferentes, o que, teoricamente, é o mínimo necessário para formar um acorde. Podendo atingir até cinco saxofonistas (primeiro sax-alto, segundo sax-tenor, terceiro sax-alto, quarto sax-tenor e sax-barítono), o naipe de saxes foi guindado à posição de destaque no palco, à frente dos demais. Em cada uma de suas estantes foi incorporado um painel onde se estampava o nome da orquestra. Os músicos de cada naipe levantavam-se ao mesmo tempo, nos momentos de destaque, criando um dinamismo visual levado ao auge quando os trombonistas, tocando de pé, movimentavam simultaneamente seus instrumentos para os lados ou para o alto, em espetacular efeito coreográfico. A seção rítmica também foi alterada, fixando-se a guitarra no lugar do banjo e o contrabaixo acústico no da tuba. A bateria é que foi atingida em cheio: de sua destacada posição na linha de frente foi despejada para o fundo do palco, sobre um estrado elevado, ao mesmo tempo em que a ela foram incorporados dois pratos horizontais que se abriam e se fechavam (conhecidos em inglês como *high hat cymbals*, e no Brasil como ximbal), sendo acionados pelo pé esquerdo do baterista. Foram adicionados tambores e tom-toms de tripé ou montados no bumbo, cincerros (*cowbells*), blocos de madeira (*temple blocks*) e pratos turco e chinês, ampliando a variedade de timbres e de efeitos. As orquestras tomaram de assalto o entusiasmo dos dançarinos. O sonho de qualquer músico era dirigir uma *big band*. Fosse onde fosse.

Tamanhas mudanças se refletiram nos salões de dança da Europa e das Américas, assim como os lesivos efeitos da depressão vinham se propagando desde 1929. Na economia brasileira, estribada na monocultura do café, os fazendeiros haviam contraído empréstimos para formar novos cafezais em todos os espaços disponíveis, estimando lucros fabulosos ao preconizar que a sensacional safra do ano anterior se repetiria em 1929. Deu zebra. A crise mundial fez os preços despencarem, a produção ficou sem mercado e a fazendeirada, à beira da ruína, gerando desemprego nas grandes cidades.

Ao mesmo tempo, Getúlio Vargas assumiu o Poder Executivo, dissolveu o Congresso em novembro de 1930, apossando-se também do Legislativo, nomeou interventores nos estados e procurou ter o controle do setor cafeeiro, comprando parte da safra e incinerando os estoques, a fim de manter os preços através da redução da oferta. A situação financeira foi se agravando, a elite de São Paulo exigia o cumprimento da Constituição, até que, em julho de 1932, estourou a revolução contra o Governo Federal.

Um dos mais ativos empreendedores paulistas, o industrial Alberto Byington, que foi à Argentina adquirir aviões para a força aérea revolucionária, atuava com destaque na área de discos e rádio desde 1927, quando fundara a Rádio Cruzeiro do Sul, instalada inicialmente no local onde já funcionava sua loja de eletricidade Byington & Cia., na rua José Bonifácio. Dois anos depois, Byington construiu um edifício no Largo da Misericórdia, para lá transferindo os novos estúdios da emissora. Além da rádio, foi instalado no décimo andar o estúdio de gravação dos discos Columbia, resultante de sua associação com o americano Wallace Downey, representante da Columbia Broadcasting System no Brasil e, automaticamente, supervisor da nova gravadora. O prédio abrigou também o diretor artístico da Rádio Cruzeiro do Sul e da Columbia, Odmar Amaral Gurgel (1909-1992), um excelente pianista e líder nato, além de competente arranjador. Conhecido como Gaó, ele dirigia a orquestra da emissora formada por dezessete músicos.[20]

Enquanto no Rio de Janeiro a Columbia utilizava a orquestra de Simon Bountman para as gravações cariocas, em São Paulo Gaó dirigia, para a mesma finalidade, a Orquestra Columbia ou "Columbia Brazil Dance Orchestra" (sic). A partir de outubro de 1929, organizou, para um acompanhamento mais adequado a cada cantor e para determinados discos instrumentais, grupos de variadas formações.[21]

O mais proeminente grupo por ele dirigido foi um sexteto, ocasionalmente ampliado e com os músicos de costume, denominado Orchestra Colbaz, uma simplificação de "Colbraz", nome derivado de Columbia Brasileira. Com surpreendente limpeza de execução, a Colbaz gravou no seu segundo disco, por volta de maio de 1931, uma valsa no lado A e um choro no lado B, ambos inéditos, de um compositor do interior paulista, nascido em Santa Rita do Passa Quatro. O choro chamava-se "Tico--Tico no Fubá", e o compositor, Zequinha de Abreu. Como nenhum dos músicos da Orquestra Colbaz tinha bola de cristal, não podiam adivinhar

---

[20] Alguns dos quais bem conhecidos, como os violinistas Gino Alfonso e Alberto Marino (autor da valsa "Rapaziada do Brás"), o categorizado saxofonista Jonas Aragão e o banjoista Zezinho (José do Patrocínio de Oliveira), que alcançaria fama internacional com o apelido de Zé Carioca, inspirador do personagem dos desenhos animados de Walt Disney.

[21] O quarteto Columbia, o Quinteto Instrumental Columbia, o Sexteto Columbia ou Jazz Band Columbia, que tiveram a participação de Napoleão Tavares ou Zezinho do Piston (trompete), Jonas Aragão ou Dedé (sax-alto ou clarineta), José Niccolini ou Oswaldo Lyra (trombone), Atílio Grani (flauta), Hudson Gaya, o Petit (violino ou violão), Zezinho do Banjo (banjo ou violino), José Rielli (acordeom), Sut (bateria), Nardi (contrabaixo) e o próprio Gaó ao piano.

O Quarteto Columbia, dirigido por Odmar Amaral Gurgel, o Gaó, que gravava no estúdio da gravadora no Largo da Misericórdia, em São Paulo, nos anos 30. Da esquerda para a direita: Zezinho do Banjo (banjo), Napoleão Tavares (trompete), Gaó (piano) e Jonas Aragão (sax-alto).

A Jazz Columbia, também liderada por Gaó, na Rádio Cruzeiro do Sul, São Paulo, 1932. Da esquerda para a direita: Jonas Aragão (sax-alto), José Nicolini (trombone), Zezinho do Piston (trompete), Gaó, Zezinho do Banjo (banjo) e Sut (bateria).

que estavam registrando o primeiro sucesso internacional da música brasileira. Os solos de Atílio Grani à flauta (brilhante nas variações da segunda parte), de José Rielli ao acordeom e de Zezinho do Banjo perpetuaram o choro que, durante anos, seria regravado dezenas de vezes no mundo inteiro. Sem letra, como convém ao gênero essencialmente instrumental, embora vez por outra até com letra.

Desde que surge pela primeira vez o nome da Orquestra Colbaz no catálogo da Columbia, o prefixo "Jazz Band" desaparece dos grupos dirigidos por Gaó. Não só na América do Norte, mas também no Brasil a expressão entrava em desuso.

Após a derrota dos paulistas na revolução de 1932, gerando prejuízo em inúmeros setores além do cafeeiro, a Rádio Cruzeiro do Sul enfrentou um período amargo, ao perder grande parte de seus anunciantes. Mas, a exemplo dos Estados Unidos, a economia foi se normalizando lentamente, possibilitando que, em 1934, a organização Byington adquirisse uma nova emissora, a Rádio Cosmos, instalada luxuosamente na praça Marechal Deodoro.

Com sua competência, o exigente Gaó era o diretor artístico das duas rádios e da gravadora. Após um período de dois anos na Rádio Ipanema do Rio de Janeiro — para onde levou o exímio flautista e saxofonista Nicolino Copia, que lá se fixaria para o resto da vida, ganhando notoriedade com o apelido de Copinha —, Gaó voltou à capital paulista em 1937, formando a Nova Orquestra Columbia, moldada nas *big bands* americanas. Além de idêntica disposição no palco, os músicos trajavam um *dinner jacket* cinza com gola de cetim, tocando composições de Ary Barroso, Noel Rosa, Sinhô e tangos em arranjos de Gaó. Nos bailes, o repertório incluía ainda orquestrações de fox-trots tiradas de ouvido pelo maestro dos discos de Benny Goodman, Tommy Dorsey, Duke Ellington e Glenn Miller.[22]

Essa orquestra esteve em intensa atividade na capital e no interior do estado de São Paulo até 1940, quando tocou no Baile do Café lado a lado com a orquestra de Carlos Machado, vinda especialmente do Rio de Janeiro para a ocasião. Machado era ele mesmo, aquele que se tornaria um renomado produtor de shows para o teatro de revista nos anos 50. Nesse baile, o responsável pela vinda da orquestra carioca, Joaquim Rol-

---

[22] O *crooner* Bob Stuart, cujo nome verdadeiro era Décio Pizzani, cantava fox-trots no estilo de Bing Crosby, enquanto os tangos eram cantados pelo cantor Déo (Ferjalla Riskalla) e as músicas brasileiras por Léo Albano.

Os craques da Nova Orquestra Columbia, em 1937. Da esquerda para a direita: Antonio Scalabrini (trombone), Ernesto Nardi (contrabaixo), Antonio Sergi, o Totó (piano), Vitório Sangiorgio (sax), José Paioletti (trompete), Gaó (líder), Nicolino Copia, o Copinha (flauta e sax), Aníbal Sardinha, o Garoto (guitarra), Vitório Sérgio (trompete), José Sergi (sax) e Vicente Gentil (bateria).

Gaó (à esquerda, ao piano) e sua última orquestra brasileira, antes da mudança para os Estados Unidos em 1946.

la, concessionário do Cassino da Urca, ficou tão bem impressionado com a Columbia que decidiu levá-la para atuar em seu cassino.

Porém, em sua segunda incursão no Rio, o maestro Gaó conseguiu a adesão de apenas quatro músicos, seguindo para aquela cidade com a orquestra completamente desfalcada. Antonio Sergi, seu pianista e um dos que se recusaram a viajar, aproveitou a oportunidade para organizar sua própria orquestra com os músicos que permaneceram em São Paulo. Assim surgiu Totó e sua Orquestra, que nos anos seguintes ocupou o espaço vago deixado na capital paulista pela partida de Gaó.[23]

Nas suas atuações entre maio de 1942 e outubro de 1945, era uma orquestra americana sem tirar nem pôr, com repertório de fox-trots de sucesso, incluindo os cantados em inglês pela *crooner* Leny Eversong, que anos mais tarde faria temporadas em Las Vegas... cantando em inglês! Na fase seguinte, até agosto de 1954, Totó dedicou-se também a um repertório brasileiro, especialmente ao choro, que, pode-se afirmar com segurança, foi o gênero por excelência das orquestras brasileiras durante os vinte anos de seu predomínio na música dançante.

Entre os choros gravados por Totó e sua orquestra, "Encruzilhada", de Leal Tadeu, é um dos mais interessantes, por sua linha melódica sinuosa e surpreendente. Em 1955, gravou um único disco para a Todamerica, sem grande expressão.

Totó e sua orquestra foram então contratados pela Gazeta, PRA 6, a emissora de elite, fazendo, ao lado do conjunto do exímio acordeonista italiano Uccio Gaeta, contraponto com a orquestra sinfônica regida pelo maestro Armando Belardi, destinada à execução da música clássica que dominava a programação da rádio.[24]

Tão logo chegou ao Rio em 1940, Gaó tratou de completar sua nova orquestra com músicos cariocas, para estrear na Urca como combinado. Todavia, quinze dias antes da estreia, quando a orquestra ainda se preparava, o empresário Rolla contratou-o para um baile no Tijuca Tênis

---

[23] Além de assumir os bailes da cidade nos anos 40 e 50, Totó gravou mais de dez discos na Columbia e na sua sucessora Continental (a partir de dezembro de 1943) sob vários nomes: o americanizado Anthony Sergi e sua Orquestra, Totó e sua Orquestra Columbia, Antonio Sergio, Totó, e até Serginho e sua Orquestra.

[24] Essa rádio, bem como o jornal vespertino *A Gazeta* e o matutino *A Gazeta Esportiva*, fazia parte do Grupo Casper Líbero, ocupando um edifício de esquina na atual avenida Casper Líbero com a rua Coronel Batista da Luz, no centro da cidade, onde ocorria anualmente a chegada da corrida de São Silvestre.

Club. Ao chegar com seus novos músicos, ainda mal ensaiados, Gaó levou um susto quando viu no palco a outra orquestra destinada a se revezar com a sua. E que orquestra! Era uma máquina de música dançante, com o trompetista Pernambuco e o sax-tenor Quincas tinindo e Fats Elpídio fazendo misérias ao piano, num repertório que tinha de tudo, inclusive temas de Count Basie. Para sua salvação, os cariocas não paravam de tocar, porque seu líder, por sua vez, ficara apavorado ao saber que se revezariam com a famosa Columbia, ignorando portanto que ali havia somente quatro músicos originais da orquestra paulista. Gaó logo percebeu que seu conjunto é que iria levar uma surra e, igualmente apavorado, mas com motivo concreto, ordenou a seus músicos para guardarem os instrumentos, pois quem ocupava o palco do Tijuca naquela noite era a mais sensacional orquestra de bailes do Brasil. Lá estava Fon-Fon e sua orquestra.

O saxofonista alagoano Otaviano Romeiro Monteiro (1908-1951), o Fon-Fon (apelido dado por Dedé, seu companheiro na banda do 2º Regimento de Infantaria do Rio de Janeiro), foi o primeiro a organizar uma orquestra cujo naipe de saxofones tinha uma sonoridade característica, verdadeira marca registrada. Sua presença à frente da orquestra, sua determinação em organizá-la e sua intuição na escolha dos músicos foram básicos para a formação de uma das melhores orquestras brasileiras de todos os tempos. Embora tivesse acompanhado com extraordinário brilho gravações de numerosos cantores, foram poucos os discos solo da orquestra de Fon-Fon — registros que, ainda assim, dão uma ideia do nível de perfeição atingido por esse conjunto.[25]

No início da carreira, Fon-Fon tocou saxofone em cassinos e salões de baile, tendo feito, em 1931, uma temporada de um ano na Argentina com um pequeno conjunto. Ao retornar, atuou com Romeu Silva e Silvio de Souza, e estreou em discos ao final de 1932, solando sax-alto no choro "Cláudio". Em 1935 foi obrigado a se afastar da música por alguns anos, devido a problemas pulmonares que o impediam de tocar um instrumento de sopro. Voltou às atividades em 1938, como líder, e decidiu formar sua primeira orquestra.[26] Mas essa orquestra, que ensaiava

---

[25] A estreia da orquestra de Fon-Fon em disco deu-se em setembro de 1938, ao acompanhar Silvio Caldas nos sambas "Pra que Mentir" e "Cessa Tudo".

[26] Com dois trompetes, três saxofones, baixo, bateria e um único músico de renome, o lendário pianista Centopeia, que anos mais tarde imigraria para a Argentina, lá ficando até o fim da vida.

Aceita dançar?

numa escola de dança da rua 13 de Maio, não deu certo, e foi desfeita após uma única audição. Fon-Fon foi então recomendado para ensaiar a orquestra do Assírio, o elegante cabaré no subsolo do Teatro Municipal do Rio, cujos músicos, chefiados por Vicente Paiva, não estavam rendendo o desejado. Tão logo Vicente se demitiu, Fon-Fon foi intimado pelo proprietário, Antonio Silva Araújo, a organizar outra orquestra com músicos de sua preferência. Mais uma vez nenhum dos selecionados tinha a menor projeção, exceto o sax-alto e clarinetista Aristides Zaccarias. O repertório foi montado com partituras impressas enviadas por Romeu Silva e arranjos de Radamés Gnattali, como o de "Urubu Malandro", depois gravado. Estreando num sábado com casa cheia, foi um sucesso, nascendo assim Fon-Fon e sua Orquestra, que agradou em cheio a sociedade carioca e se projetou como a mais afiada da cidade. Em 1940, foram contratados para uma temporada na Argentina, apresentando-se na Radio Splendid e gravando com o cantor de boleros Pedro Vargas.

Retornando ao Brasil, Fon-Fon organizou sucessivas orquestras para atender contratos em emissoras do Rio de Janeiro. Ele mesmo descreveu esse período de sua vida: "Fui ouvido pela Tupi e contratado. Dissolvi a orquestra. Fui para o Radio Club com a orquestra nova. Dissolvi novamente. Formei outra para a Tupi. Da Tupi fui com a maior orquestra para o [Cassino] Copacabana. Saindo do Copacabana dissolvi a orquestra. Ficaram só alguns elementos antigos. Dali, fui para a Tamoio e Tupi. Hoje, Fon-Fon e sua Orquestra atuam no Cassino Atlântico. Só danças".

Esse entra-e-sai pelas emissoras do Rio, com músicos diferentes, só seria viável por alguém possuidor de uma qualidade indiscutível, a de um extraordinário ensaiador. O mais admirado *band leader* de sua época não dependia de estrelas nem queria astros, gostava de descobrir os músicos nas gafieiras do Rio. Parava o carro na porta, entrava, observava e dizia: "Esse camarada me serve". Depois amoldava o músico a seu gosto chegando a pegar no queixo do saxofonista para mostrar-lhe a embocadura. Corrigia-o aconselhando: "Isso que você está fazendo é muito bom mas é muito duro, você tem que relaxar, seguir um estilo". Em pouco tempo ele transformava um time de músicos modestos numa orquestra precisa, com entonação e estilo nas execuções.

Entre os poucos músicos famosos que atuaram em sua orquestra estiveram, além dos já citados, o trombonista Carioca e o saxofonista/clarinetista K-Ximbinho (Sebastião Barros) que, ao ser convidado para participar de uma turnê à Europa, preferiu continuar no Brasil. Era 1947, e Bizzoquinha foi como primeiro alto.

O maestro Fon-Fon dirigindo sua orquestra no cabaré Assírio, no Teatro Municipal do Rio de Janeiro, em 1939. Entre os músicos, podemos identificar, à frente: Suossi (sax-alto), Zaccarias (sax-alto), Walter Rosa (sax-tenor), Passos (trombone), Francisco Sergi (trompete) e Guaximin (trompete). Atrás: o *crooner*, o baterista Moysés Friedman, o baixista Gaúcho e o pianista Nogueira da Gama.

Sob a regência de Radamés Gnattali (à esquerda), a Orquestra All Star, no Rio de Janeiro, por volta de 1940. Da esquerda para a direita, à frente: Quincas, Zaccarias e Eduardo Patané (saxofones), Ivan e Francisco Sergi (trompetes), Gilberto Gagliardi (trombone). Atrás: Pedro Quintão (guitarra), Luciano Perrone (bateria) e Oswaldo Veneno (baixo).

Fon-Fon e sua orquestra cumpriram contrato no Club des Champs Elysées de Paris, iniciando uma extensa temporada que duraria cinco anos. Seguiram para a Espanha, Portugal, Bélgica, Suíça e Itália em 1950. No ano seguinte estavam na Grécia, onde ele encontrou um melhor clima para enfrentar seu problema pulmonar. Lastimavelmente, em 10 de agosto de 1951, Fon-Fon sofreu um ataque do coração, falecendo em Atenas aos 43 anos.

Nesse ano, ele havia gravado na Europa o único LP de sua carreira pela marca inglesa London (braço inglês da Decca americana), cujo excelente nível técnico era conhecido através do *slogan* "Full Frequency Range Recording". Era o disco *Brazilian Rhythms*, de dez polegadas, considerado o primeiro de qualquer orquestra brasileira registrado pelo sistema de 33 rotações que então surgia. Das oito faixas, apenas as duas instrumentais fazem jus à fama da orquestra, os choros "Pintinhos no Terreiro", de Zequinha de Abreu, e "Remexendo", de Radamés Gnattali, este em antológica lição de leveza e dinâmica no naipe de saxes.[27] Felizmente, Fon-Fon já gravara no Brasil oito discos de 78 rotações pela Odeon e mais dois na Continental. Nessa restrita discografia de vinte títulos, o grande destaque é o clássico "Murmurando" — de sua autoria e uma das obras-primas do choro brasileiro —, gravado pela primeira vez no final de 1943 com a orquestra do Cassino Copacabana, certamente sob sua direção.[28] Além de "Murmurando", que foi interpretado convenientemente pela orquestra de Fon-Fon em agosto de 1946 na Odeon, destacam-se as soberbas gravações de "Deixa Por Minha Conta", de Cipó (Orlando Costa), do cadenciado "Baile em Catumbi", de "Urubu Malandro", num contagiante andamento de choro amaxixado, do original "Relembrando", de Pascoal de Barros, e de "Soluços", de Guary Maciel. O jogo entre os naipes e as batidas da bateria, reforçando as frases do primeiro trompete, são dois dos procedimentos que se aliam à exemplar dinâmica dos saxofones para se entender por que a orquestra de Fon-Fon

---

[27] As outras seis foram interpretadas pela gaúcha Horacina Correa, uma seguidora do estilo de Dalva de Oliveira. Percebe-se que o LP foi modelado para um público escolado somente no samba rumbado de Carmen Miranda, incluindo a participação de um grupo vocal masculino, tal qual o Bando da Lua.

[28] O sucesso de "Murmurando" ocorreu depois de outubro do ano seguinte, só que noutra gravação: cantada por Odete Amaral, com a letra aposta por Mario Rossi, ou seja, um samba-choro que repetiu a trajetória de "Carinhoso", quando foi gravado por Orlando Silva após as versões instrumentais.

é a mais admirada pela maioria dos músicos daqueles dias. A mais admirada e a pioneira na inclusão de choros de orquestra no repertório dançante dos cassinos brasileiros.

Quando ficou devidamente azeitada, a orquestra que seria a rival de Fon-Fon naquela noite no baile do Tijuca, a Columbia carioca do maestro Gaó, estreou na Urca tendo no saxofonista Copinha seu elemento-chave. Em 1945, Gaó e sua orquestra foram contratados pela Rádio Globo, onde ele permaneceu até o ano seguinte, quando então se mudou para os Estados Unidos a fim de tentar uma nova fase de sua vida de maestro. E se deu muito bem: montou uma orquestra americana para tocar em hotéis e clubes noturnos, atuando por mais de vinte anos. Gravou discos na etiqueta Coda, entre eles uma série de temas seus dedicados a morros do Rio: "Penha", "Urca" e "Corcovado", este o mais atraente. Voltou ao Brasil algumas vezes e terminou seus dias numa modesta casa em Mogi das Cruzes, onde o clima quente lhe era mais benéfico que o frio do inverno americano.

O período mais auspicioso das orquestras brasileiras, que durou quase um quarto de século, teve início por volta de 1936. No Rio, pelo menos oito emissoras mantinham orquestras regulares em seu *cast*, a saber: Rádio Nacional PRE 8, Rádio Tupi PRG 3, Rádio Mayrink Veiga PRA 9, Rádio Transmissora PRE 3,[29] Rádio Cruzeiro do Sul PRD 2, Rádio Club do Brasil PRA 3 e Rádio Ipanema PRH 8, depois Rádio Mauá.

Se por um lado não existia, como na América do Norte, uma Era do Swing que ampliasse a atividade das *big bands* para além das emissoras de rádio e dos salões de baile, imperava no Brasil a época dos cassinos, localizados principalmente na capital brasileira de então, o Rio de Janeiro. Cada cassino necessitava de pelo menos uma orquestra, o que significa que a demanda por bons músicos era frequente e as oportunidades, fartas.

Em 1944 havia quatro cassinos na capital federal: o Cassino Copacabana (o mais luxuoso, no Hotel Copacabana Palace), o Cassino Atlântico (desde 1935, no posto 6 da praia de Copacabana, depois adaptado para os estúdios da TV Rio), o Cassino da Urca (o mais importante, na praia da Urca, onde seriam instalados os estúdios da TV Tupi) e o Cas-

---

[29] Cujos estúdios eram utilizados durante o dia para as gravações da RCA Victor com as orquestras Diabos do Céu, Grupo da Guarda Velha, Orquestra Victor Brasileira e a Orquestra Típica Victor, dirigidas ora por Pixinguinha, ora por Radamés Gnattali.

Aceita dançar?

sino do Icaraí (inaugurado em 1939, em Niterói, sob a direção artística de Jaime Redondo e com a orquestra dirigida por Ferreira Filho). Nesses cassinos, além de atuar em shows de cantores internacionais e nacionais, as orquestras tocavam para dançar, o que as obrigava a estar em dia com os sucessos do resto do mundo.

Desde 1927 uma dessas orquestras gozava de grande fama, com uma agenda repleta: a orquestra Pan American, dirigida pelo violinista nascido na Palestina, Simon Bountman (c. 1900-1977). Cronologicamente, essa foi a primeira orquestra estável brasileira constituída para uma assídua atuação em discos e, paralelamente, para a função eminentemente dançante.

Tendo fugido da revolução russa, Simon chegou ao Brasil pela primeira vez com o grupo do baterista Harry Kosarin. Foi em seguida para Madri tocar com seu conjunto de jazz, mas logo retornou, integrando a companhia espanhola de revistas Velasco, quando então se estabeleceu em definitivo no Rio de Janeiro, em outubro de 1923. Mercê de seu conhecimento e experiência musical superiores à média da época, granjeou tal confiança entre as gravadoras que de 1927 a 1930 a Pan American participou de quase duzentos discos na Odeon e na Parlophon (sob o nome de Simão Nacional Orquestra), seja acompanhando cantores (Francisco Alves, Mario Reis, Carmen Miranda e Vicente Celestino, entre outros), seja em faixas instrumentais que às vezes ocupavam o lado B dos discos cantados.[30]

Por doze anos Simon comandou também uma das orquestras do cassino do Hotel Copacabana Palace executando marchas, sambas, tangos e fox-trots (em partituras importadas), tendo entre os *crooners* os cantores Ruy Rey, Nuno Roland e Carmelia Alves. Visto ser um cuidadoso arregimentador, Simon contou sempre com bons músicos, tendo passado por sua orquestra ao longo dos anos os pianistas J. C. Rondon e Lucio Chameck, o trompetista Djalma Guimarães, os saxofonistas/clarinetistas Ignacio Kolman, Zaccarias e Copinha (que assumiria o posto de Simon em 1946, prosseguindo até 1959), o trombonista Gagliardi, o baterista Sut e o banjoista Furinha (Dermeval Fonseca Neto), autor de uma obra pequena e pouco conhecida, mas consideravelmente avançada para a época. A tarefa de arranjos da Orchestra Pan American do Cassino Copa-

---

[30] Como foi visto, depois de 1930 Simon Bountman foi encarregado das gravações efetuadas no Rio de Janeiro pela marca Columbia.

No Golden Room do Copacabana Palace, a orquestra de Simon Bountman, nos anos 40. Da esquerda para a direita, à frente: Bountman (com a batuta), Coruja e Vadinho (os dois saxofonistas de bigode) e Ignácio Kolman (clarineta). Atrás: Júlio (contrabaixo), Furinha (banjo), Sut (bateria), Ivan (trompete, aqui tocando pandeiro) e Scarambone (piano).

cabana era dividida entre Radamés Gnattali e o pianista Rondon, considerado o braço direito de Simon Bountman.

Cabe ressaltar que Furinha, assim como Pascoal de Barros, faz parte de um grupo de músicos/autores cuja obra ainda está por ser reconhecida como merece. Ambos criaram temas diferenciados, com caminhos melódicos incomuns em surpreendentes soluções harmônicas, que aparentemente foram reconhecidos apenas por seus pares, ou seja, pelos outros músicos.

Nos discos de Simon Bountman da fase na Odeon, ouve-se violino e tuba num estilo ainda preso ao maxixe, em execução correta mas sem gingado. Ao acompanhar cantores, ele utilizava com frequência um expediente em voga: a modulação para tonalidades mais altas nos trechos instrumentais.[31]

---

[31] Na fase Columbia/Continental, em condições técnicas bem superiores, a orquestra de Simon Bountman gravou o choro "Murmurando" em versão sensivelmente inferior à do autor, Fon-Fon.

O mais decantado cassino do Rio de Janeiro foi o Cassino da Urca, dirigido pelo mineiro semi-analfabeto Joaquim Rolla, o maior empreendedor do Brasil nesse ramo. Na Urca, além de grandes artistas brasileiros (incluindo Carmen Miranda, contratada em 1937), havia três orquestras: uma para acompanhar os dois shows diários (às 21:00 e às 0:30) e outras duas para dança. Uma dessas foi, de 1940 a 1945, a do maestro Gaó, e a outra, no mesmo período, do gaúcho Carlos Machado (1908-1992), que não era nem maestro, nem arranjador, nem cantor, nem músico, mas um vistoso bailarino com retrospecto digno de um galã hollywoodiano, tendo sido *partenaire* da estrela dos cabarés de Paris, a incomparável Mistinguett — *partenaire* com direito a dividir o leito, acrescente-se.

Com esse invejável *background* de conquistador de alto coturno e uma decidida preocupação em proporcionar, além da música para dançar propriamente dita, um show alegre e divertido, Machado encarregou o afamado ritmista carioca Russo do Pandeiro de arregimentar os elementos para uma orquestra que atuaria sob a direção musical do pianista argentino Roberto Cesari, enquanto ele seria a figura de proa como animador à frente dos músicos. Com um visual impecável, fosse nos esportivos jaquetões azuis ou vermelhos com calças brancas, fosse nos habillé *summer jackets* de cetim rosa ou ainda nas coloridas blusas de mangas bufantes modelo "cubanchero de Hollywood", estrearam em dezembro de 1939, no Tênis Clube de Petrópolis, os Brazilian Serenaders de Carlos Machado, "a única orquestra do mundo cujo maestro não sabe diferenciar um sol de um lá". Palavras dele.

Revezando-se com Gaó no Cassino da Urca, a partir de junho de 1940, Carlos Machado marcou época por seis anos seguidos, animando com classe e charme as *soirées* inesquecíveis frequentadas pelas grandes personalidades que passaram pelo Brasil e, como era obrigatório, bateram ponto no *must* da vida noturna carioca.

Durante os anos da Segunda Guerra Mundial, como os países da América do Sul representavam um porto seguro para os refugiados dos nazistas, as cidades do Rio de Janeiro e de Buenos Aires estavam na rota de grandes atrações do *show business* de outros países, o que tornou possível ao empresário americano Lee Schubert assistir e contratar Carmen Miranda no Cassino da Urca, em 1939.[32]

---

[32] Passaram por esse mesmo palco, numa fase em que o bolero grassou à vontade no Brasil, astros mexicanos como Elvira Rios, Tito Guizar, Agustín Lara e o Trio Los

Os Brazilian Serenaders, de Carlos Machado (no centro, sem gravata), desembarcando no aeroporto de Congonhas, em São Paulo, para o Baile de Gala do Café, em 15 de novembro de 1940. No alto, com o braço direito levantado, o trompetista José Moura (irmão de Paulo Moura). Um degrau abaixo, o pianista argentino Roberto Cesari e o sax-tenor Walter. À frente, entre outros, Marcio, Gentil, Russo do Pandeiro (com a mão no bolso), o guitarrista Betinho (logo atrás), Carlos Machado, o trompetista Barriquinha, e os irmãos Gilberto (agachado) e Raul Gagliardi.

Noite após noite, os Brazilian Serenaders eram uma atração à parte. Dentre os músicos dessa orquestra, talhada para a dança e o *joie de vivre*, alguns alcançaram êxito em carreiras individuais: Fafá Lemos (violino, assobio), Laurindo de Almeida (violão), Dick Farney (piano) e Betinho (guitarra). As *crooners* também se consagrariam posteriormente como grandes atrações: Emilinha Borba, Virginia Lane (cantando em francês) e Marlene. Pelo menos esses nomes puderam fazer carreira em gravações no Brasil e no mundo, porque a orquestra Brazilians Serenaders de Carlos Machado, com sua seleção de grandes músicos, jamais gravou um único disco.

Panchos, bem como a peruana de voz raríssima Yma Sumac, a soprano Ilona Massey (rival de Jeanette MacDonald) e até mesmo Bing Crosby, que esboçou um show improvisado quando retornava de Buenos Aires, onde fora adquirir cavalos puro-sangue.

Aceita dançar?

Rolla chegou a possuir oito cassinos espalhados pelo Rio de Janeiro, Poços de Caldas, Belo Horizonte, Araxá e Petrópolis, onde erguera o luxuoso Quitandinha, inaugurado em fevereiro de 1944. Em 1º de maio de 1946, todos eles foram fechados por um decreto do presidente Eurico Gaspar Dutra, deitando por terra o império do mago do pano verde, Joaquim Rolla.

Sua precária cultura, compensada pela imaginação, ousadia e inteligência, deu margem a episódios inacreditáveis. Conta-se que, certa vez, foi aconselhado a contratar para a orquestra de Carlos Machado o melhor clarinetista brasileiro, Zaccarias, com a seguinte recomendação de um entendido:

— Melhor que o Zaccarias, somente o Benny Goodman.

Depois de pensar um instante, Rolla replicou:

— Mas se esse Zaccarias não é o melhor, por que não contratar logo esse tal de Benny Goodman?

Aristides Zaccarias (1911-2001), que estava entre os melhores músicos do naipe de saxofones de várias orquestras já mencionadas, foi, como Sut, Copinha, Vicente Paiva e outros, mais um dos grandes músicos paulistas que firmou sua carreira no Rio de Janeiro. Nascido em Jaboticabal, bateu perna dos 18 aos 33 anos por tudo quanto foi banda, conjunto e orquestra, tocando em gafieira, rádio, navio, cabaré e cassino, e sempre gozou de confiança por seu desempenho no sax-alto dobrando na clarineta, o que lhe deu fama de ótimo músico. Inclusive em Buenos Aires, para onde foi com Romeu Silva em 1937, tendo lá permanecido por mais de um ano depois que o grupo regressou.

Desde que conheceu os discos de Benny Goodman, Zaccarias passou a desejar ser como ele. Ao trocar em definitivo o sax-alto pela clarineta, daria o passo fundamental para ser um *band leader*.

Convenhamos: com um saxofone pendurado pela coleira no pescoço, atrapalhando os movimentos, ninguém pode reger à vontade. A clarineta, leve e reta, podendo até servir como uma falsa batuta, deixa os braços soltos e livres para a movimentação inerente à regência. A região aguda da clarineta permite atingir quase o mesmo diapasão do primeiro trompete, e, de outra parte, na região grave, ela emite uma envolvente sonoridade de madeira que cai como uma luva nas canções românticas. Ágil e leve, a clarineta facilita a execução de passagens em alta velocidade combinadas com outro instrumento, provocando um efeito irresistível. Como se isso não bastasse, das quatro *big bands* americanas mais famosas na segunda metade dos anos 30, duas eram comandadas por clarinetistas, Artie Shaw e Benny Goodman. As outras duas, pelos trombonistas Tommy Dorsey e Glenn Miller.

A oportunidade de Zaccarias surgiu no Copacabana, onde se revezavam a orquestra de Simon Bountman e o conjunto de Claude Austin, no qual tocava. No dia em que o americano saiu, o diretor artístico Caribé da Rocha lhe fez a sonhada proposta: convidou-o para o posto. Zaccarias abandonou de uma vez o sax-alto e caminhou decidido em busca de sua aspiração.

Montou o conjunto The Midnighters, que foi convidado para gravar seu primeiro disco em 9 de outubro de 1943 com o cantor Nilo Sergio, interpretando em inglês duas canções americanas, "Take It From There" e "I Had The Craziest Dream". Era intenção do diretor da gravadora RCA Victor, Vitório Lattari, fazer frente à carência de gravações americanas na praça, devida à célebre, e até hoje inacreditável, "recording ban" (interdição de gravar), a monumental ação do sindicato dos músicos que impediu na época todas as gravações em estúdio nos Estados Unidos.[33]

Em 11 de outubro, Zaccarias voltava ao estúdio, mas com uma *big band*, para gravar seis frevos, três deles cantados por Carlos Galhardo.[34] No dia 18, os músicos retornaram para as primeiras gravações nos dois gêneros que iriam consagrar a orquestra, o choro "Tico-Tico no Fubá" e o samba "Aquarela do Brasil", que sairiam em discos separados.

Os quatro primeiros discos da orquestra de Zaccarias foram lançados entre janeiro e julho de 1944, começando pela batucada "Cai Cai", com vocal de As Três Marias, e o samba "Brasil" no verso. Na fornada de oito músicas, o estilo da orquestra fica esplendidamente definido no samba "Morena Boca de Ouro" (gravado em 13 de novembro de 1943),

---

[33] De 1º de agosto de 1942 até novembro de 1944, nem a Columbia nem a RCA puderam gravar um só disco com a participação de músicos norte-americanos. Até hoje as pessoas ficam boquiabertas, não acreditando, mas isso realmente aconteceu: por mais de dois anos nenhuma gravação de disco comercial Columbia ou RCA foi permitida nos Estados Unidos.

[34] Posteriormente foram gravados outros dez frevos acompanhando Carlos Galhardo e Nelson Gonçalves, fixando-se assim uma prática de lançar um pacote anual de frevos com cantores de nome, embora pouco familiarizados com o esfuziante gênero pernambucano. Foi esse o expediente que propiciou à orquestra de Zaccarias ser contratada, por anos seguidos, para animar bailes de carnaval no Recife, apesar da sua base rítmica deixar muito a desejar se comparada com a de qualquer orquestra pernambucana. É o caso do "Frevo das Vassourinhas". Frevo não era o negócio de Zaccarias.

Aceita dançar?

com solos de piano, sax-tenor e a clarineta de Zaccarias liderando o naipe de palhetas.[35]

Com efeito, o que há de melhor na alentada discografia da orquestra são os sambas e os choros em orquestrações imaginativas de dois extraordinários arranjadores, os paulistas Lírio Panicalli (1906-1984) e Lindolpho Gaya (1921-1987). Ambos exerceram grande influência na concepção instrumental da orquestra ao escreverem arranjos rejuvenescidos para músicas já consagradas. Foi o caso de "Tico-Tico no Fubá", de "No Rancho Fundo", de "Saudades de Matão", transformada de valsa caipira em samba batucada, da dança do corta-jaca "Gaúcho", recriada como um envolvente choro amaxixado, do elaborado arranjo de choro para a polca "Atraente", de outro grande arranjo para "Escorregando", de Nazareth, da performance apurada em "Apanhei-te Cavaquinho" e do clássico "Carinhoso", com passagens solo de sax-tenor, piano e clarineta.

Entre os sambas destacam-se o "Batuque no Morro" (com solo do baterista Mesquita), o pouco conhecido "Juro", "Implorar", com um doce solo de clarineta, o tradicional "Meu Limão Meu Limoeiro", com dueto de clarineta e bateria, "Último Desejo", em original arranjo de Gaya com passagens quebradas, e "Boogie Woogie na Favela" em envolvente samba-swing. Gaya elaborou um arranjo, gravado em julho de 1950, para "Canta Brasil" que se aproxima de uma rapsódia nos escassos três minutos e meio dos discos de 78 rotações.

O naipe de cinco saxes costumava ser aumentado com a clarineta do líder, resultando num timbre próximo ao da orquestra de Glenn Miller (bem nítido em "Peguei um Ita no Norte"), embora, como solista, Zaccarias deixasse escancarada sua admiração pela sonoridade e pelo estilo de Benny Goodman.

Por incrível que pareça, a orquestra de Zaccarias dispensava frequentemente todo o naipe de trombones, atuando apenas com trompetes na seção de metais. Conta-se que o maestro se justificava dizendo que os melhores trombonistas do Rio estavam comprometidos com outras orquestras, citando Waldemar Moura (irmão de Paulo) e Norato.

Os discos de Zaccarias e sua orquestra, cujas partituras perderam-se em mudanças, como ele próprio confidenciou, estabeleceram um pa-

---

[35] Por seu turno, o conjunto The Midnighters faria mais doze discos na mesma linha de música americana, encerrando seu ciclo em agosto de 1945, quando os estúdios da RCA nos Estados Unidos já haviam retornado às suas atividades.

Na frente do Copacabana Palace, no Rio de Janeiro, nos anos 40, a orquestra de Zaccarias, em pose idêntica à da Casa Loma Orchestra, de Glen Gray. Da esquerda para a direita: Mesquita (bateria), Guerino (sax-alto), Wilson (sax-alto), Darcy Barbosa (sax-tenor), Betinho (guitarra), Moacyr Silva (sax-tenor), Zaccarias (o líder, de terno mais claro), Orpheu (sax-barítono), Salinas (baixo), Maurílio (trompete), Barriquinha (trompete), Mozart (trompete) e Fats Elpídio (piano).

Os músicos da orquestra de Zaccarias assistindo seu líder, que além de maestro era um clarinetista de nível internacional.

drão para as orquestras de dança brasileiras, significando um precioso legado dessa auspiciosa fase da música instrumental brasileira.[36]

Na retaguarda, o baterista Mesquita (que também gravou discos próprios tocando vibrafone) e o excelente pianista Fats Elpídio, que participava com destaque em muitos números, calçavam o ritmo para os três naipes de sopro: trompetes (abertos ou com surdinas), trombones (sem grande destaque e ausentes muitas vezes) e saxes, que soavam impecavelmente ajustados. Os solistas principais eram invariavelmente os trompetistas Maurílio e Mozart ou o saxofonista tenor Moacyr Silva.[37] Nos vocais, uma participação efetiva do grupo feminino As Três Marias e em algumas ocasiões o cantor Nuno Roland. Todavia o grande solista era mesmo Zaccarias, um clarinetista brilhante dotado de sonoridade límpida e execução precisa, ataque conquistador sem ser agressivo e com grande domínio do instrumento na região aguda.

Zaccarias foi um *band leader* de primeira e soube escolher a dedo seus músicos, com os quais trabalhou anos seguidos, deixando verdadeiros clássicos entre as 52 músicas de seus 26 discos. Exerceu também o cargo de diretor artístico da RCA Victor por um bom período, ao mesmo tempo em que continuava gravando com sua orquestra ou com seu conjunto.

Tocando para dançar ou acompanhando shows internacionais como o da portuguesa Esther de Abreu e do francês Jean Sablon, Zaccarias permaneceu sete anos no Copacabana, mesmo depois que o cassino do hotel foi fechado. Quando conseguia alguma folguinha, ainda fazia bailes no Country Club e no Yacht Club. Em 1950 foi para o Hotel Excelsior de São Paulo com um grupo menor, que alcançou a fase dos discos Long Playing, tendo gravado alguns deles. Contudo, o marco de Zaccarias e sua orquestra na música dançante brasileira está registrado nos discos de 78 rotações, até esta data jamais relançados em LP ou em CD para que se pudesse conhecer a excelência de sua obra e ter noção de sua importância.

---

[36] Afora os registros em duo com o pianista Fats Elpídio e as com seu conjunto, Zaccarias deixou na RCA, entre novembro de 1943 e agosto de 1957, 26 discos gravados com a sua orquestra, sambas na grande maioria, a determinar a linha mestra desta produção.

[37] Certamente um admirador de Coleman Hawkins e que, anos mais tarde, faria carreira em numerosos LPs dançantes da gravadora Copacabana sob o pseudônimo de Bob Fleming.

Enquanto um Zaccarias ainda desconhecido zanzava por São Paulo e Santos em conjuntos sem projeção, o mineiro Napoleão Tavares (1892-1965) se estabelecia no Rio de Janeiro. Tendo atuado como trompetista sob a direção de Gaó na Rádio Cosmos e na gravadora Columbia em São Paulo, ao se mudar para o Rio ele organizou por volta de 1935 uma orquestra, aproveitando seu próprio nome para conceber o sugestivo título de Napoleão Tavares e seus Soldados Musicais. Esteve contratado por largo tempo na Rádio Clube do Brasil e atuou em algumas gravações acompanhando o cantor Silvio Caldas (seu grande sucesso "Pastorinhas" é uma delas).

O pequeno exército de Napoleão enfileirou entre seus mais destacados oficiais o pianista Lauro Miranda, o trompetista Formiga e o saxofonista tenor Sandoval. A despeito de essa orquestra ter sido intensamente requisitada durante mais de dez anos, dominando a área dos bailes do Rio de Janeiro, sua carreira em discos é insignificante.

Apesar do monumental estrago que o fechamento dos cassinos produziu na classe dos músicos profissionais do Brasil inteiro, as orquestras continuaram em franca atividade no final dos anos 40 e por toda a década de 50, atuando com assiduidade em bailes de formatura de colégios e universidades, em emissoras de rádio, nas gafieiras e em táxi-dancings. Este era o território das bailarinas de aluguel, que ficavam sentadinhas lado a lado numa fila de poltronas em volta da pista, aguardando que os marmanjos as convidassem para rodopiar no salão. A duração da dança era medida em cartões picotados a cada música, causando a mais indigesta surpresa aos marinheiros de primeira viagem no momento de pagar a conta. Levados pela volúpia da dança e, inevitavelmente, pelo contato íntimo com as coxas da moça, uma pluma que se deixava envolver pela cintura de maneira irresistível e conhecia a fundo o terreno do rebolado, eles perdiam o controle, querendo sempre mais uma. Em menos tempo do que imaginavam seus cartões viravam um peneira. Torravam uma nota preta.

Os táxi-dancings eram frequentados assiduamente pelos maiores ases dos salões de baile, trajados entre o elegante, de gosto discutível, e o mais autêntico cafajeste com sapatos tamanho 43 com bico fino e bicolor para facilitar o foco em seus passos acrobáticos. Foi nesses dancings que famosos craques de futebol deixaram grande parte de seus seguros pés-de-meia, juntados durante anos para quando deixassem de jogar: foi o caso de pelo menos dois craques do São Paulo Futebol Clube, o ruivo

Aceita dançar?

e sardento Ponce de Leon e o genial mulato cearense Canhoteiro, tão ágeis nos salões como nos gramados.

Enquanto brilhavam nas pistas os mais notáveis "pés-de-valsa", nos seus palcos deitavam e rolavam grandes instrumentistas, que não tinham tido a chance merecida na restrita duração dos discos de então, os bolachões de menos de quatro minutos em cada lado. Como no jazz, seus solos eram aplaudidos por aqueles frequentadores mais antenados em música do que na tentativa de passar o final da noite com uma das bailarinas. Aliás, uma vã expectativa. Por obrigação, jamais saíam elas antes das cinco da matina, nem hesitando quando, ao atravessarem a porta do salão para a rua, entravam direto nos automóveis já à sua espera. "Hoje não deu. Ela deve estar exausta!", justificavam para si próprios os despeitados de plantão, seguindo, com aquele olhar da raposa para as uvas, o sumiço rápido de seu par.

Enquanto no Rio de Janeiro o Avenida e o Brasil Danças foram os mais frequentados, em São Paulo, na região próxima à esquina da avenida Ipiranga com a São João, noite após noite, o ambiente vibrava nos mais famosos táxi-dancings paulistas, o Chuá (depois Avenida) e o Maravilhoso, tendo ainda o reforço do cabaret OK, abaixo do cruzamento com a avenida Rio Branco. As orquestras eram verdadeiras escolas para novos músicos e cantores com talento e foi num dancing de São Paulo, o salão Verde, no Edifício Martinelli da rua São Bento, que Elizeth Cardoso se firmou como *crooner* na orquestra de Dedé. No Avenida, o cantor Agostinho dos Santos iniciou sua carreira aos 18 anos, como *crooner* à frente da orquestra do trombonista Osmar Milani.

No Cuba Dancing da rua Conselheiro Nebias, atuou por anos seguidos, provavelmente a partir de 1947, a mais afamada banda de táxi-dancing da capital paulista, a Orquestra Clovis e Elly, montada em sociedade por um dos mais admirados músicos de São Paulo, Clovis Godinho, e um ritmista não mais que razoável, o Elly (Elly Elias Darug, 1921-2003).

A orquestra foi organizada para tocar numa gafieira da rua da Glória, o Paulistano, antes de ser contratada para o Cuba Dancing, onde foi alvo de atração de tudo quanto era músico de outras orquestras. E não era para menos: a Orquestra Clovis e Elly teve pelo menos dois músicos extraordinários, o próprio Clovis e seu irmão, Casé.

O saxofonista Clovis Godinho (1927-1949), um tenor fora de série dotado de um talento sem medidas para a música, era um dos cinco irmãos Godinho, filhos do trompetista José Ferreira Godinho, que manobrava um circo em Pinhal. Antes da vinda da família para São Paulo, o garoto Clovis contraiu caxumba e foi proibido de tocar saxofone, mas em apenas quinze dias aprendeu a tocar por conta própria outro instrumento que é uma encrenca, o bandoneon. Seus irmãos menores eram Sebastião (trompete), José (sax-alto), Walter (um dos melhores quarto tenores em naipe de orquestra) e Pedrinho (também sax-alto). Lastimavelmente para a música brasileira, Clovis morreu prematuramente, com pouco mais de 20 anos (em 30 de outubro de 1949), com o físico arrebentado pelo álcool e pelos tóxicos. Chegava a quebrar um tubo de Benzedrina ao meio para tomar seu conteúdo embebido num cafezinho, e não admitia que interferissem nesse seu hábito. Era muito alegre, um pé de boi para trabalhar, dormia poucas horas, retornava pela manhã do batente e praticamente sustentava a casa dos Godinho na rua Mesquita, no Cambuci.

Seu irmão, José Ferreira Godinho Filho (1932-1978), tornou-se conhecido pelo apelido Casé, e foi possivelmente o mais notável sax-alto na fase das grandes orquestras da música brasileira. Começou a tocar precocemente como profissional na Rádio Tupi com 13 anos, tendo idolatria por Clovis. Tímido, retraído, Casé era de pouco falar, deixando para se expressar soprando o saxofone. Sua sonoridade era limpa e brilhante, sua capacidade criativa, muito acima da média, jamais se perturbava com passagens difíceis, tocando como quem brincasse, e dominava também o sax-tenor, embora preferisse o alto na formação de quarteto. Em naipe de orquestra, lia partitura à primeira vista e em seguida atacava o solo que lhe coubesse. Saxofonistas de todos os naipes em que participou consideravam-no um gênio. Inconformado com a morte do irmão mais velho, Casé ficou durante dias chorando no portão da casa perguntando baixinho para si mesmo: "Com quem eu vou tocar agora?". Clovis não chegou a gravar e a orquestra do Cuba ficou sem um de seus chefes.

Elly pediu e obteve permissão da família para continuar com o nome já consagrado "Clovis e Elly", homenageando o amigo que ele tanto admirava e deixando muita gente, até da imprensa especializada, pensando que existiu um *band leader* chamado Clovis Eli. Sem ser um grande músico, o gordão Elly tinha olho clínico para arregimentar os melhores instrumentistas, trazendo para a capital os trombonistas Biu e Norato, o trompetista Buda, tentando até o saxofonista Zé Bodega, que não aceitou por ser cardíaco. Em compensação, trouxe o excepcional trombonista Edson Maciel, o maior ídolo em seu instrumento que o Brasil já teve. Conhecido como Maciel Maluco, tinha admiradores até entre os grandes trombonistas americanos de jazz, como Curtis Fuller.

Aceita dançar?

Com uma tremenda lábia, Elly era amigo dos donos dos salões, caso de João Careca do Avenida Danças, e tinha a manha de saber encher a pista, dom que todo proprietário de táxi-dancing adorava. Quando via poucos casais no salão do Avenida, dava a contagem magistralmente e atacava uma sequência conhecida pelos músicos que era tiro e queda: a moçada ficava em ponto de bala, não resistindo ao prazer de saracotear com uma daquelas tremendas bailarinas no salão deliciosamente liso. Seus cartões seriam picotados como que por uma metralhadora, mas eles poderiam se gabar de ter dançado ao som da legendária Orquestra Clovis e Elly, que jamais gravou um disco, embora tenha tocado por anos a fio aos domingos no Club Homs e animado grandes noites na fase áurea dos táxi-dancings de São Paulo.

Enquanto no cabaret OK (onde cantaram atrações internacionais como Gregório Barrios e Elvira Rios) atuava a orquestra de Luiz César, no Avenida e no Maravilhoso brilharam em diferentes épocas a de Osmar Milani e, por um curto período, a de Enrico Simonetti.

O trombonista Osmar Milani (1921-2003) iniciou sua carreira de arranjador na dinâmica orquestra que o maestro Georges Henri montou em 1949 na boate Oásis.[38] Osmar era "excelente músico, disciplinado, educadíssimo, sempre sorridente, com bastante distinção, impaciente por mostrar seu talento de arranjador", nas palavras do próprio maestro Georges Henri, que lhe encomendou como primeira tarefa um arranjo do "Baião" de Luiz Gonzaga. Como diretor musical da TV Tupi, Georges Henri convidou-o para dividir com Luiz Arruda Paes os arranjos da grande orquestra que hipnotizava os telespectadores do monumental programa semanal "Antártica no Mundo dos Sons".

Com a dissolução da orquestra da Oásis, Osmar montou a sua própria, que gozou de grande fama ao animar as noites dos táxi-dancings Chuá e Avenida. Mas foi nos bailes de formatura que Osmar se rivalizou com outras grandes orquestras da época. Nos anos 50, baile de formatura que se prezasse em São Paulo ou no interior, tinha que ser com ele ou com seu grande concorrente, Silvio Mazzuca.

---

[38] Alinhava ainda o excelente saxofonista tenor Bolão (o querido e versátil Isidoro Longano, que tocou bem até o final de sua vida, em 2004, e foi na opinião dos músicos o melhor improvisador de sua época em São Paulo), o competente pianista argentino Rogério Robledo (que nos anos 50 montaria um disputadíssimo conjunto de baile), o sedutor sambista Caco Velho (de origem gaúcha e contrabaixista bissexto) e o baterista Gafieira.

A orquestra de Osmar Milani foi contratada pela Rádio Nacional de São Paulo — na fase da Organização Vitor Costa, que tinha estúdios na rua da Palmeiras —, atuando em programas como "Walter Forster e as Mulheres", "Hebe, Cynar e Simpatia" e na edição paulista de um célebre programa original da Nacional do Rio, que reunia maestros como Guerra Peixe, Spartaco Rossi, Léo Peracchi e Radamés Gnattali. Era o "Quando os Maestros se Encontram", que os músicos da orquestra não perdoavam, alcunhando-o de "Quando os maestros se encontram, e os músicos se f...".

Osmar contava com dois irmãos na orquestra, Lelo Milani (trompete) e Gerson (sax-barítono), egressos da Jazz Paratodos de São José do Rio Preto, o que o ajudava a manter uma certa estabilidade. Em diferentes épocas atuaram sob sua direção os saxofonistas Bizzoquinha e Bolão, o trombonista Biu (Severino Gomes da Silva), os trompetistas Jericó (Odésio Jericó da Silva) e Settimo Paioletti, o guitarrista/baixista Boneca, o pianista Chiquinho de Morais (que substituiu Almir, filho do maestro Luiz César) e o baterista Ney (Cristino Ney de Castro Mello), que incendiava a pista quando atacava as batidas iniciais do tema que marcou a trajetória da orquestra, o samba "Brasil 2000".

Quando sua orquestra foi dispensada da Rádio Nacional, Osmar decidiu levar alguns músicos para sua terra, São José do Rio Preto, e completando com outros da região, ingressou com a nova formação no competitivo mercado de bailes no interior do estado, dominado na época pela famosa orquestra Nelson de Tupã. De volta a São Paulo, retomou a atividade nos bailes e foi contratado para o programa de Silvio Santos, na época ainda na TV Paulista, transferindo-se depois com ele para o SBT.

A orquestra de Osmar Milani deixou uma dúzia de discos de repertório bem comercial na Odeon e na Copacabana, além de LPs, tendo sua trajetória associada às emissoras de rádio e TV, aos bailes de formatura e aos táxi-dancings paulistanos.

Gafieira é bem diferente de táxi-dancing: homens e mulheres em traje passeio podem entrar livremente, pagando um ingresso modesto para dançar pelo tempo que desejarem. A respeitabilidade é uma tradição nas gafieiras, como descrita na esplêndida letra de Billy Blanco para o samba "Estatutos da Gafaieira": "Moço, olha o vexame,/ O ambiente exige respeito/ Pelos estatutos da nossa gafieira/ Dance a noite inteira, mas dance direito...".

Os salões das sociedades recreativas do Rio de Janeiro, onde se realizavam bailes altamente populares frequentados mormente por negros e

Aceita dançar?

mestiços sem muito traquejo social, passaram a ser denominados de gafieiras nos anos 30. Segundo o historiador José Ramos Tinhorão, esse neologismo surge a partir das gafes cometidas nesses clubes devidas ao desconhecimento de etiqueta dos seus *habitués*. Conta-se que o cronista carnavalesco Romeu Arendi, conhecido por "Picareta", tentou certa vez entrar bêbado no Elite Clube, na praça da República, no que foi impedido pelo proprietário Júlio Simões e, em desagravo, taxou em sua matéria de jornal como sendo um lugar onde se cometiam gafes, uma gafieira. Júlio mudou o nome do salão para Gafieira Elite, reivindicando ser o criador da primeira gafieira. E sempre que podia, tratava de descrever seu salão de dança, equipado com bar e mesas em volta da pista, como um ambiente de respeitabilidade, onde "ninguém pode abraçar a dama nem sentado na cadeira, freguês embriagado não entra e o traje indispensável é paletó e gravata, ou, no mínimo camisa fechada", como declarou ao *Jornal do Brasil* nos anos 60. Nas entrelinhas dessa colocação percebe-se uma tentativa de atrair a classe média para frequentar as democráticas gafieiras cariocas, que sempre admitiram cabrochas e moças brancas, não fazendo distinção de cor. De fato, a Estudantina, outra gafieira, atualmente na praça Tiradentes,[39] começou a ganhar fama nas camadas sociais mais elevadas na primeira metade da década de 60. E as gafieiras proliferaram mais que os dancings no Rio de Janeiro.

Havia no entanto um elo ligando os dancings às gafieiras: a música, em geral de esplêndido nível, nos gêneros predominantes, como os boleros, foxes, rumbas e até tangos, mas sobretudo nos mais típicos gêneros brasileiros: os sambas, os sambas-canção e os choros. Estes representam uma valiosa forma da música instrumental brasileira, com características bem definidas que, ao longo das décadas de 40, 50 e 60, foram sendo desenvolvidas tanto no aspecto coreográfico quanto musical, especificamente nesses dois recintos, os dancings e as gafieiras. O "choro de orquestra" já nasce com uma concepção mais urbana e, por isso, diferente da denominação genérica de choro, aplicada ao gênero de composições e aos grupos eminentemente suburbanos que os executam, com solistas de bandolim ou flauta, violão, cavaquinho e pandeiro. O choro de orquestra tem uma proximidade maior com a dança, inclui vários instrumentos de sopro, além de bateria e orquestra, e carrega uma herança jazzística na sua execução.

---

[39] Nos anos 40, ao ser fundada por dois sócios, um deles o estudante Pedro de tal, ficava na rua das Laranjeiras.

Um dos maiores músicos de gafieira foi o trombonista Raul de Barros, possivelmente o grande ícone na matéria. Carioca de nascimento e de humor, o extrovertido Raul de Barros (nascido em 1915) tocou trombone de vara na Gafieira Elite na praça da República, passou para o Dancing Carioca da rua Treze de Maio e depois foi para o Eldorado. Segundo ele, seu ingresso na nata dos músicos deu-se quando foi convidado para integrar a orquestra de Simon Bountman no Cassino do Copacabana, onde permaneceu por três anos. Teve que se defrontar com o fechamento dos cassinos ao retornar de uma excursão do Uruguai, conseguindo emprego na orquestra da Rádio Tupi, dirigida pelo maestro Carioca, também trombonista.

O primeiro disco sob seu nome saiu em julho de 1948 e, pouco mais de um ano mais tarde, quando já era contratado pela Rádio Nacional, estourou com um grande sucesso, o choro "Na Glória", por ele composto quando atuava no Dancing Eldorado. Em menos de seis anos, Raul de Barros gravou mais de vinte discos, ampliando esse número na fase dos LPs e fixando sua orquestra como a mais autêntica representante do som das gafieiras cariocas. Ainda nos dias atuais, numa hipotética eleição para o hino das gafieiras, podem ter certeza: daria "Na Glória" na cabeça.

O trombonista a quem Raul substituiu no Copacabana chamava-se Ivã Paulo da Silva, e ficou conhecido pelo incongruente apelido de "Carioca". É que Ivã nasceu em Taubaté, interior paulista, tendo atuado em várias orquestras de São Paulo (Otto Wey, José Niccolini, Irmãos Cópia, Columbia, Luis Argento, Orlando Ferri) antes de se transferir para o Rio em 1939 onde, influenciado por Pixinguinha e Radamés, se firmou como admirável arranjador e um maestro querido por cantores e músicos.

O maestro Carioca (nascido em 1910) dirigiu orquestras nas três mais importantes emissoras cariocas, Tupi, Nacional e Mayrink Veiga, participando dos principais programas de rádio ao vivo, atuando depois nas televisões Tupi e Excelsior. No curso dessa intensa atividade de produção radiofônica, criou sua orquestra em 1943, uma das favoritas para os bailes de formatura no Rio de Janeiro.

Carioca e sua orquestra gravaram, numa primeira fase, apenas onze discos com sambas e choros na Odeon (de maio de 1947 a julho de 1951), e outros dois num selo obscuro, denominado "Repertório", da empresa Gravações Musicais Amigobraga, com escritórios na rua Padre Nóbrega, no Rio. Pode-se dizer que essa gravadora arriscou, e não pouco, porquanto os temas instrumentais propostos por Carioca tinham todos o mesmo título, "Ginga", diferenciando-se pela numeração de 1 a 4,

Aceita dançar?

De terno e sapatos brancos, com seu inseparável trombone,
Raul de Barros, o autor de "Na Glória", lidera sua orquestra,
a mais famosa das gafieiras cariocas, em agosto de 1956.

A orquestra do maestro Carioca na Rádio Tupi, do Rio de Janeiro,
em setembro de 1952. Da esquerda para a direita, à frente: o maestro e seus
quatro saxofonistas, Januário, Pascoal de Barros, Zezinho e Walter.
Logo atrás, os trombonistas Norato e João. Ao fundo, o pianista Paulinho,
os percussionistas Cutia e Carrapicho, o baterista Sut e o baixista Américo.

um ato pioneiro e totalmente anticomercial. As "Gingas" eram inspiradas numa célula rítmica aproveitada em blocos distribuídos entre os naipes, e acentuada até por palmas, como na de número 3.[40]

A esplêndida orquestra de Carioca destacou-se pelo vanguardismo nos arranjos e pelos solos distribuídos com prodigalidade entre os músicos, como o do trompetista Porfírio da Costa numa das músicas de destaque desses onze discos, o choro "Limoeiro do Norte", de sua autoria.

Em que pese o andamento vertiginoso de alguns temas, a orquestra atua com impressionante segurança, caso de "Zangado" e "Escalando" (com solo de sax-tenor de Cipó, que além de membro da orquestra, também contribuiu com arranjos).

Posteriormente, o maestro Carioca — que é autor do prefixo do famoso noticiário radiofônico Repórter Esso, "o primeiro a dar as últimas" — gravou vários LPs, todos visando a música dançante. Nos anos 70, foi apresentado na boate Vivará o histórico show "Revista do Rádio", reunindo em plena forma o *crème* dos tempos áureos da Rádio Nacional: o impagável humorista Silvino Neto (criador de Pimpinela, uma personagem fofoqueira de sotaque italianado, o que denunciava sua origem paulista), Cauby Peixoto, Ângela Maria e, como não podia deixar de ser, o maestro Carioca e sua orquestra All Stars. Um show como poucos.

Ao final dos anos 40 e ao longo da década seguinte, o campo de trabalho das orquestras, além de dancings e gafieiras, concentrou-se nas emissoras de rádio, onde atuavam diariamente, e nos bailes, em geral nos fins de semana. Mesmo sem os cassinos, havia trabalho suficiente para que pudessem manter formações estáveis, além de gravar discos estritamente instrumentais com certa regularidade. De fato a frequência de gravações de orquestras e conjuntos instrumentais aumenta de maneira assustadora nessa época, refletindo um consumo jamais igualado, alavancado pelos bailes de formatura que lotavam suas agendas nos meses de fim de ano. Rapazes de smoking e moças de longo rodopiavam nos salões das grandes capitais ao som das orquestras, que viviam uma fase de esplendor.

O pianista Oswaldo Borba (nascido em 1914), outro paulista que se estabeleceu no Rio, também disputava a primazia nos bailes de forma-

---

[40] Em 1965, com essa mesma ideia, o maestro Moacyr Santos lançaria sua estupenda série de temas intitulados "Coisas", igualmente numerados, de 1 a 10.

Aceita dançar?

tura do Rio de Janeiro a partir de 1949, quando formou uma orquestra de enorme popularidade. No entanto, os discos da Orquestra de Oswaldo Borba (dez na fase dos 78 rotações, já nos anos 50, e alguns LPs na sequência) não refletem uma personalidade nem um estilo que justifiquem tanto cartaz, mesmo porque a abrangência de repertório desfavorece a sua identidade. Frevos, tangos, marchas e mambos denunciam uma preocupação excessiva com sucessos de nível musical duvidoso, exceção feita ao choro "Ziguezagueando", de Pascoal de Barros, gravado em setembro de 1955.

Na área latina, quando mambos e rumbas eram tão populares no repertório dançante brasileiro quanto o baião, o grande destaque foi a orquestra do cantor Ruy Rey (1915-1955), também paulista mas que, como outros já citados, só estabilizou sua carreira ao se mudar para o Rio de Janeiro, em 1944. O caminho de sua fama foi aberto quando gravou para o Carnaval de 1948 a marcha carnavalesca "A Mulata é a Tal", o que paradoxalmente lhe permitiu mergulhar em sua especialidade: guarachas, boleros, rumbas e outros ritmos então em alta demanda. Como cantor e chefe de orquestra de baile especializada em ritmos do Caribe, Ruy Rey passou para a categoria de astro da Rádio Nacional e do cinema brasileiro. Nos bailes, elevava a temperatura às alturas através de sua alegria contagiante, amparado pelas blusas bufantes dos componentes e pelo ritmo *caliente* registrado em mais de cinquenta discos de 78 rotações e diversos LPs. Tornou-se assim um caso raro (como Cab Calloway, nos Estados Unidos) de chefe de orquestra que, não passando de um cantor razoável, e pouco entendendo de música (tecnicamente falando, é claro), gozou de sucesso inegável.

Uma das mais entusiásticas orquestras dos bailes paulistas e cariocas foi a do maestro Edmundo Peruzzi (1918-1975), um santista que tocava trombone e flauta mas teve sua fama como *band leader* e arranjador. Depois de atuar em emissoras de São Paulo nos anos 40, foi contratado pela Rádio Mayrink Veiga do Rio em 1951, onde permaneceu por dez anos. A orquestra de Peruzzi, formada por músicos negros, tinha o *swing* que várias orquestras de baile gostariam de ter e nunca tiveram, o que fica patente já na sua primeira gravação para a Continental, em agosto de 1945: o choro "Perigoso", de Ernesto Nazareth. Antes do final desse ano, em novembro, Peruzzi gravaria seu grande sucesso em discos, a "Dança do Boogie Woogie", do desconhecido Carlos Armando, num formato que segue o modelo de Count Basie. Após o solo de piano seguido por um frenético *riff* com o naipe de saxofones — integrado por Veridiano, Peruzzinho (irmão do líder) e o famoso tenorista Adolar — o também desconhecido vocalista Armando Castro ataca de samba apresentando a "Dança do Boogie Woogie" que dominou os salões na época e foi tocada à exaustão por essa valente orquestra. Após sua dissolução, Peruzzi atuou como arranjador para trilhas sonoras e gravações de cantores dos mais variados estilos, de Wilson Simonal a Wanderley Cardoso, principalmente na Odeon.

Em São Paulo, também nos anos 40 e rival de Peruzzi, a orquestra mais *chic* para os bailes de formatura era dirigida pelo simpático Walter Guilherme — efetiva na programação da Rádio Cultura, sediada no edifício denominado "Palácio do Rádio", na avenida São João. Era uma orquestra divertida, com músicos em impecáveis *summer jackets* brancos, tocando e também cantando alegremente um *pot-pourri* de canções francesas ("Madame la Marquise", "Ménilmontant" e outras) que fazia o maior sucesso nos bailes. Além de regente, Walter era muito comunicativo, sabia falar inglês e era um hábil divulgador de sua própria orquestra, o que facilitava a negociação da agenda de bailes.

O primeiro sax-alto, o magrinho Jacir Urban, era seu braço direito e eventual substituto na regência quando, após uns copos a mais, ele não se sentia em perfeitas condições. Jacir dava então a contagem com quatro estalos na boca e a orquestra atacava sua variada seleção de música brasileira e *standards* americanos, como "Holiday for Strings" e "All The Things You Are", um repertório do qual nada foi gravado, nem mesmo acompanhando cantores.[41]

Depois de imperar por vários anos nos bailes mais tradicionais da capital paulista, como o da Garota Soquete, nos clubes do interior e em hotéis de estações de águas como Caxambu e Poços de Caldas, Walter decidiu desfazer a *big band* no seu apogeu, dizem que receoso da possibilidade de insucesso. No fim da vida, foi reger com doçura e competência uma grande orquestra na Universidade Mackenzie, cujo repertório incluía o mesmo clássico "Holiday for Strings".

Embora mantendo hábitos e costumes provincianos, como as carrocinhas puxadas a cavalo para entrega de pão a domicílio, pelo menos

---

[41] O naipe de saxes não tinha barítono e, além de Jacir, alinhava Vittorinho no segundo sax-tenor e Franco Paioletti (posteriormente solista de "Balada Triste", interpretada por Agostinho dos Santos) no terceiro alto. Nos trompetes, Settimo Paioletti, Felpudo (Geraldo Aurieni) e Jeremias. Seu irmão, Cecatto, era o solista de trombone que imitava o som de Tommy Dorsey, ao passo que o *crooner* tinha o pseudônimo de Bob Carrol.

Aceita dançar?

num aspecto a cidade de São Paulo igualava-se às grandes capitais do mundo: seu alto comércio era dominado por grandes magazines (*department stores*) que ocupavam vistosos edifícios de vários andares no centro da cidade. A Casa Mappin (Mappin Stores), na praça Ramos de Azevedo, a Mesbla, na esquina da 24 de Maio com a Dom José de Barros, e A Exposição, na esquina da praça do Patriarca com a rua São Bento, eram pontos de encontro de namorados e também a primeira opção da classe média para roupas masculinas e femininas, além de centenas de outros itens. Os prédios ainda lá estão, mas aquela gostosa sensação de subir num dos enormes elevadores com os ascensoristas uniformizados anunciando os produtos a cada andar, foi perdida para sempre em São Paulo.

Como no Macy's, Harrods, Takashimaya ou KDW, alguns magazines paulistas movimentavam um bem sortido departamento de alimentos, incluindo ocasionalmente um fino salão de chá destinado às senhoras e aos casaizinhos mais abonados para um repouso após as compras. A fim de animar seu salão de chá, a loja Clipper, no edifício do largo de Santa Cecília com a rua das Palmeiras, contratou em 1945 a orquestra de Silvio Mazzuca (1919-2003), que atuava na Rádio Tupi desde 1938.

Nessa emissora, Silvio Mazzuca atuava inicialmente como pianista da orquestra do saxofonista J. França, sendo depois guindado à sua direção em 1942, quando pôde desenvolver sua capacidade como regente e arranjador pelos três anos seguintes. O paulistano Silvio era um líder enérgico e exigente, reservado nos gestos, que apreciava certas inovações. Trocou o piano pelo atraente vibrafone, uma novidade nas orquestras brasileiras, instituiu uniformes vistosos com gravatinhas de cordinha e argola tipo texana, e, à frente de sua orquestra bem comportada, mais parecia um discreto doutor em ortopedia, com seu par de óculos, que um regente animador de baile.

Atuando na Rádio Bandeirantes por mais de dez anos, viu-se em má situação perante seus grandes músicos, como o saxofonista Bolão, quando, por razões econômicas, a sua orquestra foi dispensada. Corria o ano de 1957. Foi quando o diretor dos discos CBS no Brasil (a Columbia americana), o articulado Roberto Corte Real, lhe propôs gravar um mambo que estava estourado no mercado americano. Silvio reuniu alguns de seus ex-músicos, conseguiu liberação da CBS para que um seu contratado exclusivo, o saxofonista Casé, pudesse participar como primeiro alto, e gravou "Tequila". O estouro de Chuck Rio nos Estados Unidos se repetiu com Silvio Mazzuca no Brasil. Convites para bailes começaram a chover a torto e a direito, a seção rítmica — com o espetacular baterista

A orquestra de Silvio Mazzuca (à esquerda) no salão da Clipper, em 1945. Entre os músicos, Natal (pandeiro), Ernesto de Lucca (bateria), Armando Mazzuca (baixo) e José Cassetário (trombone). Nos saxes-alto, Luiz Suozzo e Domingos Pesci, o Peixe.

O naipe de saxofones da orquestra de Silvio Mazzuca, liderado pelo sax-alto Casé, nos anos 50. Da esquerda para a direita: Lambari (tenor), Luiz Suozzo (alto), Casé, José Ribamar (tenor) e Marinho Gomes (barítono). Atrás: José Cassetário (trombone), Turquinho (bateria), Natal (percussão) e o maestro Mazzuca.

Turquinho (apelidado de Buddy Rich brasileiro) e três percussionistas — fez a orquestra decolar e a Bandeirantes recontratou-o para a programação diária, além de uma audição exclusiva aos domingos que ficou no ar por muito tempo. Entre os músicos de Mazzuca, a grande atração dessa segunda fase foi Casé, que permaneceu quatro anos na orquestra puxando o apurado naipe de saxes.[42]

O auge do mambo impunha um repertório de sucessos internacionais como "Patricia", "Cerveza", "Mambo Jambo", "Mambo nº 5" e tudo mais que viesse do Caribe. A orquestra gravou seu primeiro LP, *Baile de Aniversário*, e, na sequência, com muitos "uúúúhs" urrados por um percussionista, outros LPs que lhe renderam prêmios em profusão, como o Disco de Ouro e o Roquette Pinto.

Durante os anos 50, Silvio Mazzuca e sua organizada orquestra foi quem melhor soube aproveitar a maré alta do mambo de Perez Prado & Cia., dividindo com Osmar Milani a preferência dos diretórios de grêmios escolares para animar os bailes de formatura de São Paulo, chegando a atuar em oitenta bailes nos três meses mais solicitados: dezembro, janeiro e fevereiro. Em 1962, a orquestra foi contratada pela TV Excelsior e Silvio foi escalado como seu diretor musical, mas, com o fim da emissora, o maestro ficou num mato sem cachorro. Naquela época o mato estava repleto de conjuntos de iê-iê-iê e os cachorros eram alguns dos melhores músicos de São Paulo. Contudo, passada a maré baixa, Silvio Mazzuca gozou ainda de um período de sucesso, em que voltou a ser atração nos bailes convencionais do Clube Piratininga, onde animadíssimos casais de coroas não dispensavam uma orquestra e um cantor da antiga como o esplêndido Francisco Petrônio.

Em São Paulo, nos anos 50, os locais preferidos para bailes dos formandos em ginásio, curso colegial e universidade eram os salões da Casa de Portugal, na Liberdade, do Jardim de Inverno Fasano, no Conjunto Nacional, do Colonial, no caminho do aeroporto de Congonhas (onde também havia um salão considerado cafona no segundo andar), do ginásio do Pacaembu, do Palácio Mauá, no viaduto Dona Paulina, do Club

---

[42] Completado por Luiz Suozzo (terceiro alto), os tenores José Ribamar e Lambari (Eduardo Pecci, de uma família de músicos e também excelente clarinetista) e Marinho Gomes (sax-barítono). Havia ainda Buda (Dorival Aurieni), uma garantia nos trompetes, e o mulato de coco raspado Paulinho Lima de Jesus, pianista que tomou parte no célebre LP *Turma da Gafieira*, lançado em 1957, um marco nos discos da música instrumental brasileira.

126   Música nas veias

Homs, na avenida Paulista, além de outros clubes nas cercanias dos Jardins, como Pinheiros, Monte Líbano e Sírio. Nos últimos meses do ano e início do seguinte havia baile para quase toda noite e, conforme o relacionamento social, convite para mais de uma festa ao mesmo tempo. Afora os bailes de formatura, os convites mais disputados em São Paulo eram para o Baile da Glamour Girl, promovido tradicionalmente pela Sociedade Harmonia de Tênis, na rua Canadá.

Para atender à demanda de tantos bailes, a rapaziada da sociedade paulistana tinha obrigação de possuir *smoking* com gravata borboleta preta, camisas de peito de piquê engomado com colarinho normal e punhos com abotoaduras, paletó com lapela bicuda ou arredondada forrada de cetim, faixa preta pregueada também de cetim para encobrir o cinto da calça sem barra e com uma tarja lateral de gorgorão. As moças de família, em vestidos longos rodados de organdi, organza ou tule sobre várias anáguas, colo à mostra e cabelos muito bem penteados, eram os alvos da moçada por toda a noite. Exceto no momento supremo do baile, o da valsa, quando formandos e formandas saíam rodando em três por quatro com seus padrinhos, quase sempre os papais, as mamães ou os irmãos.

Nem bem a orquestra arrematava o longo acorde final da valsa, cada rapaz tratava de sair correndo para tirar sua namoradinha e dançar de rosto colado e mãozinha esquerda agarrada, consideradas etapas já bem avançadas no decurso de um namoro estável. Na tentativa de uma nova conquista, a partir da proposta para dançar, ele se arriscava a levar tábua da estranha que não estivesse a fim. O local estratégico para engatar o pedido às desconhecidas era a saída do toalete, de onde elas vinham perfumadinhas, com a maquilagem retocada, e podiam ser pegas de surpresa. Às vezes dava certo, pois algumas já ingressavam no toalete de caso pensado, sabendo que, à saída, nem teriam de chegar ao final do corredor dos gabirus enfileirados de ambos os lados para ouvir um convite. A conquista dependia muito da lábia, de um galanteio original e da capacidade em conduzir com firmeza a dama pela cintura, afim de que se sentisse segura nos passos. Dois pra lá, dois pra cá e os pares faziam a pista pelas bordas no sentido anti-horário. Quando começava a atracação, a primeira providência era rumar para o centro do salão e sumir da vista das vigilantes mamães, de prontidão por quase toda a noite.

Dançava-se muito mambo, baião, bolero, raramente um tango, sambas e sambas-canção de montão. Choro de orquestra, quase nunca, e passos que pudessem denunciar os de um *habitué* da altamente frequentada gafieira Som de Cristal, nem pensar. É claro, havia exceções: os pares que, vibrando com o prazer de um requebro no samba, se espalhavam na parte central do salão.

Nos anos 60, o bolo dos bailes de formatura era de tal monta que podia ser dividido com outras *big bands* que surgiram na capital paulista, como as comandadas por Zezinho da TV e por Luiz Arruda Paes, ambas ligadas à TV Tupi. Em 1961, Dick Farney vendeu seu bar na praça Roosevelt, o Farney's, e organizou uma orquestra montada caprichosamente com alguns dos melhores músicos da cidade, mas o pianista parecia visar mais a um concerto de samba-jazz do que aos bailes. É o que se pode deduzir das faixas do LP gravado no auditório de *O Globo*, em 1962, ou do compacto duplo de 1963. Apesar da enorme repercussão, devida naturalmente à projeção do líder que cantava e tocava piano, o conjunto não durou muito em um mercado dominado por outros tipos de orquestra, como a do maestro Simonetti.

O italiano Enrico Simonetti (1924-1978) imigrou em 1949 para tentar carreira no Brasil, engajando-se como pianista no concorrido Nick Bar, que se comunicava internamente com o foyer do TBC, o Teatro Brasileiro de Comédia, na rua Major Diogo. Rapidamente se enturmou com os diretores de cinema e teatro que por lá circulavam noite após noite, sendo convidado para compor trilhas sonoras, o que fez com relevante competência. Com seu talento e sua formação no Conservatório Santa Cecilia de Roma, fez jus aos prêmios que recebeu pela música de filmes como *Floradas na Serra* e de peças como *Hamlet*.

Foi convidado a montar uma orquestra para a TV Record, que entraria no ar em 1953, e, antes de sua inauguração, permaneceu mais de três meses no táxi-dancing Maravilhoso, apurando a sonoridade coletiva de seus músicos. Quando estrearam na televisão estavam na ponta dos cascos.[43] Enrico escrevia a maioria dos arranjos, tocava piano e regia com grande classe, buscando a perfeição. Ensaiava à exaustão e justificava-se com uma frase que podia ser comprovada frequentemente: "Ao contrário do que acontece com os músicos na Europa, quanto mais se toca um arranjo no Brasil, mais a execução vai piorando".

A orquestra tinha sofrido consideráveis alterações em sua formação quando, ao ser contratada pela gravadora RGE, de José Scatena, gravou

---

[43] Paioletti, Altino e Felpudo nos trompetes, Nonô e Tabaco (Orlando Bertozzi) nos trombones, Pirahy, Zelão (José Cecatto), Tirijo, Sarrafo e Goiabinha nos saxes, Cleon na bateria e os irmãos Paulo Pes e Carlos Pes, respectivamente na guitarra e no baixo.

o LP instrumental *Panorama Musical*, o primeiro do selo, atuando ainda na maioria dos discos de seus cantores, especialmente Maysa e Agostinho dos Santos. O bem equipado estúdio da RGE na rua Paula Souza, nº 181, fervia com uma agenda lotada de gravações, das quais participavam frequentemente os principais músicos da orquestra de Simonetti em marcantes performances. O solo de trombone de Renato Cauchiolli em "Meu Mundo Caiu" é um bom exemplo. A sensual clarineta do estupendo Hector Costita em "Uma Loira", naquele que pode ser considerado o melhor LP da carreira de Dick Farney, é outro. Em arranjos inusitados de Simonetti.

Enrico era querido pelos músicos, gentil e atualizado, portador da elegância clássica dos italianos de fino trato e muito respeitado por sua versatilidade e pelo cuidado com que finalizava uma tarefa. Sua orquestra de bailes incorporou uma avantajada seção de cordas e, durante certo período, o naipe de saxes com três tenores e um barítono, seguindo os "Four Brothers" da orquestra de Woody Herman. Os tenores eram Cangaceiro (Antonio Arruda), Hector Costita e Papagaio (Clécio Arruda), e o barítono, Carlos Piper.[44] Contudo, boa parte dos arranjos de seus decantados discos soam um tanto pretensiosos e envelhecidos, na tentativa do arranjador explorar o estilo conhecido como "orquestra fantasia", abusando de efeitos que deslumbravam os fanáticos pela alta fidelidade.

Certa vez, tocavam no salão do aeroporto, quando um desconhecido convenceu Simonetti que poderia dar uma canja como cantor. Agradou em cheio e no intervalo que se seguiu pediu a Capacete para mostrar-lhe no camarim as posições do contrabaixo. Aprendeu em três tempos, mas foi contratado como cantor da orquestra. Depois tornou-se contrabaixista da noite em São Paulo, resolveu tocar piano, também aprendeu em tempo recorde, passando a ser um dos pianistas mais admirados pelos músicos da cidade. O apelido desse artista meteórico, quase ignorado, era Zé Bicão.

Em tudo que ele se metia fazia miséria. Foi para os Estados Unidos por conta própria e voltou cantando num inglês tão perfeito que, se você fechasse os olhos, jurava que era Nat King Cole. Aliás, usava um chapeuzinho igual ao da capa do disco *Nat King Cole en Español*. Vidrado em Bill Evans, a ponto de repetir, nota por nota, seu solo em "Waltz for

---

[44] Entre outros músicos que passaram pela orquestra de Simonetti, destacam-se os trompetistas Buda e Lelé, o baixista Capacete, o guitarrista Edgard Gianullo, o baterista Pirituba e o percussionista Hermes.

Aceita dançar?

Debby", foi arranjador da orquestra de cordas que acompanhou João Gilberto num espetáculo do Palace e na turnê do mexicano Armando Manzanero por cidades do Brasil. Desgraçadamente para a música brasileira, Zé Bicão (José Alves) tinha esquizofrenia múltipla, sumia do emprego sem avisar nem deixar pista e, com sorte, poderia ser encontrado dias mais tarde vagando sem destino pelas ruas, barbudo, em andrajos e fedendo. Sem reconhecer quem quer que fosse. Seria ele mesmo? Aquele pianista que deixara deslumbrados os frequentadores da Baiúca? Morreu sozinho, após ter se trancado por mais de um mês num quarto da casa de sua irmã, que tentava recuperá-lo. Passou esses dias bebendo só água e ouvindo Miles Davis para tentar se livrar do último surto. Fora localizado debaixo de uma ponte, onde vivia em meio à imundície com mendigos de rua com quem cantava em conjuntos vocais a várias vozes.

Nos anos 60, a orquestra de Enrico Simonetti foi contratada pela TV Excelsior para um programa semanal, de uma hora de duração, às sextas-feiras, o "Simonetti Show". Após algumas semanas, exausto pela atividade de elaborar novos arranjos, Simonetti resolveu completar os sessenta minutos com uma inovação proposta durante um dos ensaios. Convidou os músicos mais atirados para participar de *sketches* humorísticos em torno da música. Foi assim que Capacete e sobretudo o guitarrista Edgard Gianullo descobriram uma veia para a comédia de que nem desconfiavam. Nasceram sátiras de óperas, imitações de Jane e Tarzan, gozações. A audiência do "Simonetti Show" cresceu e o programa se enriqueceu de maneira original, livrando o maestro de criar tantas orquestrações por semana.

Em fins de 1962, Simonetti retornou à Itália, onde faleceu aos 54 anos de idade, deixando um rastro de saudade entre os músicos brasileiros. E entre os argentinos que com ele tocaram, também. Um deles era Carlos Piper.

Estava Piper atuando em Santos, no circo Águias Humanas, de seus pais, onde dirigia uma banda muito superior ao habitual nos picadeiros, quando seu compatriota Costita convidou-o para tocar na orquestra de Simonetti. Veio para São Paulo, fixando-se no Brasil, e em 1964 decidiu montar sua própria orquestra de baile.

Tocava guitarra, sax-barítono e tenor, bem como um outro instrumento da família dos trompetes que exige técnica e embocadura totalmente diferentes, o flugelhorn, ou fliscorne, um trompete mais grave e mais doce com campana semelhante à de um trombone. Era um destacado arranjador, um solista de personalidade e avançado em todos os sentidos, uma flor de pessoa, simpático, competente e um líder amigo dos músicos que escolheu ao formar uma trupe para ninguém botar defeito.

Uma vez selecionados por ele próprio e com a ajuda do trombonista Biu (Severino Gomes da Silva), fez uma apresentação da orquestra no salão do aeroporto de Congonhas a fim de testar arranjos e repertório, para depois iniciarem o período de dois meses de ensaios na antiga Rádio Cultura da avenida São João.[45]

A orquestra não tinha piano, e Carlos Piper atuava ora completando o naipe de saxes, ora a metaleira quando assumia o flugel. Além dos arranjos do líder que davam oportunidade de solo a praticamente todos os músicos, o *book* da orquestra incluía arranjos convencionais que Piper modificava empregando, como gostava, uma harmonia mais aberta, de forma a causar uma considerável massa sonora. A vibrante seção rítmica — perfeitamente identificada com a cara do samba brasileiro ("Balanço Zona Sul" ou "Primavera") ou então com uma *big band* fundamentalmente jazzística ("Perdido") — completava um conjunto que funcionava como uma verdadeira família de músicos, tão felizes que pediam para continuar tocando além das quatro da manhã, quando o baile devia ser encerrado.

Também participou dessa orquestra, revezando-se com Heraldo do Monte, um dos mais bizarros personagens da música de São Paulo, o talentoso guitarrista e baixista Boneca (Luiz Andrade), que aprendeu a ler música por conta própria e fez arranjos para as orquestras em que atuou, como as de Osmar Milani e de Simonetti. Com seu olhar de peixe morto e praticamente sem os dentes da frente, Boneca era imprevisível. Certo dia, ao ser humilhantemente dispensado da gravação de um cantor que não conseguia entender suas avançadas harmonias executadas no cavaquinho, largou o instrumento inopinadamente, abandonou o estúdio esbravejando e decidiu ser chofer de ônibus da linha Circular Avenida. Mas não aguentou e retornou à música com todos os méritos.

---

[45] Os quatro trompetes eram Botinão (Sebastião Gilberto), Ferrugem (Oswaldo Kasnalvaski), Broegas e Felpudo (logo substituído por Gentil). Quando Piper tocava flugel, dois deles completavam o naipe, que soava mais grave. Nos trombones, também quatro músicos: Biu, Ditinho, Arlindo Bonádio e Irã. Os saxofonistas, já entrosados, pois tocavam juntos desde os tempos de Mazzuca, eram: Lambari (Eduardo Pecci, líder do naipe), Walter Godinho, Carlos Alberto Pereira e Bauru (depois substituído por Palito), completados por Piper no tenor. Na cozinha, o baterista Xuxú (Dirceu Medeiros), o baixista Capacete, o excelente guitarrista rítmico e solo Heraldo do Monte, e três ritmistas, Hermes, Zezinho e Nascimento.

Aceita dançar?

A orquestra de Simonetti no auditório da TV Excelsior, em São Paulo, em setembro de 1960. Da esquerda para a direita: nos trompetes, Felpudo, Capitão, um músico não identificado e Juquinha; nos trombones, Renato, Gagliardi e Espanhol; nos saxes, um músico não identificado, Antonio Cangaceiro, Hector Costita e Renatão; na bateria, Pirituba; na percussão, Rogério, Mandrake e Hermes; na guitarra, Edgard Gianullo; no baixo, Capacete. De pé, à frente, o regente e pianista Enrico Simonetti.

Jam session no bar L'Amiral, em São Paulo, em 1953, com o saxofonista Guerino, o baterista Gafieira, o pianista Robledo e, ao contrabaixo, Luiz Andrade, o Boneca.

Quando a orquestra de Carlos Piper foi convidada para tocar no programa "O Fino da Bossa", Elis Regina entrou em alfa, era tudo o que ela mais queria, cantar à frente de uma *big band*. No palco do Teatro Record (e não no poço onde costumava ficar a orquestra regida por Cyro Pereira), Carlos Piper atacou em 29 de novembro de 1965 o prefixo do programa e a cantora, exultante, quebrou tudo em "Influência do Jazz".

A orquestra de Carlos Piper durou quase três anos, até o final de 1967, gravando dois LPs na Continental e um terceiro com uma formação mais reduzida. O primeiro disco foi gravado uma semana depois de um baile em Curitiba, que deixara o jovem trombonista Raulzinho (Raul de Souza) empolgado com a banda. O músico viajou para São Paulo por conta própria e, no estúdio, não resistiu: tirou o trombone da sacola, foi chegando perto do microfone e mandou brasa no solo de "Bye Bye Love". Piper deixou gravado como estava.

Em julho de 1973, o mundo musical do Brasil foi sacudido por uma trágica notícia: Agostinho dos Santos e seu então diretor musical, Carlos Piper, estavam no avião da Varig que se incendiou poucos minutos antes de aterrissar no aeroporto de Orly, em Paris. Ambos, assim como todos a bordo, morreram sufocados.

Nesse mesmo ano, a orquestra Tabajara mantinha-se em plena atividade, completando seu 35º ano de inabalável existência sob a liderança do clarinetista pernambucano Severino Araújo (nascido em 1917), um pé-de-boi para trabalhar, um pau para toda obra na música. Severino é um compositor de mão cheia, autor de choros para orquestra que, reunidos, se constituem na bíblia da matéria. É um prodigioso clarinetista, dominando os agudos com total segurança, um prolífico e competente arranjador, um apurado ensaiador e ainda um soberano chefe de orquestra que, mesmo de costas, fascina o público, sendo alvo das atenções. Depois que Severino Araújo veio ao mundo, a forma se quebrou.

Nascido no Engenho de São José, município de Limoeiro, no dia em que no Nordeste festeja-se São Severino (23 de abril, dia de São Jorge no Sul) e incentivado por seu pai — conhecido como Cazuzinha e mestre de banda nas várias cidades onde a família de seis filhos morou (pela ordem: Severino, Manoel, Plínio, José, Jaime e Otavio, o único que não foi músico, tendo morrido com dois anos) —, aos onze anos de idade, já tocava vários instrumentos, embora tivesse paixão especial pela clarineta, que lhe daria fama. Aos dezesseis já era arranjador da banda do pai em Ingá do Bacamarte, na Paraíba; aos dezenove ingressou na banda da Polícia de João Pessoa, ganhando um clarinete francês zero km do entusiasma-

Aceita dançar?

do tenente João Eduardo que, além de convencê-lo a permanecer na capital, inscreveu-o como músico de primeira classe, ganhando 360 mil réis por mês. Era a consagração para um músico do interior.

No interior do Brasil, as bandas de música constituíam o que se chama de lira, que eram sustentadas pela sociedade local, pertencendo portanto à comunidade e recebendo eventualmente uma contribuição da Prefeitura. Como ao assumir a obrigação de tocar na banda o elemento já tinha um emprego à parte, que o sustentava, não era considerado músico profissional. Profissional era quem tocava em banda militar, posto máximo que um músico do interior podia almejar no Nordeste: desfilava fardado de branco ou cáqui, tocava uniformizado nas retretas da praça principal, das 7 às 9 nas noites de domingo, enquanto as meninas faziam o *footing* caminhando de braços dados, duas a duas, numa só direção. No sentido contrário vinham os meninos.

As bandas militares tinham em geral requintas e clarinetas, trombones, tubas, bombardinos, trompetes, saxofones, picolo, prato, bumbo, caixa, mais de 50 músicos tocando sinfonias, marchas fúnebres ou não, trechos de ópera, valsas e sobretudo seu gênero por excelência, o dobrado. Acima de tudo, um músico de banda militar era um profissional. E com divisa. Severino era primeiro sargento músico. Nas rodas musicais da capital da Paraíba, comentava-se que havia um garoto que era puro cão na clarineta.

Severino ficou fascinado com os discos da orquestra de Benny Goodman que ouvia na Casa 4 e 400 de João Pessoa, versão nordestina das Lojas Americanas. Ouvindo os discos e vendo as *big bands* no cinema, foi mordido pela mosca do jazz, como tantos outros que já vimos. Foi convidado para tocar sax-alto numa das duas orquestras da cidade, a Jazz Ideal, sob a direção de Augusto Marinho. Assim, em 1934 tocava na banda militar e na Jazz Ideal (três saxes, dois trompetes, um trombone, bateria, contrabaixo, piano e guitarra), que executava arranjos editados no Brasil (de samba, fox-trot e bolero) nos sábados dançantes do clube Astreia. Severino julgava estar tocando na melhor orquestra de João Pessoa. Até o dia em que a Jazz Tabajara, que animava bailes no outro clube, o Cabo Branco, foi convidada para tocar no Astreia. Fariam um revezamento, alternando uma música para cada orquestra. Bastou o trombonista da Jazz Tabajara, apelidado de Usura, executar um glissando jazzístico para Severino se sentir tão desmoralizado que julgou perder toda a vontade de prosseguir. No dia seguinte conversou com Marinho, exigindo escrever novos arranjos e pedindo a troca de alguns elementos. Em pouco tempo a Jazz Ideal mudou da água para o vinho. Mas ainda estava longe da Tabajara.

A Jazz Tabajara, homenagem à nação de índios que dominara a região, fora formada em 1933 por um músico muito rico que, vivendo em João Pessoa, sustentava e supria a orquestra de seus sonhos com instrumentos e partituras que trazia dos Estados Unidos. Contudo, Oliver Von Choster, por certo um descendente de holandeses, não a dirigia, preferia tocar o terceiro alto, encarregando seu sócio na orquestra, o maestro Olegário de Luna Freire, de reger aquela que se tornou a bambambã nos melhores bailes do estado da Paraíba. Tanto que em 1937, quando foi inaugurada em João Pessoa a Rádio Tabajara PRI 4, nada mais natural que fosse contratada para a programação diária. Nessa altura, Luna Freire conseguira tirar Severino da banda da Polícia e da Jazz Ideal, dando-lhe os postos de primeiro alto e de seu assistente.

A Tabajara era então composta por três saxes (Severino, K-Ximbinho e Mirtilo Cardoso), um trombone (José Leocádio), dois trompetes (Raimundo Napoleão e Geraldo Medeiros) e a seção rítmica com o regente Luna Freire ao piano, Jorge Aires à bateria, Luiz Germano ao baixo e José Flavio à guitarra. Nessa formação de dez músicos do Nordeste surgiu o embrião de uma das mais notáveis orquestras de dança da história da música brasileira, seguramente a mais longeva, possivelmente sem rival em todo o mundo nesse aspecto. Basta um rápido passar de olhos nas grandes *big bands* americanas de 1938 e verificar quais as que ainda estão em ação sob a direção de seus líderes originais. Não sobrou nenhuma.

O súbito falecimento do regente Luna Freire, no final de 1938, criou um problema e a direção da rádio Tabajara convidou Severino, que já escrevia arranjos e tinha alguma ascendência sobre os demais músicos, para assumir o posto. O intrépido Severino impôs uma condição surpreendente para um jovem de 21 anos: aceitaria o cargo desde que fossem contratados mais um trompete, um trombone e um saxofone. A exigência foi aceita e assim é que, ao mesmo tempo em que ele passou para o clarinete, foram integrados à orquestra Tabajara seus irmãos Manoel Araújo (trombone) e Jaime Araújo (sax-alto), além de um colega de seu período na banda militar, Manoel Nunes (trompete). Em 1940, já considerada a grande orquestra do Nordeste brasileiro, a Tabajara incorporava ainda Genaldo Medeiros (irmão de Geraldo), que tocou trombone mas se firmaria no sax-barítono, e, no ano seguinte, mais dois irmãos de Severino: Plínio Araújo (trompetista, na vaga de Raimundo Napoleão) e Zé Bodega (José Araújo), saxofonista-tenor, no lugar de K-Ximbinho, que foi

Aceita dançar?   135 para o Rio de Janeiro. Com um clarinete, quatro saxofones, três trompetes e três trombones — um belo naipe de onze sopros, dos quais cinco eram tocados pelos irmãos Araújo —, a orquestra Tabajara estava pronta para fazer história.

Os grandes cantores brasileiros que vinham a João Pessoa comentavam na emissora: "Essa orquestra tinha que estar é no Rio". Pois em meados de 1944 a mudança começou a se tornar realidade. Numa só semana, Severino recebeu dois telegramas para se transferir para aquela cidade, um deles para tocar no Cassino Copacabana com salário de 3.600 cruzeiros. Em João Pessoa ganhava 800. Veio por sua própria conta. Chegou ao Rio em 7 de agosto, mas para aceitar a proposta do outro telegrama, da Rádio Tupi, para ser saxofonista da Marajoara, a orquestra da emissora. Ganharia 2.400 cruzeiros e mais 150 por cada arranjo escrito.

Num dos programas dominicais do Dr. Paulo Roberto, Severino tocou um choro composto alguns anos antes em Aldeia (próximo de Recife), quando matava o tempo no acampamento do 15º Regimento. Concebido para ser executado por quatro clarinetas e orquestra, e não por um regional, "Um Chorinho em Aldeia" era quase um exercício de modulação, no cromatismo do motivo da primeira parte. Na segunda-feira, o acetato gravado na véspera foi tocado na programação e, devido aos insistentes pedidos, foi repetido mais seis vezes no mesmo dia. Os ouvintes queriam ouvir o chorinho daquele rapaz do Norte.

Com a saída da orquestra de Fon-Fon, a Tupi precisava de uma reposição e assim que o *big boss* das Emissoras Associadas, o paraibano Assis Chateaubriand, soube que a indicação era a melhor orquestra da Paraíba, nem pestanejou. Mandou contratar. A direção da rádio propôs pagar 2.000 cruzeiros para os músicos casados e 1.500 para os solteiros. Todos aceitaram, a Tupi pagou as passagens aéreas e no dia 20 de janeiro de 1945, numa operação inédita no rádio brasileiro, os músicos desembarcaram no aeroporto do Rio de Janeiro para integrar a Orquestra Tabajara de Severino Araújo, o nome que ele registrou.[46]

---

[46] Os trompetistas eram Plínio Araujo, Porfírio Costa (que vivia no Rio) e Geraldo Medeiros (que viera antes, com Severino). Nos trombones, Manoel Araújo, José Leocádio e Aurélio Franco. Nos saxes, K-Ximbinho (que estava no Rio desde 1942 e saíra da orquestra de Fon-Fon) e Jaime nos altos, Zé Bodega e Lourival Clementino nos tenores e Genaldo Medeiros no barítono. Para a seção rítmica vieram Jorge Aires (baterista), Del Loro (guitarra) e Cláudio Luna Freire (piano). Foi completada com um contrabaixista do Rio, Juvenal Gelba, e o pandeirista Gilberto D'Ávila.

A fama da orquestra se espalhou rapidamente pelos meios musicais da cidade e o compositor Braguinha, então diretor da Continental, mandou um recado ao maestro: "Não assine com ninguém, eu quero contratar a Tabajara".

Afora dois frevos em um disco inicial, foram gravadas na primeira sessão significativa no estúdio da Continental, instalado no 4º andar do Edifício Cineac na avenida Rio Branco, quatro músicas que sairiam em dois discos, o primeiro em março de 1945 com "Um Chorinho em Aldeia" e o samba "Onde o Céu Azul é Mais Azul", com solo de Porfírio Costa. No mês seguinte saiu o segundo disco, com um choro em que Severino faz o solo de sax-alto, "Espinha de Bacalhau" (composto em 1937), destinado a ser o grande clássico de sua obra e, no lado B, o samba do saxofonista Ratinho (da dupla caipira Jararaca e Ratinho), "Guriatã de Coqueiro", com solo de Plínio ao trompete. Um estorvo na execução de "Espinha de Bacalhau" é que cada metade da primeira parte deve ser executada sem uma só respiração, o que Severino realizava tranquilamente. Mas os espinhos estão na segunda e na terceira partes, em virtude de frases inteiras com notas muito curtas, as fusas, cuja duração é a metade das semicolcheias até então empregadas normalmente nos choros. Essa inovação de Severino exige extrema destreza e absoluto equilíbrio entre cada nota para se atingir uma execução limpa, com resultado convincente. Severino atuou brilhantemente em todas as gravações que fez de "Espinha de Bacalhau", a primeira ao sax-alto na tonalidade de dó maior e as posteriores em mi bemol, tocando clarineta.

Esses dois discos determinaram a acolhida em definitivo do choro como um dos gêneros preferidos das orquestras brasileiras, gênero que até então era desenvolvido de forma pioneira pela orquestra de Fon-Fon. Fixou-se assim o choro de orquestra como a música dançante genuinamente nacional, ponto alto nos discos das orquestras brasileiras por mais de duas décadas.

Com efeito, a repercussão de "Um Chorinho em Aldeia" e "Espinha de Bacalhau" teve importância fundamental no repertório de orquestras daí para a frente, levando a Continental a convidar outras *big bands* a gravar choros: Peruzzi e sua orquestra (em agosto de 1945, com "Perigoso"), Oswaldo Borba (em setembro, com "Deslizando"), Cipó e sua orquestra (em maio de 1946, com "Um Choro com Swing") e, mais tarde, Chiquinho e sua orquestra (com "Casadinhos", em 1947).

O gênero choro de orquestra consolidou-se com a Tabajara como com nenhuma outra. Após mais duas sessões de gravação (ao final de

Aceita dançar?

1945 e em meados de 1946) — nas quais outro esplêndido choro, "Paraquedista", com solos do autor José Leocádio ao trombone e de Zé Bodega ao sax-tenor, foi o *hit* mais destacado entre os seus seis discos lançados em 1946 —, a Tabajara passou a disputar a primazia entre as orquestra dançantes no Rio. Além de superior, era a mais versátil, tocando frevos e as versões em samba para clássicos da música americana, como "Tempestade" (versão de "Stormy Weather", com novo e sensacional solo de Zé Bodega) e "Poeira de Estrelas" (versão de "Stardust"), em arranjos de Severino.

Quando Plínio Araújo assistiu ao filme *Rhapsody in Blue*, sobre a vida de George Gershwin, sugeriu que Severino fizesse também uma versão da rapsódia em ritmo de samba. Severino conseguiu condensar a peça de vinte minutos no limite de três minutos e meio, em arranjo empolgante que foi apresentado pela primeira vez durante o programa "Escola de Sereias", comandado por Carlos Frias no velho auditório da Rádio Tupi, com a plateia repleta de mocinhas dos clubes do Rio, como o Fluminense e o Flamengo. Fez tanto sucesso que o número foi bisado e gravado no início de 1947, com o novo baterista Faísca no lugar de Jorge Farias. Foi um dos discos mais vendidos do ano. Logo depois Plínio assumiria a bateria, deixando para sempre o naipe de trompetes. Severino assegurava o controle da seção rítmica no padrão que desejava.

O verso do disco com a rapsódia em samba era um novo choro de Severino, que também entrou para a galeria dos clássicos, "Um Chorinho para Você". Depois dele vieram ainda com impressionante regularidade novos choros, recheados de modulações nas suas melodias insinuantes: "Um Chorinho para Clarineta" (agosto de 1947), "Oh! Clarinete Gostoso" (maio de 1951), "Mirando-te" (julho de 1952), "Prefixo" (abril de 1954, um tema de uma só parte, usado como abertura e encerramento dos bailes), "Um Chorinho em Pinhal" (março de 1955) e "Nivaldo no Choro" (junho de 1957). Eis aí a saborosa cartilha dos choros de orquestra na música brasileira.[47]

Nesse período a orquestra Tabajara ainda emplacou outro *hit*, "Peguei a Reta", gravado em junho de 1948, um choro cadenciado do trompetista Porfírio Costa, considerado nas gafieiras o regra três para "Na Glória".

---

[47] Todos esses choros foram regravados entre 1959 e 1960 na Continental e lançados em vinil.

Na sua caminhada ascensional, a Tabajara foi escalada para tocar na noite de abertura da TV Tupi do Rio em 20 de janeiro de 1951 e, posteriormente, na inauguração do novo auditório da rádio, na avenida Venezuela. Aproveitando a temporada da orquestra de Tommy Dorsey no Brasil, o diretor artístico Almirante conseguiu colocar as duas *big bands* juntas no palco, tocando música americana e brasileira, num encontro histórico após o qual o trombonista americano rasgou seda para o "Rhapsody in Blue" executado com a precisão e a garra que marcam a regência de Severino. Em agosto do ano seguinte, a Tabajara, já consagrada como a melhor do Brasil, embarcou para a França com seus *crooners* Hélio Paiva, Jamelão e Elizeth Cardoso para animar a festa de promoção do algodão brasileiro idealizada pelo embaixador Chateaubriand no castelo de Corbeville, do costureiro Jacques Fath. Esticaram com uma atuação no cassino em Deauville e nos anos seguintes realizaram temporadas em Montevidéu, Buenos Aires e Portugal, afora longas excursões pelo interior do Brasil, bailes de formatura no fim de ano e a participação na programação regular das rádios Tupi, Mayrink Veiga, Nacional e da TV Rio, até 1968.

Após a apresentação da orquestra em 20 de fevereiro de 1970, Severino resolveu dependurar as chuteiras. Guardou o instrumento no estojo e foi jogar xadrez com os amigos de rua do bairro. A despedida iria durar cinco anos. A "raça", como ele chamava os músicos, foi convocada em janeiro de 1975 para gravar o LP da série *Depoimento* na Odeon. Mesmo sem tocar por vários anos, Severino estava em perfeita forma, e o som rico de sua clarineta brilhava com a mesma intensidade. Mas, para a orquestra, nada de baile. No ano seguinte, em plena fase da *discothèque*, é que veio o convite: o baile "Parece que foi Hontem". Fez tanto sucesso que a Tabajara foi contratada para os anos seguintes no Clube Monte Líbano. O ano de 1976 marcaria de vez o retorno da Tabajara. Em dupla com o antigo *crooner* Jamelão, que interpretou seus sucessos nos arranjos originais (de autoria de Severino), a orquestra foi a sensação da série "Seis e Meia" no Teatro João Caetano. A Tabajara parecia renascer, deixando a plateia arrebatada e incrédula com a juventude daqueles músicos veteranos.[48]

---

[48] O sucesso de público foi tal que a orquestra Tabajara retornaria ao "Seis e Meia" mais três vezes, uma no próprio João Caetano em 1980, outra no Carlos Gomes e outra no Dulcina.

Aceita dançar?

A orquestra Tabajara, do maestro Severino Araújo (à direita), nos anos 50. No naipe de trompetes, Hamilton Cruz é o terceiro da esquerda para a direita. Plínio Araújo é o baterista. Entre os saxofonistas, à frente, Genaldo (o primeiro, da esquerda para a direita), Jaime Araújo (o terceiro) e Zé Bodega (o quarto).

No show "O Fino da Música", em junho de 1977 no Anhembi, em São Paulo, o histórico reencontro entre Elizeth Cardoso e Severino Araújo.

Em junho de 1977, a Tabajara aportou no palco do Anhembi, para o espetáculo "O Fino da Música", com sua antiga *crooner*, Elizeth Cardoso. Outro sucesso estrondoso, para uma plateia de quase 4 mil pessoas. Haveria uma sobrevida para Severino Araújo e a Tabajara? A orquestra passou a ser frequentemente assediada para animar bailes por todo o Brasil. Como nos anos 50, parte do público não dançava. Parava diante dos músicos dirigidos pelo elétrico Severino e ficava só admirando. No mesmo ano de 1977 foi gravado novo LP, *A Tabajara de Severino Araújo*, na Continental, que tive a honra de produzir. Severino executou perfeitamente o glissando do início da rapsódia culminando com um agudo mais para Artie Shaw que para Benny Goodman, deixando em dúvida qual dos dois era seu preferido. No mesmo disco, seus três irmãos, Jaime, Manoel e Zé Bodega, são destaques em temas diferentes.

Ao longo dos anos, vários músicos de realce participaram da Tabajara: o trombonista e arranjador Astor,[49] o sax-alto Jorginho, o sax-tenor Juarez Araújo e os trompetistas Hamilton Cruz e Maurílio, entre outros. Mas os dois maiores expoentes sentavam-se lado a lado na primeira fila da orquestra, na fogosa seção de palhetas: K-Ximbinho (de 1938 a 1942, e de 1945 a 1949), como primeiro sax-alto, e Zé Bodega (de 1942 até o final dos anos 70), como segundo sax-tenor.

Sebastião Barros, o K-Ximbinho (1917-1980), nascido em Taipu, RN, tocou em banda militar de Natal (onde ganhou o inusitado apelido que ele próprio adotou), na Pan Jazz e, desde 1938, na orquestra Tabajara, onde inicialmente tocava clarineta e sax-tenor. Veio para o Rio a convite do trompetista Porfirio Costa, em 1942, para integrar a orquestra de Fon-Fon, e em 1945 retornou à Tabajara, mas como sax-alto. No momento em que viu Zé Bodega tocar, abdicou do sax-tenor.

Seu mais conhecido choro, "Sonoroso", foi gravado pela Tabajara na segunda sessão de gravações da orquestra, no início de 1946.[50] No Rio, estudou harmonia e contraponto com Koellreutter (bem como Severino), integrou as orquestras da Rádio Nacional, a Sinfônica da Rádio MEC (a cujos músicos dedicou o cativante choro "Velhos Companheiros") e da TV Globo. Além de excelente clarinetista e saxofonista, foi um

---

[49] Autor de "Chorinho na Gafieira", gravado com a orquestra Tabajara em novembro de 1953.

[50] Também de K-Ximbinho, foram gravados nos anos seguintes pela Tabajara: "Sonhando", "Mais uma Vez", "Sempre" e "Meiguice".

Aceita dançar?

dos mais requintados compositores de choro, com uma obra inteligentemente elaborada e de sotaque firmemente fincado em raízes brasileiras. A afinidade que manteve com o jazz foi elegantemente representada por arranjos na técnica do contraponto executados pelo moderníssimo Tenteto de K-Ximbinho com trompa e oboé.[51]

Tão doce quanto o som de sua clarineta, K-Ximbinho concebeu choros nobres e sutis, a maioria em duas partes, como "Sonhando", "Sempre", "Ternura" (dedicado à sua esposa), "Catita" e o esperto "Auto Plágio". Além dos choros gravados pela orquestra Tabajara, outros figuraram esparsamente em discos de seu conjunto. Em 1981, doze deles foram reunidos no LP póstumo *Saudades de um Clarinete*, em que tocou ao lado de Zé Bodega em variadas formações. Em 1999, Paulo Moura, certamente o mais dedicado e fiel de seus seguidores, gravou brilhantemente com Mauricio Einhorn, Nelson Faria e Tony Botelho o CD *K-Ximblues*, ao vivo, com dez de seus choros.

Zé Bodega (1923-2003), por quem K-Ximbinho nutria admiração incondicional, foi segundo ele o maior saxofonista brasileiro. Os demais, saxofonistas-tenores ou não, concordam em peso e sem hesitação. Nas incontáveis gravações de que participou acompanhando cantores, ninguém se arriscava a solar depois de Zé Bodega — apelido que vem da infância, quando fingia ser o dono de uma lojinha de brincadeira, a bodega, onde "vendia" areia como se fosse sal. Com menos de dez anos de idade, imitando o pai, formou uma bandinha, que dirigia com um pedaço de pau pelas ruas de João Pessoa.

O mais tímido dos irmãos de Severino entrou para a Tabajara em 1942, era ótimo clarinetista, mas foi no saxofone-tenor que se tornou um ídolo. Tocava totalmente descontraído, atacava as notas com meiguice e fraseava graciosamente soprando quase sem vibrato, com uma personalidade identificável à primeira vista. Teria lugar na galeria dos grandes saxofonistas do jazz. Idolatrava Al Cohn, descendente em linha direta do som *cool* nascido com Lester Young.

Nos bailes da Tabajara teve por anos um destaque especial em "Jealousy", mas em 1955 Severino decidiu compor um tema específico para mostrar as virtudes do irmão. Aproveitando um exercício de suas aulas de harmonia com o professor Koellreutter, compôs o tema "Água com

---

[51] Na abertura do II Concerto Brasileiro de Jazz no Golden Room do Copacabana Palace, em novembro de 1956, o Tenteto apresentou sua composição "K-Xim Tema".

O ex-trombonista da Tabajara, Astor, dirigindo uma orquestra em estúdio no Rio de Janeiro com a participação do saxofonista Zé Bodega (à frente, de pernas cruzadas), que na época ainda atuava na orquestra de seu irmão Severino Araújo.

Baile de formatura em São Paulo com os pares dançando trajados a rigor. Ao fundo, a orquestra de Silvio Mazzuca, a mais solicitada nos salões paulistanos, assim como a orquestra Tabajara era a preferida no Rio de Janeiro.

Açúcar" em três andamentos cada vez mais rápidos. Na fase dos 78 rotações ele foi o solista da Tabajara em diversos choros, como "Malicioso" e "Passou", afora frequentes intervenções na abundante discografia da orquestra. Zé Bodega é o saxofonista que se ouve na famosa gravação de Elizeth Cardoso, "Canção de amor", de 1950 ("Saudade, torrente de paixão..."). Participou com destaque em solos curtos e sensacionais da infernal Turma da Gafieira, que gravou um célebre LP de 10 polegadas no auditório da Escola Nacional de Música, nos anos 50.[52]

No início dos anos 60, o grande Zé Bodega gravou o único LP sob seu nome, *Um Sax no Samba*, acompanhado pela orquestra do irmão sem o naipe de saxofones, um disco de produção equivocada no qual ele ainda mostra sua categoria em "Palhaçada", "Onde Estava Eu", "Sambando" e "Fiz o Bobão". Em 1971, a Odeon lançou o vinil *Chorinhos da Pesada*, com diversos solistas, como Raul de Barros e Abel Ferreira. Bodega gravou pela segunda vez um choro de sua estatura como músico ao tocar com Radamés Gnattali, "Bate Papo".[53] No mesmo disco, acompanhado pela metaleira da Tabajara, realiza o solo antológico do intrincado choro "Teclas Pretas", de Pascoal de Barros, o lendário saxofonista de quem não se tem notícia de haver qualquer gravação. No já mencionado espetáculo da Tabajara no Anhembi em 1977, Zé Bodega tocou o choro pela última vez. Aplaudidíssima, a performance é a faixa 5 do lado B no LP *O Fino da Música*, volume 2, gravado ao vivo. De 1977 a 1988, "Teclas Pretas" foi tocado duas vezes por dia, durante onze anos seguidos, na Rádio Jovem Pan. Era o prefixo do "Programa do Zuza".

Depois do show no Anhembi, Zé Bodega decidiu dar um tempo. Tinha pressão alta e ficara muito emocionado. Continuou tocando só na orquestra da TV Globo, até sua dissolução. Em seguida, vendeu o tenor e ficou tocando flauta na sua casa de praia de Itaipuassú, em Maricá. A perda da mulher foi um golpe muito duro. Não resistiu. Quando faleceu, em 23 de setembro de 2003, foi publicada uma singela notícia sobre a morte de José Bodega (*sic*). Era simplesmente o maior saxofonista brasileiro.

---

[52] Zé Bodega tem solos ou passagens solo em "Samba do Morro", "Rio Antigo", "Deixe o Breque pra Mim" e "Samba de Pádua", no grupo com Santos (trompete), Raul de Souza (trombone), Zé ou Hélio Marinho (sax-tenor), Altamiro Carrilho (flauta), Sivuca (sanfona), Américo ou Jorge Marinho (baixo), Edson Machado (bateria), Zé Menezes (guitarra) e Britinho ou Paulinho (piano), todos músicos brasileiros ligados ao jazz.

[53] Radamés e Zé Bodega gravaram "Bate Papo" pela primeira vez num disco de 78 rotações lançado em outubro de 1949, com Luciano Perrone à bateria.

Como por encanto, a Tabajara voltou a ser a mais ambicionada atração no Brasil para um baile em que se dançasse "como naqueles tempos". Sua alentada discografia, com discos de 78 rotações e vinil, inclui choros de orquestra compostos por seus componentes (como K-Ximbinho e Porfírio Costa) e por seu maestro/compositor/arranjador/clarinetista, o privilegiado Severino Araújo.

Quando imaginou tocar sua composição "Um Chorinho em Aldeia" com a clarineta à frente da orquestra, como fazia Benny Goodman, Severino Araújo, talvez sem se dar perfeita conta, estava mais uma vez cumprindo o destino da música dançante no Brasil. O mesmo que levou os conjuntos a adotarem o nome de *jazz bands*, a incorporar a bateria americana e o saxofone, a montar naipes de sopro, finalmente definindo um gênero, o choro de orquestra. A assiduidade com que a Tabajara cultuou o choro de orquestra por toda a sua existência é suficiente para que ocupe o topo da lista desse segmento, *et pour cause*, a posição de maior destaque na história da música dançante do Brasil dos anos 20 aos anos 60.

Como nenhum outro gênero, o choro de orquestra levou dançarinos aos salões das mais variadas classes sociais brasileiras, sem distinção de raça e de cor. Surgiu uma coreografia natural e uma forma legítima da música popular brasileira. Por força da finalidade dançante, o choro de orquestra é executado de preferência em andamento médio, ao contrário dos choros com conjunto regional, flagrantemente acelerados, como os emblemáticos "Apanhei-te Cavaquinho", "Tico-Tico no Fubá" e "Brasileirinho", cuja velocidade beira o vertiginoso.

Não bastassem a formação instrumental e os procedimentos nos arranjos, as orquestras brasileiras abrigaram grandes improvisadores, como K-Ximbinho, Zé Bodega, Juarez Araújo, Jorginho, Casé, Bolão, Maciel, Paulo Moura, entre dezenas de músicos estupendos. Enquanto os grandes chorões criam floreios em brechas da música e realizam substituições de notas ou frases — o que, sem demérito algum, não são improvisos completos, mas sim uma outra forma de abordagem —, os músicos das orquestras brasileiras utilizaram o desenho harmônico das composições para criarem suas próprias versões das melodias de outrem. E isso é jazz, vocábulo e atitude com os quais a música dançante brasileira esteve antenada desde as *jazz bands* até as orquestras de baile.

Aceita dançar?

5.

"An Impression of Jazz in New York"

> Para meus pais, que possibilitaram a manobra certeira
> em minha vida, quando estudar fora era uma aventura

É natural e compreensível que cada geração tenha a tendência de valorizar a década de sua juventude. A forma, possivelmente mais que o conteúdo, fixa símbolos que constituem parcela da identidade cultural de uma geração.

Quem viveu a maior parte de seus vinte anos primeiros durante a década de 50 guarda como uma das marcas dessa época os descomunais automóveis americanos, adornados com fartura de detalhes cromados que realçavam um de seus mais apregoados pontos de venda, o luxo e o conforto. Os carros mais emblemáticos eram os rabos de peixe, como eram chamados os Cadillacs, marca *top* da família General Motors, que tinham os para-lamas traseiros arrebitados. Os demais produtos da maior empresa automobilística americana eram, em ordem decrescente de *status*: Buick, Oldsmobile, Pontiac e Chevrolet, o mais popular dos cinco e o que se espalhou em quase todos os países do mundo como um sinônimo da GM.

No Brasil dos anos 50 era normal se ver nas ruas um elegante coupê Oldsmobile 88 sem coluna e com pintura saia-e-blusa, um charmoso Buick Roadmaster Riviera conversível, um cafona Pontiac, cujo *design* visava atrair o comprador americano sem classe. Com maior frequência cruzava-se com um Chevrolet Bel Air, que, dependendo do modelo, tinha lá o seu *glamour*.

Entre os automóveis mais invejados pelos jovens de São Paulo estavam o Chevrolet azul-claro, conversível e com farol de milha manual, de Julinho Neves — que, aliado ao impecável cabelo gomalinado do proprietário, era uma arma infalível para conseguir as mocinhas mais desejadas —, e o Nash Rambler, igualmente descapotável, pertencente a Geraldo Junqueira de Oliveira, outro conquistador, embora meio enrustido, dedicado à faixa etária mais avançada. Geraldo, um talentoso cineasta e amigo querido, era, com Théo Carvalho de Freitas, meu companheiro de ginástica com halteres em sessões ministradas na garagem de sua casa pela mais reconhecida autoridade no assunto, o professor René, um atlético egípcio de bíceps avantajado e peitoral de pombo, cujas aulas eram disputadas na melhor faixa social da juventude paulistana da época.

Outros símbolos da década de 50? A saia balão com fartura de anáguas de tule, no estilo New Look criado por Dior — detestável obstáculo para se conseguir encoxar convenientemente as garotas dos mais afamados colégios de freiras em São Paulo nas festinhas de fim de semana. Delicadamente perfumadas com Chanel nº 5, as bem-educadas, alegres e queridas parceiras dos bailinhos oferecidos assiduamente em suas residências preferiam infelizmente o modelo desses vestidos rodados, celebrizados pela perfeitinha estrela do cinema e cantora *hors concours*, Doris Day. Raramente alguma delas se arriscava num colante revelador de suas formas — como os de nossa idolatrada Marilyn Monroe — que permitisse, além de dançar de rosto colado, avançar insidiosamente as pernas de mansinho, até que se percebesse um sutil sinal verde, para então se afundar de vez naquele delicioso e ultramisterioso regaço. Durava apenas até o fim da dança. Eram os anos 50.

Dançava-se mais baião, fox-trot, samba-canção e bolero que quaisquer outros gêneros. Os discos de 78 rotações pingavam um após o outro, empilhando-se no prato daqueles fonógrafos automáticos Philco, até que surgiram os Long Playing de 33 rotações com quatro músicas de cada lado. "Não eram seis de cada lado?", indagará um leitor preocupado com detalhes. Os primeiros discos de som Hi Fi (abreviação de *high fidelity*, isto é, "alta fidelidade" — e também um drink da época, mistura do refrigerante Crush com rum Merino) somavam mesmo oito músicas nos dois lados, pois tinham dez polegadas de diâmetro. Esse era o tamanho dos primeiros LPs de jazz moderno, que se manuseava com lúdico prazer antes de colocar no *pick up* para serem ouvidos com a concentração que o jazz exigia. Eram importados, é claro, e suas capas, influenciadas pela arte pós-cubista.

Conquanto a década de 50 seja associada ao início do rock and roll em função do estouro dos discos de seus primeiros ídolos, inicialmente Bill Haley e seus Cometas, esses anos foram especialmente pródigos para o jazz, pois, entre outros fatores, pela primeira e talvez única vez conviveram, principalmente em Nova York, músicos oriundos dos primórdios de Nova Orleans, *band leaders* e instrumentistas da Era do Swing, ou seja, das *big bands*, e ainda os ícones do bebop, a primeira e mais radical revolução do século no jazz.

De fato, na Manhattan desses anos você podia ouvir num dia uma apresentação de Louie Armstrong e seus All Stars (com o emocionante trombonista Jack Teagarden e o brilhante clarinetista Edmond Hall) ou uma exibição do lendário clarinetista octogenário George Lewis, e no dia seguinte assistir a uma verdadeira aula de bateria com o empolgante Gene Krupa. Era possível dançar no Roseland ao som de excelentes *big bands* ou nos salões do Roosevelt, do Edison ou do Waldorf Astoria Hotel. Podia-se assistir a preço acessível a um concerto ao ar livre da série "Jazz Under The Stars" no Central Park com o seguinte menu: quarteto de Lester Young, quarteto de Gerry Mulligan, trio de Erroll Garner, sexteto de George Shearing e, para finalizar, ninguém menos que Billie Holiday. No interior do Birdland podia-se ouvir uma das novas atrações da época, o quinteto de Horace Silver, e ainda, antes que a noite acabasse, ir a um dos clubs de Greenwich Village onde podia estar Ben Webster no Village Vanguard, o grupo experimental Workshop de Charles Mingus no Half Note e os Jazz Messengers de Art Blakey no Cafe Bohemia. Essas atrações se revezavam em programas duplos, ao longo de três *sets* de 45 minutos cada. Não se pense que a segunda atração era inferior. No final de outubro de 1957, o quinteto de Miles Davis revezava-se com o quarteto de Stan Getz no Birdland; depois de Sonny Rollins vinha Anita O'Day no Village Vanguard. No The Composer, dois trios: o de Billy Taylor e o de Mary Lou Williams.

É verdade que, em 1957, nem Art Tatum, Charlie Parker e Clifford Brown estavam mais entre os vivos. Os lendários clubes da rua 52, como Onyx, Three Deuces, Famous Door, Kelly's Stables, Hickory House, Spotlite e Downbeat, tinham entrado numa fase de decadência.[1] Podem imaginar o mesmo local onde Tatum havia tocado sendo ultrajado com a exibição de uma *strip girl*? O apogeu da rua 52, entre a Quinta e a Sexta Avenida, apelidada "The Street", não era a mais leve sombra do que fora dez anos antes, e o *club* Jimmy Ryan's foi o último a desaparecer. Foi demolido, deixando os irmãos Wilbur e Sidney De Paris no olho da rua.

Todavia, as orquestras continuavam tocando nos jantares dançantes dos hotéis americanos. Foi o que me surpreendeu quando cheguei ao

---

[1] A partir de 1947, quando a ganância dos proprietários abafou a qualidade musical, a rua 52 tornou-se um mercado para os traficantes. O primeiro a cerrar as portas foi o Down Beat. Pouco a pouco os clubes de jazz da rua 52 foram dando lugar a *joints* de *strip-tease* — Pigalle, Flamingo, Samoa, Harém — com "pescadores" de clientes aliciando aos berros os transeuntes que passavam pela calçada.

Hotel Edison da rua 47, o único preservado até hoje com seu estilo *art déco*, onde me hospedei pela bagatela de 7,75 dólares a diária naquele inesquecível primeiro dia de Nova York. Antes de sair, eufórico para conhecer Times Square, topei de cara com o saxofonista Marty Flax, que havia estado no Brasil integrando a orquestra de Dizzy Gillespie no ano anterior e agora atuava na *big band* regular do Edison. Daquele momento em diante eu iria conviver quase que diariamente com alguns dos maiores músicos de jazz em atividade.

Como era a cena do jazz em Nova York nessa época? Os anos 50 foram marcados por uma forma de boemia calcada na filosofia de vida da geração *beat*, que reinava no Greenwich Village, onde o jazz era mais que um fundo musical. Ouvir jazz fazia parte do dia a dia de quem morasse no Village, dos poetas, escritores, dramaturgos e jovens estudantes que frequentavam seus clubes e cafés.

Ora, nos anos 40, quando romperam com o passado através de inovações no ritmo, na harmonia, nos improvisos e até no comportamento, os músicos do bebop haviam mostrado estar quilômetros à frente de sua época, em absoluta consonância com outros movimentos revolucionários na história da arte. Adoravam criar inimigos gratuitos, mas eram idolatrados, embora por um público tão reduzido que não lotaria um teatro.

Ao furar o bloqueio de resistência ao vanguardismo de suas propostas, os pioneiros do bebop formaram um gueto no jazz. Entrincheiravam-se em *jam sessions* que varavam a noite no clube Minton's do Harlem, uma Bauhaus do jazz nos anos 40, e posteriormente, já como atrações bem aceitas, tocavam nos clubes da rua 52.

Nos discos gravados em estúdio, os *boppers* tinham contra si a limitação dos três minutos e meio de duração dos 78 rotações, nos quais parte de sua obra foi gravada. Malgrado tais gravações tivessem sido transferidas ou mesmo registradas nos primeiros discos de longa duração, vigorava ainda a incipiente fase dos LPs de 10 polegadas, quando as faixas duravam o mesmo que os bolachões de 78 rpm. Basta examinar a discografia de Charlie Parker para certificar-se disto.

Os músicos do bebop já tinham consequentemente pagado a conta quando o hard bop entrou em cena na segunda metade dos anos 50, sendo assimilado com relativa facilidade devido à linguagem rítmica e harmônica estabelecida por seus antecessores.

Nesse cenário francamente favorável à inovação, sobretudo no Greenwich Village, consagrados músicos de épocas anteriores, do chamado "jazz mainstream", mantinham-se em cartaz, conquanto uns poucos podiam ser considerados *dejà vu*. A maioria, porém, estava em plena forma, capazes de tocar tão bem quanto no passado, podendo assim constituir atrativo até para intransigentes adeptos do hard bop.

Na segunda metade dos anos 50, fortaleceram-se as novas etiquetas de jazz como Prestige, Riverside, Commodore, Contemporary, Fantasy e Blue Note. Estas gozaram do avanço dos LPs de 12 polegadas, que permitiam flexibilidade na duração de cada faixa. Por isso os improvisos podiam exceder em muito a mencionada limitação, chegando a durar quase dez minutos num único tema. Era isto o que se ouvia nos clubes de jazz que pipocavam pelo país, onde tocavam os novos criadores que, à exceção dos West Coasters da Califórnia, tinham como meta migrar para Nova York, a fim de estabelecer com solidez suas carreiras. Nova York tornou-se então a Meca do jazz na metade final dos anos 50.

Em 1957, Ella Fitzgerald (aos 39 anos), no pico de sua carreira, gravaria com a orquestra de Duke Ellington (aos 58 anos) o fabuloso songbook de Duke em dois álbuns duplos. Sonny Rollins (aos 27 anos) e John Coltrane (aos 31 anos) emergiam como os dois mais notáveis sax-tenores de sua geração ao gravarem, respectivamente, os seminais *A Night at the Village Vanguard* e *Blue Train*. Horace Silver (aos 29 anos) e seu quinteto gozavam seu segundo *hit*, "Señor Blues", ouvido em grande parte das *juke boxes*. Billie Holiday (aos 42 anos) e Lester Young (aos 48 anos) participavam do célebre programa de televisão da CBS, "The Sound of Jazz", ao lado de Gerry Mulligan (aos 30 anos), Ben Webster (aos 48 anos) e Coleman Hawkins (aos 56 anos), este uma atração habitual no Metropole Cafe. O disco *Brilliant Corners*, de Thelonious Monk (aos 40 anos), uma obra-prima, já estava nas lojas, enquanto o Oscar Peterson Trio (Oscar aos 35, Ray Brown aos 31 e Herb Ellis aos 36) e o Modern Jazz Quartet, na duradoura formação com Milt Jackson (aos 34), John Lewis (aos 37), Percy Heath (aos 34) e Connie Kay (aos 30), rodavam pela Europa e Ásia, quando não estavam tocando nas melhores salas dos Estados Unidos. Quem estivesse em Nova York em 1957 poderia viver intensamente essa fase fabulosa, única e farta, tendo à sua disposição diariamente, a preços irrisórios, um cardápio jamais igualado dos melhores músicos de jazz do passado, do presente e do futuro num mesmo momento da história. Bastava escolher quem você quisesse assistir em cada noite da semana. Foi essa a realidade com que me deparei quando cheguei a Nova York.

Naquela primeira noite, depois de me extasiar diante das espantosas baforadas de fumaça expelidas do gigantesco outdoor dos cigarros

Camel e da feérica iluminação em plena luz do dia na Broadway, fui atrás de meu objetivo. Parei incrédulo diante do caça-níqueis "Believe It Or Not" e suas atrações absurdas, anunciadas por uma voz que imantava os transeuntes, passei diante do restaurante Jack Dempsey, onde a *pièce de resistence* era o melhor cheese cake do mundo, parei alguns minutos para ouvir o insuportável *top hit* "Summer Place" com a orquestra de Percy Faith, repetido qual ladainha na loja de discos Colony, e, afinal, vislumbrei o toldo verde desbotado que avançava sobre a calçada estampando o nome do mais famoso clube de jazz de Nova York nos anos 50: Birdland, no número 1.674 da Broadway, entre as ruas 52 e 53. Uau! "The Jazz Corner of the World" estava à minha frente. Nem me dei conta de que, àquela hora, sete e meia da noite, o clube ainda estava fechado. Só depois das 9 é que a bilheteria do Birdland iria abrir. A excitação era tanta que eu nem sentia o cansaço.

Uma viagem de São Paulo a Nova York era feita, na época, num dos mais lindos aviões da história, o quadrimotor de hélices Super G Constellation da Lockheed, com cápsulas aerodinâmicas nas extremidades das asas, os "wingtip tanks" de combustível. Durante a longa viagem, em espaçosas poltronas iguais, pois não havia uma diferença tão grande entre a primeira classe e a turística, ganhavam-se brindes (como um baralho de plástico com o verso verde e a figura de um tucano), as refeições vinham em baixelas com pratos de louça, com reluzentes talheres e perfumados guardanapos de tecido, e as bebidas alcoólicas eram servidas à vontade, para acompanhar iguarias primorosamente preparadas. Uma elegante hostess da Varig, que não usava o mesmo uniforme das aeromoças, supervisionava para que tudo transcorresse *au grand complet*. Em compensação, a viagem, iniciada ao final da tarde no velho aeroporto de Congonhas, um edifício em forma de linguiça com precários e medonhos balcões de granilite marrom (mais adequado como acabamento de um ordinário banheiro público), era uma sucessão de escalas que parecia interminável: o antigo Galeão no Rio ao anoitecer; o Val-de-Cans em Belém do Pará, onde se era surpreendido com um bafo quente e úmido ao descer a escada na saída obrigatória para esticar as pernas; Santo Domingo, quando éramos novamente forçados a acordar e sair para umas voltas inúteis enquanto a aeronave era dedetizada. Somente ao entardecer do dia seguinte é que se avistava a costa oceânica de Queens, quando o avião ia perdendo altura antes de atingir a pista do aeroporto de Idlewild, o futuro JFK, em obras como sempre. Da silhueta de Manhattan, que os passageiros tanto ansiavam ver, nem sombra.

Saí do aeroporto para a rua quente carregando minha mala de couro amarela, pois ainda não haviam inventado as malas de rodinha, um sobretudo de pelo de camelo e ainda a bagagem de mão a tiracolo. Ao me lembrar da cena, não consigo entender como consegui carregar tudo aquilo sozinho.

Nessa mesma noite ingressei pela primeira vez no Birdland para assistir à programação dupla com o quarteto do pianista Phineas Newborn Jr. e a *big band* do trompetista Maynard Ferguson. Desci as escadas até a pequena bilheteria, onde paguei um dólar e oitenta para me divertir quanto tempo quisesse. O bilhete foi recebido e inutilizado por um porteiro realmente singular, um anão negro barrigudinho, que estampava um mau humor cão no rosto rechonchudo.

Menos de dois dólares me davam direito a um lugar na galeria lateral, entre o bar e a área das mesas, que — como viria a descobrir rapidamente — era frequentada pelos que tinham dinheiro contadinho como eu e pelos músicos assíduos. O pianista George Shearing, autor da "Lullaby of Birdland", que lá estava nessa noite, era um deles. Uma vez sentado, ninguém o aborrecia, podendo-se assistir a todos os *sets* de 45 minutos, das 9 e meia até 4 da madrugada. Pelo dólar e oitenta da entrada.

O porteiro-anão é quem vinha ao palco anunciar cada apresentação, com uma voz esganiçada e uma boca retorcida de quem está se lixando para ser entendido. A não ser no final, quando berrava o nome do líder e de algum músico que — depois vim também a descobrir — já tinha lhe esticado uma gorjeta para merecer ser citado. Sem a gorja, o músico corria o risco de ter seu nome pronunciado erroneamente de propósito. Excelente caráter esse Pee Wee.[2]

A programação da casa era trocada a cada duas semanas e nas segundas-feiras havia uma agenda especial dedicada aos novos músicos, em *jam sessions*.

Na primeira semana de Nova York, assisti ainda a dois espetáculos da série "Jazz Under The Stars", no Wollman Memorial Theatre do Central Park, vivendo a deliciosa sensação de ouvir jazz ao ar livre. A programação do primeiro show já foi mencionada; a do segundo incluía Kai Winding Septet, Buddy Rich versus Jo Jones, The Modern Jazz Quartet, Jimmy Giuffre Three e a minha idolatrada Dinah Washington. Em duas noites da mesma semana, tinha eu visto duas divas, Billie Holiday e Di-

---

[2] A voz de Pee Wee está registrada no início do álbum de Art Blakey e seu quinteto, *A Night At Birdland*, gravado ao vivo para o selo Blue Note.

Em raro momento sorridente, Pee Wee Marquette, o *announcer* das atrações do clube Birdland, de Nova York, nos anos 50.

Alguns dos nomes da programação do Birdland para o ano de 1957, em anúncio publicado no anuário da revista de jazz *Metronome*.

nah, dois legendários saxofonistas, Lester Young e Gerry Mulligan, o fabuloso Erroll Garner, tão admirado no Brasil, e um duelo de bateria que jamais esquecerei.

Acima do palco ao ar livre, qual uma gigantesca moldura distante, as luzes dos edifícios de Manhattan, destacando o topo do "Mutual of New York", com o letreiro em amarelo "M.O.N.Y.". No palco estava Buddy Rich, entregando-se de corpo e alma a um solo espetacular em que só não fez chover. Nunca vira coisa igual. Depois dele o spot focalizou a outra bateria, e atrás dela, Jo Jones. Ereto, peito à frente, um sorriso branco de ponta a ponta pouco abaixo da careca reluzente, era uma figura portentosa. Calmamente, com os cotovelos colados ao tronco imóvel, fazia proezas sem a menor dificuldade, usando as baquetas na caixa, nos tom-toms e nos high hats, sua invencível especialidade. Parecia que ia finalizar sua apresentação quando atirou as baquetas para trás, mas liquidou seu solo fazendo o diabo apenas com os dois dedos indicadores. Era tudo o que precisava para deixar você em êxtase. Dessa noite em diante o elegante Jo Jones fixou-se para mim como um expoente em matéria de bateria. Essa opinião era dividida com um ilustre baterista que viria a conhecer pessoalmente dias depois na School of Jazz, Max Roach.

A School of Jazz era meu objetivo após esse curto período em Nova York. Iria tomar o trem da New Heaven Railroad na Grand Central Station com destino a Lenox, Massachussetts, onde ingressaria na escola.

Durante a semana anterior ao Labor Day de 1956, o abastado casal de Massachussetts Philip e Stephanie Barber, proprietários do Music Barn e do Music Inn (um conjunto de restaurante, pousada e um pequeno teatro rústico) em Tanglewood, recebeu uma representativa parcela de grandes músicos para uma série de valiosas discussões sobre temas ligados ao jazz: a improvisação, a técnica instrumental, a comunicação. Os debates foram objeto de amplas reportagens nas principais revistas especializadas, como a *Metronome*, a *Jazz Today* e a *Downbeat*, pois pela primeira vez a nata do jazz — Max Roach, Charles Mingus, Milt Jackson, Ray Brown, Oscar Pettiford, Quincy Jones, Sonny Rollins e outros — discutiu aberta e intensamente, perante uma plateia interessadíssima, esses aspectos, incluindo o da educação musical. Daí nasceram os conceitos iniciais para um seminário de verão de três semanas, que seria realizado no ano seguinte e naquele mesmo sítio tão aprazível, longe do ambiente poluído dos clubes onde esses músicos se apresentavam. Tanglewood, situada em Lenox, oeste de Massachussetts, Meca musical durante os verões americanos quando lá se realizava o Berkshire Festival

"An Impression of Jazz in New York"

155

Atualmente um hotel de grande luxo, o Wheatleigh's, a imponente construção no estilo de um *palazzo* italiano do século XVI, com jardins desenhados pelo famoso paisagista Frederick Law Olmsted, abrigava professores e alunos da School of Jazz em Lenox, Massachussetts.

Ladeando o casal Stephanie e Philip Barber, patronos da School of Jazz, Oscar Peterson e o diretor do corpo docente da escola, John Lewis, pianista e fundador do Modern Jazz Quartet.

FACULTY, 1957

JOHN LEWIS
Executive Director and Instructor in Piano

RAY BROWN
Instructor in Bass and Ensemble

HERB ELLIS
Instructor in Guitar

DIZZY GILLESPIE
Instructor in Trumpet and Ensemble

JIMMY GIUFFRE
Instructor in Saxophone, Clarinet, and Ensemble

MILT JACKSON
Instructor in Vibraharp

OSCAR PETERSON
Instructor in Piano and Ensemble

MAX ROACH
Instructor in Drums

BILL RUSSO
Instructor in Composition and Ensemble

MARSHALL STEARNS
Instructor in History of Jazz

GROUPS IN RESIDENCE, 1957

THE MODERN JAZZ QUARTET
THE OSCAR PETERSON TRIO
THE JIMMY GIUFFRE TRIO

MUSICIANS IN RESIDENCE, in addition to faculty, 1957

JIM HALL, Guitar
PERCY HEATH, Bass
CONNIE KAY, Drums
RALPH PENA, Bass

VISITING LECTURERS, 1957

George Avakian
Rudi Blesh
Bill Coss
Nesuhi Ertegun
Nat Hentoff
Willis James
Pete Kameron
Monte Kay
Eric Larrabee
Teo Macero

Frank Nichols
George Russell
Rex Stewart
Bill Smith
Fela Sowande
Jack Tracy
Lennie Tristano
Barry Ulanov
Rudy Viola
John S. Wilson

STUDENTS, 1957

Miss E. F. Alleyne, *Special Student*, New York
Randall Blake, *Musician*, Connecticut
Dave Blume, *Musician*, North Carolina
Lucille Butterman, *Auditor*, New York
John Conway, *Auditor*, Canada
Colin Cooke, *Musician*, Bermuda
Jose Homen de Mello, *Musician*, Brazil
J. Peter Denny, *Auditor*, North Carolina
Robert Dorough, *Musician*, Illinois
Verne M. Elkins, *Auditor*, New York
Henry Ettman, *Musician*, Missouri
Robert Flanik, *Musician*, Ohio
Patrick Hagerty, *Musician*, New York
John Harmon, *Musician*, New York
Terry Hawkeye, *Musician*, Canada
Dale Hillary, *Musician*, Canada
Neil Hope, *Musician*, Ohio
Julie Lomoe, *Musician*, Wisconsin
John Mason, *Musician*, Illinois
James Miltenberger, *Auditor*, Ohio
Dexter Morrill, *Musician*, Massachusetts
Paul Mowatt, *Musician*, Massachusetts
Kent McGarity, *Musician*, New York
John McLean, *Musician*, New York
Margot Pennell, *Musician*, New York
Ron Riddle, *Musician*, Ohio
Cevira A. Rose, *Auditor*, New York
Tupper Saussy, *Musician*, Florida
Thomas Scannell, *Musician*, Massachusetts
George Schutz, *Auditor*, New York
Esther Siegel, *Auditor*, New York
Frederick Stare, *Auditor*, Massachusetts
John Thorpe, *Musician*, Michigan
Francis Thorne, *Musician*, New York
Robert Wigton, *Musician*, Nebraska
James Zarvis, *Auditor*, Massachusetts

Os músicos do corpo docente, os palestrantes e a listagem dos alunos do primeiro ano da School of Jazz, em 1957.

com a Orquestra Sinfônica de Boston, estava se abrindo para o jazz. Assim surgiu a School of Jazz, cuja turma inaugural inscreveu-se para o curso de 1957.

O diretor era o pianista do Modern Jazz Quartet, o ilustre John Lewis, e entre os professores estavam Dizzy Gillespie (trompete), Oscar Peterson (piano) e Ray Brown (contrabaixo). Para o único sul-americano inscrito e aceito, ter aulas de contrabaixo com o mestre Ray Brown era o mesmo que um garoto aprender a andar de cipó nas selvas africanas guiado pelo próprio Tarzan. Aulas ao ar livre, sobre a relva macia e à sombra de plátanos, eram uma novidade jamais sonhada para quem estava habituado a ter lições na salinha fechada da rua Amaral Gurgel, no centro de São Paulo, com meu primeiro professor, Juvenal Amaral. Apenas esse contato com a natureza já era um diferencial, mas havia muito mais: aulas de História do Jazz com o escritor Marshall Stearns, de orquestração com o arranjador Bill Russo, palestras com ilustres personalidades como Lennie Tristano, Rex Stewart, concertos no Music Barn e *jam sessions* no bar Potting Shad. Estas eram tão informais que um estudante podia ser acompanhado pelo vibrafonista Milt Jackson... tocando piano.

Os alunos foram divididos em grupos que ensaiavam três horas por dia sob a liderança de cinco dos professores, enquanto os demais se alinhavam tocando lado a lado com a moçada. No salão de refeições, bastava dar uma olhada geral nas mesas e decidir com a maior naturalidade com quem jantar. Digamos, com o elegante Max Roach, professor dos jovens bateristas. A noite era dedicada às palestras ou aos concertos, e um destes foi particularmente memorável: o da cantora Mahalia Jackson, assistido por aquela seleta plateia que congregava eminentes doutores em jazz e rapazes sequiosos por aprender. Era de ficar arrepiado estar entre Dizzy Gillespie e John Lewis e perceber um nó na garganta de ambos quando a legendária cantora gospel interpretou "When the Saints Go Marching In". Lá estava, em sua simplicidade monástica, aquela mulher magnífica, coberta de rendas brancas e sob uma imaginária aura celestial, Miss Mahalia Jackson, rainha da mais elevada nobreza da música negra. Não deu para segurar as lágrimas.

No dia seguinte ao concerto de encerramento com alunos e professores, voltei da School of Jazz para a cidade de Nova York numa inesquecível viagem de carona a convite do jornalista Richard Hadlock e sua mulher. Por dois dias percorremos, sem a menor pressa, as acolhedoras e sinuosas estradinhas vicinais dos estados de Massachussetts, Connecticut e Nova York, sob verdadeiros túneis de ramas verdes onde a tranqui-

Ray Brown e seu aluno de contrabaixo Zuza, e este estudando no instrumento de seu professor na varanda da School of Jazz, em agosto de 1957.

Foto oficial do corpo docente e dos alunos da School of Jazz, em agosto de 1957. Da esquerda para a direita, de pé, atrás, os professores Oscar Peterson, Marshall Stearns, Bill Russo, John Lewis, Herb Ellis, Jimmy Giuffre, Ray Brown, Milt Jackson e Max Roach. Sentados, os alunos Ran Blake (o segundo da esquerda na fileira de trás), Bob Dorough (o quarto) e Zuza (o quinto da fileira do meio).

Em Lenox, aula de História do Jazz com o professor Marshall Stearns, o autor de *The Story of Jazz*, livro de referência sobre o tema. Zuza é o terceiro da direita para a esquerda.

Defronte à entrada principal da Wheatleigh House, os baixistas Percy Heath e Ray Brown, Zuza e o baterista Max Roach.

No concerto de encerramento da School of Jazz, o grupo liderado pelo saxofonista Jimmy Giuffre: Tupper Saussy ao piano, Herb Ellis na guitarra, Jimmy Giuffre no sax-tenor, Zuza no contrabaixo, John Thorpe no trombone, Tom Scannell no trompete e Peter Denny no vibrafone. Um dos temas apresentados naquela noite de 29 de agosto de 1957 foi "Round Midnight", de Thelonious Monk.

lidade só era quebrada, gostosamente, pelo ronco bem-educado do motor do antigo Rolls-Royce sem capota de Dick. A cada parada juntavam-se os curiosos para ver e tocar aquela antiguidade ainda com partida a manivela embaixo do radiador.

Chegando em Nova York após quase um mês em Tanglewood, fui cuidar da vida: arranjar casa para morar e me inscrever na Juilliard — para o que foi muito valiosa a intervenção de Robert Tangeman, que fazia parte do Conselho da escola e me deu uma bela mãozinha. *"God bless you, dear Dr. Tangeman."* Até hoje não me esqueço da sábia recomendação do reitor William Schumann, proferida no discurso da aula inaugural, no salão nobre da instituição:

— Não vamos ensinar música a vocês. Vamos ensinar vocês a ouvir música.

No finalzinho desse verão meu amigo e contrabaixista Ralph Peña, o único latino que conheci na School of Jazz, estava hospedado num hotelzinho modesto do Village — o mesmo onde se alojavam Jim Hall e Jimmy Giuffre, componentes do Jimmy Giuffre Three, domiciliados na costa oeste e em temporada no Village Vanguard.

Naquela tarde, enquanto exercitava escalas no instrumento, conversávamos animadamente em seu quarto quando, de repente, como quem tivesse tido uma ideia luminosa, Ralph parou de tocar e disse-me seriamente: "Zuza, você precisa ir a um bar que foi aberto nestes dias no Village. Chama-se Five Spot Cafe. Você tem que ir ouvir o Monk, que estava impedido de tocar em clubes de jazz em Nova York há vários anos. Conseguiram liberar a licença policial, ele formou um quarteto e vai tocar até a semana que vem. Vá logo".

Essa preciosa sugestão significaria minha universidade no jazz. Dois ou três dias depois, tomei o *subway* da linha IRT direto para o Village. Naquela época o *subway* de Manhattan tinha três sistemas diferentes: o IND, o BMT e o IRT, que passava sob a Sétima Avenida. Depois da rua 96, na direção *uptown*, as linhas do IRT se bifurcavam: a que ia para o lado oeste me levava a duas quadras de onde eu morava, um apartamento na rua 103 esquina com Riverside Drive; a outra seguia para o lado leste por baixo do Central Park, em direção ao Harlem. Esses trens eram identificados por letras, e não por números como atualmente. Os trens locais, que paravam em todas as estações, tinham dois "AA" no luminoso da proa, e os expressos apenas um "A". Quem quisesse ir ao Harlem, saindo do Birdland, tomava o *subway* local duas quadras abaixo, na estação da rua 50, mudava para o Seventh Avenue Express em Columbus

Circle e, depois de uma vertiginosa corrida em que o bicho chacoalhava como um touro bravo, podia descer na esquina da 125 com Lenox Avenue, no coração do Harlem. Esse era o famoso trem A, origem do título do tema da orquestra de Duke Ellington, composto por Billy Strayhorn, "Take The A Train". Vai ao Harlem mais depressa que qualquer outro. Assim, o sistema IRT estava intimamente ligado ao jazz, pelo menos mais que os outros dois.

Desci na estação de Christopher Street e fui caminhando até o Bowery, onde ficava o bar de Joe Termini, nessa região de Manhattan apelidada de East Village. Naquele verão de 1957, o Five Spot, no número 5 da Cooper Square, iniciava sua inserção no circuito de bares com jazz ao vivo, mas ali não se cobrava entrada como no Birdland. O estrado de pouco mais que um palmo de altura ficava à esquerda, encostado na parede decorada com jornais e posters de concertos de jazz, dispostos sem nenhuma preocupação estética. Quem estivesse desacompanhado podia ficar pendurado numa banqueta à frente do sólido e amplo balcão de madeira do lado direito e pedir uma Reinhgold ao barman. Quanto poderia custar? Uns dois dólares, talvez até menos. Pois era tudo que se precisava gastar para ouvir um dos mais fabulosos pianistas do jazz, cujo nome completo se iniciava de modo extravagante, "Thelonious", prosseguia com o omnidirecional "Sphere" e terminava com o trapista "Monk".

Consumindo-se com calma e inteligência uma garrafa de cerveja, era possível assistir ao quarteto de Monk em qualquer noite da semana, ao longo de um ou de três *sets*. E ainda tinha um bônus: uma das novas sensações do jazz naqueles dias, o jovem saxofonista John Coltrane, ex-Miles Davis, que Monk havia convidado para a temporada. Por uns tempos o baixista era Wilbur Ware, que depois foi substituído pelo barbudo Ahmed Abdul-Malik. Na batera, Shadow Wilson, e, mais tarde, Roy Haynes.

Quem chegasse ao local durante um solo de Coltrane, veria apenas um trio naquele estrado junto ao meio da parede esquerda. Nada de Monk. Estava nos fundos, no que se imaginava ser um camarim sem nenhum conforto. Monk costumava deixar Coltrane solando, sem piano. Pouco antes do final do improviso do sax, Monk surgia detrás, vinha direto para seu instrumento e, como um esfomeado, atacava o teclado antes mesmo de se sentar direito. Aliás, nunca se sentava muito bem. Nem olhava quem estava por perto, não tomava conhecimento da plateia, podiam ser uns dez fanáticos, como em algumas noites, podia ser casa cheia, para ele dava no mesmo. Entrava em qualquer ponto em que Coltrane estivesse, partindo depois para fechar com a exposição final do tema.

"An Impression of Jazz in New York"

Suas composições intrigantes e irônicas davam para o repertório de uma noite toda.

Nem ele devia saber qual seria o tema seguinte. Podia ser "Well You Needn't", "Epistrophy", "I Mean You" ou "Blue Monk", entre os mais tocados. Os fascinantes e bem-humorados temas de Monk têm um indelével carimbo de personalidade e imediata identificação, e são marcados por frases assimétricas e notas pontiagudas tão imprevisíveis que parecem estar fora de lugar.

Monk fazia um plano de voo num átimo de segundo e atacava o tema seguinte. Os três músicos pareciam adivinhar qual seria. Caso contrário nem estariam no grupo.

Monk tocava com devoção absoluta, numa concentração total, submerso na música. Tocava com os dedos retos, boca semi-aberta ou fechada, com as bochechas chupadas para dentro, balançava a perna direita batendo ou deslizando o pé e parecia divertir-se mais que qualquer músico, embora compenetrado e sem sorrir. Aproveitava cada acorde, dava a impressão de estar descobrindo cada passagem que executava. No meio de uma frase conseguia tirar o lenço do bolso, usando a mão esquerda para o que vinha sendo tocado com a direita, enxugava o suor e continuava. Nada o perturbava.

Sua mão esquerda derivava francamente do estilo "stride piano", o mesmo de Duke Ellington e Fats Waller, nada de acordes blocados e fechados como um cacho. Duas ou três notas bastavam. Com a mão direita fazia frequentes arpejos com apenas três dedos, desprezando o anular e o mindinho, numa anti-técnica pianística em favor da expressividade percussiva. Às vezes atacava o teclado com o cotovelo direito, atingindo várias teclas de uma só vez. Saía tudo perfeito, sem uma nota a mais ou a menos.

Nos solos, estudava o teclado de cima como quem olha um campo de pouso sem saber onde vai aterrissar. Pousava com ambas as mãos abertas para atacar um acorde quebrado e esquisito, que nem ele mesmo parecia saber como soaria. Soava ao mesmo tempo desconforme e certeiro, puro zen, na medida justa para aquela aparente trapalhada de sons. Com a mão direita, às vezes martelava sem parar as mesmas notas junto com uma progressão harmônica na mão esquerda que não combinaria com tal repetição. Naquele instante só ele parecia ver sentido nisso. A plateia iria entender depois. Aí veria que tudo aquilo tinha uma lógica de matemática pura. Quem recebia e decifrava as mensagens do canonizado Thelonious Monk, subia aos céus de emoção. Nunca mais esquecia.

A temporada ultrapassou as duas semanas, foi prolongada de um para dois meses e acabou durando seis, nos quais frequentei o Five Spot com a fiel regularidade de um serviço religioso. Semanalmente. Uma noite levei o pintor Aldemir Martins, que me fizera um pedido: "Quero ouvir o melhor jazz de Nova York". Levei-o à igreja. Ficou chapado, e sempre que nos encontramos depois se lembrava com saudades daquela noite.

As aulas recebidas pelos que frequentaram o Five Spot durante os meses do quarteto de Thelonious Monk são cotadas como uma temporada histórica no jazz, tão valiosas como os encontros ocorridos no Minton's Playhouse no Harlem.

Quem me levou ao clube Minton's, em janeiro de 1958, foi o virtuose Tony Scott, que retornara de uma longa estada na Escandinávia e na África e convidou-me para assisti-lo com seu grupo no célebre bar onde nasceu o bebop.[3] Reconhecido como um dos mais notáveis clarinetistas numa época em que, para sua infelicidade, a clarineta não era mais tão popular no jazz, sendo praticamente ignorada pelo bebop que professava, Tony, branco de espessos cabelos pretos e lisos, irrequieto como só ele, era um dos raros clarinetistas de sua geração que não fazia a menor questão de dobrar no saxofone. Tirava um som suave do instrumento, na região grave chamada *chalumeaux*, improvisava na linha de Charlie Parker e tinha uma conversa culta sobre jazz. Falando em alta velocidade, como quem quer se livrar rapidamente do compromisso, contou-me que estivera no Brasil em 1949, a caminho de Buenos Aires, e conhecera o clarinetista Zaccarias.

Viajou muito, optando por longas jornadas, sobretudo pela Ásia, e preferiu viver fora de seu país, desenvolvendo uma carreira *sui generis*, mais próxima de outras culturas, especialmente a oriental. Foi quem juntou o mais célebre trio de seu amigo Bill Evans, com Paul Motian e Scott La Faro, gravando com os três, em outubro de 1959, o LP *Tony Scott Sung Heroes*.[4] Com longa barba e vasta cabeleira brancas ao final de sua vida, não parecia nem de longe o músico bem posto que conheci. Tony Scott faleceu em Roma, onde morava, em 28 de março de 2007, com 85 anos bem vividos em todos os lugares por qual viajou. Deixou uma bela

---

[3] Seu grupo era completado por Grassella Oliphant (bateria), Ray Crawford (guitarra) e Henry Grimes (baixo).

[4] A morte inesperada do inovador baixista Scott La Faro — em 1961, aos 25 anos de idade, num acidente automobilístico —, foi uma das mais sentidas perdas no jazz dos anos 50 e 60.

"An Impression of Jazz in New York"

obra gravada, muito mais elogiada do que extensa, deixou fotos, seu hobby,[5] e conceitos próprios, como esta frase altamente significativa, dita a mim numa ocasião: "A clarineta está morta, e eu detesto funerais". Naquela noite nossa conversa tinha ido longe.

O Minton's ficava no Hotel Cecil da rua 118 e se notabilizara nos anos 40 quando o ex-saxofonista Henry Minton, arrendatário do bar, promovia *jam sessions* às segundas-feiras que, pela sua informalidade, podiam abrigar as propostas do jazz *avant-garde* da época. Tocavam regularmente Kenny Clarke (bateria), Joe Guy e Dizzy Gillespie (trompetes), Monk (piano) e Charlie Christian (guitarra). A música experimental que criavam seria o bebop, o mais influente e duradouro estilo do jazz. Ou seja, daquele bar sem o menor luxo havia emergido o jazz moderno e todas as correntes que se seguiram. Nos anos 50, porém, a música do Minton's não era mais a mesma.

A poucas quadras dali, na rua 125, ficava a mais famosa casa de espetáculos do Harlem, o Apollo Theatre, que frequentei com assiduidade. Como o Radio City e o Roxy Theatre, o Apollo oferecia sessões corridas, que se compunham de um filme precedido de um show. No Roxy, os shows costumavam apresentar números sobre patins; no Radio City, os quatro monumentais espetáculos diários tinham como maior atração 36 bailarinas praticamente idênticas, as "*world famous*" Rockettes, que sapateavam e dançavam espetacularmente, finalizando sua apresentação sempre da mesma maneira: vinham em linha, do fundo do palco, levantando as pernas até a altura do ombro, numa sincronia impecável que provocava a maior ovação naquela imensa plateia distribuída pelos quatro andares do teatro.

O Apollo não tinha Rockettes, não tinha patinação, nem tinha orquestra sinfônica que subia e descia ao poço. O Apollo não tinha cenários arrebatadores, não tinha o impressionante órgão Wurlitzer que surgia do canto do palco nos intervalos, nem passarelas laterais para as modelos se postarem nos grandiosos *finales* envolvendo o público. Isso tudo havia no Radio City. No Apollo, era só músico craque no palco, em alguns dos shows mais emocionantes que assisti na vida. Foi lá que fiquei extasiado quando vi Ray Charles em duo com uma cantora, magricela como Olivia Palito, chamada Betty Carter; e foi lá que perdi o fôlego vendo o eletri-

---

[5] Curiosamente, no primeiro disco de Tony Scott, *The Touch of Tony Scott*, o texto de contracapa foi escrito por um extraordinário fotógrafo americano que, alguns anos depois, iria viver no Brasil: David Drew Zingg.

O pianista Thelonious Monk, na época em que o bebop despontava no clube Minton's, no Harlem.

O virtuose clarinetista Tony Scott nos anos 50, quando ainda vivia em Nova York.

zante Sammy Davis Jr. pela primeira vez. Aquele show foi particularmente especial, logo depois de Sugar Ray Robinson, o elegante peso-médio do boxe, derrotar Carmen Basilio, que era branco. Dá para imaginar as gozações do baixinho zarolho, um *doble zero* em padrão de beleza que ficava alto e lindo no palco? O máximo de todos os tempos na arte do *entertainment*, Sammy deitou e rolou, cantando, tocando, girando facilmente duas pesadas pistolas de caubói nas mãos, dançando e sapateando feito um louco. Quanto mais ele tripudiava os brancos mais a plateia se esbaldava. A programação do Apollo era uma marca registrada da arte negra em pleno Harlem.

Enquanto as óperas eram levadas no antigo Met na esquina da rua 39 com a Broadway, os concertos sinfônicos eram no Carnegie Hall. Ainda não existia em Manhattan o Lincoln Center, cuja construção foi aprovada em 26 de novembro de 1957 e só iria se tornar realidade por conta da decisiva participação de Nelson Rockefeller III, que além de contribuir pesado conseguiu angariar outros filantropos para o empreendimento. Originalmente seriam necessários 75 milhões de dólares para que o complexo artístico fosse erigido nos três quarteirões antes ocupados por um velho casario avermelhado, com escadas de incêndio à vista, igual ao cenário do musical *West Side Story*. Então, o Carnegie Hall ainda era a sede da New York Philharmonic, dirigida por Leonard Bernstein.

Nesse teatro assistia-se também a concertos de jazz promovidos com frequência pelo empresário Norman Granz, criador da série Jazz At The Philharmonic. Sua política era formar grupos com os grandes astros de cada instrumento e, assim, o concerto inaugural da tournée de 1957 do JATP, realizado no final de setembro, apresentava o trio de Oscar Peterson e mais Jo Jones na bateria, com a seguinte linha de frente: Illinois Jacquet, Coleman Hawkins, Lester Young, Flip Phillips e Roy Eldridge. Um time para ninguém botar defeito. E isso não era tudo: a segunda parte da apresentação trazia o Modern Jazz Quartet e, para finalizar, Stan Getz, Jay Jay Johnson trio e Jo Jones acompanhando Ella Fitzgerald.

Também no Carnegie Hall realizou-se a 29 de novembro do mesmo ano[6] um concerto transmitido ao vivo pela Voz da América e apresenta-

---

[6] Aquele mês de novembro de 1957 no Carnegie Hall foi de uma fartura musical incrível, inimaginável nos dias atuais. No dia 15 assisti à *big band* de Woody Herman, Dinah Washington, Jo Jones, Oscar Pettiford, Coleman Hawkins e a banda de Dizzy Gillespie. No dia 22, Gerry Mulligan com Lee Konitz, Miles Davis com Cannoball Adderley, Chico Hamilton, Helen Merrill e Lionel Hampton. Dois dias depois, no Palm

do por Willis Connover.[7] Pela módica soma de três dólares assisti a um espetáculo com cardápio não menos impressionante: no início, a orquestra de Dizzy Gillespie, que depois acompanhou um jovem pianista e cantor estreante, Ray Charles. A seguir vieram, respectivamente, o quarteto de Thelonious Monk com John Coltrane, o quarteto de Zoot Sims com um convidado, Chet Baker, o grupo de Sonny Rollins e, finalmente, uma cantora, Billie Holiday. Durou mais de três horas, das 20:30 até quase meia-noite. Talvez tenha sido esse concerto de jazz o que melhor possa ser definido como o *top* do ano. Não dá para descrever em detalhes a sensação de ver pela primeira vez Ray Charles, ainda em começo de carreira, de rever Dizzy, de conhecer Chet Baker, de ouvir numa só tacada três soberbos sax-tenores, Zoot, Coltrane e Rollins. E de ver mais uma vez Miss Billie Holiday.

Billie não usava nenhum dos recursos tão em voga entre as pobrezinhas que hoje se autodenominam cantoras, como os exasperantes e inúteis complementos de produção e os *backing vocals* na banda. Billie? Nada, nadinha; era música pura. Caminhava em direção ao centro do palco e cantava. Extensão curta, voz mirrada, meio rouca, meio esganiçada, antítese do vozeirão. Aí é que vem o segredo: entregava-se espontaneamente a cada canção como se fosse a última antes de partir, injetava uma tonalidade blues a elas todas (embora raramente cantasse um blues), vergava a voz numa imensa variedade de sons, a poesia das letras em sintonia equilibrada com a melodia, nem mais nem menos, balançando cada interpretação com absoluto conhecimento do tênue limite entre o canto e a fala — um músico cantando. Por fim, após ter definido claramente as curvas, o zênite e o nadir de cada canção, Billie finalizava com um amém imaginário, contendo sua rubrica após a nota derradeira. Quando acabava, agradecia e ia embora. Só. Nada mais. Só Billie Holiday.

A gravação da apresentação de Monk & Coltrane nessa noite foi descoberta recentemente nos arquivos da Voice of America e se transformou num CD imperdível, lançado em 2006. Será possível que existam outros *tapes* dessa noite?

Garden, a nova geração da época: Phil Woods, John Coltrane, Philly Joe Jones, Wynton Kelly e Lee Morgan, entre outros.

[7] Willis Connover apresentava diariamente de Washington, pela cadeia da VOA (Voice of America), o famoso programa de rádio "This Is Music, USA", transmitido para vários países do mundo. Connover foi também o mestre de cerimônias do Festival de Jazz de Newport.

"An Impression of Jazz in New York"

Dar de cara com uma personalidade do cinema numa rua de Nova York é uma possibilidade para a qual se deve estar preparado. A primeira reação é sempre a mesma: será que é ele mesmo? As duas dimensões da tela dão uma ilusão que, confrontada com a vida real, provoca surpresa, logo convertida em incredulidade: "Como é enorme o Charlton Heston" ou "Como é baixinho o George Raft". Mesmo após esses e outros encontros casuais, lembro-me de ter ficado paralisado quando cruzei com os olhos violetas de Elizabeth Taylor e com os bigodes encerados de Salvador Dalí, ambos no lobby do St. Regis Hotel.

Não posso esquecer também a tarde em que vi passar na Broadway um ônibus branco em cujas laterais estava escrito em letra cursiva: "The Duke Ellington Orchestra". Um frisson percorreu minha espinha toda. Apressando o passo, fui seguindo, acompanhando a marcha vagarosa do ônibus por duas quadras até que ele dobrou à direita, na rua 46, estacionando defronte ao Paramount Hotel. Quando a porta se abriu, eu já estava perfilado aguardando a saída de alguns dos maiores heróis do jazz, que desciam lentamente carregando as caixas de seus instrumentos, sem dar a mínima para quem queria simplesmente tocar com a mão as costas de um deles. Johnny Hodges, com seus olhos puxados de coelho; Cat Anderson, com seus olhos de gato; Jimmy Hamilton, Paul Gonsalves, Harry Carney, Ray Nance — um a um iam atravessando a calçada e sumindo no interior do hotel. O Mestre evidentemente não estava junto. Não foi dessa vez que assisti à orquestra de Duke Ellington. Iria demorar alguns meses.

Quanto você não daria para assistir ao concerto do Carnegie Hall com essa orquestra de Duke Ellington e Ella Fitzgerald, dois artistas vitais na história da música das Américas? Esse, quem viu, viu. Não me lembro quanto custou, mas em 6 de abril de 1958 eu tinha um ingresso para o concerto promovido por Norman Granz para o lançamento dos dois álbuns duplos *Ella Fitzgerald Sings The Duke Ellington Songbook*, gravados na sua etiqueta Verve.

Ella já gravara vários songbooks para a Verve, mas no universo de Ellington parece ter realizado o auge de seu lado jazzístico na série. Uma Ella mais jazz do que a intérprete de canções americanas. Seu radioso timbre juvenil, o impecável sentido rítmico e domínio da entonação, a versatilidade fora do comum, fosse em baladas macias como "Day Dream" ou nos improvisos de levada frenética em "Cotton Tail", provocaram-me nessa noite uma indagação que se repetia ao término de cada número: quem mais poderia cantar essa música como Ella?

170   Música nas veias

A diva Billie Holiday em um concerto no Carnegie Hall de Nova York em novembro de 1952.

Regendo sua legendária orquestra, na sua fase como contratado da Columbia, o compositor, pianista e arranjador Duke Ellington.

A primeira parte do concerto teve a orquestra de meu maior ídolo no jazz, Edward Kennedy Ellington, que vi pela primeira vez no palco. Um lorde, com seu acento britânico em tiradas jocosas, The Duke comandou sua orquestra de astros com a tranquilidade de um mestre e com a experiência de dezenas de anos do ofício que exibia em público, dosando com equilíbrio as intervenções do "pianista da orquestra" (como gostava de se referir a si próprio), o comando de um líder nato, que percebe tudo sem demonstrar o menor esforço, e a capacidade de dar corda a seus comandados para que cada um se soltasse como nunca, tocando o melhor que podia. Lá estava à minha frente mais uma das constelações de astros que Ellington realizou a proeza de reunir ao longo do mais de meio século de existência de sua orquestra. Sem interrupção, pois nos tempos de vacas magras mantinha todos os músicos em seus postos pagando os salários com seu próprio rendimento autoral. Nessa noite eram Ray Nance, Clark Terry e Cat Anderson nos trompetes, Quentin Jackson, Britt Woodman e John Sanders nos trombones, Sam Woodward na bateria, Jimmy Wood no baixo e na linha de frente, o soberbo quinteto de saxofones: Paul Gonsalves, Russell Procope, Johnny Hodges, Jimmy Hamilton e Harry Carney. Inacreditável.

Utilizando três trajes diferentes durante o concerto, Ellington revezou sua orquestra com um pequeno conjunto, o mesmo das gravações, que incluía simplesmente o pianista Paul Smith e o violinista Stuff Smith (acompanhando Miss Ella Fitzgerald em "It Don't Mean A Thing"), o guitarrista Barney Kessel (em "Solitude"), e o supremo sax-tenor das baladas, ex-músico de Ellington, Ben Webster (solando em "Rocks In My Bed"). Ao sair na rua me dei conta de que dançava sozinho pela calçada antes de tomar o *subway* para o apartamento da rua 103.

Não era à toa que um jovem sul-americano de vinte e poucos anos ficasse tonto, sem decidir para onde olhar, diante de tantos astros num palco. Pois ainda assim, por mais disparatado que possa soar, concertos desse padrão não eram o que havia de melhor no jazz em Nova York. O *crème de la crème* estava nos pequenos clubes, especialmente os de Greenwich Village. Nas suas ruas havia descontração e caminhava-se com toda a calma, sem se preocupar com os obrigatórios "walk" e "don't walk" das esquinas da *up town* de Manhattan. No Village passeava-se à vontade pelas praças e pelas calçadas. Conversava-se nas esquinas. Quando menos se esperava, esbarrava-se com um daqueles *beatniks* exóticos, como o conhecido joalheiro Sam Kramer, criador de joias artesanais levadas num saco cinzento que carregava nas costas. Atrás dele vinham a mulher e o cachorro, uma trinca do balacobaco que chegava em fila indiana nas festinhas de fim de semana que frequentávamos assiduamente.[8]

No bairro havia lojas de produtos do Japão, um país distante e ainda pouco familiar, mas tão em voga quanto o zen-budismo, que nos atraía a ponto de passarmos horas e horas discutindo teorias orientais. O nosso grupo incluía principalmente o escritor Nelson Coelho, a gravurista e escultora Maria Bonomi, sua belíssima prima italiana Gioia, o pintor peruano Mario Agostinelli, o diplomata Amaury Bier e o futuro *marchand* Benjamin Steiner, que passava os dias maquinando pretextos para reuniões noturnas. Festeiro incorrigível, Benjamin inventou certa vez uma falsa viagem de Nelson ao Japão como desculpa para promover uma grande festa de despedida. Nelson sumiu de circulação por vários dias e "voltou" contando para os americanos as maravilhas do Oriente, reproduzindo frases inteiras em japonês. Logicamente em uma nova e divertida festa, a do regresso de Nelson. Como consumimos tudo e não sobrou nada para o dia seguinte, Benjamin se virou com o que encontrou. Dotado de incomum criatividade para superar os apertos, montou bolinhos de mostarda com farinha, que para nossos bolsos estavam uma delícia!

De quando em vez pintava em Nova York alguma brasileira desgarrada, e Benja era o primeiro a ampará-la com desvelo, introduzindo-a na extravagante vida noturna do Village e escoltando-a por bares nem sempre recomendáveis. A pobrezinha ficava desnorteada com os gays e as lésbicas se acariciando em público, e sentia-se desprotegida, enquanto Benja cuidava de escudá-la do contato com a perdição, com o que conquistava mais um coraçãozinho solitário.

O bar mais frequentado era o Rienzi e o mais original, o Bizarre, que não servia bebida alcoólica, tinha areia espalhada sobre o piso, as paredes pretas com desenhos de caveiras e bruxas, fios imitando teias de aranha pendentes do teto, garçonetes de malha preta, e um cara recitando versos obscenos no centro. Ninguém ligava a mínima. O *easy going* do Village nada tinha a ver com a correria de Times Square, nem com a postura apressada dos transeuntes que circulavam da rua 14 para cima.

Os clubes de jazz multiplicavam-se no Village.[9] Estreando com um grupo originalíssimo, o Half Note foi inaugurado em outubro de 1957,

---

[8] O termo *beat* é originário de *beatitude*, e a expressão *beatnik* pode ser traduzida como "membro de um grupo de abençoados".

[9] Os clubes de jazz do lado East da "Middle Manhattan", como The Embers e Basin

numa área ainda deserta, um *loft* da Hudson com a Spring Street, não distante do cais do porto. O grupo, chamado Jazz Workshop, era liderado pelo contrabaixista de 35 anos Charles Mingus, nascido no Arizona e estabelecido entre os *boppers* novaiorquinos desde 1951, e incluía cello, trombone (Jimmy Knepper), o sax-alto de Shafi Hadi e a bateria do jovem Danny Richmond, que seguiria Mingus por quase toda a vida. Executavam temas escritos para dois discos fundamentais, recém-gravados na Atlantic: *Pithecanthropus Erectus* e *The Clown*. Das várias composições, "Reincarnation of a Lovebird" era uma homenagem a Charlie Parker e "Blue Cee", à sua segunda e linda mulher, Celia. Era ela quem operava o setor comercial do selo de Mingus, Debut, que, a despeito de ter em seu catálogo uma preciosidade como a gravação do concerto no Massey Hall (com Bird, Dizzy, Bud, Max e Mingus, na única vez em que tocaram juntos), escorava um prejuízo que se acumulava pouco a pouco.[10]

O palco do Half Note não era semelhante ao de outros clubes. Os músicos se postavam numa plataforma quadrada e elevada, ao nível da cabeça do barman, no interior do balcão que a rodeava. Por conseguinte, entre os assistentes e a banda ficava o serviço de bar, e os retardatários tinham de se contentar em ver os músicos de costas. Mas ninguém bronqueava. A música de Mingus era o fino.

Num dos intervalos, o grandalhão Mingus foi muito receptivo à minha proposta para uma entrevista, que seria realizada em duas tardes de maio de 1958. Vestindo um Yukata negro, Mingus me recebeu em sua residência, no 331 West 51 St., para a primeira conversa de várias horas na cozinha do apartamento que também era a sede da Debut. Ao contrário de tudo que se escreveu sobre ele posteriormente — e era verdade —, Mingus foi gentilíssimo e paciente, iniciando seu depoimento com uma simpática saudação: "Hello Zuza and your friends in Brazil".

Inegavelmente era um virtuose, mas, acima disso, um fenomenal criador, que desenvolvia freneticamente uma forma própria de composição

---

Street East, eram frequentados pelos mais abonados, atraídos por programações, digamos, mais sofisticadas. Quem quisesse conhecer o novo jazz de Nova York ficava no lado West ou então descia para o Village, gastando uma merreca.

[10] Criada por Mingus em 1952, com um capital de 1.100 dólares, a Debut já tinha lançado os primeiros discos quando foi eleita pelos próprios músicos desse fabuloso concerto para editar em disco a fita gravada. Como a renda auferida pela promotora do evento, a New Jazz Society of Toronto, não fora suficiente nem para cobrir o pequeno valor dos cachês, essa fita lhes foi ofertada para completar o pagamento.

e arranjo em que acreditava tenazmente, mesmo não sendo suficientemente compreendido naquele exato momento. O reconhecimento à sua fecunda obra *avant-garde* ocorreu de forma inequívoca poucos anos depois, quando Mingus passou a ocupar um capítulo à parte na história do jazz. Como a obra de Duke Ellington, a dele tem personalidade própria.

Contou-me como foi sua temporada relâmpago na orquestra de Ellington. Após uma discussão por motivo racial, o trombonista Juan Tizol, autor de "Caravan", puxou uma faca para tentar matá-lo. Mingus derrubou-o com o braço, safou-se e em seguida pediu o boné ao chefe. Foi o fim de seu período na orquestra. Não houvesse essa ruptura, o que teria surgido desses dois compositores trabalhando juntos? Da união Ellington/Mingus existe um disco de trio com o baterista Max Roach, *Money Jungle*, de 1962. Três cabeças muito à frente de seu tempo.

Dessas longas conversas, realizadas meses antes de Mingus ser reconhecido como um gigante do jazz, extraí este trecho, que revela um ser humano marcado pelo preconceito racial e um artista radical tecendo surpreendentes considerações sobre as diferenças entre o hot jazz e o cool jazz: "Antes de tudo, acho que o jazz, no amplo conceito da palavra, não abrange unicamente *hot* e *cool*. Há muitos outros elementos, tais como o hillbilly, cujos músicos tentam se abrigar debaixo da proteção da palavra jazz, pois assim eles terão maior chance de conseguir trabalho. Acho que Jimmy Giuffre, por exemplo, é um caso desse tipo. Isso não quer dizer de modo algum que sua música não seja boa, mas simplesmente que ela não possui as características essenciais ao jazz dentro do tradicional conceito da palavra. Ela pertence mais à tradição do hillbilly, que é uma dança rural. Há também o jazz tipo *show*, no qual se enquadram por exemplo Illinois Jacquet e Lionel Hampton, que todavia são individualmente bons músicos de jazz quando se faz necessário. Dave Brubeck é um dos músicos de maior capacidade de criação, entre os que conheço da Califórnia. Mas eu me admiro que sua música seja qualificada como jazz. Ela pertence ao enorme sortimento de música americana, igual àquela que é executada por 90 entre 100 músicos de estúdio de gravação, e cujos improvisos sobre melodias populares são qualificados como sendo jazz. Novamente insisto que isso não implica na música de Brubeck não ser válida ou ser má. O sentimento de sua música é que não se acha ligado às tradições do jazz. Sua música é válida para as pessoas que tiveram na vida as mesmas experiências que ele teve. Sua música não tem o sofrimento e a dor dos verdadeiros *blues* que são necessários no jazz, pois o jazz está ligado à segregação. Isso não quer dizer que o jazz seja uma questão racial. Quando escuto um músico de jazz não me interesso em saber sua cor. Procuro ouvir sua música e não saber se ele é branco, negro, verde ou de qualquer outra cor. Há muitos músicos brancos que têm as qualidades essenciais ao jazz: Gerry Mulligan, Bix Beiderbecke, Ray Wetzel, Lennie Tristano (quando quer) etc. Se é que a palavra "jazz" tem alguma validade histórica, acho que a diferença entre o *hot* e o *cool* é que este se relaciona com os entorpecentes e o *hot* com o álcool. Ambos provêm do estado de confusão que cada músico possui. Muitos deles tentam resolver seus problemas com o auxílio desses dois elementos. Dentro dos *hot* eu qualificaria King Oliver, Hot Lips Page, Red Allen, Roy Eldridge, Thad Jones, Clifford Brown etc. Dentro dos *cool*, Louis Armstrong (o primeiro a ser *cool*), Bunny Berigan, Bix Beiderbecke, Lester Young etc. Gostaria de frisar que o fato de um músico ser *hot* não quer dizer que ele beba, mas sim que há uma relação entre o hot jazz e o álcool. O mesmo acontece para o cool jazz".[11]

No ano seguinte, Mingus seria reconhecido amplamente após a gravação do álbum *Mingus Ah Um*, um trabalho maduro em que orientou sua música para as raízes afro-americanas.

À temporada de Thelonious Monk no Five Spot sucedeu-se a do quinteto do contrabaixista Oscar Pettiford, que eu sabia muito bem de quem se tratava. Ray Brown me dissera numa de suas aulas: "Zuza, um músico precisa estudar seu instrumento diariamente. Eu tenho que praticar todos os dias, senão fico para trás. Só os gênios não precisam estudar, o gênio toca magistralmente a qualquer hora, em qualquer andamento, em qualquer tom. Só conheço dois gênios no contrabaixo: Red Mitchell e Oscar Pettiford. Oscar pode pegar o instrumento agora sem ter praticado durante um mês e tocar muito melhor que qualquer um".

Esse era o *briefing* de Oscar, que, sem jamais ter aprendido, passou a tocar também cello no período em que estava com uma das mãos engessada, depois de quebrada. Careca como um ovo, O.P., como era chamado, não era muito alto, mas tinha compleição robusta, lábios finos, pela sua descendência de índios, e um sorriso conquistador. A facilidade com que executava as passagens mais complicadas era descomunal, imprimindo uma sonoridade vigorosa e tão clara como se fosse um instrumento de sopro. Seus solos, modelos de destreza e perfeição, tinham a

---

[11] Em sua autobiografia *Beneath The Underdog*, publicada em 1971, o tema é abordado com profundidade, confirmando esse depoimento.

O contrabaixista Oscar Pettiford (1922-1960), considerado um gênio por Ray Brown.

lógica de um sermão do padre Antônio Vieira. Os 2 minutos e 25 segundos de seu improviso em "Ba-Lue Bolivar Ba-Lues-Are", faixa do excepcional disco de Monk, *Brilliant Corners*, constituem um exemplo do desenvolvimento de ideias que brotam e são desdobradas em novas formas, formando um discurso com começo, meio e fim, um fim pressentido, prenunciado pela dialética que o precedeu.

Como me revelou, sua única grande mágoa foi jamais ter gravado com Charlie Parker. Ficamos tão amigos que, em março de 1958, quando resolveu abrir um bar, enviou-me um gentil convite, "Oscar Pettiford convida para a noite inaugural do O.P.'s Black Pearl". Como era presumível, o empreendimento não deu certo. Oscar devia ser um dos grandes consumidores do bar. Pouco depois, em setembro do mesmo ano, viajou para a Inglaterra, decidindo permanecer na Europa. Circulou pela França, Áustria, Alemanha e fixou-se na Dinamarca, morrendo em Copenhague em 1960. Oscar Pettiford, "the superb Oscar Pettiford", não tinha completado 40 anos.

No Village, o jazz "branco" tinha sua base no Eddie Condon's, na rua 3, que, segundo consta, foi o primeiro bar a ostentar o nome de um músico na fachada. Altamente polido, Eddie era um bom guitarrista rítmico, um músico-*society* de cabelos lisos repartidos do lado direito e invariavelmente de gravata borboleta. Seguiu um estilo denominado *Dixieland* por uns e *Chicago* por outros, sabendo sempre se cercar de ótimos músicos, alguns como fixos em seu bar, outros como convidados, valendo lembrar pelo menos três dos mais expressivos: Dave Tough, um dos bateristas brancos com maior poder de *drive* da história (morreu muito moço, com 40 anos), o melódico Ruby Braff, que poderia ser descrito como o Grappelli do cornet, e o inventivo clarinetista Pee Wee Russell, um dos mais dignos representantes daqueles cuja lápide faz jus ao epíteto "viveu e morreu embebido em álcool". Somente anos depois é que vim a reconhecer a importância do jazz de Chicago no cenário de Nova York. De certa maneira eu o desprezava como algo menor — um grande erro.

Estudar na Juilliard School era um passaporte quase garantido para se abordar personalidades da música e concretizar um encontro. Foi assim que me apresentei a Coleman Hawkins, que, habitualmente mal-humorado, conversou brevemente comigo, pois não ia perder seu tempo batendo papo com um borra-botas desconhecido. Com o maestro Heitor Villa-Lobos, a eficácia de mencionar a Juilliard foi reforçada por uma valiosa ajuda. A secretária de Guiomar Novaes, Ana Maria Lobo, íntima amiga de minha família, ligou-me convidando para assistir ao recital da pianista e, depois, conhecê-la pessoalmente no hotel. Foi a doce e tímida Guiomar Novaes quem gentilmente me forneceu o endereço e o número de telefone do maestro. "Pode ligar que ele vai receber você", assegurou-me a mais amada pianista brasileira nos Estados Unidos. Numa sexta-feira, em janeiro de 1958, passava por perto da residência de Villa-Lobos e decidi arriscar, ligando de uma cabine telefônica. Ele próprio atendeu, respondendo prontamente a meu pedido para conhecê-lo: "Pode vir agora mesmo".

Surpreendentemente acessível e imprevisivelmente encantador, Villa-Lobos vivia num apartamento com ampla vista para o Central Park, onde compunha no centro de um espaçoso *living*, sentado sobre uma banqueta alta diante da mesa de trabalho de tampo inclinado. Escrevia com a televisão ligada, geralmente numa transmissão de lutas do tipo "catch-as-catch-can", que adorava, justificando que para compor bastava utilizar o ouvido interno, pouco se lixando para o que estivesse à sua volta. Durante mais de duas horas, sempre fumando charuto, mostrou pormenores sobre o que estava compondo, interessou-se pelo meu curso e, com desenvoltura, falou com orgulho da importância de sua obra para o Brasil, relatando detalhes sobre gravações e concertos realizados na França. Adorava a si próprio. Ao despedir-se, convidou-me para uma feijoada num domingo, onde estariam a incansável Dora Vasconcelos, do consulado brasileiro, a filha de Andrés Segovia e outras personalidades do mundo musical novaiorquino. Por incrível que pareça, no meio da tremenda algazarra de brasileiros e americanos já consideravelmente eufóricos pelo efeito das caipirinhas servidas à farta, o maestro Villa-Lobos continuava compondo em sua mesa como se estivesse isolado num apartamento vazio e silencioso.

O encontro com um dos grandes ícones do jazz, o saxofonista Coleman Hawkins, foi bem mais curto. Ele estava com 57 anos, tinha sido responsável pelo modelo da integração do saxofone no jazz, fora astro na pioneira *big band* de Fletcher Henderson nos anos 20, residira anos na Europa nos anos 30 e, mesmo sendo contemporâneo de Armstrong, reconhecera e aceitara o revolucionário conceito dos músicos do bebop, embora se sentisse mais à vontade ao lado de seus pares, como Red Allen, do que com um *bopper* como Jay Jay Johnson. Não obstante, demonstrou sua anuência para com a modernidade, ao convidar o trombonista Jay Jay para seu disco *The Hawk Flies High*, no qual conseguiu adaptar com inteligência seu estilo ao de uma época posterior à sua.[12]

Certamente o tarimbado Hawk não estava no auge da felicidade naquela época, pelo menos quanto a seu trabalho, pois se defendia tocando quase todos os dias no Metropole Cafe. Localizado na Sétima Avenida, pouco acima da rua 48, tinha um perfil bem diferente dos demais: com uma grande janela aberta para a rua, e intensamente iluminado, era uma atração para os transeuntes, fossem turistas estrangeiros ou do interior do país, fossem empregados a caminho do trabalho ou desocupados atrás de uma boquinha fora da lei. Quem estivesse passando por ali podia dar, sem compromisso, uma parada e espiar os grupos de músicos

---

[12] Gravado em março de 1957, esse disco representa o expressivo retorno de Coleman Hawkins aos estúdios americanos, após um período opaco para quem tinha tido a ousadia de gravar, em 11 de outubro de 1939, a histórica "Body and Soul" praticamente sem acompanhamento, num solo fundamental para a bagagem de todos os saxofonistas de jazz que surgiram depois.

considerados veteranos que, ainda em plena forma, animavam um público heterogêneo, tocando sobre uma plataforma comprida e elevada que se alongava atrás do bar. Aos sábados e domingos as atividades no Metropole iniciavam-se às 14 horas e iam até de madrugada. Os grupos revezavam-se ininterruptamente, em *sets* contínuos, com um som alegre, extrovertido e sem grandes pretensões que vazava para a calçada, deixando patente que Nova York era então a capital de todas as escolas do jazz.

Não dava para ficar por muito tempo do lado de fora do Metropole Cafe. Menos de um minuto depois, algum porteiro convidava-o a seguir em frente ou, caso desejasse continuar ouvindo os lendários músicos dos anos 30 e 40, a entrar para consumir. Bebendo uma cerveja em goles microscópicos, me deliciei várias vezes com figuras que eu nem sonhava em poder ver pessoalmente: Charlie Shavers, Roy Eldridge e Red Allen entre os trompetistas; J. C. Higginbotham e "Big Chief" Moore entre os trombonistas; Cozy Cole e Gene Krupa entre os bateristas; Arvell Shaw entre os baixistas; Tony Parenti (de peruca), Sol Yaged e o virtuose Buster Bailey entre os clarinetistas; e o grande Coleman Hawkins, que pude entrevistar de pé num bar do outro lado da rua, enquanto tomava um café no intervalo entre dois *sets*. Sem tirar o seu inseparável chapéu, foi rápido e rasteiro com o desconhecido estudante brasileiro, devo confessar.

Em compensação, a inesquecível conversa em novembro de 1957 com o pianista Cecil Taylor varou horas a fio. Sentados no balcão de um bar, pedimos a primeira cerveja, começamos a trocar ideias e só nos despedimos quando o dia clareava. Na casa dos 20 anos, Cecil, que atuara numa das *jam sessions* do Birdland das segundas-feiras, usava óculos de aro grosso, estava cheio de gás e empolgava-se consigo mesmo, convicto de que seria em breve uma personalidade marcante no jazz *avant-garde*. Estava certo. Ele e Ornette Coleman seriam em breve as mais sintomáticas personalidades do Free Jazz, com pontos a mais para o pianista, mais radical, que para o saxofonista, mais celebrado. Fanático por Monk, Cecil tinha apenas um disco e meio gravados, que seriam detalhadamente analisados em quatro páginas por uma das mais respeitadas autoridades do jazz, Gunther Schüller.[13] O pianista era obcecado pela ideia de se livrar do sistema tonal, que via como uma prisão para sua concepção de

---

[13] O texto de Gunther Schüller foi publicado no número de janeiro de 1959 da revista *The Jazz Review*, abrangendo dois discos: *Jazz Advance*, lançado pela Transition em setembro de 1956, e o lado B de *Quartet at Newport*, gravado ao vivo no Festival de Newport de 1957.

jazz. Mas isso esbarrava num colossal dilema: como fugir do tonalismo ao se tocar um blues, a essência que move o jazz?

Contestador, cerebral e enigmático, Cecil Taylor foi descrito com admirável precisão pelo querido amigo Luiz Orlando Carneiro, uma incontestável autoridade do jazz no Brasil: "Cecil Taylor é, talvez, o mais 'difícil' dos músicos de jazz. Suas concepções são tão cerebrais e abstratas, sua música tão tensa e intensa, que exigem do ouvinte mais do que uma predisposição, exigem uma adesão intelectual que pressupõe intimidade com as culturas afro-americanas e europeia. Uma intimidade não só com James P. Johnson, Duke Ellington e Thelonious Monk, mas também com Stravinsky, Bartok e John Cage".

Conversas sem hora para acabar, como essa com Cecil Taylor, discussões ricas em conteúdo ou meros bate-papos faziam parte do dia a dia de quem vivia na música em Nova York nessa época. Eu tinha a veleidade de polemizar sobre música clássica ou jazz com colegas da Juilliard, como meu vizinho na rua 103, Alan, dotado de ouvido absoluto; algumas vezes entrava em discussões ferrenhas em pleno Village com o pianista *avant-garde* Ran Blake, meu ex-colega da School of Jazz; em outras me sentia realizado ao conseguir entrevistas inéditas para o Brasil com músicos consagrados, como Oscar Peterson, John Lewis, Randy Weston, Horace Silver e o querido Dizzy Gillespie, que me recebeu em sua casa próxima da Roosevelt Avenue, no Queens.[14]

Todavia, os encontros mais profícuos foram certamente com Martin Williams, que considero meu mentor na crítica de jazz. Martin, um bonitão que tinha na estante de seu apartamento a fotografia de uma ex-namorada, Kim Novak, era uma pessoa estimada e admirável, acessível e generosa, um estudioso sincero e profundo, como tudo que deixou escrito em modelares artigos e livros sobre jazz.

Martin era editor e co-fundador da elogiada revista *The Jazz Review*, lamentavelmente efêmera, cujo editor de arte, Bob Cato, instituiu um novo conceito de *design* gráfico para revistas do gênero. A profundidade dos artigos de seus colaboradores (muitos deles músicos, como Cannonball Adderley), a série sobre Coltrane ou as revelações da última entrevista de Lester Young, fazem da *Jazz Review* uma fonte de consulta de nível poucas vezes atingido.

---

[14] A revista *Down Beat* reproduziu boa parte dessa entrevista em 14 de novembro de 1957.

"An Impression of Jazz in New York"

Um dos divertimentos entre Martin e eu eram desafios idênticos aos da seção "Blindfold Text" da *Down Beat*. Cada qual escolhia faixas de discos para que o outro adivinhasse quem estava tocando. Não era raro acertarmos os nomes de todos os músicos. Depois de muitos anos sem contato, visitei Martin Williams em Washington, em 1979, e ele, com seu cavalheirismo habitual, me presenteou com várias gravações que produzira no Smithsonian Institution, onde ocupava o cargo de diretor de programação de jazz. Anos depois, em 1992, recebi a notícia que fez sentir-me órfão no jazz: Martin Williams havia falecido. Que eu saiba, o melhor texto escrito a seu respeito é uma verdadeira prova de amizade do reputado crítico Gary Giddins, seu discípulo. Eis alguns trechos que tomei a liberdade de reunir com o consentimento deste outro amigo: "Em uma palavra, ele tinha presença [...] sua morte deixa um vazio na área da crítica e educação de jazz, e nas vidas de todos que o conheceram e aprenderam com ele [...] Martin foi meu mentor. Na verdade, ele formou uma geração de críticos, ouvintes e professores, e até músicos, apesar de alguns contemporâneos seus não levarem tão a sério suas colocações, criticando seu texto austero e até questionando a profundidade de suas predileções. Outros sabiam que ele só abordava o que era importante e, ao escrever sobre jazz, tinha um princípio: evitava as histórias íntimas de músicos exibidos, supostamente mitológicos, e optava por uma análise formal, mas acessível, da música [...] Todos reconhecemos a duradoura influência de Martin. Somos em parte uma geração formada por ele, capaz de adotar cada uma de suas frases, cada capítulo que escreveu. Martin era genuinamente espantoso".

Outro querido amigo da imprensa foi o jornalista Dom (Dominic) Cerulli, casado com a portuguesa Dolores e, por isso, razoavelmente familiarizado com a língua portuguesa. Dom era o editor novaiorquino da revista *Down Beat*,[15] e foi autor de textos para dezenas de contracapas de discos, entre eles a do LP *Antonio Carlos Jobim, The Composer of Desafinado, Plays*, onde afirma que Tom não tocava piano há quase um ano quando entrou em estúdio. Dom foi um valioso conselheiro e importante orientador no jornalismo.

Em 2004, depois de obter seu novo número telefônico, liguei para combinar uma visita. Sem o menor contato com ele por quarenta anos,

---

[15] A *Down Beat* era então uma publicação quinzenal sediada em Chicago. Anos depois, passou a ter periodicidade mensal.

eu não tinha a mais leve expectativa de ser identificado. Quando ouvi sua voz, que nada mudara com o tempo, indaguei pressuroso: "Is that Dom Cerulli?". Não pude acreditar na resposta que ouvi: "José Homem de Mello, from Brazil?", reconheceu ele de imediato. Dois dias depois vivi a emoção de reencontrar o velho amigo em sua casa na sossegada cidade de Ossining, próxima de Nova York. Passamos uma deliciosa tarde rememorando os anos 50 e ouvindo discos de que ele participara de alguma maneira, especialmente o invulgar *Focus*, de Stan Getz.

No primeiro semestre de 1958, com a ajuda de Nesuhi Ertegun, o presidente da Atlantic Records que eu conhecera na School of Jazz, obtive uma regalia que então buscava com empenho: a recomendação para poder estagiar no estúdio da gravadora sob as ordens do engenheiro de som Tom Dowd.[16] A Atlantic, então uma gravadora incomparavelmente menor que a Columbia ou a RCA, buscava formar um *cast* de futuro ao confiar no talento de artistas que despontavam na área do "rhythm and blues", como La Vern Baker e Ray Charles, e no jazz, onde sua estrela máxima era o Modern Jazz Quartet. A importância que lhe atribuíam podia ser avaliada pela existência de dois pianos no estúdio. Um para as gravações em geral, outro fechado e protegido por uma capa, exclusivo de John Lewis.

Tom Dowd (1925-2002) era um competente e respeitado profissional, tranquilo e franco no trato, um pioneiro em vários aspectos da técnica de gravação em oito canais, e foi, posteriormente, produtor de discos históricos de Otis Redding, Aretha Franklin e Eric Clapton, entre tantos outros. Pela primeira vez eu tomava contato com a nova técnica de multicanais, bem como a radical novidade da reprodução estereofônica, ainda por vingar no mercado, mas que Tom já aplicava em tudo o que gravava no estúdio (como "What'd I Say", com Ray Charles), confiando que em breve seria o sistema adotado. Tom teve a pachorra de me ensinar os rudimentos da captação sonora ideal, as propriedades dos diferentes tipos de microfones, os recursos de uma mesa de som, as manhas e as técnicas de equalização, o emprego de efeitos como o *reverb* (que na época era conseguido com um microfone captando o som de um alto-falante no banheirinho ao fundo do estúdio), a montagem, a edição — enfim, tudo que me foi de inestimável valia para o trabalho que desenvolveria na TV Record ao retornar ao Brasil.

---

[16] O endereço do estúdio era 234 West 56th Street.

A equipe responsável pela revista novaiorquina *The Jazz Review*, em novembro de 1959: o *publisher* Hsio Wen Shih e os editores Nat Hentoff (de barba) e Martin Williams.

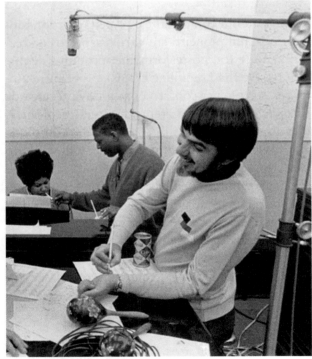

O famoso engenheiro de som da Atlantic Records, Tom Dowd (à frente), em estúdio com Aretha Franklin.

No estúdio, instalado num primeiro andar, atingido por uma escadinha estreita, conheci um cantor em início de carreira que explodiria logo depois, o esfuziante Bobby Darin. Conheci também o gênio que começava a ser reconhecido, Ray Charles, os impagáveis The Coasters, e fui apresentado a um violonista brasileiro que também gravava na Atlantic, Luiz Bonfá.

Meu apetite em dançar era mais que bem saciado em Nova York. Frequentava regularmente o salão Roseland onde, por uns dois dólares, rodopiava o tempo que desejasse ao som das *big bands* de Harry James ou de Les Brown, que se revezavam com uma sensacional orquestra cubana que executava o grande *hit* "Tequila". Divertia-me bastante quando tinha uma parceira brasileira, como Vera Godoi Moreira, mas não me apertava se estivesse só. Sempre havia uma americana, com coceira pela dança, disposta a deslizar até mesmo com um desconhecido na pista lisa pelo breu.

Certa vez fui ao Blue Room do Pennsylvania Hotel, na Oitava Avenida, para dançar ao som da personalíssima orquestra dos irmãos Les e Larry Elgart. Larry era o barbudo que tocava um excelente saxofone e comandava seu naipe imprimindo *swing* à banda, enquanto Les era um trompetista sem entusiasmo à frente dos metais, trombones e trompetes. Um grupo ficava à esquerda do palco, o outro à direita, e no meio a seção rítmica, sem piano, o que criava uma perfeita sonoridade estereofônica a partir dos arranjos de Bill Finegan e Nelson Riddle, utilizando o esquema de pergunta e resposta entre os naipes. Dessa vez me arranjei com uma coroa de cintura fina que devia ter o dobro da minha idade, mas era uma pluma. Ataquei todos os passos, rodopios e paradinhas possíveis e ela não perdeu um só movimento, sempre no ritmo e ainda avançando o sinal deliciosamente. Os irmãos Elgart se separaram mais tarde, mas aquela noite, no mesmo salão onde Artie Shaw tocara um dia, não será esquecida.

Seria impossível lembrar-me de todos os músicos que pude ver nos anos 50 em Nova York. A célebre foto de Art Kane para a revista *Esquire*, feita no Harlem (esquina da 125th Street e Railroad Station), representa a imagem da diversidade do jazz ao alcance de quem estivesse naquela cidade. Ali está a maioria dos músicos tal como os conheci, tal como os vejo em minha memória.[17]

---

[17] Possivelmente esta seja a imagem que melhor representa um panorama de tudo que se podia ouvir na capital do jazz. Alguns grandes nomes não estão na foto porque, provavelmente, estavam fora da cidade nesse dia. A produção dessa fotografia, feita na

A foto de Art Kane para a *Esquire*, de 1958, que reuniu, no Harlem, mais de cinquenta músicos entre os maiores nomes do jazz da época, como Art Blakey, Charles Mingus, Jo Jones, Gene Krupa e Buster Bailey (na escada), Horace Silver, Coleman Hawkins, Sonny Rollins, Mary Lou Williams, Thelonious Monk, Lester Young, Gerry Mulligan e Dizzy Gillespie (de pé na calçada) e Count Basie (sentado na guia, à direita).

Alguns flashes de momentos significantes ainda despontam nitidamente nas lembranças da Nova York dos anos 50. Ao descer a escada íngreme do Village Vanguard, o único clube que se mantém hoje tal como era, ouvi o som da principal atração da noite, o sax-tenor Ben Webster. Não aguentei. Preferi ficar sentado num degrau, deliciando-me o mais que pudesse antes de vê-lo, esperando que o número acabasse para então ingressar na sala. Quando terminou, avancei emocionado, batendo palmas, tomei lugar e absorvi cada frase soprada pelo mestre das baladas.[18] Ben

---

manhã de um domingo do verão de 1958, gerou um documentário, *A Great Day in Harlem*, indicado ao Oscar em 1995.

[18] A temporada foi em abril de 1958 e o grupo era integrado por Jimmy Jones (piano), Joe Benjamin (baixo) e Dave Bailey (bateria).

Webster era notável por seu som pianíssimo, que produzia utilizando a técnica do *subtone*, na qual o músico mantém uma substancial e constante emissão de ar enquanto a palheta é mantida firme e delicadamente pressionada pelos lábios.

Também no Vanguard ouvi o som do lírico cornetista Ruby Braff, um dos músicos mais fiéis ao *mainstream*, que eu conhecia por seus solos com o grupo de Vick Dickenson.[19] Não me esqueço da canja, no Five Spot Cafe, de um baterista, ainda desconhecido para mim até aquela noite. Estava na plateia e por volta da uma da manhã ele foi convidado a tomar assento na banqueta de Shadow Wilson, tocando com Monk, Coltrane e Malik. Na sua vez, apossou-se da oportunidade como seu passaporte para o paraíso do jazz. Deve ter solado quase meia hora sem parar, numa explosão interminável que se renovava a cada sequência rítmica extraída dos tambores e pratos. Ficamos sem fôlego com aquele músico suando em bicas a mostrar o ritmo africano que herdara e dignificava. Era o irmão mais novo de uma família de músicos, os Jones, Hank e Thad. Era Elvin Jones.

Contudo, o clube onde tive o mais variado e saboroso cardápio de jazz foi mesmo o Birdland, que frequentei assiduamente na época e depois nas viagens pela TV Record.

A maioria dos bares de Nova York sempre esteve ligada à Máfia, para assegurar a venda de bebida alcoólica. Com os clubes de jazz não era diferente. Além de músicos e aficionados, eram frequentados por gângsters, prostitutas, cafetões e traficantes fornecedores de drogas como heroína, a via expressa para a morte de dezenas de idolatrados talentos. No Birdland, onde você podia estar próximo de Ava Gardner, de Erroll Garner ou de um rufião com cara de rufião, talvez essa sensação fosse mais forte que em qualquer outro clube de jazz. Inaugurado em dezembro de 1949 por Morris Levy, embutia no próprio nome o mais honroso tributo que Charlie Parker recebeu em vida. Era, pois, a terra de Bird, e se há um único clube de jazz que possa ser considerado o *top*, digno de inclusão na canção de Cole Porter, é o velho Birdland. Nenhum jazzista que se prezasse passava por Nova York nos anos 50 sem sua noite no Birdland, que cerrou as portas em 1965. Durou portanto quase vinte

---

[19] Trata-se de um LP de 10 polegadas do trombonista Dickenson pela marca Vanguard Jazz Showcase, em cooperação com Down Beat, VRS 8002. Braff sola "I Cover The Waterfront".

anos. Nenhum grande cartaz, nenhuma promessa desse período áureo do jazz na Big Apple deixou de se apresentar no Birdland, muitos deles tendo sua performance levada ao vivo pela WJZ às sextas-feiras com apresentação do radialista Symphony Sid.

Foi lá que assisti, entre tantos outros, Horace Silver, Randy Weston, Lester Young, Jimmy Smith, orquestras de Johnny Richards, Machito, Dizzy Gillespie (em traje de grego), Jay Jay Johnson e Kai Winding, Max Roach, Chico Hamilton, Art Blakey, Lee Morgan, Sarah Vaughan, Betty Carter, Gloria Lynne, Lambert/Hendricks/Ross, Hi Los, The Group, Stan Getz, Sonny Rollins e o memorável Miles Davis Quintet que, entre maio e novembro de 1956, havia gravado os quatro últimos discos para a Prestige (*Cookin'*, *Steamin'*, *Workin'* e *Relaxin'*) e o primeiro para a *major* Columbia (*Round About Midnight*), indispensáveis numa discoteca de jazz. Juntos, esses músicos formaram o mais extraordinário quinteto que ouvi ao vivo.[20] Individualmente eram cinco músicos fora de série, coletivamente evidenciavam um entendimento assustador entre si, equivalente à linha de ataque do Santos com Dorval, Mengalvio, Coutinho, Pelé e Pepe. Paul Chambers, Red Garland, John Coltrane, Miles Davis e Philly Joe Jones ao vivo superavam o que se ouve nesses discos, divertindo-se espontaneamente com o que tocavam no palco, em clima de relaxamento musical absoluto. Chambers, o baixista que melhor sabia aproveitar as notas graves das cordas lá e mi, solava de arco enquanto o elegante Philly Joe ateava fogo nos demais explodindo em ritmos cruzados, fornecendo ambos o suporte que Garland desejava para seus solos iniciados geralmente com frases de notas breves na região mais aguda do teclado, trocadas, no último *chorus*, por acordes abertos de quase dez notas, certamente calcados nos do pianista Ahmad Jamal.[21]

Altivo, pescoço grosso sobre o tronco massudo, Coltrane empunhava o tenor para frente, com os braços quase retos, sugerindo a heráldica figura do leão com acha. Atingia a maturidade vivendo uma fase vulcâ-

---

[20] Quando cheguei em Nova York, em 1957, já não mais existia o quinteto com Max Roach, Sonny Rollins, Clifford Brown, Richie Powell e George Morrow, já que os três últimos haviam falecido em um infausto acidente automobilístico ocorrido no ano anterior.

[21] Ahmad Jamal não é credor apenas de Red Garland, mas também de Miles Davis. Os acordes de sua "New Rhumba", gravada em maio de 1955 em Chicago, seriam repetidos no disco *Miles Ahead* dois anos depois. E mais: o esquema de "New Rhumba" é nitidamente a inspiração para a célebre "So What" do disco *Kind of Blue*, de 1959.

nica que o afastamento das drogas e a convivência com Monk propiciara, consagrando-se junto a Sonny Rollins como os dois gigantes do tenor de sua geração.

Impecável em ternos de corte inovador, tal qual modelo de alta moda masculina, Miles Davis era possivelmente o negro mais atraente e desejado do mundo, independente do trompete, que tocava com a cabeça voltada para o chão, sem ligar a mínima para a plateia, às vezes até de costas. Não era de sorrir à toa e quando falava, emitia mais um resmungo roufenho que uma voz, mas não conseguia disfarçar o orgulho em ter montado o quinteto mais musical de sua carreira.

Banindo os agudos estratosféricos, Miles optava pela região média do instrumento, com um mínimo de vibrato, sem muita firula, denotando mais interesse pelas pausas que pelas escalas estonteantes de Dizzy e Bird no bop. Seus solos com a surdina *harmon* colada ao microfone invadiam o ambiente com uma sonoridade fluida, um timbre novo que inaugurou uma época. Ousado e confiante, desconcertante e orgulhoso, Miles Davis liderou o *Dream Quintet* de qualquer músico de jazz daqueles dias. Se já era consagrado, ganhou prestígio perante um novo público, tornou-se uma atração, e seria em pouco uma legenda na história da música, abrindo horizontes que continuam sendo trilhados. Uma figura ímpar e, sem que disfarçasse isso em sua autobiografia, o mais notável f. da p. do jazz.

No Birdland, eu não perdia as temporadas da *big band* de Count Basie, especialmente as mais aguardadas nas semanas de fim de ano, incluindo Natal e Réveillon. Sentado à frente do bar, tomando minha cervejinha, antecipava compasso por compasso cada arranjo de Neal Hefti para aquele ninho de cobras. Se alguma banda pode ser comparada a uma máquina de *swing*, era a de Basie.

Ao piano ele pouco se mexia. Nas introduções, quase sempre dele, dava o arranque para o *swing* dos primeiros compassos, e logo arrastava junto a si o baixo, a bateria e a guitarra para depois atiçarem juntos os naipes de sopros. Quando os trompetes, trombones e saxofones atacavam, vinham com o apetite de um faminto, derrubando tudo pela frente. O *swing* rolava irresistível. Os saxes eram liderados pelo primeiro alto Marshall Royal, carimbando o quinteto com seu vibrato sutil. Os dois Franks, Wess e Foster, ficavam à sua direita. Na ponta esquerda, o barítono Charlie Fowlkes, tendo ao lado o mais frequente solista no tenor, Eddie "Lockjaw" Davis, que completava a massa sonora exuberante. Atrás, os três trombones (Henry Coker, Al Grey e Benny Powell) e, no

"An Impression of Jazz in New York"

Zuza em Nova York: à frente do antigo Metropolitan Opera House, que seria demolido em 1967, e no apartamento da Riverside Drive, escrevendo uma matéria para sua coluna semanal "Folha do Jazz", publicada na *Folha da Noite* de São Paulo.

fundo, os quatro trompetes, Joe Newman, Thad Jones, Snooky Young e Wendell Culley. Esse time podia tocar o repertório todo sem sequer abrir as pastas com partituras.

Basie quase não solava. Só nas bases, puxando o trem. Traçava um piano ridiculamente simples que criava o clima para a banda explodir. E explodia mesmo, como a bomba atômica na foto da capa de seu disco na Roulette. Basie esticava o indicador na direção de Lockjaw, lançava um olhar fulminante por baixo da tampa do piano, induzindo-o a dar tudo de si, e soltava a fera que se levantava, ajeitava o microfone e *buuum*! Um solo arrasador. Pouco adiante do piano, o único companheiro de Basie desde a banda dos anos 30 e 40, o fiel e insubstituível Freddie Green, a mais perfeita guitarra rítmica do jazz. Nunca solava. Sentado com as pernas cruzadas e a guitarra ligeiramente deitada, ia arpejando acordes nos quatro tempos, impulsionando a banda num *drive* contagiante que contava com o espetacular baterista Sonny Payne e Eddie Jones calcando firme nas cordas do baixo. Na introdução de "Li'l Darlin'", Freddie Green se destacava com arpejos mais lentos e bem nítidos. É uma balada romântica, com os saxes puxando o ritmo para trás. A horas tantas o velhinho Wendell Culley vinha à frente para seu solo de trompete com surdina que ninguém superava. Depois de quatro ou cinco números, Joe Williams era anunciado. Com ambas as mãos em torno do pedestal do microfone, em posição de oração, soltava o vozeirão, quase sempre "All Right, Okay, You Win" para começar. Seguia com mais duas ou três interpretações transbordando *blues*, agradecia os aplausos intensos e saía galopando. A banda continuava e o *set* terminava com o clássico "One O'Clock Jump", finalizado com o grave do barítono antes do acorde final. Nada mais exultante que a banda de Basie no Birdland.

Quando ficava em Manhattan no final de semana, minha programação aos sábados era ir à mais bem sortida loja de discos da época, a Sam Goody, na rua 48, uma perdição. Em torno das duas da tarde descia na estação da rua 50, subia a escada e, antes de caminhar as duas quadras, topava com um indivíduo apoiado pelo ombro contra a parede. Imóvel, com um olhar vago e indefinido, a atitude de um ser perdido e sem expectativa, ele estava aos sábados à toa naquela esquina. Era uma criatura solitária, sempre na mesma postura, sem ver nada à sua volta. Cismei que devia ser um músico, um certo músico que eu jamais tinha visto tocar... quem sabe? Duvidava que pudesse ser verdade. Não, não podia ser ele. Por isso nunca o abordei na esquina da rua 50 com Broadway. Passei sempre reto.

"An Impression of Jazz in New York"

Somente na noite em que o vi tocar no Birdland tive certeza. Era ele mesmo: Bud Powell. Fora anunciado antes outras vezes mas o espetáculo não aconteceu. Era o trabalho de ir, decepcionar-se com o cancelamento e dar meia-volta. Na segunda-feira, 19 de maio de 1958, ele tocou. O cartaz da entrada do Birdland anunciava uma semana inteira com o Bud Powell Trio. Quem quisesse se garantir devia ir logo na primeira data. Jamais vi o Birdland tão repleto de astros do jazz: você esbarrava com Miles Davis, Erroll Garner, Horace Silver, os melhores músicos da Big Apple sabiam ser aquela uma noite muito especial.

O anão Pee Wee Marquette anunciou com entusiasmo: "On bass, Paul Chambers". Palmas. "On drums, Arthur Taylor". Mais aplausos. "And, on piano, the legendary Buuuud Pooowell, ladies and gentleman. And now a big hand of applause for the one and only Buuud Pooowell".

Depois dos aplausos o Birdland ficou mudo. Não se ouvia uma mosca. Bud atacou um primeiro *set* beirando o medíocre. Quase nada estava certo. Acordes imperfeitos, sem *swing*, uma decepção para a plateia visivelmente embaraçada. Tão logo finalizou quatro ou cinco temas, saiu apressado pela boca do palco mesmo, caminhando pelo meio da plateia até se sentar sozinho numa pequena mesa do fundo, desligado do mundo. Ninguém o incomodou. Mais parecia um esquecido no meio daquele enxame de personalidades do jazz sedentas por sua música. O intervalo durou uma meia hora. Segundo *set*. Bud caminhou entre as mesas, subiu, sentou-se e atacou incontinenti. Aparentava estar mais concentrado. Tocou um pouco melhor, alguns temas seus, talvez "Un Poco Loco", acho que "Bouncing with Bud", não me lembro. Nada de mais. Ninguém arredava pé. Bud parecia estar em outro planeta. Voltou para a mesma mesa ao terminar o segundo *set*. Ficou sozinho novamente, como se o Birdland estivesse vazio de todo. Ninguém lhe dava atenção, um homem invisível. Finalmente voltou para o terceiro e último *set*. Devia ser meia-noite. Chambers e Taylor a postos. Bud atacou um blues. Sentia-se no ar que agora era diferente. Os dois músicos faziam de conta que não sentiam a mudança. A turma de feras à frente do bar percebeu desde o primeiro ataque que aquele era outro Bud. Foi um blues longo. Quando acabou, o Birdland cobriu-o de aplausos. Ele não ligou a mínima e entrou direto no tema seguinte: "Crepuscule with Nellie", de seu amigo Thelonious Monk, dedicado à mulher.

Tive de repente uma estranha sensação como nunca experimentara. Senti-me totalmente envolvido por uma densa nuvem que havia baixado, dominando o pensamento, paralisando qualquer ação. Não conseguia ver nada além de Bud Powell, um ente divino, um músico iluminado e poderoso derramando sons sublimes que nos diziam claramente: "Esse sou eu". Era Bud Powell, o pianista mais atormentado do jazz.

Quando acabou a balada de Monk, o Birdland veio abaixo, os músicos queriam agradecer aqueles momentos gritando e batendo palmas como se jamais pudessem recompensar tamanha bondade, tanta arte de uma só vez. Estávamos mais do que gratos, alguns choravam emocionados, não havia outra maneira de agradecê-lo. Bud Powell não ouvia nada. Como que voltando ao seu estado de alheamento da esquina da 50 com a Broadway, retornou correndo à sua mesa de fundo. A noite acabara. Não sei como cheguei em casa.

Embora anunciada como de uma semana, a temporada de Bud Powell em maio de 1958 durou uma noite. Durou um *set*. De fato, durou uma única música. Bastou.

No segundo número da mencionada revista *The Jazz Review*, de dezembro de 1958, há uma lista de artigos que seriam publicados nos números seguintes. Um deles é "An Impression of Jazz in New York by José de Mello". Como não houve condições de cumprir a promessa feita ao querido amigo Martin Williams, que me honrara com o convite, fiquei incomodado durante anos. Ao terminar este capítulo, me dei conta que o artigo estava pronto. Para você, mestre Martin Williams.

6.

Swing Heil!

Para meus queridos amigos judeus, tantos, tão sensíveis e sempre brilhantes

Ao assomar à janela de um dos quartos fronteiros do Savoy Hotel Berlim, os de final 1 a 7 e 20 a 22, o hóspede recém-chegado fica atraído ao ver do outro lado da rua o luminoso levemente azulado no alto de uma edificação baixa e maciça, onde se lê no logotipo em estilo *art deco*: "Delphi". Logo depreenderá, a julgar pelo subtítulo "Filmpalast am Zoo", tratar-se de um belo cinema.

Por algum motivo, a cena provoca curiosidade, incitando o hóspede a desconfiar da existência de um passado oculto naquele senhoril casarão de três andares, praticamente sem janelas, com um painel do filme em cartaz. O nome, "Delphi", sugere algo mais que uma simples sala de cinema. Os dois leões em pedra, que decoram o jardim da entrada principal na Kantstrasse 12A, nos levam a desconfiar que o suntuoso cinema Delphi deve ter uma história. Vale a pena investigar.

O edifício do Savoy, construído em 1929, foi o único do quarteirão inteiro que escapou ileso dos bombardeios durante a Segunda Grande Guerra e por isso teve condições de abrigar, até a rendição, a Embaixada do Japão, que havia sido destruída. Entre 1945 e 1950, esteve adaptado como quartel-general das forças armadas britânicas, que, assim, podiam manter um centro de operações em contato direto com Londres, livre da vigilância exercida durante o domínio bolchevique em Berlim. Ao cabo desses cinco anos, o Savoy voltou a ser o charmoso hotel dos anos 30, quando bastava atravessar a rua para se entrar no Delphi Palast.

Agora sim a investigação começa a ficar interessante, pois Delphi Palast era o elegantíssimo e movimentado salão de danças que, como dezenas de outros, conferiam à cidade de Berlim a mais fervilhante vida noturna entre as capitais europeias. E, a exemplo do hotel, um dos raros edifícios que resistiu aos bombardeios. Ao som das melhores orquestras alemãs dos anos 30 e 40 imperava, noite após noite no opulento Delphi Palast, a festiva e contagiante atmosfera da *Tanz Musik*, música para dançar.

Desde o início do século XIX os habitantes de Berlim, independente de seu extrato social, tinham por hábito preencher seu lazer ao ar livre. A dança já era então o divertimento favorito dos berlinenses, sendo praticada nos parques e jardins às margens dos lagos no entorno da cidade. À exceção dos bailes de gala, não se dançava em recintos fechados. Somente em 1905 é que surgiram os dois primeiros bares no centro de Berlim que abriram suas portas para a *Tanz Musik*. No entanto, o Orpheum, na Jacobstrasse, e o Balhaus, na Joachimstrasse, gozavam de reputação suspeita, mantendo uma frequência nada recomendável, em contraste com a dos grandes salões nos quais, a exemplo de outras capitais europeias, a dança era cultuada nos moldes clássicos.

Quais preceitos regiam a atitude dos convivas a um baile de gala nos anos subsequentes à Primeira Guerra Mundial e mesmo durante os da Segunda? Um par perfeitamente harmonioso devia combinar a elegância de um cavalheiro delgado e galante com a leveza de uma dama delicada e vagamente sensual. A expressividade desse par requeria imperceptível controle dos movimentos, que jamais podiam ser bruscos ou inesperados. Ao contrário, deviam fluir suavemente numa sequência natural, acompanhada de uma atitude que denotasse claramente completo prazer e absoluta integração com a música. O cavalheiro é quem devia conduzir com fidalguia a dama que, por sua vez, se deixava levar qual uma pluma.

Ao dirigir-se a ela, após um choque de olhares, o cavalheiro devia obrigatoriamente inclinar a cabeça ao apresentar-se, antes de indagar com desvelo e uma visível ansiedade incontida: "Aceita dançar?". Dissimulando seu agrado com um tênue sorriso, captado sutilmente, ela se levantava, sendo levada pelo braço esquerdo que lhe estendia o gentil-homem, ao salão, já atulhado de pares felizes. Saíam ambos a rodopiar uma valsa, como uma espiral sem fim, seguida em devaneio de outra e mais outra e outra mais, até que o colo arfante da dama, quase alagado em suor, forçasse a um repouso, antecedido por formal pedido da pausa, justificada para um retoque na face e nos cabelos. Retornava depois ao lugar de origem, onde voltaria a abanar-se com um leque, à espera, quem sabe, de novo convite. Para outras valsas, por certo.

A valsa vienense, a mais graciosa forma dançante de origem germânica, foi a primeira dança em que os pares se enlaçavam nos salões da sociedade europeia. Sua popularidade, que de tão imensa abafou as demais formas dançantes durante o século XIX, se deve ironicamente aos oficiais de Napoleão após a Revolução de 1789, e não aos seus criadores. Sendo em compasso ternário, o tempo forte é o primeiro dos três,

196   Música nas veias

Fachada atual do Delphi Filmpalast am Zoo,
vista da Kantstrasse, em Berlim.

A entrada do Delphi em sua época gloriosa, nos anos 30.

geralmente com a nota básica do acorde; o segundo é mais fraco e, como o terceiro, pouca acentuação tem. Em consequência, a valsa provoca uma suspensão que incita os pares a um volteio na busca inconsciente do primeiro tempo do compasso seguinte. Um após o outro, os compassos de três tempos, os rodopios e os galanteios corporais, rematados por olhares significativos, dão origem a romances ou consagram ligações, ainda que amenas.

Na Alemanha, a valsa lenta, frequentemente chamada de valsa inglesa, se caracterizava por giros adaptados da antiga valsa vienense. A valsa é ainda hoje o gênero por excelência para o ápice de um baile de gala, de uma festa de estilo, de uma comemoração refinada.

Era praticamente inevitável que no início do século XX, sobrevindo à valsa, alcançassem grande popularidade na Europa novas formas dançantes nas quais os pares se envolvessem e circulassem sob um grau de sensualidade mais palpável. Uma vez que a dança tinha um papel destacado na cultura dos alemães, nada mais natural que duas dessas formas se sobressaíssem justamente por propiciar um jogo sensual de conquista. Eram o tango argentino e o jazz americano, que, na década de 1920, imperaram em Berlim. A energia do ritmo do jazz casava-se estupendamente com a mecanização que se desenvolvia a passos largos na Europa após a Primeira Guerra. Estendendo-se para a classe média, que aproveitava seu tempo livre em incessante busca de divertimento a fim de compensar adversidades no trabalho e a incerteza do futuro, o jazz seria o condutor ideal para o entretenimento da dança. Contudo, foi entendido inicialmente de modo errôneo, sendo considerado um gênero de ruídos cacofônicos predominados por assobios e apitos, associando-se a um conceito de música ridícula e desprezível. Somente em 1924, quando o pianista germano-americano Julian Fuhs montou uma *jazz band* de categoria, começou-se a respeitar e apreciar devidamente o jazz na Alemanha.

Nascido em Berlim em 1891, o pioneiro Julian Fuhs foi para a América com menos de vinte anos, lá permanecendo a estudar harmonias e procedimentos da música americana que ele amava. Retornou em 1924 a convite do empresário e produtor Max Reinhardt para atuar na orquestra do seu teatro Schall und Rauch ("Som e Fumaça") e, depois, montou sua própria *Jazzorchester* denominada Julian Fuhs Follies Band, que foi sendo ampliada a partir de um grupo inicial de oito músicos. Na sua primeira gravação, em 18 de agosto de 1925, Julian Fuhs registrou o famoso fox-trot americano "Copenhagen", de Charlie Davis, sucesso do ano anterior com a Benson Orchestra de Chicago. Com a formação à moda das *jazz bands*,[1] os músicos alemães atingiram um resultado bem expressivo, com a exposição do tema pelo trompete, com dois saxofones, seguida de solos de saxofone, trombone e trompete entremeados de *breaks* e passagens orquestradas. Com músicos alemães e americanos e anunciada como a "*jazz band* de mais sucesso em Berlim", a Julian Fuhs Follies Band atuou durante vários anos no Mercedes Palast, até que em 1933 seu líder montou o restaurante "Bei Julian Fuhs", localizado na Nürnberger Strasse.

Todavia, o primeiro contato direto dos alemães com uma orquestra de jazz de origem americana se deu quando a revista musical de artistas negros "Chocolate Kiddies" excursionou pela Europa. Formada por uma orquestra de onze músicos (que se encarregava de um verdadeiro concerto de jazz na segunda parte do espetáculo, subindo do poço da orquestra para o palco), trinta *girls*, dançarinos e comediantes, a trupe de *vaudeville* desembarcou em Hamburgo em 17 de maio de 1925, deixando abismados os alemães, que jamais tinham presenciado um grupo com tantos negros e, principalmente, tantas negras. Seguiram de trem para Berlim onde se apresentaram no Admiralpalast da Friedrichstrasse, estreando no dia 25, sendo recebidos com uma ovação que os deixou espantados. Nem bem terminou a *ouverture*, o público gritava "bis" com tal arrebatamento que os músicos chegaram a ficar atemorizados por desconhecer o significado dessa palavra, julgando que eram taxados de "beasts" ("bestas", em inglês). Nessa noite a Alemanha conheceria o autêntico jazz americano, executado pelos onze músicos da Sam Wooding Jazz Orchestra em temas como "Rhapsody in Blue", "St. Louis Blues" e "Tiger Rag".

Ainda que em 1926 tivesse circulado pela capital alemã outra banda de jazz americana, a do baterista Louis Mitchell e seus Jazz Kings, ainda que em seu retorno da Rússia, em maio de 1926, o renomado saxofonista Sidney Bechet tivesse feito uma parada em Berlim para organizar uma banda de catorze músicos que atuou na remontagem da "Revue Ne-

---

[1] Na gravação de "Copenhagen" em agosto de 1925 pela Homocord, a "Julian Fuhs Follies Band" era formada por Wilbur Curtz (trompete), Charlie Vidal (clarineta ou sax-alto), Arno Lewisch (violino), Julian Fuhs (piano), Mike Ortuso (banjo), Charlie Keradorf (bateria/kazoo) e dois músicos não identificados ao trombone e ao sax-barítono. Nos discos gravados no ano seguinte, Fuhs utilizou um naipe de três saxofones, o que o coloca como o primeiro *band leader* alemão a adotar a formação que consagraria as *big bands* americanas da Era do Swing.

Swing Heil!

gre", ainda assim, o nome do pianista Sam Wooding (1895-1985) ficou associado indelevelmente à divulgação do jazz em Berlim nos anos 20.[2]

Os aplausos àqueles músicos estrangeiros pela sua inegável competência profissional podiam ser entendidos com naturalidade, mas que motivos haviam levado os berlinenses a ficarem tão arrebatados, quase fora de si, com o primeiro show de negros americanos de suas vidas? Não nos esqueçamos: nos dois anos seguintes ao final da Primeira Guerra Mundial o sentimento do povo alemão sofrera consideráveis transformações. Além da moral abatida pela derrota, a convivência com uma inflação galopante afetou profundamente a imagem de Berlim como centro de modernidade mundial.[3] Logo após a guerra, Berlim não mais irradiava a imagem positiva de progresso. Para suprir a falta de confiança, os berlinenses necessitavam cada vez mais de um alento positivo, procurando uma forma de entretenimento anticonvencional que pudesse concorrer com a onda saudosista em voga após a derrota, substituindo-a. Eram razões mais que suficientes para forçar os teatros a verem com bons olhos as atrações do exterior e a se voltarem para o mundo do *show business* americano, originário da metrópole que passava então a ser vista como sinônimo de produtividade, como centro financeiro e comercial dirigido para o consumo: Nova York.

Em Berlim, antes da Primeira Guerra, as revistas musicais eram montadas sobre um repertório dominado por marchas, valsas, polcas e outros gêneros tradicionalmente germânicos.

No processo de americanização por que passou a partir de 1920, a música abriu-se para o novo ritmo caracterizado pela síncope, o fox-trot, assim como para o jazz, mesmo sob o protesto dos mais conservadores, que se negavam a admitir o glissando de uma clarineta em "Rhapsody in

---

[2] A orquestra do pianista americano Sam Wooding gravou em julho de 1925 dois discos, com temas como "Alabamy Bound" e "Shangai Shuffle", na Vox de Berlim. Atuou por três meses no Admiral seguindo em turnê pela Escandinávia, por diversas cidades da Alemanha, prosseguindo por vários países europeus até retornar a Berlim em dezembro do mesmo ano para uma segunda temporada de sucesso. Depois de separar-se do espetáculo de palco, a orquestra de Sam Wooding permaneceu vários anos pela Europa disseminando o jazz e gravando novos discos, como o realizado em Berlim, no mês de outubro de 1926, para a Polydor alemã.

[3] O marco alemão começou a se desvalorizar em 1921, caindo a 75 marcos por um dólar. Em 1922 eram 400; em janeiro de 1923, 18.000; em julho, 160.000; em agosto, um milhão e em novembro de 1923, 4 bilhões por um dólar. A fé do povo na estrutura econômica da sociedade alemã estava destruída.

A orquestra de músicos americanos dirigida pelo pianista Sam Wooding, a primeira a introduzir o jazz na Alemanha, no estúdio da Vox em Berlim, em 1925. Da esquerda para a direita, sentados: Tommy Ladnier (trompete), John Warren (tuba, atrás), Sam Wooding (piano), Willie Lewis (sax) e George Howe (bateria). De pé: Herb Flemming (trombone), Eugene Sedric (sax), Johnny Mitchell (banjo), Bobby Martin (trompete), Garvin Bushell (sax) e Maceo Edwards (trompete).

O pianista Julian Fuhs, pioneiro das orquestras de jazz alemãs com sua Julian Fuhs Follies Band, de 1925.

Blue", o "wa wa" de um trompete com surdina soando como voz humana, a sonoridade lamentosa de um saxofone ou o ritmo contagiante do trio banjo-piano-bateria. Totalmente oposta era a opinião de mentes mais abertas que, abominando o colarinho engomado, exaltavam precisamente a atitude transgressora embutida no jazz. O humor do jazz destruía o orgulho e o desdém. Assim a novidade daquela música de negros da América, sua síncope rítmica e a postura descontraída de corpos se embalando em atitudes próximas do erotismo simbolizavam uma nova cultura em que a sensibilidade e o radicalismo preponderavam sobre a dureza e a rigidez prussiana. A partir de 1925 os berlinenses se entregaram a essa nova era do divertimento em plena República de Weimar.

Após a temporada de Sam Wooding no Haller's Admiral Palast no final de 1925, o empresário Herman Haller apresentou em janeiro do ano seguinte, e com sucesso estrondoso, o show da sensacional estrela negra americana Josephine Baker que, trajando um sumário saiote de bananas abaixo da cintura, chocaria ainda mais a plateia conservadora em 1928. O *entertainment* americano era a um só tempo o mais moderno e o mais primitivo do mundo. Era a "vitória do primitivismo da dança negra sobre a valsa vienense", conforme analisou o jornal *Berliner Tageblatt*.

Por sua vez, o *Börsen-Courier* havia atribuído à música dos "Chocolate Kiddies" uma beleza bárbara e repleta de improvisações primitivas. Os *entertainers* negros eram considerados autenticamente primitivos e exemplarmente modernos. "Uma revitalização para a própria Alemanha", segundo o crítico de danças Oscar Bie, que arrematava: "eles nos trouxeram de volta nossa cultura. A humanidade retorna às suas origens nos passos dos negros, no requebro de seus corpos... é a mais profunda expressão de nossos desejos mais ocultos". Tais palavras repercutiram até entre os artistas plásticos do movimento expressionista, que buscavam a autenticidade primitiva nas cenas das danças africanas.

O jazz que passou a correr de vez pela veia dos músicos alemães caiu como uma luva no espírito dos berlinenses ávidos por dança. Pois não era o jazz uma grande música para se dançar? Os alemães vibravam com o jazz quando a orquestra de Julian Fuhs tocava no salão do Eden Hotel, ou no palco do Palais am Zoo ou do Femina, dois dos grandes cafés de então. Depois do monumental problema da inflação ter sido superado, Berlim foi sendo acometida por uma verdadeira febre de bares, cafés e restaurantes dançantes que se instalavam qual cogumelos pela cidade. Na sua ansiedade em esquecer o passado da Primeira Grande Guerra, o povo alemão buscava divertir-se cada vez mais. Nessa verdadeira fuga à estru-

O luxuoso salão de danças do Femina, em 1929, com a orquestra de Julian Fuhs no palco.

A vedete negra Josephine Baker, que, com seus trajes sumários e sua dança primitiva, enlouqueceu os alemães em 1926.

tura social em que vivia, a classe média berlinense estava a fim de compensar os problemas do dia a dia frequentando assiduamente aqueles palácios de dança. "O amanhã", diziam os céticos, "ninguém sabe".

A maneira austera na execução de marchas alemãs para dançar foi sendo substituída por ritmos e gêneros mais maleáveis, por tangos e fox-trots de passos mais soltos e longos, em lugar dos passinhos curtos das danças europeias. Em 1927, a façanha de Charles Lindbergh, voando sozinho através do Atlântico em seu pequeno avião, "The Spirit of St. Louis", gerou tamanha admiração que até inspirou um novo passo de dança, o "lindy hop", que se espalhou pelo mundo chegando até os salões de Berlim.

Para certos jovens músicos norte-americanos, a Europa pós-Primeira Guerra exercia uma atração inquestionável. Com raízes no jazz e ansiosos por novos ares, eles sabiam que nos principais centros — Paris e Berlim, sobretudo — as oportunidades de trabalho vazavam pelo ladrão. Na viagem de ida já sentiam o que os esperava, ao serem alvo de atração nos bares dos navios. Os americanos tocavam com um *drive* (condução) a que os músicos europeus, habituados ao embalo suave das valsas e que tais, não estavam acostumados. Era o que fazia falta no repertório dançante europeu, era o que os dançarinos buscavam e que os incitavam inevitavelmente em direção ao jazz. Em junho de 1926, a aclamada orquestra americana de Paul Whiteman deixou os berlinenses encantados com a perfeição de seu jazz sinfônico, mas era o *punch* do banjo de Mike Pingatore que desenfreava o apetite daquele público pelo ritmo que vinha da América.

Berlim exercia uma atração incomparável no mundo das artes, da ciência, da filosofia. Mais até do que em Paris, lá se discutia e se vivia cultura, era onde se concentravam os seus grandes inovadores. Meio milhão de russos, poloneses, húngaros, checos, italianos, franceses, ingleses e americanos das mais diversas áreas acorriam a Berlim, fascinados pelo brilho da verdadeira capital da Europa. Atores, artistas plásticos, compositores e músicos sabiam que aquele era o destino para quem buscava uma vida nova.

Em 1927, o clarinetista Gene Prendergast, de Detroit, foi cumprir um contrato de seis meses e acabou ficando seis anos. O trompetista Eddie Ritten, criado nos Estados Unidos, zarpou no mesmo ano integrando o grupo The Playboys. Howard Kennedy também se mudou para onde já estava, desde 1924, Mike Danzi, ambos banjoistas. Emile Christian, trombonista de Nova Orleans que aportou em Liverpool com a Original

O Ambassadeurs, vizinho do Barberina na Hardenbergstrasse, inaugurado em 1928 com a orquestra de Lud Gluskin.

O salão de danças do Resi, na Blumenstrasse, onde a orquestra tocava à frente de um espetáculo com fontes luminosas.

Dixieland Jass Band em 1919, não retornou com o líder Nick LaRocca, fazendo companhia ao sax-barítono Spencer Clark. Esses aventureiros eram alguns dos destaques da mais badalada banda de jazz dessa época em Paris, a Lud Gluskin and his Versatile Juniors. Seu líder era um baterista de Nova York, Lud Gluskin (Ludwig Elias Gluskin, 1899-1989), que, depois de abafar em Paris, estava fazendo uma temporada no Miramar Hotel de Biarritz quando sua orquestra de quinze músicos foi contratada para inaugurar uma filial do Barberina em Berlim ganhando 750 marcos por dia (aproximadamente US$ 180, uma fortuna na época). A "Lud Gluskin und sein Orchester" foi uma sensação desde sua estreia, que acabou ocorrendo na abertura do Ambassadeurs, vizinho do Barberina na Hardenbergstrasse, em dezembro de 1928. A partir daí choveram os pedidos de gravação. Gluskin era um azougue, e gravou mais de 700 discos, alguns deles com as mesmas músicas repetidas nos contratos de "exclusividade" que celebrou com cinco das dezessete marcas diferentes sediadas na capital, Grammophon, Polydor, Phonycord, Homocord e Tri--Ergon.[4] Sua atividade febril pode ser aquilatada pela quantidade de gravações realizadas num só mês em Berlim: quarenta músicas diferentes nos dias 7, 16, 17, 18, 23, 25 e 27 de janeiro de 1929. Do Ambassadeurs, a banda de Gluskin prosseguiu, também com enorme sucesso, no *Dachwintergarten* (Roof Winter Garden) do Haus Gourmenia (que oferecia sete ambientes entre restaurantes, salões de dança e bares), e depois no Café Berlin, no mesmo local, sempre com músicos em sua maioria americanos, além de franceses. Numa seção para a Polydor entre novembro e dezembro de 1929, a orquestra já havia terminado de gravar as seis músicas acertadas e Gluskin aproveitou o tempo que restava para comandar uma *jam session* sobre o tema "Milenberg Joys". O resultado foi uma obra-prima no estilo de jazz de Chicago.[5] Tendo grande influência sobre outras orquestras alemãs, o careca Gluskin regia e botava fogo no seu

---

[4] A Lindström (que tinha várias etiquetas: Odeon, Parlophon, Beka e Columbia), a Electrola, a Telefunken e a Deutsche Grammophon eram as mais bem equipadas, superiores às gravadoras menores como a Vox e a Homocord, e produziam a todo vapor discos tanto para o mercado interno como para o externo, exportando para todas as partes do mundo.

[5] Nessa *jam session* estavam somente os principais músicos da orquestra: o trompetista Eddie Ritten, o clarinetista Gene Prendergast, o trombonista Emile Christian, o sax-barítono Spencer Clark, o pianista Paulie Freed, o banjoísta Howard Kennedy, o baterista Jim Kelly e um baixista não identificado.

A orquestra de Lud Gluskin, com músicos americanos, franceses e alemães. Da esquerda para a direita, atrás: Eddie Ritten, Serge Glyson, Gene Prendergrast, Howard Kennedy, Spencer Clark e Jim Kelly. No meio: Emile Christian, Gluskin e Faustin Jeanjean. Abaixo: Paulie Freed, Raphael Brogiotti e Georges Charron.

A moderna fachada do Haus Gourmenia, onde se vê os letreiros de um de seus ambientes, o Café Berlin.

sensacional time de músicos, ganhando salários superiores ao habitual e sendo um das maiores atrações de Berlim até 1934, quando retornou aos Estados Unidos.

A formação dessa e das outras bandas já mencionadas dá uma ideia da afluência de músicos americanos para Paris e Berlim, principalmente nos anos 20 e 30, levando o jazz para as orquestras dos cafés e salões de dança. E não apenas americanos; até do Brasil houve músicos que sentiram maiores possibilidades de trabalho nas grandes capitais europeias. O violinista Eduardo Andreozzi, nascido em São Paulo em 1892, se mudou com o irmão José (banjo) para a Europa entre 1923 e 1924. Além de atuar em teatros e hotéis, Eduardo liderou a Andreozzi's South American Orchestra, que gravou oito tangos no início de 1926 na Deutsche Grammophon de Berlim, nos quais, quase certamente, o músico tocou unicamente violino. Pouco tempo depois, pela mesma marca, foram gravados mais seis discos 78 rpm com composições americanas e títulos alemães.[6] O repertório de tais discos, bem como a formação instrumental (saxofones, piano, banjo, bateria, o vocalista Sydney Sterling e o líder ao violino ou saxofone), indicam que Andreozzi incorporara o saxofone como seu segundo instrumento ao mesmo tempo em que substituía gradualmente o tango, gênero latino, pelo jazz. Os irmãos Andreozzi participaram de orquestras e bandas em várias outras cidades alemãs e o derradeiro registro de que se tem notícia é de agosto de 1934, quando tocavam no Efreuna da cidade de Chemnitz. A atividade musical de Eduardo durante e após a Segunda Guerra foi, ao que tudo indica, trocada pela de comerciante de pedras preciosas, tendo ele depois regressado ao Brasil, onde veio a falecer em 1979.

Um dos mais cultos *band leaders* desse período foi o talentoso saxofonista e flautista Ludwig Rüth (1889-1941), que também estudara Medicina e Filosofia. Desde que sua orquestra atuou na histórica estreia da *Ópera dos Três Vinténs* de Brecht e Weill em agosto de 1928, passou a ter enorme projeção sob novo nome, "Dreigroschenband" ("banda dos três vinténs"). Rüth, que fora músico da Sinfônica de Londres após a Primeira Guerra, adotou o nome de Lewis Ruth ao liderar sua excelente *Tanzorchester* nos cafés de Berlim durante os anos 30, gravando impe-

---

[6] Entre elas, algumas bem conhecidas, como "Yes Sir, That's My Baby", e uma valsa de Duke Ellington, "Love Is A Just Wish For You", jamais gravada pelo autor e composta para a revista "Chocolate Kiddies" com a orquestra de Sam Wooding.

cavelmente até 1937.[7] Nesse ano teve de fugir da Alemanha com sua mulher, que era judia. Foi para a África, onde combateu os alemães pelo exército inglês e, aos 52 anos, morreu afogado no Oceano Índico.

No segundo semestre de 1927, as *jazz bands* de Berlim passaram por uma inovação de suma importância. Até então havia pequenos conjuntos tocando de ouvido, como os conjuntos de jazz de Nova Orleans, ou orquestras que se limitavam a uma abertura coletiva seguida de pequenas cadências individuais. A mudança ocorreu com a chegada do arranjador americano Arthur Lange, que introduziu a prática de harmonizar melodias com vozes atribuídas aos instrumentos de sopro (três saxes, dois trompetes e um trombone) apoiados por piano, baixo, bateria e banjo. Lange nada mais estava fazendo do que adotar na Europa o sistema, também revolucionário no jazz, que os arranjadores norte-americanos Fletcher Henderson e Don Redman haviam criado para as futuras *big bands*. Eram os arranjos de swing, rapidamente adotados por toda a Europa, que privilegiavam quem soubesse ler música. Os músicos alemães, que só tocavam com partitura, não tiveram dificuldade, embora, pela mesma razão, não improvisassem. A partir daí quem não sabia ler música corria o risco de perder o emprego, mas quem soubesse e ainda improvisasse solos não tinha mãos a medir com tanta demanda. Durante o dia gravando nos estúdios e à noite tocando para dança ou em teatros e cabarés.

De fato, paralelamente à proliferação dos bares e salões de dança, desenvolveram-se extraordinariamente na década de 20 as atividades dos *Kabaretts* (cabarés), nos quais, além de uma fartura de canções criadas especialmente para o rico e variado panorama musical que se vivia em Berlim, a linguagem de cunho político era o elemento que fazia a diferença em relação às outras formas de entretenimento, como as revistas musicais e a dança. Os espetáculos de cabaré nos anos 20 e 30 reuniam pantomima, números musicais, atos e especialmente sátiras políticas. Estas ficavam a cargo dos irreverentes mestres de cerimônia que, além de conduzir e costurar o espetáculo, apresentando cada artista, interagiam com a plateia com comentários improvisados em torno de acontecimentos do dia a dia. Tais intervenções eram recheadas de mordacidade e cinismo, por vezes com duplo sentido, e embutiam críticas ou zombarias a figuras e episódios do mundo político. Ou seja, muito além do que o perso-

---

[7] Suas gravações de "Bleibe noch ein Weilchen hier" e "Ich liebe dich und kenn' dich nicht", em 1934, ou "Truxa Fox", em 1937, comprovam ser essa uma das orquestras de mais bom gosto da época.

nagem representado por Joel Grey mostrou no filme *Cabaret*, estrelado por Liza Minelli, que focaliza exatamente esse período.

As canções dos cabarés[8] gozavam de grande liberdade ao abordar temas normalmente proibidos como homossexualismo e prostituição. Nos espetáculos dos cabarés de Berlim, localizados em sua maioria nas vizinhanças da Kurfürstendamm, a censura foi praticamente abolida e, embora não houvesse a decadência que seria proclamada pelos nazistas e pelo próprio cinema americano, aí podiam ser vistas mais abertamente cenas relativas a sexo, incluindo o *strip-tease*, que logo surgiu. Esse ambiente, que ridicularizava a ostentação excessiva dos heterossexuais, favorecia uma visão simpática em torno dos gays, ainda que a homossexualidade fosse ilegal. Satirizava-se a masculinidade das mulheres e a feminilidade dos homens. Havia assim condições para que em determinados cafés e salões houvesse casais de gays dançando com a mesma naturalidade que rapazes e moças.

Após a recuperação econômica da Alemanha, os teatros de revistas também tiveram seu período glorioso entre 1924 e 1929, através dos musicais montados por grandes diretores: James Klein, que se notabilizou pelas mulheres nuas de seus espetáculos no Komische Oper; o dançarino Erik Charell, celebrizado por coreografias e figurinos exóticos nas revistas que dirigiu no Wintergarten; o letrista Rudolph Nelson, que dirigiu espetáculos sofisticados no seu Nelson Theater, no oeste de Berlim; o ex-diretor de operetas Herman Haller, que dirigia o Admiralpalst; Paul Morgan e Kurt Robitschek, os criadores do Kadeko (Kabarett de Komiker), inicialmente na Kantstrasse e depois num moderno teatro idealizado pelo arquiteto Erich Mendelsohn. A influência americana também se

---

[8] Os cabarés consagraram cantores como Rosa Valetti, Paul Graetz, Kurt Gerron, Margo Lion, Claire Waldoff, os vocalistas Comedian Harmonists, além de três intérpretes de vozes extremamente originais: Oskar Karlweiss, Hilde Hildebrand e Hans Albers. Entre uns e outros, quem se tornou posteriormente estrela de primeira grandeza no cinema de Hollywood e nos palcos de todo o mundo foi Marlene Dietrich. A canção germânica teve então um período de esplendor através das melodias cintilantes de compositores como Ralph Benatzky, Werner Richard Heyman (compositor de várias canções para os filmes da UFA), Rudolf Nelson (autor de "Peter, Peter"), Friedrich Hollaender (autor de "Ich bin von Kopf bis Fuss auf Liebe eingestellt", a famosa canção do filme *O Anjo Azul*, com Marlene Dietrich) e, embora menos famoso que estes dois, o extraordinário Mischa Spoliansky, autor de "My Song for You", "Ich hab, ich bin, ich wär", "Morphium" e "Vielleicht wartet irgendwo ein kleines Mädchen auf mich", obras-primas entre as maiores canções dos anos 20 e 30.

O compositor e pianista Mischa Spoliansky (1898-1985), autor de melodias consagradas nos palcos de Berlim.

Marlene Dietrich, a estrela de maior projeção dos cabarés alemães, aqui em cena do filme O *Anjo Azul*, de 1930.

fez sentir nos palcos das revistas musicais, onde as dançarinas eram chamadas de *girls*, em inglês mesmo, e não por um designativo em alemão como *Eintänzerin*. Constituídas por um grupo de dez a vinte moças bonitas e delgadas que sabiam dançar e exibiam belas pernas, as *girls* executavam coreografias perfeitamente sincronizadas, como seriam as das Rockettes do Radio City novaiorquino.[9]

Cabarés com elevado enfoque político, revistas musicais com modelos nus ou *girls* e salões de dança ou cafés repletos de bailarinos, resumiam o período áureo do divertimento na República de Weimar dos anos 20.[10] O que havia em comum nessas formas de divertimento era evidentemente a música. A música era o jazz. O um-dois-e-três das valsas que dominavam as operetas anteriormente cedeu lugar para o um-dois-três-quatro da nova música sincopada na onda do fox-trot. A Europa toda queria dançar. Berlim em particular.

Quando chegou à Europa antes da Primeira Guerra, o tango provocou uma verdadeira revolução entre os dançarinos frequentadores dos cabarés e salões de dança. A despeito da resistência dos conservadores, católicos e esquerdistas,[11] o tango triunfou na Europa.

Era irresistivelmente elegante em sua aparente espontaneidade, que disfarçava uma coreografia exaustivamente ensaiada. A vontade de dançar tango era tanta que muitos resolveram tomar aulas com professores instruídos em Buenos Aires, para se sentir *up to date* com a "Tangomania" vinculada à decadência *chic* dos "Roaring Twenties". Apesar de Paris ter sido a primeira cidade da Europa onde o tango foi dançado,[12] Ber-

---

[9] Nos anos 20 as mais famosas *girls* em Berlim eram as inglesas Tiller Girls. Em função da beleza e precisão de atuação, o sucesso das *girls* foi imediato desde a estreia em 1924. E logo passaram a ser a maior atração das revistas musicais tanto no Admiralpalast quanto no Wintergarten, assim como em Londres, no London Plaza.

[10] Segundo o escritor William Shirer, a constituição de Weimar era doce e eloquente aos ouvidos de qualquer homem dotado de espírito democrático. Homem algum do mundo seria mais livre do que um alemão, governo algum no mundo mais democrático e liberal que o seu. No papel, pelo menos.

[11] Para o escritor católico Manuel Galvez, o tango era "uma música sensual, canalha, suburbana, mistura de insolência e de baixeza, de tristeza secular e de alegria torpe de prostíbulo...". Para o esquerdista Leônidas Barletta, o tango era "uma lamúria de afeminados, o tardio despertar de uma mulher inconsciente de sua feminilidade; é música de uns degenerados que se negam a usar roupas proletárias...".

[12] Conta-se que em 1910 a estrela do music-hall Mistinguett teria sido a primeira francesa a dançar tango em um teatro de revista, tendo como par um certo professor

Capa do programa do *Kabarett* Wilhelmshallen, de 1940, retratando o mestre de cerimônias, as *girls* e um de seus atos de variedades.

lim era nos anos 20 a segunda cidade onde mais se cultivava o tango no mundo, ao som de orquestras típicas como a "Tangobesetzung" de Otto Borschelde (com três violinos, dois acordeons, bateria e contrabaixo) no Café Melodie, a "Tango-Orchester" do elegante violinista alemão Robert Gaden, a orquestra do pianista espanhol Juan Llossas (1900-1957), apelidado "Rei do Tango alemão", além de *jazz bands* que alternavam seu repertório com tangos de origem argentina. Alguns desses chefes de orquestra compunham tangos com títulos em alemão.[13] A excursão à Europa em 1925 da orquestra típica do argentino Francisco Canaro corrobora o desvario pelo tango. Canaro estreou em Paris com seus componentes vestidos de gaúcho, por força da lei francesa que obrigava músicos estrangeiros a trajarem roupas de seu país de origem. Depois, repetiu o sucesso em Berlim e outras capitais.

À popularidade do tango e do lindy hop sucederam-se três outros gêneros que logo se espalharam como coqueluche: o shimmy, o boston two-step e especialmente o charleston, que também tomou o mundo de assalto. Quem não soubesse dançar charleston era considerado um pária da sociedade e as academias de dança estavam ali para isso. Em vista da crescente ansiedade por novos gêneros dançantes, floresceram em Berlim salões de baile onde havia instrutores encarregados de lecionar os novos passos para os pares sequiosos. Sempre com orquestras ao vivo. A Associação Alemã de Competições Dançantes, que mudou de nome para Sociedade Imperial de Cultura da Dança de Salão (*Reichsverband zur Pflege des Gesellschaftstanzes*), promovia concursos de dançarinos de salão que criavam coreografias exóticas a partir dos passos básicos dos novos ritmos. Os programas de rádio, os discos e as escolas de dança eram poderosos incentivadores dessa atividade que se espalhou pelas grandes capitais do mundo europeu.

As orquestras se multiplicavam nos cafés e nos suntuosos palácios dançantes, que, se não impressionavam muito pela fachada, ostentavam no seu interior o que havia de mais fino e luxuoso da época: escadarias e balcões, espelhos, lustres, tapeçarias, mármore e dourado, mobiliário e louça finíssimos, serviço impecável, iluminação com efeitos especiais na pista de dança, diferentes e requintados ambientes com capacidade à al-

---

Bottallo. O fato é que nesse mesmo ano foi gravado, também em Paris, o tango "La Infanta", com uma orquestra típica.

[13] "Nachts geht das Telephon" de Robert Gaden, "Lebe wohl, kleine Frau" de Ludwig Rüth, "Oh Fräulein Grete!" de Juan Llosas, entre vários outros.

tura do impressionante movimento. Entre eles se destacavam o Moka Efti, na Friedrichstrasse, onde quatro orquestras tocavam ininterruptamente para 3 mil pessoas dançarem, o Café Femina, na Nurnbergerstrasse, com sua decoração de estilo expressionista, o luxuoso Europa Spiegelsaal, de onde sua música era transmitida por rádio, o elegante Villa d'Este, o tropical El Dorado, na Lutherstrasse, com seus travestis em fantasias da Amazônia, o Columbia Tanzpalast, onde a orquestra do pianista Georg Nettelmann (1902-1988) animava os pares, o Roof Garden do Café Berlin, o Casanova, o Resi, os vizinhos Barberina e Ambassadeurs, o Plasierkaserne, na Potsdamer Platz, que se apregoava como o maior palácio de entretenimento da Alemanha, atraindo até turistas de outros países, o Palais am Zoo, onde se dançava ao som da alegre "Jazz Kapelle Faconi" dirigida pelo violinista Roberto Faconi (1904-1989), e o espetacular Delphi Palast, inaugurado na Kantstrasse em 1º de maio de 1928 com uma decoração de inspiração egípcia. O teto, a 17 metros de altura, era banhado por uma suave luz azul, que ressaltava a sensação de céu com o brilho de estrelas cintilantes e uma lua crescente. A luxuosa entrada não dava direto para a rua como os demais mas para um pequeno jardim decorado com uma fonte e estátuas de figuras do Egito. A orquestra contratada para a abertura foi a de um elegantíssimo saxofonista inglês de 26 anos, Billy Bartholomew, que a denominou "Billy Bartholomew and his Delphians" e era integrada por um timaço de músicos.[14]

Em 1929, Berlim oferecia tudo o que um intelectual desejasse para viver num verdadeiro paraíso cultural. A atmosfera era liberal e moderna, quer nos cafés ao ar livre durante o dia, quer nos bares e salões de dança à noite; a democracia era usufruída por toda parte com liberdade de atitudes e de opiniões. Ingleses, americanos e quaisquer outros cidadãos que estivessem morando em Berlim tinham consciência de estar gozando, lado a lado com os alemães, uma qualidade de vida mais emocionante que em outro lugar do mundo. Fosse onde fosse.

Em 24 de outubro de 1929, a bolsa de valores em Wall Street desmoronou fragorosamente, provocando a tremenda depressão que se es-

---

[14] Alguns dos melhores músicos alemães e anglo-americanos em Berlim: Teddy Kline e Helmuth Friedrich (saxofones, com o líder), Howard McFarlane e Nick Casti (trompetes), Don Butterfield (trombone), Ray Bauduc (bateria), Franz Grothe (piano e arranjos), Paul Henkel (baixo), Mike Danzi (banjo) e Al Bowly (segundo banjo e *crooner* que se celebrizaria na Inglaterra nas orquestras de Roy Fox e Ray Noble).

Swing Heil!

Entrada principal do Delphi Palast, tendo ao fundo o Grosse Volksoper, que durante o período do Muro de Berlim foi a sala oficial de ópera do setor ocidental da cidade.

O interior do Delphi em 1930, com o teto azul estrelado, mesas com telefone para comunicação interna e o palco da orquestra à esquerda.

tendeu como uma verdadeira conflagração universal. Os Estados Unidos suspenderam o fluxo de empréstimos que havia reestruturado a vida financeira da Alemanha; a exportação germânica foi afetada drasticamente, milhares de empresas se desmantelaram; mais de seis milhões de trabalhadores ficaram desempregados; a Alemanha também entrou em crise. Foi a oportunidade para Adolph Hitler entrar em cena.

Até então era raro ouvir-se falar de Hitler fora dos círculos políticos. O *putsch* da cervejaria de Munique fora um fracasso e apesar dele não estar mais na prisão, de onde saíra ao final de 1924, seu partido não tinha grande expressão no cenário alemão. Para muitos artistas ele era mais um bufão antissemita, ridicularizado constantemente nos cabarés por seu bigodinho. Em 1928, seu Partido Nacional-Socialista tinha 108 mil membros e doze assentos no Reichstag. Em 1930, ano seguinte à depressão, Hitler entregou-se a uma campanha frenética, prometendo esperança a todos, assegurando trabalho aos desempregados e amparo aos famintos, repudiando o humilhante tratado de Versalhes e conseguindo dinheiro de poderosos capitalistas, muitos deles judeus. Nas eleições de 14 de setembro de 1930, o partido saltou de 810 mil votos para quase seis milhões, o que resultou em 107 cadeiras no Reichstag e no posto de segundo maior partido no parlamento. "Em 1931, meus amigos industriais e eu estávamos convencidos de que o Partido Nazista chegaria ao poder num futuro não muito distante", declarava o jornalista do *Berliner Boersenzeitung*, Walther Funk. Detalhe: as teorias de Adolph Hitler, contidas em discursos e no seu livro *Mein Kampf*, não deixavam dúvidas quanto às suas intenções.

Pelos sobrenomes de músicos, diretores, empresários, compositores e artistas em geral até agora citados pode-se ter uma ideia da participação e influência dos judeus nas artes da Alemanha durante a República de Weimar. O antissemitismo que poderia afetar essa imensa e valorosa produção intelectual começou a se fazer sentir com a lenta mas persistente progressão do Partido Nacional-Socialista. Em janeiro de 1928, o mordaz colaborador intelectual de Hitler, Joseph Goebbels, brandia contra a corrupção dos judeus num artigo cujo título era uma declarada referência ao musical de cabaré em cartaz, "Bei uns um die Gedächtniskirche rum..." ("Em torno da Igreja da Memória"), de autoria do compositor de origem judia Friedrich Hollaender.

A primeira refrega antissemita com a participação das milícias nazistas ocorreu em 12 de setembro de 1931, na Kurfürstendamm, quando um grupo de judeus vindos da cerimônia de Rosh Hashanah na sinagoga da Fasanenstrasse encontrou-se na Lehniner Platz com 1.500 jovens nazistas que gritavam "Morte aos judeus!". De fato, eles foram atacados e feridos e o Café Reimann, que frequentavam, foi devastado.

As violentas ações antissemitas prosseguiram nas ruas e, coincidindo com a difícil situação que a depressão econômica já causava, o público frequentador de cabarés se amedrontava, enfurnando-se em casa. Os cabarés viram-se forçados a evitar a abordagem de temas políticos em seus espetáculos.

Em 31 de julho de 1932, realizou-se novo pleito nacional com uma vitória retumbante do Partido Nacional-Socialista: quase 14 milhões de votos e 230 cadeiras no Reichstag. No dia 30 de janeiro de 1933, quando Hitler foi nomeado chanceler, a República de Weimar, que representava os 14 anos em que os alemães tentaram inutilmente estabelecer uma democracia, ruiu para sempre. A liberdade pessoal dos alemães fora abolida e a 10 de maio de 1933 sua cultura foi abalada como nunca, com a inconcebível fogueira de 20 mil e tantos livros escritos por uma elite de pensadores e cientistas. Stephan Zweig, Thomas Mann, Albert Einstein e tantos outros eram considerados subversivos ao futuro da Alemanha. As tochas ateadas por estudantes alegres ativavam as labaredas que se elevavam defronte da Universidade de Berlim, na praça da Unter den Linden, sob as vistas e a aprovação do novo ministro da Cultura, Goebbels. Quase todos os escritores atingidos emigraram da Alemanha.[15]

No primeiro ano de existência do Terceiro Reich, 1933, os judeus foram excluídos dos cargos públicos, do ensino, do jornalismo, do rádio, do teatro, do cinema. Devido à sua origem judaica, o pioneiro maestro Julian Fuhs abandonou seu restaurante "Bei Julian Fuhs", que foi atacado. Tentou estabelecer-se na Áustria, de onde partiu para a Tchecoslováquia e finalmente, em 1936, retornou aos Estados Unidos, onde estudara. Sem conseguir o mesmo sucesso na América, Julian Fuhs morreu em Miami em fevereiro de 1975. A efervescente banda de cabarés e teatros "Weintraub's Syncopators", considerada a que melhor representa-

---

[15] Em setembro de 1933, foram criadas por Goebbels sete conselhos de diferentes áreas para controlar a vida cultural alemã. Entre novembro de 1933 e julho de 1935, o de música, *Reichsmusikkammer*, foi presidido por Richard Strauss, que além de liberal era o mais importante compositor alemão na época. A RMK foi de certo modo privilegiada em relação à câmara de literatura, pois a Alemanha e a Áustria eram as pátrias de Beethoven, Bach, Brahms e Mozart. Contudo as composições de Mendelssohn, que era judeu, foram proibidas.

va o alegre espírito de vida da Berlim dos anos 20, estava em turnê pela Europa em 1933. Stepan Weintraub, como a maioria dos seus músicos, era judeu. Decidiram não retornar à Alemanha e depois de rodarem por outros países, fixaram-se na Austrália em 1937, sendo forçados a se dissolver após o ataque dos japoneses a Pearl Harbour.[16] O pianista Hans Bund (1892-1982), que contava com o irmão Joe Bund em sua orquestra, uma das mais ativas e bem sucedidas em programas de rádio e em disco (em excelente gravação de "Fertig, los!!!"), também foi atingido: fugiu com sua mulher judia para trabalhar fora de Berlim e terminar sua carreira na Baváría, compondo música ambiente. Líder da "Orchester Dajos Bela", que deliciava os hóspedes do Adlon Hotel com um repertório entre clássicos mais leves e jazz, o violinista russo Leon Golzman (1897-1978) era apelidado de "Paul Whiteman alemão". Gravou vários discos na Odeon sob outros pseudônimos húngaros, porém, por ser judeu, precisou fugir para Paris em 1933. Dajos Bela foi depois para a Argentina, onde se fixou junto ao *staff* musical da Radio El Mundo, morrendo em La Falda, na província de Córdoba. Músicos de outras orquestras também sentiram que era melhor sair da Alemanha o quanto antes.

Apesar das ações dos nazistas em sua campanha antissemita, punindo e proibindo o que tivesse qualquer relação com a cultura norte-americana (que, sendo por eles considerada materialista e superficial, não estava à altura da alemã), foram preservados em Berlim dois símbolos representativos dessa cultura nas áreas de arte e entretenimento: as *girls* dos teatros de revista e o jazz. É que os militares do Terceiro Reich conheciam perfeitamente a potência do apelo de ambos, avaliando a atração que eles próprios sentiam pelas belas garotas e pela música que quase todos cortejavam. Houve, é verdade, reacionários que se colocaram em posição antagônica, pretendendo crucificar o jazz, o swing e as versões de swing das orquestras alemãs. Contudo, milhões de alemães não aceitavam mais dançar sob o ritmo da polca e da valsa, ao passo que as novas danças lhes eram àquela altura totalmente familiares.

Por mais que tentassem, os oficiais nazistas que não entendiam o suficiente daquela música, não se deram conta de alguns expedientes que os músicos alemães do jazz e do swing utilizavam para burlar a lei: reor-

---

[16] A trajetória dessa banda de grande sucesso foi revivida num documentário com cenas originais da época, *Weintraub's Syncopators: To the Other End of the World*, de Jorg Sussenbach e Klaus Sander, lançado em 2000.

questravam temas americanos dando-lhes uma roupagem mais *soft*, substituíam os títulos ou trocavam os nomes dos compositores judeus. Com isso os salões de dança puderam continuar mantendo inúmeras orquestras no repertório que o imenso público ansioso em dançar desejava. Os restaurantes e cafés viveram um período ainda mais faustoso no Terceiro Reich que nos anos 20 da República de Weimar, quando existia plena liberdade. Por mais que isso possa parecer um disparate, foi o que ocorreu em Berlim.

Assim, na capital da Alemanha, os melhores dias da dança com influência do jazz foram nos anos 30, em plena época do Nacional-Socialismo (*Nationalsozialism*), marcada pela Segunda Guerra. Nunca, nem antes nem depois, existiu uma tamanha quantidade de bares e salões de dança funcionando em grande parte até o dia raiar. Era um paradoxo fenomenal que justamente a música marcada pela liberdade do improviso tivesse tamanha penetração durante um regime de repressão, o mesmo que provocara decadência na atividade cultural germânica em nível tão elevado. Os dirigentes políticos do partido de Hitler usavam de todos os meios possíveis para colocar a literatura, os meios de comunicação escrita e falada (imprensa e rádio), o cinema, as artes plásticas, a arquitetura e a música a serviço de sua filosofia. O jazz, a formidável criação dos negros afro-americanos de Nova Orleans, escapava desse sistema repressivo.

Não é que os nazistas não tivessem consciência do conflito existente entre o jazz e o Nacional-Socialismo. É que não conseguiam, ou não lhes convinha, subjugar o jazz. Justamente a música que representava a execração de seu sistema ditatorial, que era cultivada por negros e judeus, que tinha um ritmo sincopado que se opunha à sistemática marcação das suas marciais marchas militares, e que ainda exaltava o individualismo e não o coletivismo do ideal nazista.

Pelo menos doze orquestras de ponta tocavam em meados dos anos 30 nos mais luxuosos hotéis de Berlim, como o Adlon, o Eden, o Excelsior, o Imperator e o Esplanade. Igualmente nos bares, cafés, restaurantes, teatros, emissoras de rádio e estúdios de gravação as orquestras alemãs tocavam o fino do swing europeu.

Um exemplo representativo é o do pianista Adalbert Lutter (1896-1970), que liderou sua orquestra no Europa-Pavillon, no Roof Garden do Café Berlin e nos estúdios da Telefunken, onde gravou intensamente como orquestra da casa. Como Lutter tinha sido músico em Buenos Aires entre 1922 e 1928, combinou um repertório de tangos ("Cara Mari", por

A orquestra de danças do violinista russo Dajos Bela no Adlon Hotel, em Berlim, um dos vários regentes de ascendência judia que teriam que fugir do regime nazista.

A orquestra do pianista Adalbert Lutter (de pé, no centro), em temporada no Wilhelmshallen am Zoo.

exemplo) com o *swing* de fox-trots ("Fifi") em interpretações agradáveis com eventuais solos de improviso de seus músicos.

As orquestras alemãs eram em geral muito bem ajustadas e tocavam um repertório alegremente dançante, misturando tangos, marchas entusiásticas com toques típicos de banda de cervejaria alemã e até rumbas. Mas o forte eram mesmo os fox-trots melodiosos e bem executados. Os temas, em sua maioria composições originais de autores alemães, muito embora fossem melodias relativamente simples, eram convenientemente coloridos através de arranjos sugestivos incluindo modulações, com a participação, em separado ou em conjunto, dos diversos naipes de saxofones, de trompetes e trombones e de eventuais seções de cordas. Essas orquestrações, que revelam uma influência em maior escala das *big bands* americanas e, em menor, das orquestras inglesas de dança, abriam janelas de vários compassos para solos improvisados, quando então se podia sentir ainda mais claramente a admiração dos alemães pelo jazz. Foi o caso do violinista James Kok (1902-1976), admirador declarado da célebre Casa Loma Orchestra, dirigida por Glen Gray. Em 1933, Kok, romeno de nascimento, montou em Berlim, onde vivia desde a década anterior, uma orquestra de quinze músicos, formada por compatriotas seus e por alemães, cujas interpretações jazzísticas lhe deram a fama, inclusive no exterior, de uma das mais *hot* da Alemanha. Reconhecendo não ser um grande solista, ele não se preocupava em aparecer como tal, dando as oportunidades a seus brilhantes músicos.[17] Seu naipe de saxofones tinha uma execução impecável ("Tiger Rag", em disco lançado pela Decca inglesa, é um exemplo), independentemente da dificuldade ou do andamento vertiginoso (caso de "Orient Express"). Em virtude de sua declarada admiração pelas orquestras americanas e inglesas, chamou a atenção dos agentes nazistas, que descobriram sangue judeu em sua origem. Em 1935, Kok teve de dissolver sua talentosa orquestra e fugir para a Inglaterra, indo viver na Suíça até o final da guerra. Retornou a Berlim na década de 50, mas manteve-se afastado da música nos seus últimos vinte anos de vida.

Menos sorte teve seu esplêndido clarinetista, o alemão Erhard Bauschke (1912-1945). Após a dissolução da orquestra, quando os músicos

---

[17] Entre eles, os pianistas Fritz Schultz e Edgar Schroeder, o trompetista Bella Vollgraf, o clarinetista Kurt Wege e o saxofonista Erhard Bauschke, que também atuava como ensaiador.

A fachada do Moka Efti, anunciando a orquestra dançante do violinista James Kok, cujos músicos aparecem sob o letreiro.

romenos também fugiram voltando a seu país natal, Erhard resolveu juntar quem ficou em Berlim e organizou sua própria "Tanzorchester", que fixou residência no Moka Efti, o gigantesco clube da Friedrichstrasse. Entre 1936 e 1942, essa orquestra, uma das mais formidáveis do período, gravou inúmeros discos na Deutsche Grammophon, tendo como arranjador o pianista Herbert Gabriel e destacando seus melhores solistas de jazz: o próprio Erhard à clarineta e Gunter Herzog, afamado trompetista alemão.[18] Após uma interrupção forçada pela guerra, as atividades foram retomadas desta vez em Frankfurt, onde a poderosa Rádio Frankfurt decidiu, em junho de 1945, efetivá-la como sua orquestra de danças. Mas o destino não quis. Em 7 de outubro de 1945, dez dias após completar 33 anos, Erhard Bauschke viajava depois de uma performance quando seu automóvel foi abalroado por um caminhão, prensando seu corpo contra o motor. O clarinetista morreu instantaneamente.

O lamentável desmanche da orquestra de James Kok acontecera na mesma época em que foi expedida uma nova medida de Joseph Goebbels, datada de 12 de outubro de 1935. Nesse dia o jazz foi proibido de ser executado nas emissoras de rádio.

Aí aconteceu o que ninguém poderia imaginar. Surgiu a pergunta: "Afinal, o que é jazz?". Como no Ministério de Cultura nazista ninguém soubesse responder com segurança, foi constituída uma comissão a quem todas as emissoras do país deviam se reportar em caso de dúvida. O diretor da rádio de Frankfurt adiantou-se e produziu um programa de duas horas em cadeia nacional para mostrar a diferença entre o "jazz negro" e a música de dança alemã. Resumo da ópera: somente as gravações mais óbvias foram censuradas e, lembrando que a Europa ainda estava em paz, os programadores foram obrigados a fazer concessões, posto que emissoras de outros países, captadas em território alemão, transmitiam jazz e ninguém podia impedir que fossem sintonizadas.

Nessa sinuca de bico, em meio a discussões sobre um tema que não dominavam e sob o bombardeio dos fanáticos que execravam os "estúpidos fox-trots dos negros", o *staff* do ministro Goebbels resolveu ser

---

[18] Além dos citados, outros músicos dessa orquestra eram os saxofonistas Otto Sill e Eugen Wrobel, os trompetistas Hans Wieczorek e Max Müssigbrodt, o trombonista Rudi Ahlers, o baixista Dick Buisman e o baterista Herbert Zöllner. O cantor com quem gravou frequentemente era Finn Olsen.

mais tolerante e permitir gravações das orquestras dançantes alemãs calcadas em jazz. Em casos de dúvida extrema deveria ser consultado o *band leader* Oskar Joost (1898-1941), simpatizante do Partido Nazista e indicado como dirimente. Ocorre que, embora fosse um músico meio quadradão, ou pouco mais que medíocre, o galante e articulado Oskar tinha solistas de jazz em sua orquestra do Eden Hotel, uma das prediletas da sociedade berlinense. Ele próprio também se sentiu obrigado a maneirar na sua função. De sorte que, na ótica dos menos puristas, que admitiam existir jazz no tocante ao ritmo, à instrumentação e aos improvisos das orquestras alemãs, as emissoras jamais deixaram de tocar jazz durante o Terceiro Reich.

A medida proibitiva se complicava ainda mais no controle da música ao vivo, especialmente depois da nomeação de um novo presidente da RMK, o Conselho de Música do Reich. O professor Raabe, sucessor do liberal Richard Strauss, odiava jazz. Em que pese uma política cultural de boa vizinhança a ser evidenciada nos Jogos Olímpicos de 1936, prestes a se realizarem, além de proibir terminantemente o "hot jazz", ele impediu as apresentações em público de músicos negros em visita à Alemanha.

Os agentes da RMK efetuavam batidas à noite para checar se as ordens estavam sendo cumpridas, e numa ocasião um deles quis confiscar as partituras da banda do trompetista Charly Tabor. Como todos os títulos em inglês haviam sido propositadamente apagados e o agente não sabia ler música, acabou devolvendo as partituras, deixando tudo como estava, e foi embora. Bastou que fechasse a porta do bar para que a orquestra voltasse a tocar, atacando "Tiger Rag" na cabeça. No melhor estilo do jazz de Chicago, para satisfação dos presentes.

Nos Jogos Olímpicos de 1936, os nazistas pretendiam passar ao mundo uma ilusão de desígnios de paz na Alemanha e a música deveria realçar essa ilusão no campo artístico. Talvez o mais significativo símbolo dessa pretensão estivesse no Delphi Palast: de julho a outubro de 1936, a orquestra de Teddy Stauffer (Ernst Heinrich Stauffer, 1909-1991, suíço de nascimento) foi responsável pelo swing dançante no concorrido endereço da Kantstrasse. Com um estilo baseado na Casa Loma Orchestra, que Teddy conhecera pessoalmente em sua passagem por Nova York em 1935, os "Original Teddies", como eram chamados, representavam para os berlinenses o que havia de mais moderno em matéria de música dançante. Foi de verdade a mais sensacional orquestra de Berlim nos anos 30, a mais jazzística delas todas, com um *drive* vibrante, justificando o êxito obtido no Delphi e posteriormente no Femina, no Variety Theater

Swing Heil!

Colosseum, em Londres, e no Alcazar de Hamburgo. Seus discos foram editados pela Telefunken.

Com o sucesso merecido de sua orquestra, Teddy Stauffer, que era músico mas não tocava, converteu-se na maior dor de cabeça para o Ministério da Cultura, de Goebbels. De um lado havia o veto ao jazz pelo rádio, a discriminação aos autores e músicos judeus, a proibição às performances de negros. De outro, a orquestra de jazz que simbolizara durante os Jogos Olímpicos a hipócrita liberdade em vigor sob o regime Nacional-Socialista, a orquestra adorada pelo público local na performance de um repertório dominado por músicas americanas.[19] Com um detalhe: seu líder nem alemão era.

Inevitavelmente visado pela censura nazista, Teddy Stauffer conseguia se desvencilhar com irrefutáveis argumentos de ordem musical: a marca de 700 mil discos vendidos com a gravação de "Goody, Goody" (um *hit* do judeu americano Benny Goodman) e a interpretação, sem o menor pudor, do "Horst Wessel Lied" (hino do Nacional-Socialismo) em *sui generis* adaptação para o jazz. Até que um dia a casa caiu. Em 1939, após uma apresentação no hotel Atlantic de Hamburgo, a orquestra viajou para a Suíça, onde tocaria a seguir. O charmoso Teddy Stauffer foi impedido de reingressar na Alemanha, permanecendo em St. Moritz até 1941. De lá, mudou-se para Acapulco, no México, onde desenvolveu projetos turísticos em um hotel, ao mesmo tempo em que cultivou amizade com Frank Sinatra e Errol Flynn. Fazendo também valer seus dotes de Don Juan, cultivou romances com Rita Hayworth, com a milionária Barbara Hutton e casou-se com a estrela do cinema Hedy Lamarr, morrendo em 27 de agosto de 1991 aos 82 anos.

A "Heinz Wehner und sein Telefunken Swing-Orchester", não só por ter atuado no Delphi como por ser também, obviamente, contratada da Telefunken, era a orquestra que se rivalizava diretamente com a de Teddy Stauffer. Era dirigida pelo violinista/trompetista Heinz Wehner (1908-1945), que gravou inúmeros clássicos americanos, como "Bye-Bye Blues" e "Glory of Love". Seu "Delphi Fox" era abusadamente calcado no estilo de Count Basie, incluindo solos de sax-tenor, trompete e clari-

---

[19] "Christopher Columbus", "Shadrack", "Ferdinand The Bull" e uma estupenda versão de "Is It True What They Say About Dixie?" foram gravadas pela orquestra que tinha entre seus mais destacados músicos o trombonista Walter Dobschinsky, o sax-alto Ernst Hoellerhagen e o baterista Paul Guggisberg.

Os "Original Teddies", a mais sensacional orquestra de Berlim, que gravava na Telefunken e era dirigida pelo famoso *band leader* Teddy Stauffer.

A maior rival da orquestra de Teddy Stauffer, a "Heinz Wehner & sein Telefunken Swing-Orchester", cujo estilo era baseado no de Count Basie.

nete. Por isso, a dinâmica *Tanzorchester* de Wehner era muito visada pelos oficiais nazistas, que obrigavam-no a acomodar o repertório de acordo com suas "regras", caso de "Blindekuh", fox do compositor alemão Peter Kreuder.[20] Wehner foi considerado oficialmente morto em 1958, após ter desaparecido em 1945 lutando no *front* leste do exército alemão contra as tropas russas.

As principais marcas de discos da Alemanha — Brunswick, Electrola e Telefunken — faziam questão de manter em bom nível a reciprocidade de exportar gravações com artistas clássicos nacionais em troca da importação de grandes nomes do jazz, cujos discos já gozavam de expressiva vendagem no mercado alemão.[21] Era portanto de interesse mútuo que se mantivesse esse jogo, perfeitamente normal entre os escritórios das gravadoras multinacionais.

Imagine-se qual não foi a surpresa quando os nazistas descobriram a ascendência do clarinetista Benny Goodman! Foi um corre-corre entre os membros da RMK. Assim mesmo os grandes comerciantes do setor conseguiam driblar os agentes, colando nos discos etiquetas fantasmas com nomes e títulos falsos. Assim, eram vendidos na melhor loja de discos de Berlim, a Alberti, em plena Kurfürstendamm, discos dos grandes nomes do jazz, fossem eles negros como Fats Waller e Duke Ellington, ou de origem judia como Benny Goodman, ou ainda brancos ingleses como Jack Hylton.

O caso mais hilário é o do outro grande clarinetista da Era do Swing, cujo nome verdadeiro não podia em nenhuma hipótese disfarçar sua raça: Arthur Arshavsky. Com sua total ignorância sobre o mundo do jazz, os nazistas jamais se tocaram, permitindo que "Frenesi" e "Begin the Beguine", com a orquestra de Artie Shaw, fossem comercializados livremen-

---

[20] O pianista alemão Peter Kreuder (1905-1981) teve uma carreira de grande sucesso na Alemanha, mas sua predileção pelo jazz motivou-o a ir para outros países. Na Suíça enamorou-se de Eva Maria Duarte, que o arrastou para seu país, a Argentina. Lá permaneceu até a morte de Evita Perón, quando se mudou para o Brasil, alcançando relativo sucesso em clubes e gravações. Retornou à Alemanha em 1960 para trabalhar com a cantora sueca de sucesso nos cabarés alemães, Zarah Leander.

[21] A "Rhapsody in Blue", de George Gershwin, identificada como composição judia, a rigor não poderia ser permitida. Mas a obra foi editada em discos de fábricas alemãs, visando o mercado de exportação, e também vendidos internamente, ainda que não relacionados nos catálogos nacionais das gravadoras. Por outro lado, em março de 1936 a Lindström AG criou a etiqueta Imperial, que incluiu uma "Swing Series" em vigor até julho de 1939.

te em Berlim, julgando que o *band leader* fosse parente do escritor irlandês George Bernard Shaw.

Por anos e anos a fio os discos americanos eram a exclusiva universidade extraoficial para músicos fora dos Estados Unidos prospectarem os rudimentos do jazz, alargarem seu conhecimento e absorverem sua nuance rítmica, isto é, a levada fundamental em jazz, o *swing*. Bem se pode imaginar o valor daqueles bolachões de 78 rotações importados, fossem da RCA Victor (e suas subsidiárias Bluebird e Camden), da Columbia (que absorveu a Okeh) e da Decca (que absorveu a Brunswick e a Vocalion). Nos discos desses selos específicos, os músicos alemães saborearam o jazz para modelar suas orquestras. E não apenas os músicos. Havia dezenas, centenas de jovens colecionadores de discos de jazz que, relutantes à nazificação da juventude hitlerista, reuniam-se em clubes de Berlim e Hamburgo para cultivar suas preferências musicais. Um desses jovens, Franz Wolff (de ascendência judia) optaria mais tarde por viver nos Estados Unidos, para onde imigrou ao final de 1939. Lá, Francis Wolff (seu nome americanizado) acabaria se associando a outro alemão de nascimento, Alfred Lion, para desenvolver um selo devotado unicamente ao jazz, a Blue Note Records.

Com o início da agressão nazista que deflagraria a Segunda Guerra Mundial nos primeiros dias de setembro de 1939, a situação começou a ficar preta. Literalmente. Os ensaios de *blackout* nas primeiras semanas após a invasão da Polônia afetaram duramente a vida noturna em Berlim. A dança foi proibida naqueles dias, mas a 27 de setembro, menos de um mês depois, a ordem foi abrandada, permitindo-se dançar antes das 7 da noite. Depois dessa hora, só em ocasiões especiais.

Independente de suas atividades, os estrangeiros residentes em Berlim tomavam providências para abandonar, provavelmente em definitivo, a cidade que para muitos deles ficaria na lembrança como a do melhor período de suas vidas.

Com a ajuda das embaixadas, quase 30 mil americanos residentes na Europa tratavam de dar o fora, se arranjando como pudessem nos navios que o governo conseguiu colocar à disposição para seu retorno à América. A capital do Terceiro Reich se esvaziava dos músicos ingleses e americanos. Residindo em Berlim desde 1924, o americano Michael Danzi (1898-1986), um dos profissionais mais solicitados pelas orquestras e estúdios da Alemanha, tocava com destreza banjo, guitarra e guitarra havaiana, lia música com facilidade, tinha *swing* e arrancava aplau-

Swing Heil!   229

sos nos solos. Estava na hora de Mike se mudar novamente. E rápido. Passou uma semana despedindo-se dos amigos alemães que amealhara durante anos: músicos, regentes, arranjadores, técnicos dos estúdios, arregimentadores das gravadoras, senhorios dos lugares em que habitou, porteiros, garçons e patrões. Em 11 de outubro de 1939, tocou pela última vez na orquestra do Teatro Scala, onde trabalhava, e no dia seguinte participou de sua derradeira gravação, no estúdio alemão da Lindström. Gravou com a orquestra do violinista George Boulanger[22] sua composição "Hungaria", também intitulada "Avant de Mourir" e, na versão inglesa de Jimmy Kennedy, "My Prayer", que o mundo consagraria. Na madrugada do dia seguinte, Mike escapava sorrateiramente com a mulher judia e o filho para tomar um trem rumo ao porto de Seassnitz, de onde chegaria de ferryboat a Malmo, na Suécia. De lá para Oslo e, finalmente, Nova York, num percurso de 22 dias recheados de riscos, como os que milhares de outros refugiados também enfrentaram. A odisseia da volta mal dava para a emoção do adeus a uma Europa que começava a ser violentada como jamais o fora.

As orquestras que ficaram em Berlim, integradas por músicos alemães que não haviam sido convocados para as forças armadas, continuavam a tocar swing, gravando nos estúdios, animando danças de salão. Em agosto de 1941, Joseph Goebbels ficou a um passo do embargo absoluto ao jazz, quando proibiu terminantemente que "o 'hot' e o 'swing' fossem executados sob a forma original ou não". Mas os programadores de rádio conseguiam driblar as imposições, disfarçando as músicas mais suspeitas.

Os nazistas vacilavam entre manter a ferro e fogo as ordens restritivas ao jazz e à música dançante e, inversamente, abrandar seu controle para que o povo, agora em estado de guerra, pudesse se divertir mais do que num clima de paz. Esse jogo de proibir e logo depois afrouxar a proibição mostra um comportamento dúbio e inseguro dos agentes culturais durante o nazismo.

O próprio Goebbels, que, dizia-se, apreciava Mozart e Wagner e rejeitava compositores modernos e o jazz, admitia que a população civil

---

[22] O virtuose violinista romeno George Boulanger (1893-1958) liderou desde os anos 20 sua orquestra em vários restaurantes e gravações em Berlim. É o autor da conhecida "My Prayer", gravada pelo grupo vocal Ink Spots em 1939 e pelos The Platters em 1956. Em 1948 viajou para a América do Sul, tornando-se atração internacional no Brasil e depois na Argentina, onde veio a falecer.

necessitava ouvir música mais leve, para que os jovens se divertissem, namorassem, casassem e procriassem, assegurando o futuro da raça germânica. Fazendo vistas grossas às suas próprias restrições quanto às emissões radiofônicas, ele preferia que fosse mantida uma programação musical mais aberta para fazer frente à propaganda aliada que chegava à Alemanha através da BBC de Londres.

O que é de pasmar é que não era só a juventude civil que se ligava ao jazz. Nas forças armadas do Terceiro Reich havia soldados e oficiais que gostavam de ouvir jazz ao vivo ou pelo rádio. Goebbels se via novamente na obrigação de soltar as rédeas para não desagradar aos militares. Aliás, os pilotos da Luftwaffe, tida como a elite da armada alemã, sabiam inglês e gostavam de sintonizar a BBC, onde a programação musical era propositadamente inundada pelo som das *big bands* inglesas e americanas. O trombonista Glenn Miller seria um dos maestros mais atuantes nessa empreitada de brindar os ouvintes com a "Swing Music" de sua orquestra militar, montada na Grã-Bretanha. A transmissão de seus espetáculos pelo rádio foi fartamente documentada, até o seu desaparecimento na decantada viagem através do Canal da Mancha.

Em 1941, um coronel da Luftwaffe sugeriu que Goebbels ordenasse a organização de uma orquestra alemã de jazz que pudesse enfrentar as emissões britânicas. A sugestão foi levada adiante e assim nasceu a "Deutsche Tanz und Unterhalungorchester" (DTU), que abrigou os melhores músicos de jazz alemães disponíveis e na ativa. Em 1942, essa orquestra de estúdio, patrocinada pelo governo alemão e com um repertório razoável, obedecia a princípios contraditórios a fim de atingir seus objetivos. Para ficar a meio caminho da preferência musical dos militares pelo jazz e das restrições impostas a esse mesmo gênero, não eram permitidos solos nem improvisos na DTU. Como se vê, entre arrochos e desarrochos, Goebbels deu durante esses anos uma cabal demonstração da impotência em dominar um dos hábitos dos ouvintes civis e militares de seu país. Não conseguiu dominar o gosto que os alemães tinham pelo jazz.

O domínio nazista se alastrava pelo mapa da Europa qual mancha de óleo incontrolável. Já tinham sido anexados Áustria, Sudetos e Tchecoslováquia quando foram invadidas a Dinamarca e a Noruega em abril de 1940, os Países Baixos (Bélgica, Holanda e Luxemburgo) em maio. A bandeira da suástica foi hasteada em Paris em junho e a 7 de setembro Londres recebia a descarga de 625 aviões bombardeiros protegidos por 648 caças da Luftwaffe. A 20 de outubro de 1941, o exército alemão estava a pouco mais de 60 quilômetros de Moscou, mas as chuvas, o frio e a

Em agosto de 1944, Berlim estava sob intenso bombardeio, mas o público ainda fazia fila diante do Café Leon para dançar ao som da orquestra de Hans Werner Kleve.

neve forçaram uma retirada em massa, seguida por novas ofensivas ao longo de 1942 que culminaram com o ataque a Stalingrado em agosto. Até que se deu a virada. Em janeiro de 1943, o exército alemão, em estado desesperador, se rendia aos russos ao perder a batalha de Stalingrado.

Em seu famoso discurso no Sportpalast em fevereiro de 1943, Goebbels proclamou a guerra total, decretando o fim do jazz nas emissoras alemãs e a proibição da dança em lugares públicos. Essa proibição vigorou até o final da guerra. Com isso a maioria dos bares não teve como sobreviver. Os teatros foram atingidos pelos primeiros bombardeios de Berlim. O Kadeko foi bombardeado em fevereiro de 1943. O Scala foi destruído em novembro e seu maior rival, o Wintergarten, seria demolido em junho de 1944. Os demais palcos de Berlim foram fechados no mês de agosto a fim de mobilizar recursos para a guerra.

Entre os bares, o Café Leon, da Lehniner Platz, resistiu até o final de agosto. A orquestra de Hans Werner Kleve ainda tocava para os jovens frequentadores, que se comunicavam com a irônica saudação em código, "Swing Heil!", e se negavam a abandonar a pista.[23] As autori-

---

[23] O cumprimento "Swing Heil!", em voga entre os jovens alemães que cultuavam

dades advertiam do perigo, mas os berlinenses que lotavam o bar não estavam dispostos a parar de dançar. O Kakadu Bar tornou-se um abrigo para mulheres que trabalhavam para a guerra. Em 31 de agosto de 1944, os bares, salões de dança e de chá dançante foram todos obrigados a fechar as portas para sempre. Não havia mais vida noturna em Berlim. Em novembro, um oficial do Terceiro Reich assim descreveu o que sobrou: "Em Berlim há dois cabarés para os soldados em trânsito, no período da meia-noite às 5 da manhã. Assim eles podem aguardar as conexões de trem, uma vez que as estações ferroviárias foram destruídas".

Diante disso era de se esperar que a atividade musical nas gravadoras também tivesse cessado completamente. Nada disso. Os estúdios de Berlim continuavam em plena ação. Em 1943, as orquestras de Michael Jary e do trombonista Willy Berking gravavam fox-trots com grande ânimo e alegria, como se nada houvesse.

Berlim estava sendo bombardeada em 1944, a cidade começava a ser destruída, perdendo sua luz própria sob o fogo das chamas, o estrépito das explosões e o fragor das bombas. Nesse ano, a orquestra do pianista Willi Stech[24] gravava num estúdio com os naipes de saxes, trombones, trompetes e a seção rítmica a todo vapor. O tema era "Wir machen Musik". Ainda havia jazz em Berlim.

---

o jazz, sobretudo em Berlim e Hamburgo, foi criado como um deboche à saudação nazista "Sieg Heil" ("Salve a vitória").

[24] Aos 29 anos, o competente pianista e arranjador Willi Stech (1905-1979), filiado ao Partido Nazista, foi designado por Goebbels para liderar a partir de dezembro de 1934 a banda de estúdio "Goldenen Sieben" (Os sete de ouro), elogiada até pela revista inglesa *Melody Maker*. Em 1942, Stech, que se mostrava mais interessado no swing que na propaganda nazista, tinha sua própria orquestra, assídua em programas de rádio para soldados alemães. É considerada a derradeira orquestra de dança da Alemanha em ação até a rendição de 1945.

Swing Heil!

7.

Vozes da alcova

Para as mulheres com *charm*, onde reside a diferença

Já calcularam o que seria de Britney Spears, Madonna, Mariah Carey, Beyoncé, Christina Aguilera ou Shakira sem o visual? Dá para imaginar se os requebros voluptuosos, as caras e bocas luxuriosas, as coxas lustrosas e os peitos exuberantes, as botas, os shortinhos arrebitados, as blusas decotadas, as abundantes cabeleiras, se tudo isso não fizesse parte das imagens perpetuadas em suas performances? E se esses excitantes recursos fossem abolidos por completo e elas contassem unicamente com o som de suas vozes? O que estimularia a lubricidade da rapaziada? O que seria dessas cantoras todas?

Nem sempre foi assim. Houve um tempo em que a voz era mais do que suficiente. Bastava começar o disco daquela cantora, cuja voz vinha pelo alto-falante da vitrola portátil, para que um frio corresse pela espinha dos rapazes. Cada um tratava de puxar seu par pela cintura para que, bem juntinho, a consequência eventual fosse sentida.

A voz de April Stevens surtia nos homens efeito igual ao da cantárida nas mulheres. Cantárida era um excitante dificílimo de se encontrar que, injetado às escondidas no licor de um bombom de chocolate, criava um suspense até que sua ação ocorresse: uma hora depois de engolir o inocente bombom, a moça virava uma loba ardente, sedenta por urgentes carinhos e se tornava a mais apetitosa da festa.

Do nosso lado, quando caía no prato o disco "I'm in Love Again", com April Stevens sussurrando e arfando com sua voz lânguida, estabelecia-se um frenesi. April Stevens foi para os jovens dos anos 50 o primeiro caso concreto de uma voz realmente *sexy* na música.

Nascida em 1936, Carol Lo Tempio cantava desde menina. Certo dia, na famosa loja de discos Wallich's, na esquina da Sunset Boulevard com Vine Street, em Hollywood, foi abordada pelo proprietário da pequena gravadora independente Laurel Records, Tony Sepe, querendo saber se ela cantava. Arriscou, foi aprovada e gravou seus primeiros discos com o pseudônimo de April Stevens. Ainda estava no ginásio quando trocou a Laurel pela Society, onde estreou com a canção "Don't Do It".

No primeiro verso, suplicava "pare de segurar minha mão", e logo no segundo a garotinha gemia com sofreguidão "preciso, como eu preciso... oooooh eu quero". Soava como um ato libidinoso, um perigo para os meninos americanos de minha idade. Sua execução foi banida das emissoras de rádio devido aos protestos dos guardiões da moralidade. Para eles, sua interpretação era um caso de licenciosidade. O disco só era vendido pelos balconistas das lojas às escondidas.

Com tal princípio de carreira, April Stevens caiu como uma luva para o projeto de Henri René, diretor musical da área internacional da RCA Victor. René contratou-a, escolhendo para o primeiro disco uma canção injustamente desprezada de Cole Porter, desde quando foi composta em 1925, "I'm in Love Again".[1] Foi este o disco que chegou ao Brasil, ainda em 78 rotações, numa capa *standard* de papel pardo, ilustrado com propaganda, como a de qualquer outro artista. Era um delicioso arranjo, com as cordas da orquestra de Henri René em sensuais glissés, preparando a entrada da cantora, um tom acima e afinadíssima. Uma interpretação romântica e adulta, com um ingrediente adicional: uma devastadora sensualidade. Ninguém sabia como era o rosto de April Stevens. Jamais imaginaríamos tratar-se de uma adolescente. Sua idade era 15 anos. O sucesso levou Henri René a propor um novo disco para sua contratada. Originalmente, a canção "Gimme a Little Kiss, Will Ya Huh?"[2] nada tinha de lascivo, mas na interpretação de April conduzia à sugestão de um verdadeiro assédio sexual, tanto nos suspirados "huhs" como nas segundas intenções caçadas nas entrelinhas dos versos. April Stevens emplacou mais uma.[3]

Apesar do nome bem francês Henri René (1906-1993) nasceu em Nova York, filho de pai alemão e mãe francesa, passou a juventude em Berlim, onde estudou música, mas desenvolveu sua carreira nos Estados

---

[1] A melodia é bastante simples e os atrativos da música são a letra e a sequência harmônica, típica de Porter. Cantada originalmente pelas Dolly Sisters no musical "Greenwich Village Follies of 1924", foi gravada em 1927 por Paul Whiteman, Aileen Stanley e Billy Murray. Em 1946, pela atriz Jane Wyman, no filme *Night and Day*. Nenhuma dessas gravações teve êxito.

[2] Composta em 1926, foi gravada por Jack Smith, o famoso cantor que sussurrava.

[3] Nos anos 60, foi lançado no Brasil o LP *Uah, Uah, Uah, Uah!*, com April Stevens interpretando canções *sexy*.

A "ingênua" April Stevens, primeira cantora norte-americana de voz sensual a se tornar conhecida no Brasil.

Unidos. Antes de se tornar diretor musical da costa oeste na RCA, formou uma orquestra para acompanhar cantores e gravar música no estilo "easy listening", cujas intenções ficaram mais evidentes no seu terceiro LP, *Music for Bachelors*. Seria um perfeito exemplo de música suave, não fosse a capa com a loiraça Jayne Mansfield ao telefone, em pose provocante, vestindo um negligé transparente, como se estivesse seduzindo algum solteirão. Se alguém tinha dúvidas da linha da orquestra de Henri René, o título do álbum seguinte seria ainda mais convincente: *Music for the Weaker Sex*. Contudo, sua contratada April Stevens rompeu com a RCA após alguns discos, deixando parcialmente prejudicado seu projeto na gravadora. Continuou com a orquestra, mas ficou sem a voz sensual da cantora.

Na nova gravadora, Atco, April prosseguiu no estilo consagrado com um novo sucesso em 1960, "Teach Me Tiger". Desta vez era uma cançãozinha mal-intencionada já na letra de autoria de seu irmão, Nino Tempo: "Teach me tiger how to kiss you/ wah wah wah wah wah/ [...] Take my lips, they belong to you/ But teach me first, teach me what to do". April foi fundo nos gemidos, arfando ardentemente nos uá-uá-uás que faziam de Doris Day uma verdadeira filha-de-Maria. Expandiu seu universo de fãs masculinos e estabeleceu-se como uma cantora *sexy*. Pode-se até arriscar, como "a" cantora *sexy*.

Chegou porém um momento em que a fonte secou. Sem nenhum motivo aparente, April desistiu da carreira solo e formou dupla com seu irmão, Nino Tempo — com quem, quase que por acaso e no momento crucial (quando o contrato com a Atlantic estava por um fio), emplaca um *hit*. Sem grandes pretensões, fazem ressurgir o clássico "Deep Purple", de 1939, numa levada semi-country, com Nino fazendo a segunda voz em falsete, o que propicia um Grammy aos dois irmãos.[4] Ambos mantêm a dupla por vários anos, mas a fase *sexy* de April Stevens havia terminado.

Dentre as dançarinas que foram à Europa em 1946, integrando o balé da célebre Katherine Dunham, havia uma negra exótica, de rosto eurasiano, lábios finos, olhos rasgados, voz provocante, corpo esguio e

---

[4] Composta em 1934 por Peter De Rose para solo de piano, foi gravada originalmente por Paul Whiteman em disco orquestral. Com letra (feita cinco anos depois por Mitchell Parish), a música — apesar de gravada por outros cantores, como Bing Crosby — só chegou ao primeiro lugar das paradas na versão de 1963 com Nino Tempo e April Stevens.

gestos felinos, com pinta de estrela. Em Paris, a ambiciosa Eartha Kitt (nascida em 1927) se desligou da companhia para tentar a carreira de cantora de cabaré e se deu muito bem. Empresariada por um ex-amante de Marlene Dietrich, estreou no Carroll's, um clube de lésbicas, esticando a temporada por onze meses, com grande sucesso. Sua figura e sua voz chegaram a transtornar várias celebridades, como o mais que rodado Orson Welles, que, siderado pela "mulher mais excitante do mundo", convidou-a para ser a Helena de Troia no filme *Dr. Faustus* (que acabou não sendo concluído). Retornando à América em 1951, Eartha Kitt foi programada pela agência William Morris para um clube *chic* de Nova York, o La Vie en Rose, na East 54th Street. Para sua frustração, foi desancada pela crítica do *Variety*, ficando tão arrasada que deu o maior cano no Blue Angel, onde deveria atuar depois.

Em lugar de gata americana que fizera sucesso em Paris, Eartha Kitt se sentiu um rato, reduziu seu cachê para 25 dólares e arquitetou um plano para retornar à França. Eis que, em fevereiro de 1952, o diretor do Village Vanguard, Max Gordon, lhe fez uma proposta para cantar diante de um público semelhante ao parisiense: os boêmios de Greenwich Village. Não deu outra: todos adoraram e Eartha Kitt arrebentou. Aperfeiçoou sua apresentação, acrescentando uma dose de autoironia a seu estilo *coquette*, cantava em várias línguas, inclusive dialeto africano, e alcançou notoriedade em muito menos tempo que esperava. Foi parar na Broadway e contratada pela RCA.

No seu primeiro disco Long Playing, transformou uma inofensiva canção francesa, que tinha o sugestivo título de "C'est Si Bon", do repertório de magistrais *chansonniers* como Edith Piaf e Yves Montand, num excitante pedaço de mau caminho.[5] Tendo como pano de fundo um galante coro masculino, que se limitava a repetir dezenas de vezes o *riff* "Si bon, si bon", a gata Eartha Kitt não disfarçava do que seria capaz, com as declarações voluptuosas que ocupavam a metade final da gravação. Deixava claríssimo o que era bom mesmo e, implicitamente, o que era gostoso: agarrar um milionário, com cadillacs, que a mimasse com casacos de mink e joias, que tivesse um pequeno iate, podendo em troca cui-

---

[5] Com melodia de Henri Betti e letra de André Hornez, a canção, lançada em 1947, foi popularizada na França por Yves Montand. Em 1949 foi gravada, na versão inglesa de Jerry Seelen, por Louis Armstrong e, sucessivamente, por Danny Kaye, Dean Martin e outros.

Eartha Kitt, que ganhou fama ao gravar a canção francesa "C'est Si Bon", em 1953, com uma interpretação extremamente *sexy*.

dar dele… iria ser "très crazy, non?". Para a impetuosa moçada de São Paulo, ia ser mesmo.

"C'est Si Bon" se tornou outra favorita nesse minguado rol de discos que se ouvia com excitação, elevando aos píncaros a imaginação das delícias possíveis com aquela mulher, Eartha Kitt. Seu timbre e vibrato adocicado sugeriam as carícias tentadoras de um corpo perfumado, furtivamente entremostrado sob um baby-doll de cetim, que oferecia um misto de prazer e de excentricidade. Sob lençóis do mais leve algodão egípcio, como por certo conviria ao estilo da cantora. Adivinhem agora de quem era a orquestra que a acompanhava no disco da RCA. Ele mesmo, Henri René, que deve até ter sentido um certo gostinho de desforra pela saída de April Stevens.

Ao contrário das que a precederam, Eartha Kitt teve em sua vida pessoal, como a famosa Mae West, um comportamento antagônico em relação à consagrada imagem machista da cantora femininamente frágil e submissa, quase à disposição dos músicos atraentes ou fãs galantes. Praticamente seguindo à risca os versos declamados em "C'est Si Bon", ela assumiu sem nenhum pudor o controle de seus inúmeros relacionamentos, constituindo-se em um exemplo das mulheres alcunhadas "Gold Diggers".[6]

Nos anos 60 foi escalada para o papel de Mulher-Gato no seriado de TV *Batman*. A triunfal carreira da incrível Eartha Kitt dura até o presente, apresentando-se regularmente no bar do Hotel Carlyle de Nova York, a cem dólares o couvert. Mantém uma agenda de shows nos superclubes americanos, continua a gravar discos e em 2006 foi destaque no musical "Mimi Le Duck". Recebeu vários prêmios Grammy e, mesmo tendo completado 80 anos, transmite com seu timbre excêntrico a profundidade de uma canção como as grandes damas do cabaré, sustentando ainda incólume sua aura de felina que rosna com classe e sofreguidão.

As interpretações de April Stevens e Eartha Kitt tinham claramente o propósito de atiçar a moçada. Ambas descortinaram um viés que, pelo menos naquele Brasil dos anos 50, foi uma grande novidade. A favorável receptividade desse filão abriu os horizontes de uma área fonográfica cujo objetivo era esse mesmo, sem tirar nem pôr. Tanto na Europa como nos Estados Unidos, estrelas como Brigitte Bardot e Marilyn Monroe ti-

---

[6] Expressão em voga nos anos 20 para designar as mulheres que se divertiam à custa do poder e do dinheiro dos homens.

Vozes da alcova

nham as condições de estender ao disco sua marcante sensualidade, o que foi concretizado como uma aventura paralela à carreira cinematográfica. Noutra vertente, muito mais rica, intérpretes de berço e formação jazzística nem precisaram forçar a barra: suas vozes eram *sexy* por natureza, e elas, modelos de *sex appeal*.

Aos 4 anos de idade, a menina Norma Deloris Egstrom ficou órfã de mãe. Ainda assim, essa filha de um ferroviário de descendência escandinava poderia ter tido uma infância mais afortunada entre os bichos e a natureza que compõem a vida rural americana, cenário que a cercava enquanto viveu nas pequenas Jamestown e Nortonville, ambas em North Dakota. Contudo, por contingências infelizes, foi exposta desde cedo à presença da morte de entes próximos, além de submetida a crueldades frequentes por sua madrasta.

Sua alegria era cantar. Ficava fascinada com a orquestra de Count Basie no rádio, desenvolvendo também uma capacidade de memorizar canções na primeira ouvida. Norma tinha uma memória fotográfica privilegiada e a música era o verdadeiro consolo na sua vida de garota do interior americano.

Antes dos 12 anos tinha certeza de que seria cantora. Aos 14, cantou pela primeira vez com uma banda em Valley City. Um amigo conseguiu-lhe uma audição na rádio de Fargo, a maior cidade da região leste do estado. Ao cantar "These Foolish Things" agradou ao gerente, sendo contratada para receber um dólar e meio em cada programa diário de que participasse. Paulatinamente Norma se libertava da madrasta e das cidadezinhas do interior tomando o rumo da música.

Ao vislumbrar um futuro risonho para a garota, Ken Kennedy, o gerente que também era pianista, aconselhou-a entusiasmado: "Você tem de mudar de nome. Norma Egstrom não tem sonoridade. Não dá para apresentar 'Senhoras e senhores, Miss Norma Egstrom'. Vamos ver. Você parece uma peggy [canário]. Peggy Lynn? Ainda não. Peggy Lee. Isso! Senhoras e senhores, Miss Peggy Lee!".

Na cena seguinte ela era a cantora do Buttery, bar do Ambassador Hotel em Chicago frequentado por Glenn Miller, Charlie Barnet & companhia. Benny Goodman também foi ouvi-la. Sua cantora, Helen Forrest, estava de saída para a orquestra de Harry James. "Com certeza ele detestou", Peggy pensou decepcionada, depois que o viu saindo sem demonstrar o menor entusiasmo. No dia seguinte ela recebeu o recado: "Ligar para Benny Goodman". Não podia ser verdade. "É, fui eu que chamei.

Quero saber se você gostaria de cantar na minha orquestra", Goodman indagou sem rodeios. Com a mesma falta de consideração que tinha por seus músicos, pediu-lhe para ir com um vestido bem bonito, privando-a até de um ensaio antes da estreia.

Cantou "My Old Flame" e mais todo o repertório de Helen Forrest que sabia de cor, só que no tom dela. Não era nada fácil substituir uma cantora tão querida e identificada com a orquestra de Benny Goodman e que seria rotulada como "a voz das bandas de renome". Dois dias depois da estreia, Peggy Lee entrava numa fogueira, o estúdio, para sua primeira gravação com a orquestra. Em algumas semanas já não aguentava mais a secura de Goodman e pediu-lhe para sair. "Não deixo", foi a resposta. Ficou quase dois anos. Com a *big band*, gravou na Columbia discos em que foi desenvolvendo sua interpretação intimista de baladas, como "I Got it Bad", contrastando com a forma expansiva de outras *crooners* das orquestras de dança, incluindo a própria Helen Forrest. Apaixonou-se pelo novo guitarrista da orquestra, Dave Barbour, e com ele se mandou para Los Angeles a fim de constituir família, largando a música e deixando pelo menos um *hit* com Benny Goodman, "Why Don't You Do Right".

Uma nova gravadora surgia ao final da Segunda Guerra na costa oeste americana para fazer frente às três grandes de Nova York, RCA, Columbia e Decca. Seu símbolo era o telhado do Capitólio, um de seus fundadores, o compositor Johnny Mercer, e o nome, Capitol Records.[7] No *cast* de desconhecidos, a orquestra de Stan Kenton, que criou o jazz progressivo, o mais musical de todos os cantores, Nat King Cole, o descobridor das virtudes de uma guitarra elétrica, Les Paul, e a maior cantora branca de blues, Kay Starr.

Peggy deve ter sacado que não poderia estar em melhor companhia. Decidiu retornar à música propondo participar de um projeto maluco para a época: em vez de um disco de 78 rotações, um álbum, como os de música clássica, intitulado *New American Jazz*, com famosos músicos do ramo, alguns com nome fantasia para driblar seus contratos de exclusividade. Em janeiro de 1944 gravou com esse grupo "That Old Feeling", acompanhada por uma celesta que evidenciava ainda mais o toque de intimidade de sua interpretação. Foi contratada como artista solo e bastou

---

[7] Criada através da associação do letrista e cantor Johnny Mercer com o comerciante de discos Glenn Wallichs e o compositor Buddy DeSylva, a Capitol entrou em cena em 1942.

Vozes da alcova

virem novos discos para que fosse considerada estrela de primeira grandeza na companhia.

Ironicamente não foi em sua primeira fase da Capitol, nos anos 40, que Peggy Lee avivou a chama de suas interpretações flagrantemente sensuais. Seu conceito de panamericanismo sonoro, em termos de repertório e de arranjo, evidenciado pela rumba "Mañana", seu grande sucesso nessa fase, criou um ponto de fricção com a gravadora.[8] Sua intenção era gravar a valsa "Lover", de Richard Rodgers, em andamento rápido e com uma cozinha rítmica decididamente latina, mas como a gravadora acabara de lançar uma versão dessa música com Les Paul, a ideia foi recusada. Assim que o contrato expirou, Peggy Lee trocou a Capitol pela Decca, onde pôde gravar em 1952 seu feroz "Lover". Exceto por alguns trechos sugestivos ("in my ear you breathe a flame" e "the devil is in you"), jamais os versos de Larry Hart poderiam ser imaginados como na incendiária versão de tendência explicitamente sexual de Peggy Lee. A repercussão foi impressionante.

A mesma Decca lançou, em agosto de 1953, um LP de 10 polegadas com sete músicas, intitulado *Black Coffee*.[9] Se em algumas interpretações ela flutuava nos versos com a leveza de uma garça, apoiada por um instrumental de caráter jazzístico (como em "I Didn't Know What Time it Was"), em outras deixava escancarado o que alguns poucos ainda não haviam percebido: a voz de Peggy Lee tinha uma sensualidade calorosa e envolvente, era um assédio. Em "A Woman Alone With the Blues", por exemplo, aquela voz intimista ressoava como um doce murmúrio no ouvido dos homens, criando fantasias em suas cabeças. Era o som mais que perfeito para uma inenarrável noite de amor ou para uma furtiva aventura pecaminosa durante uma tarde de céu cinzento, bem afastada do expediente de trabalho, entre beijos, abraços e carícias. A mistura de amor e sexo tinha um gosto de pecado para o qual a voz de Peggy Lee

---

[8] Composta por Peggy Lee em parceria com o marido Dave Barbour, "Mañana" teve a participação dos brasileiros do Bando da Lua no acompanhamento — seguindo o estilo de Carmen Miranda — e o disco atingiu milhões de cópias vendidas após ser lançado no início de 1948.

[9] Nesse disco essencial, Peggy Lee foi acompanhada pelo trompetista Conte Candoli e uma seção rítmica com Jimmy Rowles (piano), Max Wayne (baixo) e Ed Shaughnessy (bateria). Em 1956, foram acrescentadas cinco novas interpretações para completar o LP de 12 polegadas com o mesmo título e a mesma capa, que nada tinha de sensual com uma xícara de café, um bule e um açucareiro fotografados numa mesa florida.

Peggy Lee em fotografia da capa do LP *Rendez-vous with Peggy Lee*, de 1952, seu primeiro álbum pela Capitol.

era simplesmente divina. Não era um complemento, era o excitante que tudo desencadeava...

Cinco anos depois, a boa filha à casa Capitol retornou, para se consagrar definitivamente como rainha. Quem asseverou isso foi Edward Kennedy Ellington, que não tinha o hábito de se rasgar em elogios: "Se eu sou o duque, Peggy Lee é a rainha". Armstrong, Basie, Goodman, cada um a seu modo, também se pronunciaram deslumbrados. Frank Sinatra foi mais longe: em lugar de com ela cantar em dueto, assumiu a batuta da orquestra e, com os arranjos de Nelson Riddle, realizou uma proeza na sua carreira ao reger um LP inteiro, o álbum *The Man I Love* (1957), favorito da cantora. No ano seguinte ela fez valer mais uma vez seu lado sensual gravando a erótica "Fever", acompanhada de contrabaixo, bongôs e o estalo de seus dedos marcando o ritmo em 6/8, como se precisasse demonstrar que podia gravar qualquer gênero sem o menor problema de divisão.[10] De fato, nenhuma cantora americana gravou bossa nova melhor que Peggy Lee.

No ano seguinte, realizou sua primeira temporada num dos mais chiques clubes de Nova York. O Basin Street East, cuja lotação era de 450 lugares, teve de acomodar 600 pessoas a cada noite. O proprietário Ralph Watkins dava preferência a garçons bem magrinhos para que coubessem tantas personalidades, como Tallulah Bankhead, Cary Grant e Lena Horne. Em janeiro de 1961, Peggy Lee repetiu a dose com nova temporada registrada num LP estonteante. Sua carreira na Capitol era uma montanha de discos maravilhosos — como o espetacular edifício da gravadora em Los Angeles, cuja forma lembra mesmo uma pilha de discos. Homenageava Joe Williams e Count Basie em "Alright, Okay, You Win", Piaf em "My Man", Ray Charles em "Hallelujah, I Love Him So", Billie Holiday em "Them There Eyes",[11] era descarada em "Big Spender" e deli-

---

[10] De autoria de Eddie Cooley e Johnny Davenport, "Fever" foi gravada em 19 de maio de 1958 com o contrabaixista Joe Mondragon. Foi o terceiro disco de Peggy Lee a atingir 1 milhão de cópias, a música foi indicada para o Grammy em duas categorias e incluída no LP *Things Are Swinging*. A canção foi criada em 1956 por Cooley, que, após ter a ideia inicial, pediu a um amigo para concluí-la. Esse parceiro, o compositor Johnny Davenport, não existia. Para evitar conflito com editoras, foi o pseudônimo inventado por Otis Blackwell, autor de "Don't Be Cruel" e "Return do Sender". A primeira gravação de "Fever" é do cantor de R&B Little Willie John, já com um toque erótico, e a de Peggy, dois anos depois, consagrou-a na mesma linha, porém com sofisticação.

[11] Ocasionalmente comparada com Billie Holiday, de quem era grande amiga, Peg-

ciosa em "So What's New?", atacava nos latinos em "Heart", e encarou até a mais famosa dupla de compositores do rock and roll, Jerry Leiber e Mike Stoller, na recorrente "Is That All There Is?", que se tornou sua mais dramática assinatura. Além de ter concorrido ao Grammy várias vezes, vencendo uma, concorreu ao Oscar de coadjuvante no filme *Pete Kelly's Blues* e foi parceira de Ellington na metafórica "I'm Gonna Go Fishin'", da trilha sonora de *Anatomy of a Murder*. Mas não nos iludamos, foi na interpretação dos clássicos da grande canção americana que Peggy Lee foi a tal, a rainha, uma cantora que tinha tudo o que se pode imaginar de melhor, incluindo *sex appeal*.

"Peggy Lee me ensinou tudo sobre o sexo", registrou o crítico americano Terry Teachout, descrevendo: "Eu tinha 12 anos, e descobria os discos básicos da coleção de meu pai [...] o que a mulher daquele disco tinha na cabeça era muito parecido com o que eu tinha na minha durante as 24 horas do dia, exceto que ela era muito mais experiente". Esse texto foi publicado no *New York Times* de 27 de janeiro de 2002, seis dias após a morte, em Los Angeles, de Miss Peggy Lee, como sempre foi chamada, independente de ter sido casada mais de uma vez. Tinha 81 anos.

A decantada orquestra de Stan Kenton, estabelecida na West Coast americana, teve três cantoras excepcionais, uma depois da outra: Anita O'Day, June Christy e Chris Connor. As três já estavam de olho na orquestra de jazz progressivo, antes mesmo de um convite do pianista que deixava em polvorosa quem estivesse focado na música do futuro. O de Chris chegou uns seis meses depois de ser recomendada por sua antecessora, June Christy, quando atuava numa orquestra em Nova Orleans.[12] Antes, já fora vocalista nos "Snowflakes" da *big band* de Claude Thornhill, laboratório de pelo menos um dos cérebros *avant garde* do jazz, Gil Evans. Claude, Gil e Chris viam a música sob um novo prisma, que pode ser resumido com uma palavra-chave do vocabulário do jazz moderno: *cool*.[13] Tecnicamente, o estilo *cool* é leve e econômico, evita os fortíssi-

---

gy Lee atribui a Maxine Sullivan sua influência mais forte, pela simplicidade e economia de seu estilo.

[12] June ouvia um programa de rádio ao vivo, com a orquestra do clarinetista Jerry Wald, e imediatamente reconheceu em Chris sua substituta ideal.

[13] Oficialmente, o nascimento do *cool jazz* dá-se em 1949, quando foram gravadas as sessões do noneto de Miles Davis na Capitol, depois reunidas sob o título de *The*

Vozes da alcova

mos e os agudos, despreza o vibrato exagerado, aprecia encadeamentos harmônicos sofisticados, adotando uma delicadeza rítmica camerística. Subjetivamente, o *cool* é seco, introspectivo e sutil, é contenção de emoção estéril e de arroubos excessivos e, se colorido fosse, seria em tons pastel. Chris era *cool* antes mesmo de se projetar individualmente, não era uma cantorazinha conformada. Sabia onde queria chegar.

Desde cedo percebeu que Kansas City, onde nasceu em 1927, não era cidade para desenvolver a carreira que projetara. Não tinha idade suficiente para entrar nos clubes de jazz onde tocavam Charlie Parker, Lester Young, Count Basie & companhia, mas assim que lhe foi permitido, passou a cantar nos fins de semana com uma orquestra local que emulava a de Stan Kenton. Ao completar 21 anos, arriscou Nova York. Comeu pão amassado pelo diabo durante sete semanas até que se candidatou para a mencionada orquestra de Thornhill, na audição que lhe concedeu o emprego no grupo vocal Snowflakes, uma alusão à maciez de estilo da orquestra.

Perambulou quase cinco anos por outras bandas quando, no verão de 1953, recebeu o telefonema de Mr. Kenton. Entrou em alfa: ia ser vocalista de Stan Kenton, dando continuidade a Anita O'Day e a June Christy. As três eram o que havia de mais *cool* e só a carreira solo de cada uma pôs à tona as diferenças. Anita transbordava dinamismo, June era etérea e Chris, puro calor. Todavia, menos de um ano bastou para se cansar de viajar de lá para cá. Saiu da orquestra de Stan Kenton, deixando gravada na Capitol a canção "All About Ronnie", que primeiro deu evidência a seu nome.

Chris Connor atacou no Birdland de Nova York, onde foi ouvida pelos diretores de uma nova gravadora dedicada ao jazz, a Bethlehem,[14] sendo convidada para um contrato. Gravou suas primeiras sessões com músicos de rotina, uma *big band* em arranjos canhestros de Sy Oliver para um repertório sobre o pavoroso. Nada a ver com a Chris Connor

---

Birth of the Cool. Além de Gil Evans, um dos arranjadores, dois músicos, Gerry Mulligan e Lee Konitz, eram egressos da orquestra de Claude Thornhill, distinguida por uma suave sonoridade, quase sem vibrato, e combinações instrumentais incomuns nas *big bands* com tuba e trompa. Precisamente o que se ouve no disco de Miles. O pianista Claude Thornhill é pois, com razão, considerado o primogênito do estilo *cool*.

[14] Criada por Gus Wildi no segundo semestre de 1953, em plena florescência do jazz, essa nova marca de discos proporcionava grande liberdade de escolha a seus artistas contratados.

Chris Connor em foto promocional da Bethlehem, gravadora pela qual a cantora lançou seus primeiros LPs em 1954.

do Birdland. Providencialmente, só foram lançadas duas bolachas, quando os 78 rotações já estavam no estertor. Alguém muito sábio teve a sensibilidade de guardar as fitas nalguma gaveta. Caso aquelas oito músicas se convertessem no seu Long Playing de estreia, Chris correria o risco de arruinar sua carreira, igualando-se àquelas de quem se pode antecipar: essa vai morrer na praia.

Em agosto de 1954, Chris voltou ao estúdio para mais duas sessões com poucos dias de diferença, a primeira com um trio e a segunda com um quarteto. Dessa vez acertaram a mão no repertório, nos arranjos e principalmente no estilo, *cool* absoluto. Daí resultou o invulgar lançamento de dois LPs de 10 polegadas com dezesseis músicas no total.[15] De fato, Chris Connor estreou com dois discos ao mesmo tempo, embalou na carreira e a Bethlehem prosperou.

O primeiro disco, com o trio, era pura calma, suave, macio de se ouvir, com a voz grave e envolvente da cantora, numa intimidade musical com o piano sofisticado de um músico supra-sumo, Ellis Larkins. Seu "toucher" é possivelmente o mais delicado do jazz.

Não é sem motivo que o quarteto da segunda sessão seguisse o estilo de um músico *cool* por natureza, o "under rated" acordeonista/organista/cantor Joe Mooney. Vinnie Burke, líder do quarteto, fora seu contrabaixista. Chris interpreta oito lindas canções com voz calorosa, abstendo-se de recursos fáceis e utilizando sabiamente os legatos, apoiada pelo som camerístico do quarteto. Deliciosamente simples e sofisticada, a sonoridade do segundo disco tem uma atmosfera filtrada por uma textura do *voile*, inclinada para a intimidade de dança à meia-luz.

Nesses dois discos Chris desfila um repertório primoroso, a começar por uma das supremas baladas do songbook americano, "Lush Life", que ela carimbou, segundo vários críticos, de modo insuperável. Outros clássicos são "Spring is Here" e "Why Shouldn't I", com o trio de Larkins, "How Long Has This Being Going On", "A Cottage for Sale" e "Gone With the Wind", com o quarteto de Burke. Quando o contrato com a Bethlehem se extinguiu, ela não renovou. Chris Connor já era um nome.

---

[15] *Chris Connor Sings Lullabys of Birdland* e *Chris Connor Sings Lullabys for Lovers* eram os títulos dos LPs 1001 e 1002. O trio era constituído por Ellis Larkins (piano), Everett Barksdale (guitarra) e Beverly Peer (baixo), e o quarteto, por Ronnie Odrich (flauta ou clarineta), Joe Cinderella (guitarra), Vinnie Burke (baixo e líder) e Don Burns (acordeom).

Em 1955, Nesuhi Ertegun, um dos filhos do embaixador da Turquia em Washington, encarregou-se de supervisionar uma área da gravadora dirigida por seu irmão Ahmet, a Atlantic Records. Ao investir no território do jazz, foram contratados de uma só vez o Modern Jazz Quartet, Charlie Mingus e Chris Connor.[16] Nada mal para começar, hein? Chris foi, então, a primeira cantora de jazz na Atlantic, recebendo um tratamento de gala desde o princípio, em janeiro de 1956. Repertório primoroso, arranjadores de alta linhagem (Ralph Burns, Ralph Sharon), os melhores músicos de Nova York (Oscar Pettiford, John Lewis, Zoot Sims, Joe Newman, Hank Jones), capas e títulos criativos (*Chris Craft*, um achado, com sua foto na proa de uma lancha da famosa marca), enfim, tudo que uma cantora de magnitude poderia desejar.

Chris estreia com chave de ouro no primeiro álbum pela Atlantic (intitulado com seu nome), descobrindo as maravilhas contidas disfarçadamente em canções como "When The Wind Was Green". Sua voz envolvente, numa combinação da sutileza do estilo *cool* com o fulgor de seu timbre, flui sobre as cordas dos arranjos do mestre do bom gosto, Ralph Burns. Repete a dose em "Angel Eyes" e "But Not for Me" no segundo disco, novamente com Ralph, esbanjando sofisticação.

Em seu segundo ano de Atlantic, Chris foi brindada com um projeto de fôlego, um songbook de George Gershwin, precedendo os de Ella Fitzgerald e Sarah Vaughan. Sua voz grave acentua de maneira diferente interpretações dinâmicas como "Strike Up the Band" e românticas como "I've Got a Crush on You". Somente cantoras de sua estatura poderiam realizar um trabalho tão ambicioso, o *top* do American Songbook. Outros álbuns se sucedem, com variados tipos de formação, *big bands* ou grupos, deixando um dilema para se eleger o "the best".

Com sua voz grave e intensa, Chris Connor transpira emoção, elevando *standards* à categoria de clássicos, ao mesmo tempo em que traz à tona preciosidades escondidas como "I Wonder What Became of Me", "Lilac Wine" ou "High on a Windy Hill". Meu mestre Tom Dowd, que foi o engenheiro de som nos sete melhores dos doze álbuns gravados por

---

[16] Originalmente uma gravadora de jazz, a Atlantic se concentrava no rhythm and blues, tendo lançado artistas em início de carreira como Ruth Brown, Ray Charles, The Coasters e The Drifters, entre outros. Os primeiros contratados do jazz foram o Modern Jazz Quartet (que gravaria, entre outros, *Fontessa*, em 1956) e Charles Mingus (que gravaria *Pithecanthropus Erectus* em 1956). Posteriormente, vieram John Coltrane (que gravaria em 1959 *Giant Steps*) e Ornette Coleman (que gravaria *Free Jazz* em 1960).

Vozes da alcova

Chris Connor na Atlantic, entre 1956 e 1962, descrevia maravilhado suas sessões de gravação. Depois de seis anos de Atlantic, Chris despede-se com um álbum surpreendente para quem tinha nas baladas o seu ponto alto. Extravasa *soul* em *Free Spirits*.

Em 5 de dezembro de 1992, um sábado, tive a chance de ver Chris Connor, então com 65 anos, no Fat Tuesday de Nova York, pagando 75 dólares por casal. Uma das maiores pechinchas de minha vida, considerando o que assisti e registrei na mesma noite, que me permito reproduzir agora, rompendo com a intimidade de um diário de viagens:

"Essa grande dama loira do jazz está que é uma maravilha, cantando como nunca, com seu estupendo trio (Bob Kaye ao piano, Scott Lee ao contrabaixo e Benny Johnson à bateria). Com um repertório recheado de clássicos em que faz manobras originalíssimas — como na canção 'It Might As Well Be Spring' em ritmo latino ou, ao contrário, a dançante 'The More I See You' bem lenta —, Miss Connor é uma diva. A voz *caliente*, as alçadas nas notas, chamadas na época de progressivas, o timbre de veludo azul-marinho que tanto fez vibrar a rapaziada dos anos 50 e o *timing* continuam inteiros nessa senhora de porte majestoso. Agora ela tem a mais aquilo que só a experiência dá a um cantor: a capacidade de mostrar a canção por inteiro, com a unidade da letra e melodia que se ajustam sozinhas na cabeça dos criadores, mas raramente encontram quem saiba juntá-las sem esforço e com perfeito equilíbrio. Miss Connor faz isso com a maior facilidade. Seu 'Foggy Day' nos levou num instante de Nova York para Londres; o 'As Times Goes By' nos colocou à frente da tela com Bogie, Claude Rains e La Bergman; seu 'September in the Rain' nos deu arrepios; seu 'Funny' nos fez lembrar King Cole sem que o imitasse. Seus sorrisos esparsos deram à plateia a sensação de que ela sacou estarmos quase em êxtase. Ninguém esquece Chris Connor. *She puts you right in the spot of the song*."

É de se duvidar ter ocorrido ao guitarrista Barney Kessel que os acordes usados para acompanhar a gravação de uma nova cantora viessem a ser objeto de estudo cuidadoso, inspirando músicos de um longínquo país da América do Sul. Ao tomar conhecimento desse disco, jovens do Brasil ficaram fascinados e exultavam à medida que identificavam, de ouvido, as notas e sua disposição em cada acorde da guitarra.

"Aquele disco... abriu muito os nossos olhos para a harmonia. Quem contribuiu muito para isso foi o violonista Candinho, que foi casado com a Silvinha Telles. Candinho e um aluno meu, que tinha um ouvido danado, Luiz Roberto, que agora é compositor. Eu era meio preguiçoso e dei umas músicas para eles tirarem. Numa semana eles tiraram os acordes..." Isso foi dito por Roberto Menescal em agosto de 1967. Nem é preciso esclarecer que ele se referia ao começo da bossa nova.[17]

Também é de se duvidar que essa nova cantora antevisse o sucesso de seu primeiro disco. A canção era "Cry Me A River" e a cantora, Julie London (1926-2000). Por tabela, Julie London acabou assim ligada à bossa nova, independente de ter sido uma verdadeira coqueluche no Brasil nos anos 50 e 60, como também nos Estados Unidos, ao contrário do que ela esperava.

A juventude ficou chapada com a voluptuosidade daquela mulher na capa de seu primeiro vinil, *Julie Is Her Name*, obrigatório em todas as vitrines das lojas que quisessem atrair a freguesia: uma loira de olhos azuis e lábios carnudos, num generosíssimo "tomara que caia" negro. Foi como surgiu "Cry Me A River", de Arthur Hamilton, ficando marcada na inigualável versão original, a de Julie London. Mal começava o baixo de Ray Leatherwood e os acordes da guitarra de Barney Kessel, e lá vinha ela com sua voz de madrugada, *"Now you say you're lonely..."*. Era de derreter.

Sua vida de atriz de cinema e cantora foi arrancada a fórceps, após seu frustrado primeiro casamento com o obscuro radioator Jack Webb. Filha de um fotógrafo, fez uma ponta num filme em que sua roupa era esfrangalhada por um gorila, conseguiu outras pontinhas, nada de muita importância, veio o casamento aos 16 anos, foi viver em San Fernando Valley, parou com as pontas de cinema para cuidar das duas filhas, mas o divórcio aconteceu quando Jack ficou filmando nove semanas fora de casa. Com os 250 mil dólares do processo, comprou uma casa e investiu a maior parte no futuro das meninas. A separação havia destruído sua autoconfiança na carreira.

Em março de 1954, o pianista e compositor Bobby Troup, já famoso por duas canções, "Daddy" e "Route 66", surge em sua vida. Numa festa, Bobby ouviu aquela voz rascante e gostosa e insistiu para a tímida Julie fazer um teste de cantora. "Cantar? Nem pensar", disse ela, saindo correndo e trancando-se no quarto. Só faltou enxotar Bobby da casa. Afinal, depois de várias semanas de insistência, foi arrumada uma sessão na

---

[17] Trecho do depoimento de Roberto Menescal para o livro *Música popular brasileira...*, de Zuza Homem de Mello (São Paulo, Melhoramentos, 1976).

Vozes da alcova

A sensacional capa do LP *Julie Is Her Name*, de Julie London, em sua edição brasileira.

gravadora Bethlehem. Julie entrou em pânico, mas acabou gravando quatro músicas, a melhor delas "You're Blasé". A gravadora decidiu não lançar nenhum disco.[18]

No mesmo ano, Julie comentou com Bobby no Club 881 de Los Angeles: "Se algum dia eu cantasse profissionalmente, seria aqui". Bobby pediu licença, conversou com o proprietário e voltou dizendo: "Você começa em três semanas". Julie rezou para quebrar uma perna. A temporada que seria de quinze dias se prolongou por dez semanas.

Aí entram em cena Si Waronker e Jack Ames, que iam abrir a gravadora Liberty. Ouviram as fitas que Bobby trouxe de Julie e decidiram fazer um disco. Após um jantar na casa de Julie, os três, com muito jeito, convenceram-na a ir ao estúdio. "Sem muita responsabilidade, vai ser só uma brincadeira". Começaram a gravar às 8 da noite, insistindo a todo instante que nada daquilo seria lançado. Às 2 da manhã Julie estava à vontade, e quando o dia amanheceu eles sabiam que tinham um *hit*. Nada poderia ser mais "down" e paradoxalmente mais fresco que aquele "Cry Me A River". Em duas semanas, o LP *Julie Is Her Name* vendeu 20 mil cópias em Nova York. Um certo vendedor disse ao cliente "Custa 3 dólares e 98 centavos, e mais 1 dólar se você quiser levar a capa junto". "Cry Me A River" ficou vinte semanas entre os mais vendidos e uma carreira de cantora estava à frente de Julie, o que a deixava literalmente aterrorizada.

Com muito custo, Julie concordou em cantar no 53rd Club de Nova York, uma vez que, tendo já agendada uma apresentação no "Perry Como Show", a passagem estava paga. Aproveitaria para defender uns trocados extras. Sentada num banquinho, suspirando ao microfone, durante catorze semanas ela levou o público ao êxtase com sua voz lânguida e sua presença luxuriante. Com a avalanche de matérias na imprensa, começaram a chover convites para aquela mulher de corpo escultural fazer cinema de verdade. José Ferrer viu-a, falou com Troup, e este passou o recado à cantora.

— Estou doente, não posso fazer o teste — disse ela.

— Julie, é verdade, foi a mulher de José Ferrer, Rosemary Clooney, que te viu e sugeriu o teste.

— Não me interessa, fico muito nervosa.

---

[18] Mais tarde mudaria de ideia ao lançar o álbum *Bethlehem's Girlfriends*, que reuniu Carmen McRae, Chris Connor e Julie London, cada uma com quatro músicas.

Finalmente Troup conseguiu convencê-la, e na manhã seguinte ela quase teve um chilique na frente de José Ferrer. Fez o teste, se saiu muito bem e foi aprovada para o filme *The Great Man*. Fazia o papel de uma cantora alcoólatra que, na cena mais marcante, tentava cantar "Meaning of the Blues" completamente bêbada. Aquela era a própria Julie London.

Hollywood comentava sua presença nas telas, o que a fez repensar na carreira. Alguma esperança? "Detesto fingimento, e por isso não me entusiasmo muito com o que fiz até agora. Não leio uma nota de música, e tenho muito que aprender para ser atriz. Se conseguir estudar bastante, talvez seja feliz". Sua beleza estonteante foi o passaporte para outros filmes, inclusive de caubóis. Na tela ela nem precisava abrir a boca.

Em 1956, Julie e Bobby estavam juntos. Os dois se casariam no Réveillon de 1959. Além de orientá-la, o pianista acompanhava-a com seu trio. Com capas ousadas e *sexy*, gravou com grandes nomes da costa oeste: o pianista Jimmy Rowles e sua orquestra, no álbum *Julie*, onde cantou "Daddy"; o arranjador Russ Garcia em *About the Blues* e *Make Love to Me*; o pianista André Previn e orquestra em *Your Number Please*; o quinteto de Bud Shank em *All Through the Night*, com canções de Cole Porter. Foi acompanhada pelos melhores músicos da Califórnia, ou melhor, a nata do Jazz West Coast no pico do período.

Além da música, seus discos ofereciam um bônus como os de nenhuma outra cantora: as capas. Em *Julie* ela se deitou ao revés no assento, com as pernas para cima, contra o encosto de uma cadeira de tela, vestindo um baby doll. Em *Calendar Girl*, doze poses no estilo da revista *Playboy*, que era o máximo. Alguns discos de Julie London podiam ser usados para duas finalidades: ouvir aquela deliciosa música romântica, ideal para passar uma cantada irresistível e, de quebra, decorar uma *garçonnière*. Julie nem precisaria cantar para ser a estrela da gravadora.

Mas a insegurança ainda rondava sua carreira. Um tormento. "Sonhei que ia a uma festa e na entrada caíam todas as obturações de meus dentes, aí eu ficava completamente nua, queria fugir e não conseguia", revelou certa vez para uma amiga. Julie London tinha pavor de gravar em estúdio. Para gravar precisava ficar "alta". Seus músicos diziam que nunca gravou totalmente sóbria. No entanto, mais de trinta álbuns demonstram que, ainda assim, ela era um espetáculo. Sem ser uma Peggy Lee ou uma Chris Connor, Julie London gravou um repertório quase sempre de alto nível, certamente a crédito de Bobby Troup. Parou de gravar quando o selo Liberty, "o som dos anos 60", fechou as portas. *Julie Is Her Name* vendeu mais de 3 milhões de cópias no mundo inteiro. Inclusive no Brasil, onde esteve em setembro de 1960, cantando com Bobby Troup na TV Tupi.

Julie London tinha pavor de cantar em público. "Antes de entrar no palco, me sinto tão mal que juro nunca mais fazer show, não vale à pena. Não tenho vontade". Fazê-la cantar em *night clubs* era uma batalha, detestava ficar longe de casa, longe dos filhos.

Também tinha pavor de fazer cinema. Praticamente, seus últimos filmes foram em 1959. Seu derradeiro papel dramático na televisão foi em um episódio da série *Big Valley*, no ano de 1968. Em 1971, participou do seriado de TV *Emergency*. Fazia o papel da enfermeira Dixie McCall, que acalmava todo mundo e tinha relativamente poucas falas. "Fico aterrorizada diante de uma câmara, nem quero assistir depois. Quando aparece um filme antigo meu na televisão chego a me esconder debaixo da cadeira".

Julie London se considerava conservadora, Bobby Troup achava-a introvertida. "Minha definição é melhor, é menos neurótica", arrematava ela. Não era muito ligada a atividades sexuais. "Sexo é muito pessoal, não deve ser exposto."

Em 1995 sofreu um ataque cardíaco. Quatro anos depois, a cantora mais ardente dos anos 50 e 60 estava numa cadeira de rodas, falecendo em 18 de outubro de 2000. Tinha 74 anos. A linda Julie London, cuja voz era o mais lascivo fundo musical para antes, durante e depois de uma memorável noite de amor.

Outras cantoras *sexy* surgiriam depois, já havia algumas antes. Para a juventude dos anos 50, April Stevens, Eartha Kitt, Peggy Lee, Chris Connor e Julie London foram as supremas. Mais que isso. Para nós, foram as vozes de alcova. Pensem o que quiserem.

8.

Nada como o *show business*

Para Nat King Cole, meu cantor favorito,
com quem tive a ventura de trabalhar em 1959

Quando o caixa do banco terminou a contagem e me entregou um maço de cédulas somando 23 mil dólares, o gerente do Bank of America, que observava a cena lá do fundo, não resistiu. Mr. Mayer levantou-se da poltrona e veio para junto do caixa:

— *Are you sure you're taking all this money in cash now?*

Mr. Mayer, um simpático gordote, careca e de óculos sem aro, era um velho conhecido meu. Durante o período em que vivi em Nova York, até um ano antes, eu recebia religiosamente do gerente a mesada enviada por meu pai: 300 dólares, com os quais pagava o aluguel e o serviço de limpeza do apartamento 1207 no nº 310 da Riverside Drive, defronte à Gershwin House; pagava também meus estudos na Juilliard School e os cursos extras na New York University, as refeições, a maioria fora de casa, o transporte de *subway*, os ingressos para ouvir jazz e concertos, os discos que comprava na Sam Goody ou na lojinha de usados num segundo andar da 6th Avenue, e ainda alguma roupa na rua 42, onde eram vendidas a preço de banana sobras dos soldados mortos na Segunda Guerra. No final de cada mês nada restava, mas os 300 dólares davam para um estudante viver sem luxo nem exagero na cidade mais cara dos Estados Unidos.

Aqueles 23 mil dólares na minha mão eram uma pequena fortuna. Encarei meu amigo gerente e respondi:

— *Yes, Mr. Mayer. I must pay someone right away.*

— *Uuuh! Then it's your turn. Good luck for you. Take care.*

Reparti o maço ao meio, enfiei em dois envelopes pardos que havia pego, guardando-os nos bolsos internos da jaqueta de nylon azul, fechei o zíper, me despedi e... "*God bless me*".

Era hora do *rush* em Nova York. Se fosse de táxi não chegaria a tempo. Saí direto na downtown Broadway, desci de dois em dois a escada da estação de Trinity Church ali ao lado, meti o *token* na fenda, passei pela catraca e me postei isolado na plataforma, com cara de enfezado. O trem "A" chegou lotado. *"Take the A Train."* Afundei o quanto pude até o meio do vagão e fui pela *express line* a toda velocidade até Times Square. Fiz a baldeação para a *local line* e desci na estação seguinte, da rua 50, apalpando a jaqueta de vez em quando, tentando não chamar a atenção. Estava tudo lá. Subi correndo a escada, caminhei em direção ao exclusivo The Gorham no 136 West da rua 55 para o encontro final. O homem se hospedava no *penthouse* desse luxuoso flat onde, algumas horas antes, havíamos acertado tudo. Não aceitara o cheque administrativo de praxe, queria tudo em dinheiro vivo.

Na portaria me informaram: já tinha ido embora e estava me aguardando no lobby do Hotel America na rua 48. Senti um frio na barriga. *Twenty three thousand dollars* era uma dinheirama que não acabava mais. O melhor lugar em um show da Broadway custava menos de 10 dólares. Saí ventando, meio correndo, da 55 até a 48. O negócio parecia não ter fim. Cheguei quase sem fôlego ao Hotel America. Uma espelunca. Cheirava mal, a frequência era a pior possível, mas ele estava me esperando com seu tio Will.

— *You brought the money in cash?*

Fomos para perto de uma escrivaninha velha num canto do lobby e ali mesmo tirei os envelopes do bolso, colocando o dinheiro à sua frente. Os oito shows da primeira semana estavam sendo pagos adiantados.

— *OK!*

Foi repartindo a grana em três pilhas iguais, contou e quando chegou ao fim chamou o tio, entregando-lhe duas delas.

— *One for you, one for daddy and this for me.*

Enfiou seu maço no bolso interno do paletó e já se preparava para sair. A meu pedido, apanhou uma folha de papel de carta do próprio hotel e rabiscou: *"Received twenty three thousand dollars"*. Entregou-me o recibo sem assinatura alguma. Com aquele olhar estrábico e sacana de quem tem um olho de vidro mas continuava um azougue, fixou a vista em meus olhos e afirmou com impressionante segurança:

— *I'll be there that day. Don't worry. Take care, man.*

Nada mais. Senti-me totalmente aliviado. Tranquilo. Depois de me conceder um sorriso com os dentes alvos à mostra, estendeu a mão para selar o compromisso. Em *show business*, um "shake hands" daqueles vale mais que qualquer contrato assinado.

Tinha acabado de concluir minha negociação com o Will Mastin Trio, um trio de um homem só — do maior *showman* do universo.

Sammy Davis Jr. estava contratado pela TV Record para estrear em 21 de junho de 1960.

O primeiro grande espetáculo internacional da TV Record acontecera três anos antes, quando Paulinho Machado de Carvalho promoveu a temporada do músico símbolo do jazz, Louis Armstrong. O mais idolatrado filho de Nova Orleans em todos os tempos veio ao Brasil pela primeira e única vez aos 56 anos.

Fora contratado para atuar na Argentina por Pancho Lococo, proprietário do afamado teatro Ópera da avenida Corrientes, em Buenos Aires. Pancho oferecera Armstrong e os All Stars a Paulinho, e assim se concretizou a fabulosa temporada do maior músico de jazz que pisaria em São Paulo até aquela data, novembro de 1957. Sua estreia foi um acontecimento na cidade, mas a maior parte do público não tinha ideia das peripécias que precederam a sua entrada no palco do Teatro Paramount com quase duas horas de atraso.

O aeroporto de Congonhas estava repleto de repórteres e jornalistas ansiosos pelo momento em que a figura carismática de Armstrong surgisse à porta do avião que o trazia de Buenos Aires. A curiosidade era tamanha que até a TV Tupi, maior concorrente da Record na época, enviara o atrevido repórter Tico-Tico (José Carlos de Moraes) para assumir a dianteira e obter as primeiras declarações de Satchmo aos brasileiros. Tico-Tico era tão estouvado que, mesmo sem falar patavina de inglês, furava todos os cercos possíveis e imagináveis e, sem a menor consideração pelas regras de bom-tom, acabava conseguindo ser sempre o primeiro. Muitas vezes, o primeiro e único.

Nem bem Armstrong atingiu o final do corredor ainda dentro do avião, Tico-Tico não teve dúvida: postado na plataforma do alto da escada, entrou direto empunhando seu microfone, e com tal afoiteza, que acabou ferindo levemente os lábios do músico, um músico que tocava trompete, é bom lembrar. Trompetista com lábios sangrando, quer dizer, sem condições de tocar. Profundamente irritado, Armstrong avançou, desceu as escadas e rumou para o hotel Jaraguá, onde se hospedavam as grandes personalidades que vinham à cidade. Trancou-se no quarto com a mulher e não quis papo com mais ninguém.

No Teatro Paramount, a ansiedade pela estreia parecia não ter limites. Casa completamente lotada, incluindo alguns menores de idade para a primeira sessão, das 8 horas. Quinze minutos antes, quando o público já estava quase todo acomodado na plateia, nas frisas e nos balcões, Pau-

Nada como o *show business*

Ferido no lábio e visivelmente contrariado, Louis Armstrong desembarca no aeroporto de Congonhas, em São Paulo, em novembro de 1957, ladeado por policiais, tendo Paulo Charuto, alto funcionário da TV Record, à sua direita.

linho recebe um telefonema de Lococo: "Olha Paulinho, surgiu um problema e ele não vai tocar".

— O quê? Não vai tocar? Como não vai?

— Ele me disse que ficou muito preocupado com o microfone que feriu seu lábio e tem medo que isso aconteça novamente.

— Mas como? Está tudo vendido, o público já chegou e está esperando o show e ele não vem? Como? Vou já para aí.

Enquanto Paulinho ia a pé sozinho desde a Brigadeiro Luiz Antonio, através dos três viadutos Maria Paula, Jacareí e Nove de Julho, até o hotel Jaraguá, correram os primeiros rumores que a sessão iria ser retardada. O juiz de menores apressou-se em tomar providências para retirar da plateia os que não poderiam permanecer na sala depois das 22 horas.

Assim que chegou à portaria do hotel, sem a mais vaga ideia de como resolver o problema, Paulinho deu de cara com um velho amigo, o famoso Vavá, um dos mais conhecidos frequentadores da noite paulista, figurinha fácil da boate Oásis, um brutamontes que ninguém tinha peito de enfrentar, fossem quais fossem as condições. Vavá era invencível nos socos e pernadas, não tinha medo de mão armada e dava um boi para entrar numa boa briga. Notando a visível aflição de Paulinho, Vavá perguntou o que havia.

— Olha, o Armstrong não quer ir para o teatro, estou desesperado. Você fala bem inglês?

— Falo. Vou subir com você.

Subiram no elevador e bateram na porta do quarto. Nenhuma resposta. Bateram novamente e nada. Vavá não teve dúvida. Recuou e entrou com tudo, metendo o pé direito sem dó nem piedade, derrubando a porta na primeira investida.

A cena era a seguinte: Armstrong de pijama, sentado numa poltrona ao lado da mulher, com um capacete de jogador de baseball na cabeça, pronto para se defender de qualquer repórter. Sem perda de tempo, Vavá mandou ver seu inglês, indo direto ao assunto: "Se você não for agora para o teatro vou lhe dar uma surra". A senhora Armstrong tentou interferir, protestando contra a ameaça, mas levou um safanão de Vavá que a estatelou sobre a cama. Vavá não estava brincando e Satchmo entendeu tudo: "Está bem, então eu vou".

Paulinho voltou correndo para o teatro, onde ninguém sabia a razão de tamanho atraso. Passava das nove e nenhuma justificativa. Alguns chegaram a abandonar seus lugares para devolver os ingressos e receber o dinheiro de volta. Paulinho marcou o início do espetáculo para as nove e meia, empurrando a sessão das dez para as onze e meia, e foi para o palco. Lococo chegou com Armstrong, enquanto o público, beirando a histeria, esgotava sua paciência com berros e reclamações em altos brados. Em sua primeira grande experiência de show internacional, Paulinho estava apavorado com a gravidade dos protestos e a iminência de um descontrole da situação.

Os ânimos ainda estavam fervendo quando finalmente as cortinas se abriram. Louis Armstrong entrou no palco do teatro Paramount. Até aquele momento, o público julgava que ele estava se fazendo de difícil, esnobando o Brasil. A vaia foi coisa nunca vista. Pareciam estar diante do mais odiado ditador do planeta. Na coxia, Paulinho gelou. Armstrong não deu a mínima. Sem tomar conhecimento, caminhou até o centro do palco com o lenço numa das mãos e o trompete na outra. À frente do microfone, empunhou o instrumento, levou-o aos lábios feridos e tocou as três primeiras notas no Brasil. Como por encanto, o teatro veio abaixo. As vaias estrondosas foram instantaneamente trocadas por uma ovação apoteótica no Teatro Paramount. Paulinho ressuscitou.

Louis Armstrong reinou por vários dias em São Paulo. A primeira grande temporada internacional promovida pela TV Record foi uma glória, a ponto de ser necessário um show extra no ginásio do Ibirapuera com a presença de Ângela Maria e do saxofonista Booker Pittman, que o conhecera nos Estados Unidos. Armstrong e Booker tocaram e cantaram juntos "On the Sunny Side of the Street".[1]

A instantânea mudança de comportamento do público, partindo de vaias estrepitosas para aplausos estrondosos, só iria se repetir no Paramount nos festivais da TV Record.

Depois de uma primeira temporada internacional com o novo ídolo do rock and roll, Bill Haley & His Comets, contratado mediante atuação do empresário que atuava no mundo do pugilismo em São Paulo, Moyse Bregman — cujas marcas registradas eram gravata borboleta e um charuto fedorento que mastigava sem tirar da boca — a TV Record havia entrado de cabeça nos shows internacionais, no mundo do *show business*.

Logo após a minha admissão na Record, canal 7, como modesto auxiliar encarregado de plugar microfones nas tomadas, sob as ordens imperiosas do técnico de som Rogério Gauss, que se pavoneava como o bambambã do pedaço, fui designado pelo nosso chefe, Seu Spencer, para acompanhar um show fora dos estúdios, então localizados próximos ao aeroporto de Congonhas. Seriam as matinês de outra atração internacional que Paulinho contratara pelo empresário Hector Spodeck, o cantor Johnny Ray.

Alto, bonito e simpático, Johnny Ray era o dodói das menininhas, com suas interpretações dilacerantes. Tinha um problema inacreditável que o acompanhava desde um acidente aos nove anos: Johnny era parcialmente surdo e usava um aparelho de ouvido, o que não o impediu de se

---

[1] Os All Stars que acompanharam Armstrong no Brasil eram Edmond Hall (clarinete), Trummy Young (trombone), Billy Kyle (piano), Barret Deems (bateria), Squire Gersch (baixo) e Velma Middleton (vocal). O saxofonista Booker Pittman (1909-1969), que nos Estados Unidos integrou orquestras como a de Benny Moten em Kansas City, chegou ao Brasil com a orquestra de Romeu Silva por volta de 1936. Aqui se radicou atuando no Rio, São Paulo e Buenos Aires. Por volta de 1949 embrenhou-se no interior do Paraná por quase dez anos, chegando a ser dado como morto. Foi redescoberto em 1957 pelo músico europeu Phillipe Cordelle, renascendo para uma nova vida artística, tendo sido cultuado pelos jazzistas brasileiros até sua morte.

consagrar mundialmente com *hits* como "Cry" e "Just Walking in the Rain", motivo de sua vinda naquele final de 1958 ao Brasil.

Como não dispunha de um teatro que suportasse a euforia imprevisível das suas fãs brasileiras, a Record alugou um cinema na avenida Brigadeiro Luiz Antonio, o Cine Arlequim, que anos depois seria convertido no Teatro Bandeirantes. Para apresentar Johnny Ray, foi escalada uma garota-propaganda loirinha de olhos azuis, um tanto rechonchudinha, que se identificava lindamente com aquela garotada: Ruth Prado. Vestindo-se de preferência com saias franzidas e bem rodadas, disfarçando convenientemente os excessos abaixo da cintura, aproveitou seu grande momento para deitar olhares maliciosos do palco, dando a entender que poderia estar de namorico com o cantor. A juvenil plateia feminina urrava de inveja.

Minha função nessa temporada era acompanhar a ação dos operadores de transmissões externas de eventos esportivos, dessa vez numa missão estritamente musical. Nenhuma novidade para mim, pois, àquela altura, além do conhecimento de música recebido na Juilliard School, eu vinha de uma experiência inaudita que ninguém possuía na televisão brasileira, um estágio de alguns meses no famoso estúdio da Atlantic Records em Nova York com um dos maiores engenheiros de som da história americana, o competentíssimo Tom Dowd. Desconfio que a intenção de Seu Spencer era me testar para o cargo que me destinou tão logo o Teatro Record foi inaugurado em janeiro de 1959, na rua da Consolação, nº 1.992. Fui designado para comandar o departamento de som, na função indevidamente denominada de sonoplasta.

Meu conhecimento de inglês foi fundamental para uma tarefa extra solicitada pelo diretor Paulinho Machado de Carvalho. Foi durante a primeira temporada internacional realizada no teatro, no mês de março, de um cantor negro com a compleição física de um decatleta (pois fora *boxeur*), dotado de um vozeirão de barítono com sotaque gospel: Roy Hamilton (1929-1969). A tarefa era atuar como intérprete entre o maestro do cantor, Graham Forbes, e os músicos da Orquestra Record. Roy, que veio com seu *manager* e descobridor Bill Cook, tinha pelo menos três grandes sucessos sendo executados pelas emissoras de rádio: "I'll Never Walk Alone", "Ebb Tide" e "Unchained Melody". Com essas canções e sua simpatia conquistou o público de São Paulo. Com sua estampa e seu charme, o coração de Elizeth Cardoso. O romance, esbraseado na temporada carioca da boate Fred's, de Carlos Machado, se estendeu a São Paulo, com a viagem de ambos tal qual um casal de pombinhos, mas, para todos os efeitos, apenas bons amigos. A suíte em que se hospedaram no Othon Palace Hotel fervia pelas madrugadas adentro. Após essa temporada inaugural, o Teatro Record foi fechado para uma pequena reforma, a construção de um fosso para a orquestra. Por esse motivo, Paulinho arrendou mais uma vez o Paramount para as apresentações do maior show internacional do ano de 1959 em São Paulo: Nat "King" Cole.

Por sugestão de seu *manager* Carlos Gastel (que também agenciou Peggy Lee, Mel Tormé e Stan Kenton), Nat gravou, em espanhol e durante apenas três dias de fevereiro de 1958, as doze músicas que iriam dar novo rumo à sua carreira vitoriosa, o LP *Nat King Cole canta boleros*, com um repertório basicamente latino em que despontaram pelo menos dois sucessos, "Cachito" e o cha-cha-cha "El Bodeguero". O novo "crossover" na trajetória do cantor romântico, que se projetara como um revolucionário pianista de jazz, era inédito entre os cantores americanos, abrindo novos horizontes a serem explorados. Em consequência, nada mais lógico que Gastel planejasse uma turnê pela América do Sul e visitasse com antecedência cada país a ser programado para fechar os contratos. Iria passar apenas um dia no Rio de Janeiro a fim de se reunir com o diretor do Copacabana Palace Hotel, Oscar Ornstein, que incontinenti convidou Paulinho Machado de Carvalho para vir ao Rio e rachar a temporada. Foi o início de uma parceria que se prolongaria por alguns anos e viabilizaria trazer ao Brasil grandes artistas internacionais nos anos seguintes. O contrato com um dos maiores cantores americanos da história, vivendo uma fase de sucesso maciço na América Latina, foi assinado na manhã seguinte e à noite Gastel partiu de volta.

Em abril, tendo voado pelo Clipper da Pan American World Airways, Nat acenou do alto da escada pela primeira vez para o público brasileiro que o esperava no aeroporto do Galeão. A estreia de gala, com farta cobertura da imprensa, foi em 13 de abril de 1959 no Golden Room do Copa, superlotado com a nata da sociedade carioca, ouriçadíssima com a presença do intérprete de "Blue Gardenia". No dia seguinte, Nat estava no estúdio da Odeon da avenida Rio Branco para gravar o segundo disco na linha de canções latinas que, sob a direção do maestro e arranjador Dave Cavanaugh, da Capitol Records, teria a participação de brasileiros, como a cantora Silvinha Telles e o Trio Irakitan. Com sua privilegiada voz aveludada, gravou as doze músicas no mesmo dia, incluindo quatro brasileiras, cantadas num português meio arrevesado: "Suas Mãos", "Caboclo do Rio", "Ninguém me Ama" e "Não Tenho Lágrimas". À noite ainda fez o segundo espetáculo no Copa.

266   Música nas veias

Nat King Cole é recebido em 20 de abril de 1959 em São Paulo com cobertura ao vivo do repórter Silvio Luiz, que utilizava o microfone volante da TV Record usado normalmente na cobertura dos jogos de futebol.

Na véspera de sua estreia em São Paulo, Nat King Cole deu uma entrevista coletiva para um batalhão de jornalistas num conhecido salão de chá da época, o Blue Room, na loja Sears da rua 13 de Maio. Simpático e muito bem vestido, estava ao lado da esposa Maria Cole (Ellington de solteira) num elegante modelo Nina Ricci. Abordou o preconceito racial nos Estados Unidos, de que era vítima, ressaltando ser o único cantor negro a ter seu programa na televisão americana, o Nat King Cole Show.

Enquanto isso, a orquestra da TV Record ensaiava no Teatro Paramount sob a regência de seu diretor musical, Lee Young, irmão de um dos maiores saxofonistas da história do jazz, Lester Young. Não me perguntem como, mas Lee Young conseguia reger e, ao mesmo tempo, tocar seu instrumento, embora para tanto precisasse de mais que dois braços. Lee, acreditem, era também o baterista da orquestra. A seção de metais era reforçada por um trompetista americano, Irving Bush, e a rítmica pelos outros dois músicos que o acompanhavam, completando a formação clássica do histórico King Cole Trio: piano, baixo e guitarra. Estes dois eram Charlie Harris, no baixo, e John Collins, na guitarra.

Com Nat King Cole vivi uma das mais extraordinárias e inexplicáveis experiências de minha vida. Como ele não viera ao primeiro ensaio, toda a equipe de som e luz no Teatro Paramount aguardava para qualquer momento sua chegada naquela tarde de 21 de abril, dia de sua estreia em São Paulo. Sempre ao lado de Lee Young, estava eu de costas para a plateia, completamente absorvido com a função de traduzir suas instruções aos músicos da orquestra, quando subitamente senti atrás de mim uma força magnética de tal intensidade que me senti impelido a ver o que acontecia. No exato momento em que me voltei, a elegante figura de Nat King Cole surgia no fundo da plateia, caminhando tranquilamente em direção ao palco.

Oferecemos a ele os três melhores microfones disponíveis e, depois de testar um por um, preferiu um B&O, bi-direcional de fita, pintado de creme para não refletir no vídeo. Uma das poucas exigências de Nat referia-se ao piano que iria tocar no espetáculo. Só tocava em piano branco, e assim o piano preto que viera do Teatro Record perdeu sua sonoridade original, ao ser pintado para Nat King Cole. Ficou branco para sempre.

Essa perda foi ridícula diante dos oito espetáculos inesquecíveis que Nat King Cole apresentou às oito e dez da noite no Teatro Paramount, de 21 a 24 de abril, dois deles transmitidos pela TV Record sob o patrocínio dos biscoitos Aymoré. A primeira parte do show era com o cantor William Fourneaut e os trios Marayá e Itapoã. Depois, Hélio Ansaldo vinha ao palco para anunciar a atração que lotou o Paramount em todas as sessões. A orquestra atacava a introdução e lá do fundo vinha ele caminhando majestosamente em seu porte elegante, trajando um impecável terno escuro com um filete do lenço branco no bolso esquerdo do paletó, para cantar "Saint Louis Blues", numa cena inesquecível sob os aplausos estrondosos da plateia. A quarta música era "Cachito", que fazia o público explodir, e logo depois a canção de Hoagy Carmichael de que ele se apossara para sempre em sua interpretação, desde o recitativo, "Stardust". Após o oitavo número fazia a apresentação dos músicos em exatos quinze segundos e atacava, com sua dicção irrepreensível e a voz macia como água, um *medley* de "Mona Lisa" e "Too Young", caminhando em direção à primeira frisa do lado esquerdo para entregar uma rosa à moça que lá estivesse. Quando terminava estavam todas elas em êxtase, ao passo que Nat Cole se dirigia solenemente ao piano branco, à frente da orquestra, sentava-se de viés, para que se pudessem ver suas mãos, e relembrava a fase do King Cole Trio com duas interpretações soberbas de "Tea for Two" e "Where or When". Mais uma música e lá vinha outro clássico irresistível, "Fascination", antecedendo "El Bodeguero". As três últimas músicas desse show de 47 minutos cronometrados eram "Around the World", "Love is a Many Splendored Thing" e "Joe Turner's Blues". Saía e voltava três vezes para o *finale* apoteótico, quando então desaparecia ao fundo do palco. Nunca o Brasil vira um cantor americano igual a ele. Terá havido outro melhor?

A crítica paulista não poupou elogios: classe impressionante, domínio absoluto sobre a plateia, demonstração de como se deve tocar piano, sucesso espetacular. Ao contrário, no Rio, Stanislaw Ponte Preta tachou--o de chato, medíocre, cantor meloso e finalizou com uma tirada cafajeste: "Chega de King Cole porque tem mulher esperando". Não é à toa que ele, Sergio Porto, não se afinaria com a sofisticada bossa nova.

Após os shows, Nat King Cole saía, sem a esposa, para dominar a noite paulistana. Na sexta-feira foi ao bar do hotel Claridge, onde se apresentava Dick Farney. Tocou e se esbaldou, deixando os frequentadores embasbacados com seu piano, sua simpatia, sua classe. No sábado, 25 de abril, com o chapeuzinho axadrezado de abas curtas que lançara na capa dos discos latinos, embarcou para Montevidéu. Despediu--se prometendo voltar.

Mas Nat King Cole nunca mais voltaria ao Brasil. Seu único defeito, segundo um jornalista do vespertino *Última Hora*, era fumar um maço e meio de Phillip Morris por dia. Nat morreu de câncer em 15 de fevereiro de 1965. Tinha 47 anos.

Pressentindo que o mercado brasileiro reagia favoravelmente na área de atrações internacionais, o agente da William Morris,[2] Alex Valdez, resolveu ver de perto o que poderia desenvolver por aqui. O ruivo Valdez, peruano de nascimento que falava um espanhol com *erre moscia* (erre frouxo), já trouxera Edith Piaf no início da década e viajou ao Brasil no mês de maio para negociar e prometer. Negociou com a TV Record a vinda de sua conterrânea, a cantora Yma Sumac, e do cantor Cab Callo-

---

[2] Maior agência artística do mundo, a William Morris, fundada em 1898, tendo como símbolo um "W" e um "M" entrelaçados, ocupava na época alguns andares do edifício da Mutual of New York, na Broadway. Atualmente está na 6th Avenue.

Nada como o *show business*

way. Prometeu ainda Frankie Laine, Eartha Kitt e Harry James, porém foi taxativo quanto à possibilidade de duas das mais ambicionadas atrações da época: "É praticamente impossível trazer Frank Sinatra e Sammy Davis Jr.".

Assim é que, enquanto o novo auditório da Record ainda permanecia em reforma, chegou a São Paulo a trupe de trinta artistas negros de uma completa revista musical com cenários, figurinos, músicos, bailarinos e cantores: "The Cotton Club Revue of 1959". Era estrelada por um cantor praticamente desconhecido no Brasil e reverenciado no jazz pelas excelentes *big bands* que montou e dirigiu nos anos 30 e 40, embora não tocasse instrumento algum e mal conhecesse música. Era Cab Calloway (1907-1994), um *entertainer* com olho clínico para selecionar músicos.

Um show desse porte exigia dias de ensaio num teatro adequado e dessa forma o Paramount foi novamente arrendado para permitir os ensaios necessários por dois dias. Além das bailarinas acrobáticas, algumas mulatas de corpos esculturais, a revista que estreou no dia 28 de maio tinha duas cantoras (Lady Washington e Ketty Lester, que agradava muito), o grupo vocal The Chocolateers e o barítono Leslie Scott, que vivera o papel de Porgy na espetacular montagem americana da ópera "Porgy and Bess".[3]

O astro da revista era mesmo Cab Calloway. Vestindo um casaco vermelho-cheguei, ele entrava no palco — já devidamente incendiado pelos movimentados números musicais precedentes — para colocar ainda mais lenha na fogueira com seu estilo extrovertido e despachado. Incitava o público, que mal tinha ouvido falar de seus conhecidos sucessos nos Estados Unidos, "The Hi-De-Ho Man" e "Minnie The Moocher", a repetir os versos que cantava chacoalhando desmedidamente a cabeleira e abrindo um sorriso tipo propaganda do creme dental Gessy. As provocações davam resultado, seus desvarios agradavam, as mulatas excitavam, a música era da pesada e a revista permaneceu em cartaz com bom público até 7 de junho.

Se todas as histórias inventadas sobre Yma Sumac fossem verdadeiras, ela não seria apenas uma cantora e sim imperatriz sem coroa da região norte da América do Sul. Dizia-se que era descendente direta de Atahualpa, último imperador inca, o que foi comprovado, mas seu ma-

---

[3] Em São Paulo, essa montagem foi levada à cena em 1955, no Teatro Santana da rua 24 de Maio.

A exótica cantora peruana Yma Sumac recebe um beijo de seu marido Moisés Vivanco, que dirigiu a orquestra da TV Record durante a temporada paulista da intérprete em junho de 1959.

rido e diretor musical Moisés Vivanco delirava quando era entrevistado sobre sua descoberta, fantasiando casos mirabolantes para valorizar a artista naquilo que era de fato fenomenal: uma cantora.

Naquele ano de 1959, ambos tinham acabado de se reconciliar de um divórcio de dois anos, após um casamento de quinze. Reconhecido estudioso de música folclórica peruana, ele soube lapidar o diamante bruto contido naquela voz de extensão incrível e transformá-la numa atração de expressão mundial, única no seu território e sucesso na gravadora americana Capitol desde o primeiro disco de 1950, o LP de 10 polegadas *Voice of the Xtabay*.

Nenhuma cantora sul-americana foi mais exótica que Yma Sumac, viva até hoje: de uma formosura sedutora, seu belíssimo guarda-roupa era inspirado nos costumes incas e sua voz era de fato perturbadora. Nos graves que atingia, parecia um barítono, e nas notas mais agudas, o trinar dos pássaros, abarcando tessitura entre quatro e cinco oitavas.

Em seu primeiro ensaio no "novo auditório" da TV Record, como ainda era chamado o Teatro Record após a primeira reforma, estreou um novo microfone que acabara de chegar dos Estados Unidos.[4] Fez jus ao privilégio que só ela teve. Seu espetáculo, que hoje em dia faria a festa da comunidade esotérica, com acompanhamento da orquestra dirigida pelo minucioso Doctor Vivanco, era o que havia de extravagante em termos de encenação e repertório. Ninguém conhecia aquelas canções incas ("Ataypura", "Xtabay", "Ripui"), mas a plateia ficou boquiaberta com os sons de assobio que Yma Sumac conseguia emitir com a garganta. Após o número derradeiro, as cortinas foram cerradas com entusiasmo tão exagerado do maquinista que se tufaram qual uma vela de barco, levando de roldão o que estivesse pelo caminho, ou seja, o novíssimo microfone AKG. A plateia ficou em suspense vendo o pedestal se desequilibrar, pender e... bumba! Lá do alto, na cabine de som, sem nada poder fazer, senti um frio na barriga. Em alguns segundos, Blota Júnior, apresentador do espetáculo, levou à cantora um outro microfone para o bis, e felizmente o AKG nada sofreu. A temporada decorreu de 8 a 10 de junho sob os auspícios de um patrocinador localizado com perspicácia pelo departamento comercial: "Rádios e TVs ABC, a voz de ouro".

A concorrente direta de mais esse sucesso internacional da TV Record era Elizeth Cardoso, que atraía a nata da *society* paulistana na boate Cave. O LP *Canção do Amor Demais*, com composições de Tom Jobim e Vinicius de Moraes, lançado um ano antes, era seu grande trunfo. A noite fervia em São Paulo e pela segunda vez uma atração da Record era apresentada também numa boate após os shows no "auditório". Fabrizio Fasano, o *boss* da cadeia de restaurantes, rotisseries e salões de chá Fasano dirigia a boate mais chique da cidade, o Jardim de Inverno Fasano, na sobreloja do Conjunto Nacional, a única que poderia ser comparada àquelas dos filmes musicais da Metro. Era um luxo só, ampla, com aquele clássico degrau que separa as mesas da pista de dança, e tinha uma frequência chiquérrima. Fabrizio fizera um acordo com Paulinho Machado de Carvalho e passou a apresentar shows internacionais no Fasano. Cab Calloway fora o primeiro e Yma Sumac, a segunda.

O circuito de ofertas internacionais que gravitava ao redor da TV Record fortaleceu-se com a chegada de mais um empresário, Ricardo Cella, apresentado por Dom Cicillo, concessionário do restaurante no

---

[4] Microfone AKG modelo C-12, cardioide de condensador.

aeroporto de Congonhas. Com bom conhecimento do mercado argentino e penetração no mundo das atrações europeias, Ricardo era um boa pinta, estampando sua origem italiana, mas não se vangloriava da flama que despertava entre as belas mulheres por onde quer que passasse. Seu grande amigo, o hilário Mauro Cesarini, assíduo frequentador dos bastidores do Teatro Record, bebia com sofreguidão as narrativas de suas aventuras amorosas para, depois, delas se apossar e, sem a menor cerimônia, transferir para si próprio o papel do personagem que as tinha vivenciado. Acreditando piamente nas descrições de Mauro, devido à precisão dos mais íntimos detalhes, a moçada à sua volta suspirava com inveja, enquanto Ricardo Cella, o verdadeiro conquistador, não estava nem aí. Quase nunca parava em São Paulo, onde tinha um apartamento na rua Pamplona, ou em Buenos Aires, onde se hospedava infalivelmente no Hotel Alvear, ou em Roma, onde tinha um *pied-à-terre*, ou em Paris. Sua simpatia recatada, sua discrição e sua eficiência levaram-no a lugar de destaque entre os empresários que iriam negociar numerosas atrações artísticas com a TV Record.

Ricardo chegou em ótima hora, pois ao final dos anos 50 a canção italiana teve um *boom* no mundo, penetrando até no mercado americano como jamais acontecera antes. A origem dessa consagração foi a projeção da música vitoriosa no Festival de San Remo de 1958, "Nel Blu Dipinto di Blu" (também conhecida como "Volare") do compositor italiano Domenico Modugno, que passou a desfrutar de imediata notoriedade pela Europa e América e ganhou três prêmios Grammy (canção, interpretação e disco). Com essa música nasce a nova canção italiana, abrindo um universo para compositores e intérpretes que passaram a circular em shows pelo mundo afora e cujos discos atingiram os *hit parades* dos anos 60, especialmente no Brasil. Foi na fertilidade desse campo musical que Ricardo Cella se aprimorou, o da nova canção italiana.

Tais composições revelavam nas letras românticas o cativante sentimento de espontaneidade do povo italiano, traziam à tona melodias desenvolvidas a partir da sedutora música napolitana tradicional e ostentavam uma característica rítmica peculiar: o uso abundante das tercinas (ou quiálteras), isto é, três notas ocupando o lugar de duas, como ocorre precisamente no acompanhamento de piano em "Volare".

Dos artistas italianos que chegaram à Record contratados para o mês de julho, o primeiro era um intérprete de canções napolitanas tradicionais, o siciliano Giacomo Rondinella (nascido em 1923), que estreou no dia 1º no Teatro Record. Foi anunciado erroneamente como criador de "Nel Blu Dipinto di Blu", uma gafe imperdoável que, ainda bem, não prejudicou sua temporada. Além da Record, Rondinella apresentou-se na boate Michel, da rua Major Sertório, com lotações esgotadas por todas as noites até 15 de julho. No final do mesmo mês chegou o pianista Renato Carosone (1920-2001) com seu sexteto.[5] O músico tocava um piano eletrônico, novidade tão recente que nem ele sabia bem como funcionava, e "Picolissima Serenata" e "Scapricciatello" eram algumas das canções apresentadas nos seus shows da Record e do Jardim de Inverno Fasano.

Nem bem Carosone terminou sua temporada, o Teatro Record ficou à disposição para os ensaios de uma estrela de primeira grandeza no *show business* internacional. Veio precedida de tremendo sucesso no Golden Room do Copacabana Palace do Rio de Janeiro, apimentado por um comentado romance com o playboy Ricardinho Fasanello. Às 16 horas do dia 3 de agosto, aterrissou no aeroporto de Congonhas o avião que conduzia Marlene Dietrich. A ala internacional estava lotada com dezenas de jornalistas e fãs para receber o Anjo Azul, então com 58 anos, um dos mistérios que evitava revelar. Dizia que eram 54. Com muita classe, também evitou que algum fotógrafo conseguisse o objetivo deles todos, fotografar suas lindas pernas. Despontou elegantíssima com uma capa comprida de chantung areia, chapéu e luvas, cumprimentando os presentes com um sorridente "Bon soir", disse algumas palavras e, entrando no automóvel preto, foi direto para a suíte 1108 do Hotel Jaraguá. Na mesma noite, com voz sensual e personalidade cativante, concedeu uma entrevista coletiva inteligente, impedindo de ser fotografada de baixo para cima, ou seja, mais uma vez protegendo das câmeras suas ambicionadas pernas. A "cria de Josef von Sternberg", segundo declarou nesse coquetel, era o "talk of the town" nas colunas sociais e na mais alta roda da sociedade paulistana, que pretendia comparecer em peso para a aguardada estreia.

À tardezinha, os músicos da Record estavam tomando assento no fosso da orquestra quando lhes apresentei o diretor musical de Marlene Dietrich: Burt Bacharach, então um competente pianista e arranjador, um compositor buscando lugar ao sol, com todos os requisitos para ser um galã de sucesso no cinema. Antes que retirassem os instrumentos das caixas, Burt disse com muita delicadeza: "Senhores, não precisam retirar os

---

[5] Sua formação incluía Piero Giorgetti (vocal), Tony Grotto (sax-alto), Gianni Tozzi (sax-tenor), Raf Montrasio (guitarra) e Gegè Di Giacomo (bateria).

O charme da sedutora Marlene Dietrich conquistou quem estava no aeroporto de Congonhas em 3 de agosto de 1959.

Marlene Dietrich, com seu casaco de pele, observa Burt Bacharach (de pé, no poço do teatro) dirigir a orquestra da TV Record durante o ensaio de seu espetáculo. À esquerda, Zuza e o maestro Cyro Pereira.

instrumentos ainda. Abram as pastas na primeira música, porque no ensaio de hoje vamos começar cantando". Os músicos se entreolharam espantados e receosos, mas dali a pouco estavam todos descontraídos, cantando as notas de suas partes como num coral. Depois de muito cantarem é que foram tocar.

La Dietrich chegou bem tarde para dirigir ela própria o mais estafante ensaio de que havíamos participado. Com um microfone de mão, de pé e sem o menor sinal de cansaço, ela se empenhava em ajustar rigorosamente a iluminação do palco, corrigia a movimentação do canhão de luz, observava o volume da orquestra e o nível de seu microfone e demarcava o posicionamento das oito bailarinas brasileiras, observando que cumprissem a instrução da coreógrafa americana de não levantarem as pernas para a frente acima das suas.[6] Nessa noite, o Teatro Record estava sob as ordens de Marlene, que durante horas e horas não se sentou uma vez sequer. Estávamos todos exaustos quando ela deu a sessão por encerrada, anunciando um ensaio geral para a tarde seguinte.

Antes de seu início é que pude conhecê-la diretamente. No seu camarim, defronte àquela mulher que exalava uma sedução feminina como eu jamais havia sentido antes, fiquei completamente derretido. Seu olhar voluptuosamente invasivo era de render o cidadão, sua boca, um poço de perdição, e o porte, de uma semideia misteriosa. Que *femme fatale*! Tremi na base.

Com casa cheia todas as noites de 4 a 9 de agosto, os shows de Marlene foram o grande acontecimento daquela semana em São Paulo, como já haviam sido no Rio de Janeiro. Uma *diseur* poliglota, cantando com uma voz grave, driblava as notas muito agudas, glissava com a sensualidade de um Johnny Hodges, arfava, vibrava como Piaf, conquistando a plateia feminina e masculina com a mesma intensidade, deixando a convicção de estarem diante de um show internacional inesquecível. E era. Cantava em alemão ("Das Lied ist Aus", "Jonny"), em francês ("La Vie en Rose", "Je Tire ma Révérence") e em inglês ("You're the Cream in my Coffee", "Falling in Love Again", o arranjo em cha-cha-cha para um malicioso "Makin' Whoopee!" e, por suposto, "Lili Marlene"). Ao interpretar "One for my Baby", de seu querido amigo Harold Arlen, senta-

---

[6] As oito bailarinas, entre as quais Ruth Rachou e Márika Gidali, participavam apenas do número final e foram ensaiadas pela coreógrafa americana Sonia Shaw, que retornaria ao Brasil posteriormente para dirigir o show "Skindô".

va-se numa cadeira que ela mesma comprara num antiquário carioca. Impedia terminantemente que fosse fotografada no show. Numa noite se soube por quê. Já pronta para entrar em cena, com seu vestido de strasse arquicolante moldando o corpo esguio, sentiu vontade de fazer xixi. Chamou Mirabeli, o contrarregra, e pediu um balde cheio de areia. Onde encontrar um maldito balde com areia naquele instante? Rapidamente Mirabeli esvaziou a areia do cinzeiro e lhe trouxe o balde, colocado no chão entre suas pernas. De pé mesmo, na coxia, Marlene, sem dar a mínima para os demais presentes, esvaziou a bexiga e entrou no palco.

Marlene fora atração dos cabarés de Berlim nos anos 20 com canções de Friedrich Hollaender, fora estrela do cinema alemão antes da Segunda Guerra (em *O Anjo Azul*, como uma cantora de cabaré) e de Hollywood em inúmeros filmes desde 1930, desprezando fortunas para atuar no cinema da Alemanha nazista. Iniciou sua vitoriosa carreira de *one woman show* em 1953, no Sahara Hotel de Las Vegas, percorrendo o mundo e, a conselho de seu amigo Nat King Cole, fazendo a turnê pela América do Sul. Além dos shows, gravou aqui um de seus melhores discos, *Marlene Dietrich in Rio*.

Seu maestro, Burt Bacharach,[7] respeitava o mesmo código por ela estabelecido em 1923 com Rudolf Sieber: casamento aberto, com *habeas corpus* para romances. Marlene "amou" galãs de Hollywood (John Wayne), astros do cinema francês (Jean Gabin), generais (Patton) e teve até *affaires* lésbicos. No Brasil continuava de amores com Ricardinho, seu convidado de honra na plateia do Teatro Record e também *escort* em São Paulo, tendo como companhia apenas a oncinha que ele levava pela coleira como um cachorrinho. Por tal motivo, seu amante Burt, a quem ela atribuía ter conseguido arquitetar a performance de cantora num espetáculo completo, estava muito mais interessado na música brasileira, pedindo-me indicações de discos. Após a noite de estreia foi à boate Michel, onde, além de dar uma canja aplaudidíssima, assistiu ao show de Dolores Duran em seu repertório americano, que dominava como nenhuma outra cantora brasileira de seu tempo.[8] De madrugada, em suas incursões pelos bares da cidade, ele fazia anotações sobre o que ouvia, propician-

---

[7] Burt Bacharach atuou com Marlene Dietrich até 1965, deixando-a com o "coração partido" para se dedicar à sua própria carreira.

[8] Menos de três meses depois, em 24 de outubro de 1959, Dolores morreria no Rio de Janeiro.

Nada como o *show business*

do-lhe valiosa fonte de informações para aplicar em suas composições futuras, que, de fato, revelariam sutis procedimentos existentes na música brasileira.

Com 32 malas de vários tamanhos na bagagem, a cadeira e algumas reprimendas da imprensa paulista, por ter exigido que três bailarinas negras fossem retiradas do show de abertura de seus espetáculos no Teatro Record,[9] a mulher para quem a expressão "glamour" caberia ter sido inventada caso não existisse, partiu para Buenos Aires no dia 10 de agosto, véspera de nova estreia no Teatro Record, a de Sarah Vaughan (1924-1990), uma das maiores cantoras de jazz de todos os tempos. Procedendo também do Rio de Janeiro, onde aficionados como Jorginho Guinle e Vinicius de Moraes[10] quase se ajoelharam a seus pés nos shows da boate Fred's, ela chegou com o ego escovado como nunca. A diva não era uma Norah Jones qualquer. Para começar, veio com um trio de tirar o chapéu: Ronnel Bright ao piano, Percy Brice à bateria e o jovem Richard Davis ao contrabaixo. Cada um melhor que o outro. Simpática não era, longe disso. Seu permanente mau humor foi comentado internamente desde a passagem de som para a estreia em 11 de agosto.

Mas tudo isso era perdoado em larga escala quando Sarah Vaughan abria a boca para cantar com refinamento "Sometimes I'm Happy", na abertura do show. Como era pianista, conhecia a harmonia de tudo que cantava, improvisando *scats* no estilo de sua formação jazzística, o bebop, por conseguinte diferente de Ella Fitzgerald, a quem nunca superou em termos de popularidade e, talvez, de espontaneidade. Em função da absurda extensão, sua voz de contralto assumia incríveis matizes, entre graves profundos e agudos límpidos; seu fraseado era o de um instrumento, evidenciando os ornamentos melódicos e rítmicos, para ela, consideravelmente mais valiosos que as letras, estas, pouco mais que um adicional. Ainda que não tenha lotado todas as sessões, estava em sua plenitude, oferecendo aos mais exigentes soberbas interpretações de um repertório do qual conhecia os pormenores: "Body and Soul", "Linger Awhile", "What is This Thing Called Love" e "Once in a While", entre outras.

---

[9] Os espetáculos internacionais no teatro eram sempre precedidos de um show de abertura com artistas brasileiros, e o de Marlene Dietrich foi produzido por Abelardo Figueiredo. Marlene faleceu em Paris, em 1992, com 90 anos.

[10] Segundo Vinicius, "qual uma rosa negra, desabrochou em novas pétalas de voz". Sarah foi paparicada inclusive numa recepção oferecida pela grande autoridade em jazz do Brasil, Jorginho Guinle.

Antes da temporada paulistana no Teatro Record, realizada em
agosto de 1959, Sarah Vaughan encantou os fãs cariocas do jazz
com um show na boate Fred's, no Rio de Janeiro.

Para captar as nuances daquela voz privilegiada escolhi um comprido microfone Electro-Voice modelo 654, em cor grafite, que tínhamos para quem preferisse mantê-lo no pedestal ou usá-lo na mão. A boca da cantora chegava a encostar no microfone, deixando uma marca de baton vermelho que nunca mais saiu. A marca de "Sassy", a Divina.[11]

Com Sarah Vaughan, veio ao Brasil seu marido na época, John Hopkins, um grandalhão cheio de anéis, certamente preciosos, que não se satisfazia em atuar como seu *personal manager*. Percebendo que poderia faturar algum na TV Record, vivia pedindo reuniões com Paulinho, nas quais eu atuava como tradutor. Numa delas disse que era muito amigo de Sammy Davis Jr. e perguntou solícito:

---

[11] Sarah Vaughan retornou ao Brasil outras vezes, a última delas no Free Jazz Festival de 1987. Gravou dois discos dedicados à música brasileira: *O Som Brasileiro de Sarah Vaughan* (*I Love Brazil!*, 1977) e *Brazilian Romance* (1987). Outro disco, *Copacabana* (1979), teve a participação do guitarrista Hélio Delmiro.

— *Pólino, would you like to book Sammy for next year?*

Era melhor acreditar que duvidar. Paulinho concordou em deixá-lo agir por conta própria, mas nenhum de nós dois punha fé naquele sujeito meio grosso. Não devia ser mole viver como marido de Sarah Vaughan.

Buenos Aires e São Paulo eram as cidades ideais da América do Sul para receber de braços abertos os novos artistas da Itália. Assim é que o terceiro artista italiano da Record não poderia ser mais significativo: Domenico Modugno, vivendo ainda a glória de sua segunda vitória em San Remo com "Piove".

Modugno (1928-1994) iluminava como o sol. Tomava café no balcão do Lanches Stromboli, o bar vizinho do Teatro Record, quando o vi pela primeira vez. Tinha os cabelos revoltos, bigodes negros e jorrava alegria pelos poros, contaminando até a indiferença do garoto que servia aquele medonho café de coador. Modugno era o centro da roda naquela tarde de 2 de setembro de 1959, antes do ensaio para sua estreia com lotação esgotada. À noite, quando pisou o palco, ele me apareceu de terno branco e sapatos pretos, e antes de começar a cantar, após uma breve introdução da orquestra nos primeiros compassos de "Volare", disse num italiano muito claro para nós paulistas:

— *Allora, come se dice in portoghese, "Boa noite" a tutti quanti. Io no parlo portoghese, io parlo italiano perché portoghese è molto difficile senza che come si svzz strzzzz... così così. Sono molto felice e prima di cominciare a cantare voglio dire poche parole, voglio dire che sono felicissimo di essere qui a São Paulo perché in questa città io ho dei ricordi molto belle, molto strani. Molto strani perché mio padre è venuto qui a São Paulo tanto tempo fa per cercare lavoro, per cercare fortuna e la fortuna non l'ha sorriso perché dopo sei mesi è dovuto ritornare a Italia più povere di prima. Oggi io sono qui e sono commosso di essere in questa città perché a me, la fortuna ha sorriso. Quella che ha tolto a mio padre, ha mandata a me. Per questo sono felice di essere qui. La prima canzone è dedicata a tutti le ragazze di 15, 16, 17... 60 anni: "Lazarella".*

A plateia estava em suas mãos. Sem perda de tempo, a orquestra atacou sua tarantela, interpretada com uma alegria contagiante que acabava por conquistar os ainda indecisos.

No segundo número, quebrou todas as regras do *show business* americano a que estávamos acostumados ao cantar seu maior sucesso, gastando assim o principal trunfo no início do espetáculo. Convidava todos as senhoras e senhores a vir ao mundo pintados de azul, entoando então o recitativo acompanhado por piano ("Penso che un sogno così non ritorna mai più/ Mi dipingevo le mani e la faccia di blu/ Poi d'improvviso venivo dal vento rapito/ E incominciavo a volare nel cielo infinito"), seguido da melodia que conquistara o mundo: "Volare, oh oh/ Cantare, oh oh oh oh/ Nel blu dipinto di blu/ Felice di stare lassù…", acompanhado pela orquestra nas marcantes tercinas. Cantava uma só vez, sem repetir.

A seguir, uma canção dedicada aos senhores, pois, dizia ele, "não se compreende por que, mas quando chega o verão, o calor… as mulheres vão para a praia, para o ar fresco, ao mar. Enquanto isso, os maridos são obrigados a ficar na cidade, suando no calor, não se compreende por quê. Porém, quando a mulher se vai e nos deixa sozinhos na cidade, não pensem que nós deixamos de ver as outras meninas. Mas isso tem sempre um destino amargo. Todas as vezes que está tudo preparado, pronto: trraam! A mulher volta. *Managgia le moglie!!! Mariti in città!!!*". O público gargalhava, e após terminar, ele contava onde escrevera a canção seguinte: na América do Norte, em Pittsburgh, "a cidade mais triste do mundo. Chove, chove, chove. Estava na estação esperando o trem quando vi uma cena que me impressionou: um rapaz e uma moça na outra plataforma, um defronte do outro, parados debaixo da chuva. Mas que faziam aqueles dois debaixo da chuva? Queriam se fazer de árvores para crescerem? Ele chorava, ela chorava e as lágrimas se misturavam com o rímel. Mais tarde entendi: eram dois namorados que diziam adeus para sempre. De fato, quando o trem partiu, ele saiu correndo pela plataforma gritando palavras de amor e chorando. Em inglês. Não entendi nada do que dizia. Mas nessa cena real da vida encontrei inspiração para escrever uma canção que se intitula 'Piove'".

Assim começava o recitativo: "Mille violini suonati dal vento/ Tutti i colori dell'arcobaleno/ Vanno a fermare una pioggia d'argento/ Ma piove, piove sul nostro amor". E vinha a primeira parte: "Ciao, ciao, bambina, un bacio ancora/ E poi per sempre ti perderò…". No trecho instrumental, um romântico solo de violino, e ele: "Ciao, bambina!… Ma piove, piove sul nostro amore".

Para a canção seguinte, Modugno também preparava o público com uma cena enternecedora: de madrugada, em uma cidade qualquer do mundo, às três ou quatro da manhã, quando todos já dormem, sob o silêncio da lua que brilha, um homem só, vestido de fraque, caminha pela rua. O último gentil-homem que se despede de um sonho, de um momento de amor que nunca mais voltará. Um homem de fraque.

Acompanhava-se ao violão em "Vecchio Frack" assobiando a introdução, uma descrição deslumbrante:

"E' giunta mezzanotte si spengono i rumori/ Si spegne anche l'insegna di quell'ultimo caffè/ Le strade son deserte, deserte e silenziose/ Un' ultima carrozza cigolando se ne và/ Il fiume scorre lento frusciando sotto i ponti/ La luna splende in cielo dorme tutta la città/ Solo và un vecchio frack...". O espetáculo prosseguia.

Ao final, o público aplaudia de pé, radiante. Os shows de Modugno estão entre o que de melhor o Teatro Record apresentou em sua história. Emocionantes e divertidos, plenos de vida, numa identificação instintiva com o público paulistano, com a imensa colônia italiana. Em São Paulo, Domenico Modugno estava em casa.

Menos de um ano depois, Modugno retornou para sua segunda temporada na Record, obtendo novo sucesso consagrador com o teatro superlotado de 3 a 9 de julho de 1960, exceto por uma apresentação em especial. Paulinho tinha vendido o show do dia 7 para o Grande Hotel de Campos do Jordão, o que implicava uma de minhas atribuições, a de escoltar as atrações às outras praças, armar o espetáculo, receber a grana e, no dia seguinte, retornar a São Paulo com o artista.

Modugno levou seu pianista, mas não quis pernoitar após o espetáculo, preferindo retornar a São Paulo após o show. Passava da meia-noite quando partimos de volta, e assim que chegamos ao início da descida pela serra velha, uma estrada estreita com uma curva mais fechada que a outra, a neblina do inverno havia baixado para valer. Não se enxergava um palmo além do para-choque naquela madrugada. Ao perceber que o motorista estava meio apavorado, Modugno não teve dúvida: mandou parar o automóvel, abriu o porta-malas, retirou o violão da caixa e convidou-me para sentarmos nos para-lamas, um de cada lado. E sem ligar a mínima para o frio da cerração, Modugno foi abrindo o caminho que os faróis não conseguiam atravessar cantando suas canções, "Piove", "Io", "Volare"... Tinha-se a sensação de que as árvores se curvavam felizes e respeitosas para aquela voz que ecoava pela mata da serra da Mantiqueira. Era o maravilhosamente maluco Domenico Modugno, cantando para um único ouvinte, arrebatado com aquele sonho.

Desde maio a TV Record incluía um programa de estúdio voltado para a juventude, um extrato social até então praticamente ignorado pelas grandes gravadoras, e que dava sinais evidentes de um crescimento para muito breve. "Crush em Hi-Fi" era apresentado pelos irmãos Tony e Celly Campello, cujo *hit* era "Estúpido Cupido" (versão de Fred Jorge para "Stupid Cupid", de Neil Sedaka). O sucesso de Celly era um prenúncio da nova tendência do mercado, reforçada com o surgimento de

A certa altura de seu show, o compositor e cantor italiano Domenico Modugno acompanhava-se ao violão para uma emocionante interpretação de "Vecchio Frack".

uma pequena gravadora, a Young, dirigida pelo disc-jóquei Miguel Vaccaro Neto, que promovia o *cast* em sua coluna de discos no jornal *Última Hora*. Não havia um só dia em que não rasgasse elogios sobre os jovens que davam seus primeiros passos para sair do amadorismo, ainda dependente do rock and roll americano, em direção ao profissionalismo. Desse grupo faziam parte os cantores Hamilton Di Giorgio, Regiane, Antonio Cláudio, o grupo vocal The Youngs e o conjunto The Avalons, de que participavam o guitarrista Dudu e, nos vocais, Bob, Solano e Passarinho. Solano viria a se tornar depois o produtor dos festivais de música popular brasileira, Bob e Passarinho desapareceriam do cenário, e Dudu passaria anos fora do Brasil, tocando um banjo no qual era imbatível. Palavra de quem tocou contrabaixo com ele na Paulistania Jazz Band.

É no mínimo intrigante a trajetória de certas canções que, ao contrário de outras que se fixam para sempre em interpretações chamadas de definitivas, como "New York, New York" com Sinatra ou "Arrastão" com Elis, acabam percorrendo um caminho imprevisto. É o caso de "Jambalaya (On the Bayou)" gravada pelo seu autor, o fabuloso herói do gênero "country and western", Hank Williams. "Jambalaya", gravada em interpretação genuinamente *country* em junho de 1952, tornou-se um sucesso nacional com milhões de cópias vendidas. Com sua voz rude e meio arrastada, Hank era acompanhado em andamento médio por um conjunto instrumental típico do "Grand Ole Opry", com violino, guitarra havaiana e ritmo.[12] Pouco tempo depois, ainda em 1952, a cantora que emergira das *big bands*, Jo Stafford, dona de um timbre doce e melancólico, gravou pela Columbia a mesma canção *country*, porém interpretada como um *standard* americano na roupagem habitual, orquestra de cordas e um *back vocal* masculino. O resultado foi um novo sucesso.[13] Duas gravações bem diferentes pareciam determinar o ponto final na carreira da composição de Hank Williams. Mas, parafraseando o *slogan* da transportadora A Lusitana, o mundo das canções gira e os sucessos rodam. E voltam. Em 1957, "Jambalaya" atingiria outras paragens, a juventude. Ao gravá-la de maneira explosiva, em andamento mais rápido, com uma vitalidade que ninguém descobrira antes, a garota Brenda Lee, da mesma origem "country and western" de Elvis Presley, colocou o pé na roda da fortuna com um sucesso mundial. "Jambalaya" era agora um "rockabilly",[14] dançada nos bailinhos da juventude, inclusive brasi-

---

[12] A autoria de "Jambalaya" foi objeto de contestação, tendo sido alegado haver semelhança com certa música francesa do estilo Cajun que mencionava comidas típicas, como torta de crawfish e filé gumbo, abordadas na letra de Hank, também acusado de comprar a música de outrem omitindo seu nome. De qualquer forma, com parceria ou não, a venda desse disco cresceria assustadoramente no início de 1953, quando o país inteiro tomou conhecimento de sua morte num acidente de automóvel.

[13] No inicio da carreira, Jo Stafford era a única voz feminina do quinteto vocal The Pied Pipers que, ao lado de Frank Sinatra, completava o grupo de cantores da orquestra de Tommy Dorsey em seu período áureo na Era do Swing.

[14] Estilo em voga no início do rock and roll, no qual o blues e o country se cruzam em andamento mais rápido.

leira, a mesma moçadinha que levara o disco de Celly Campello à casa das 90 mil cópias vendidas. "Jambalaya" detonou a fama de Brenda Lee no Brasil.

Era uma baixinha tímida e meio caipira, com voz gutural juvenil e vigorosa, tendo realizado uma temporada de sucesso no Olympia de Paris, o que foi incrível para sua idade, 14 anos. Veio ao Brasil em setembro de 1959, viajando apenas com sua mãe viúva e o *manager* Dub Albritten. Consequentemente necessitava de um bom músico para dirigir o grupo que deveria acompanhá-la. Esse músico era Isidoro Longano, o competente saxofonista Bolão, de orquestra de baile e ótimo solista, que dera mostras de sua versatilidade ao gravar discos de rock and roll sob o nome de "Bolão e seus Rocketes". Bolão foi de uma dedicação exemplar ao dar ao show da garota o mesmo nível musical que ela teria se estivesse nos Estados Unidos. E conseguiu. Brenda cantava com tal energia que seu novo sucesso "Dynamite" lhe valeu o apelido de "A Dinamite". Cantou o repertório "rockabilly" incluindo "Sweet Nothin's", que ainda iria gravar naquele mês, bem como *standards* como "Pennies from Heaven" e "After You've Gone", com uma maturidade espantosa. Fechava o espetáculo nas matinês, sob uma gritaria da garotada, com o número mais aguardado: "Goodbye Joe, me gotta go, me oh my oh/ Me gotta go, pole the pirogue down the bayou... Son of a gun, we'll have good fun on the bayou/ Jambalaya and a crawfish pie and fillet gumbo...".

A menina de 14 anos, cujo timbre evocava Kay Starr, faria linda carreira, retornaria à Record em outubro de 1961, e até hoje é uma das estrelas da country music, apresentando-se regularmente para os frequentadores do Opryland em Nashville, Tennessee.[15]

Pouco a pouco o destino do auditório, de onde eram transmitidos os programas da Rádio Record PRB 9 (como a versão paulista do "Programa César de Alencar"), ou da TV Record canal 7 (como o show semanal de Ângela Maria), ia se modificando, ao ceder mais e mais espaço a atividades condizentes com um teatro: as atrações internacionais. Ao

---

[15] Uma espécie de Disney World da country music, com parque de diversões, restaurantes, hotéis e teatros. Do maior deles é transmitido o lendário "Grand Ole Opry", um show com cantores do country tradicional que se iniciou como um programa radiofônico em 1929 aos sábados à noite. O filme de Robert Altman, *A Última Noite*, é calcado nesse programa. Brenda Lee retornaria ao Brasil atuando na TV Record em 17 e 18 de outubro de 1961, fazendo dois shows por dia como estrela do espetáculo "Alô Alô Juventude".

se aproximar o final do ano, era de se esperar alguns meses de recesso, e por isso, quando o humorista José Vasconcelos desceu de seu Romi Isetta, em que viera do Rio de Janeiro para propor levar à cena "Eu Sou o Espetáculo", sem cachê e apenas com participação na bilheteria, o gerente Gaúcho e o diretor Paulinho Machado Carvalho toparam. Nada podia ser mais barato: no palco, apenas um microfone, e lá ficava o Zé, sozinho, a contar suas histórias engraçadas, como a do sujeito que não tinha macaco quando o pneu furou. Após uma semana, o espetáculo, sem nenhum tipo de publicidade, parecia destinado a um fracasso fragoroso. Até os passageiros do bonde que passava defronte ao teatro eram convidados a assistir José Vasconcelos. Grátis. Mas para desespero do Gaúcho, ninguém se animava. No sábado seguinte, até hoje não se sabe por que, a casa ficou cheia, e dessa noite em diante o Teatro Record abrigou, por semanas e meses, e com lotação completa, o show que renderia ao Zé uma frota de automóveis bem superiores a seu Romi Isetta.

Do Rio de Janeiro chegavam notícias do êxito, no Golden Room do Copa, do cantor francês, nascido na Armênia, Charles Aznavour. Era pois inevitável que viesse a São Paulo, e a Record não poderia deixar passar essa. Decidiu-se programá-lo num único espetáculo, por volta das 19 horas de um sábado de outubro, e empurrar José Vasconcelos das 21 para as 22 horas, sem que isso fosse comunicado ao público. Não haveria risco, pois o público do Zé era certo como dois e dois. Poderia aguardar uma hora numa boa. O público de Aznavour era reduzido, seleto e exigente. O público de Zé Vasconcelos era amplo e já comprava ingresso com a boca aberta para despencar de dar risada no show.

Enquanto na plateia semivazia alguns se deliciavam com os vibratos de Aznavour, um pouco sem graça com o contraste de seu sucesso carioca, desabava um temporal em São Paulo. A sala de espera já estava lotada, o barulho aumentava, prejudicando o espetáculo no interior, e Gaúcho não teve outra saída: convidou os portadores de bilhete de "Eu Sou o Espetáculo" a assistirem de graça uma hora do show do cantor francês, embora nenhum deles tivesse a mais vaga ideia de quem se tratava.

No palco, o desânimo de Charles Aznavour foi sendo substituído por uma grande satisfação ao constatar que seu público paulista era bem maior e muito animado. Ainda estava no meio do show, mas agora a plateia estava lotada. Para não decepcionar aquele público, Aznavour decidiu prolongar o espetáculo, que agora parecia não acabar nunca. O público de José Vasconcelos, no início comportado, embora sem entender bulhufas, foi se irritando, foi se agitando, até que não aceitou mais ter que

Além de cantar com impressionante voz de barítono, o charmoso
Billy Eckstine também tocava trompete em uma das músicas de seu show
no Brasil, relembrando o início de sua carreira como instrumentista.

ouvir, mesmo na faixa, aquele baixinho horroroso. Queria era se escangalhar de dar risada. Seus primeiros murmúrios de desagrado foram rebatidos com o "psiu" do público da frente. Sem nada desconfiar, Aznavour mandava ver seu repertório extra. Até o momento em que a irritação se transformou nas primeiras vaias. "O que está acontecendo comigo no show desta cidade?", deve ter pensado um Aznavour completamente atordoado, que não teve alternativa: foi obrigado a liquidar sua apresentação, com casa lotada mas sob vaias, sem nunca ter entendido por que não conseguiu agradar aos paulistas.

Restava ainda uma atração internacional no ano de 1959, o cantor negro Billy Eckstine (1914-1993), que, a exemplo de Cab Calloway, também fora *band leader*. Sua carreira de cantor despontou em meados dos anos 40, preenchendo o vazio da fase obscura de Frank Sinatra. Ao contrário do músico, que montara a mais vanguardista e menos bem-sucedida *big band* dos anos 40,[16] o cantor abafou logo de cara. Estourou em 1945 com "Cottage for Sale" e atingiu o grande público em 1947 com "Everything I Have is Yours", logo seguido de outros *hits* em suas poderosas interpretações de barítono, que impunham um novo estilo, oposto ao de Bing Crosby e Frank Sinatra. Numa sequência avassaladora, quebrou várias vezes a casa do milhão de discos vendidos.[17] "Mister B", como era conhecido aquele galante de bigodinho, sorriso cativante e olhos muito verdes, era gentil e educado ao extremo, trajava com elegância ternos bem talhados e fumava cachimbo com a classe de um *grand seigneur*. Trouxe seu pianista Bobby Tucker para uma série de espetáculos de 1 a 6 de dezembro no Teatro Record e no clube da moda, o Michel, na rua Major Sertório. Cantou seus *hits* e tocou seu trompete, deixando uma lição de refinamento que só foi revivida pelos brasileiros muitos anos depois, na apresentação de 1987 no "150 Night Club" do Maksoud Plaza, em São Paulo.

Dias antes do final do ano, Paulinho Machado de Carvalho me chamou em sua sala:

— Zuza, o John Hopkins mandou dizer que agora tem condições de fechar com o Sammy Davis Jr. para a gente. Parece que nestes dias ele está fazendo um show em Nova York. Tem que ser já. Você pode embarcar amanhã?

No dia 15 de dezembro de 1959, discretamente, como seriam feitas minhas viagens dali em diante, fui de tardezinha para o aeroporto de Congonhas e embarquei para a cidade que conhecia mais que razoavelmente. Alojei-me no Sheraton, ao lado do Carnegie Hall, pertinho do modesto escritório do marido e *manager* de Sarah Vaughan. Tivemos um primeiro encontro no próprio dia de minha chegada, 16 de dezembro, o primeiro de uma enrolação desanimadora. Como as comunicações telefônicas eram difíceis e caras, eu ia tarde da noite à loja da Western Union,

---

[16] Por ser uma banda de jazz moderno no ocaso da Era do Swing, jamais foi gravado um disco que lhe fizesse jus. Por sua formação passou a nata do bebop: Fats Navarro, Miles Davis, Dizzy Gillespie, Kenny Dorham, Charlie Parker, Sonny Stitt, Dexter Gordon, Lucky Thompson, Gene Ammons, Wardell Gray, Budd Johnson, Tadd Dameron, Art Blakey, Lena Horne e Sarah Vaughan, que Billy descobriu. Foi desfeita em 1947.

[17] "Blue Moon" em 1948, "Caravan" em 1949, "My Foolish Heart" em 1950, e "I Apologize" em 1951. Gravou canções brasileiras em Hollywood, no disco *Momento Brasileiro*, de 1979.

Zuza em frente à agência da Western Union da Sétima Avenida, em Nova York, de onde eram enviados diariamente os telegramas sobre o andamento das negociações dos contratos para a TV Record.

próxima da rua 42, para abrandar a justa ansiedade de Paulinho no Brasil, expedindo telegramas sob a forma de "night letters", que limitavam o número de palavras, mas eram consideravelmente mais baratos.

Foram horas perdidas na salinha de Hopkins sem que algo acontecesse. De fato, Sammy Davis Jr. estava em plena temporada no Copacabana de Nova York, no East Side da 60th Street, mas não havia chegado o dia de irmos ao show para depois conversar. "Tomorrow", dizia Hopkins. Finalmente, o "tomorrow" virou "tonight". Na plateia lotada de gângsters, do *jet set* de Nova York e de artistas como Paul Anka, assisti ao show do Will Mastin Trio, o título obrigatório para efeito de "billing"[18] do show de um homem só. Não era a primeira vez que via Sammy no palco.

---

[18] Nomes especificados em contrato dos artistas que participam de um show, a serem divulgados nas marquises dos teatros e em todas as formas de propaganda.

Nada como o *show business*

Já tinha ficado sem fala dois anos antes quando assisti a seu espetáculo no Apollo Theatre do Harlem. Não se pode definir como o show de um cantor, nem de um sapateador, nem de um músico, imitador ou ator. Era tudo isso. Como era possível aquele indivíduo feio e insignificante transfigurar-se num homem alto e bonito? Sammy Davis Jr. era o *entertainer* mais completo de toda história do *show business*. Para Pelé, a bola; para Van Gogh, o amarelo; para Sammy Davis, o palco.

Após os delirantes aplausos ao final do show no Copacabana, Hopkins conduziu-me ao camarim, repleto de flores e convidados querendo cumprimentá-lo, uma zorra total. Mas fomos para outra sala, onde estava sentado um senhor gordinho, com anéis forrados de pedras preciosas em quase todos os dedos, limpando as unhas, de pernas cruzadas com olhar de desprezo por tudo à sua volta. Era Will Mastin, tio de Sammy, seu mestre na arte e, desde que se aposentara, empresário direto, independente da agência do artista. Mal se entendia o que falava. Rosnava, cuspia no chão e devia querer se vingar, em cada contratante, dos anos difíceis em que integrou trupes de vaudeville, ganhando uma miséria e sendo explorado, mas convicto que iria fazer do sobrinho o maior *show man* do mundo.

Seguiu-se uma conversa difícil, que por pouco não desandou, mas afinal foi bem sucedida. Chegamos a um acordo e nos próximos dias Hopkins iria receber, por meio da agência William Morris, um contrato oficial da AGVA para a temporada no Brasil.[19] No dia aprazado, fui de manhã ao Bank of America receber o cheque administrativo de praxe a ser entregue e depositado em caução até a data do início da turnê. Assim municiado, fui me encontrar com Hopkins, Uncle Will e Sammy na cobertura do flat onde se hospedava. Tão logo lhe apresentei o cheque, sofri um impacto equivalente a um tiro no peito. Fiquei branco quando ele afirmou sem a menor consideração:

— *No, no, no. No check. I need money, cash, you understand? No cash, no contract signed.*

Era o início da tarde e o banco encerraria o expediente em menos de uma hora. Só o *subway* poderia me salvar. Não houve outro jeito e assim o contrato foi assinado. Recebi minha cópia, retornei ao hotel e

---

[19] A Associated Guild of Variety Artists, AGVA, tinha um contrato genérico e oficial, impresso em papel amarelo, que proporcionava a ambas as partes a segurança de seu cumprimento.

tomei com gosto um "double Dewar's on the rocks" antes do melhor jantar daquele 1959, no Brasserie.

Essa contratação marcou o início de minha nova atividade na TV Record. Entre peripécias imprevisíveis e tratativas intermináveis, assistindo a shows e mais shows pelo país, foi um período de convivência com personalidades fulgurantes e tipos vulgares, com seres humanos maravilhosos e sujeitos velhacos. Fiz amizades, de que até hoje tenho saudades, com os empresários que armavam e desarmavam o fascinante mundo do *show business*.

No dia seguinte embarquei de volta. Quando Paulinho Machado de Carvalho me recebeu, na véspera de Natal, entreguei-lhe os papéis amarelos do contrato e o recibo sem assinatura. "Não se preocupe. No dia 20 de junho ele estará neste aeroporto e vamos recebê-lo juntos", assegurei, procurando livrá-lo de uma grande preocupação. Não sei se ficou mais tranquilo.

A temporada de 1960 prometia muito mais do que o cantor japonês Hiroshi Maki, figura central de um show com mágico, bailarinos, um solista de acordeon, tudo montado para atrair a colônia oriental da cidade, que compareceu em massa. Murmurando discretamente e se acomodando disciplinados, como nunca tínhamos presenciado antes, eles lotaram o teatro todas as noites. Um contraste com a bagunça da turma de rock do programa do Vaccaro, que Gaúcho abominava. Abria-se um novo horizonte para aquele povo muito mais interessado em espetáculos do que imaginávamos.

Em 4 de fevereiro, retornei aos Estados Unidos para contratar artistas das três grandes agências americanas de então: William Morris, General Artists Corporation (GAC) e Associated Booking Corporation (ABC). Foi quando conheci quem se tornaria meu grande amigo nesse *métier*, Eddie Elkort, um dos vice-presidentes da GAC, na 5th Avenue. De rosto rechonchudo e permanentemente vermelho, Eddie era tranquilo mas decidido, não perdendo tempo com o lero-lero dos empresários cucarachos. Conhecia como poucos as atrações classificadas no âmbito internacional como "atos", isto é, acrobatas, contorcionistas, ilusionistas, malabaristas, trapezistas e ventríloquos, essa fauna indispensável nos shows de Las Vegas de então e do programa de televisão "Ed Sullivan Show", que Eddie abastecia com seus representados. Muito bem casado com uma húngara, a ex-cantora Lili Cavel, jovial e bem mais moça que ele, Mr. Elkort, como era acolhido cortesmente pelos recepcionistas dos melhores clubes e restaurantes de Nova York que frequentava, era um entusiasmado espectador de competições esportivas: corridas de cavalos ou cachorros, hóquei no gelo, baseball, basquete, lutas de boxe, tudo que lhe despertasse a sensação de torcer, xingar e aproveitar qualquer oportunidade para cravar uma piada hilariante, com a presença de espírito dos grandes comediantes de sangue judeu. Bastava um telefonema e ele conseguia um lugar na área vip de qualquer espetáculo "sold out" de Nova York. Eddie Elkort era, enfim, um dos agentes mais queridos e respeitados da GAC.

Os negócios que firmamos fixaram o nome da TV Record como uma contratante sólida e cumpridora, reputação que se estendeu entre as grandes agências de talento artístico do país, para as quais confiabilidade tinha mais valor que um aval. Assim, foi aberto um esplêndido relacionamento com a William Morris e a ABC, agências que também comecei a frequentar naquela estada de um mês em Nova York. O fundador e *big boss* da ABC era Joe Glaser, que em 1935 trocara a atividade de gângster pela de condutor de toda a vida artística de Louis Armstrong, o que realizou com sucesso inaudito. Seu braço direito chamava-se Jack Green, com quem fechamos vários negócios, inclusive uma atração para março próximo. Moreno bem apanhado, de cabelos ondulados, era um *poseur* dotado de uma lábia que julgava irresistível, principalmente em se tratando de mulheres, as inglesas com quem se encontrava assiduamente em Londres. Aproveitando os festejos da inauguração de Brasília em abril de 1960, viajaria para negociar elementos de seu *cast* no mercado brasileiro com Carlos Machado, então diretor artístico da boate Fred's. Sem muito escrúpulo em passar para trás qualquer rival, Jack chegou a ser, anos mais tarde, eleito presidente do Friars Club, quando seu destino mudou radicalmente: de vitorioso agente de projeção internacional para acusado de apropriação indébita do caixa do clube. Foi condenado e preso, depois engordou feito uma pipa e morreu sem deixar grandes saudades no meio.

"Mas que clube era esse Friars?", perguntará o leitor. Era o fechadíssimo clube da rua 55 em Nova York que reunia grandes empresários artísticos e astros do *show business* americano, especialmente comediantes. Um mobiliário vetusto se espalhava por seu restaurante, local predileto para os relatos narrados pelos próprios personagens, muitos deles publicados em livro. Com um sotaque típico da colônia judaica que dominava o cenário, os associados se juntavam para descrever em detalhes as aventuras inimagináveis que cada um tinha vivido, provocando, independente de serem ou não verídicas, estrondosas gargalhadas em cada roda que se formava. Exatamente como no filme *Broadway Danny Rose*, de Woody Allen. No Friars, que frequentei sempre a convite de Eddie

Elkort, conheci comediantes, como Milton Berle, que nunca chegaram a ter fama no Brasil, mas naquela época eram imprescindíveis na abertura dos shows de *night clubs* como o Copacabana de Nova York.

Foi também no Friars que passei pela primeira experiência indigesta no mundo do *show business*, ao celebrar num jantar com Eddie Elkort os contratos que acabara de fechar. Entre outros, assinara por intermédio de Jack Green a temporada do grupo vocal The Ink Spots, ainda em plena atividade como consequência do tremendo sucesso alcançado nos anos 40, com seu estilo único. A introdução de todas as músicas do repertório dos Ink Spots era rigorosamente igual, seguindo-se o solo vocal do excepcional contratenor Bill Kenny enquanto os demais se limitavam a um suave vocalise ao fundo. Na repetição, o barítono do quarteto, Orville "Hoppy" Jones, declamava a letra romanticamente, com aquela voz grave que têm os negros, até o momento em que Bill retornava com a limpidez de seus agudos para o arremate final. Repetindo esse esquema singelo, gravaram dezenas de sucessos, cantaram na coroação da rainha da Inglaterra e obtiveram um êxito incomum.

— Qual dos Ink Spots você assinou? — indagou-me um dos empresários sentados em nossa mesa, após ter-lhe contado com orgulho a contratação do grupo que eu ouvia com emoção desde menino.

— Mas então existe mais de um Ink Spots? — perguntei gelado, julgando ter comido a maior barriga na atividade que mal se iniciava.

— Sim, claro. Nos Estados Unidos existem uns três ou quatro grupos Ink Spots, formados pelos componentes originais, que foram se separando e se juntando com outros. Não existe mais um único e verdadeiro The Ink Spots, são todos perfeitamente legalizados e representados por agências diferentes.

De fato, com exceção de Orville, tanto Kenny quanto Fuqua e Watson montaram os seus Ink Spots, cada um puxando a sardinha para o seu lado. Só me senti aliviado ao ficar conhecendo todo o emaranhado de formações que envolviam o célebre título "The Ink Spots".[20]

---

[20] Na formação original que gravou os primeiros sucessos na Decca ("If I Didn't Care" em 1939, "We Three" em 1940, "I'm Making Believe" em 1944), os Ink Spots eram: Bill Kenny (1914-1978), Orville "Hoppy" Jones (1902-1944), Ivory "Deek" Watson (1909-1969) e Charlie Fuqua (1921-1971). Em 1944 ocorreram as duas primeiras substituições: Watson foi substituído por Bernie Mackey, e Orville Jones, falecido, por Cliff Givens. Daí em diante, a história dos Ink Spots é uma barafunda, com uma sucessão de grupos liderados pelos membros originais ou não, adotando o esquema musical

Felizmente, nenhuma informação foi ventilada por qualquer jornal brasileiro quando os Ink Spots, liderados por um dos componentes originais, Deek Watson (o que executava as introduções ao violão no primeiro grupo),[21] vieram para sua temporada de 22 a 27 de março no Teatro Record e na boate Michel. Nesse local estrearam em concorrida *avant première* promovida pela colunista social Alik Kostakis, cantando naturalmente o grande sucesso "If I Didn't Care", que nunca mais foi gravado com emoção igual à dos Ink Spots de 1939.

A fim de promover a super-produção *Os Dez Mandamentos*, a Paramount Pictures destacou a principal atriz, Yvonne de Carlo (1922-2007), para uma turnê pelo Brasil, começando no Rio de Janeiro em 19 de março, quando o filme estreou. Não era porém um périplo de entrevistas e recepções, como alguns leitores poderiam pressupor. Yvonne mostrava uma outra faceta, dançando e cantando num tipo de espetáculo em que os americanos são mestres em montar — no caso, um show relativamente fácil para uma atriz que mal sabia cantar, mas tinha se projetado como bailarina de danças exóticas ao viver Salomé.

Ao percorrer o país, Yvonne passou pela capital da Bahia, onde não resistiu à tentação de uma moqueca à base de pimenta e muito azeite de dendê. Veio depois a pagar caro pelo seu pecado capital. Quando chegou a São Paulo no início de abril, para uma temporada relâmpago no Teatro Record, a estrela de Hollywood estava um caco.

A despeito da publicidade antecipada, sobravam entradas na bilheteria, pois ninguém em São Paulo imaginava que Yvonne de Carlo, embora famosa no cinema, pudesse também ser cantora que valesse a pena. Paulinho torcia para que alguma dádiva do céu caísse para salvá-lo do iminente prejuízo, quando tocou o telefone. Era o empresário Ricardo Cella para lhe dar uma notícia alarmante:

---

dos Ink Spots em novos sucessos como "To Each his Own", "I'll Never Smile Again" e "Java Jive". Assim é que existiram "Bill Kenny and his Ink Spots Trio", "The Original Ink Spots", "The Ink Spots featuring Deek Watson", "The World Famous Ink Spots", e outros. Em Nova Orleans chegaram a se apresentar dois grupos diferentes ao mesmo tempo, ambos utilizando variações do título Ink Spots. De todo modo, a fórmula do grupo original abriria caminho nos anos 50 para o surgimento de centenas de outros no estilo denominado "doo wop", que dominou o cenário dessa década. O produtor Buck Ram formou um deles, The Platters, em que o contratenor era o notável Tony Williams.

[21] O grupo que veio ao Brasil era integrado por Stuart Baxter, Ivory "Deek" Watson, Gene Miller e Allen Granford.

Em março de 1960, a estrela de Hollywood Yvonne de Carlo (que também ficaria conhecida como a Lily Monstro do seriado de TV *The Munsters*) saboreia uma feijoada em sua temporada brasileira.

— Paulinho, a mulher viajou pelo Nordeste, comeu aqueles pratos apimentados e está internada no Hospital Samaritano com uma diarreia que dá dó. É bem provável que não dê para ela estrear hoje, mas vou tentar o possível e o impossível para tirar ela da cama em tempo de fazer o show.

— Mas Ricardo, pelo amor de Deus, se a mulher está assim é melhor deixá-la no hospital...

Nada como o *show business*   295

— Paulinho, a gente pode falar com ela e pedir para devolver o dinheiro já adiantado do primeiro show.

— Não, Ricardo! Não precisa devolver dinheiro nenhum, não precisa nada disso. A gente desconta esse dia e, como ela já tem outros shows marcados, faz um dia a menos.

— É, mas o marido dela quer falar com você.

— Está bem.

E lá foi ele para o Samaritano, sendo recebido pelo marido, Robert Morgan, um caubói milionário do Texas calçando botas enormes e brilhantes, procurando se desculpar. Na cama, uma mulher toda encolhidinha, em estado deplorável, tentava dizer que ainda daria tempo, pois os médicos tinham garantido que ficaria boa. Mas a abençoada moqueca iria salvar Paulinho do prejuízo.

— Mas não se incomode com isso! Numa hora dessas vamos pensar primeiro na saúde de Yvonne de Carlo. Não podemos brincar com isso. A estreia fica para amanhã em definitivo e depois a gente se acerta.

Na tarde do dia seguinte, 5 de abril, Yvonne de Carlo, curada e com ótimo humor, ensaiou com a orquestra regida por seu maestro Emil Baffa, e à noite, com o auditório superlotado, estreou em benefício da Cruzada Pró-Infância, cantando e contando histórias sobre sua vida artística, mostrando as pernas na última música, num espetáculo super-simpático, o mesmo que apresentara por semanas seguidas em Las Vegas. A temporada de seis e não sete dias com Yvonne de Carlo acabou até dando lucro.

No final de abril, fui para o Rio de Janeiro acompanhar os espetáculos de nossa atração seguinte, uma das cantoras que mais admirava: Miss Ella Fitzgerald (1917-1996). Estava a seu lado na coxia, antes de sua primeira entrada em cena no Brasil, quando vi que, para meu espanto, a grande cantora da música americana — que abafara num concurso de calouros do Apollo Theatre, que cantava profissionalmente desde os 17 anos, que estreara em disco com o *hit* "A-Tisket A-Tasket", que assumira a orquestra de seu descobridor Chick Webb, que encarnava melhor que ninguém o espírito das obras-primas do American Songbook com os álbuns que gravara, enfim, a artista que fechava com chave de ouro os espetáculos dos maiores astros da Jazz At The Philharmonic, de seu empresário Norman Granz —, aquele monumento... tremia feito vara verde antes de entrar no palco do Golden Room. Tinha um lenço em cada mão para enxugar o suor. Atacou de "S'Wonderful" e foi ovacionada. Aí relaxou totalmente, como se estivesse pisando o solo do paraíso. Em resu-

O pianista Paul Smith e o baterista Gus Johnson eram dois dos músicos do quinteto que acompanhava Ella Fitzgerald em sua primeira temporada no Brasil, em agosto de 1960, no Teatro Record.

mo, acabou com o baile. Era 25 de abril, dia de seu aniversário. Encerrou o show sob uma chuva de rosas atiradas ao palco.

Numa das noites, Oscar Ornstein convidou Norman Granz e a mim para um *sight seeing* pela vida noturna dos bares de Copacabana. A bossa nova fervia no Brasil, com os melhores músicos em seu momento de florescência, à disposição em quaisquer dos barzinhos. Guiados por Oscar, fomos a todos eles, um mais espetacular que o outro. Norman ficou impressionadíssimo, especialmente com o baterista Dom Um Romão, que tinha fisionomia mefistofélica e um célebre toque pessoal de duas batidas quase simultâneas. Em 1965, a convite de Norman Granz, ele estaria nos Estados Unidos, onde viveu por muitos anos.

Na terça-feira, 3 de maio, uma ou duas horas depois de chegar do aeroporto de Congonhas, Ella estava frente a frente com os repórteres da imprensa paulista no Othon Palace Hotel para sua coletiva. Depois de duas ou três perguntas inúteis — tipo "O que achou de São Paulo?" — um deles atacou no assunto do momento: "O que você acha do preconceito racial nos Estados Unidos?". Fui obrigado a traduzir tal e qual. A mulher ficou lívida, endireitou-se e enviou: "Sinto muito, mas estou aqui para falar de música, que é a minha arte". O clima ficou quente.

Na noite seguinte, Ella mostrou quem era. Após o show da primeira parte — "Eu Sou o Samba", com o cantor Ernani Filho —, as cinco feras da máquina que viera com Ella Fitzgerald entraram no palco: Paul Smith ao piano, Jim Hall à guitarra, Wilfred Middlebrooks ao baixo, Gus Johnson à bateria e, de quebra, Roy Eldridge ao trompete. Ella matou a pau.

"Just in Time", "Love is Here to Stay", "Lullaby of Birdland", um bebop de abalar o teatro em "Lady is a Tramp", um "Man I Love" de chorar, um "Mack The Knife" de tirar o fôlego, arrancou gargalhadas com uma história sobre Sinatra e Ava, "How High the Moon"... foi aplaudida de pé após sessenta minutos de puro esplendor musical, em interpretações de um punhado de canções que transmitiam toda sua sinceridade, possivelmente o mais forte motivo da admiração que a cantora gozava no mundo. Seu engenheiro de som, o craque Val Valentine, assistiu ao show a meu lado, na cabine, entusiasmado com as performances de Miss Fitzgerald no repertório que conhecia de cor e salteado. Com sua voz fresca, de clareza cristalina e *swing* indomável, Ella realçava sempre o melhor de cada melodia. Após a ovação, bisou com um "Tenderly" suave como flocos de nuvens.

Ella Fitzgerald viria mais uma vez ao Brasil, com outro grupo, mas jamais me esquecerei daquelas noites em maio de 1960. Partiu para Montevidéu, contratada pelo parceiro da TV Record na turnê, Edmundo Klinger, e depois para Buenos Aires, com Pancho Lococo, no Ópera.

Com o intuito de promover sua revista musical na boate Fred's, o empresário Carlos Machado conduziu a estrela Norma Bengell ao aeroporto do Galeão para recepcionar e, principalmente, ser fotografada ao lado da mais aguardada atração do *show business* americano que viria ao Brasil naquele ano. A foto foi feita, e ambos estavam na primeira página da *Última Hora* de 13 de junho, sugerindo um romance que não

Sammy Davis Jr. desembarca no aeroporto do Galeão, no Rio de Janeiro, em junho de 1960, sendo recebido pelo empresário da noite Carlos Machado, que levou a tiracolo Norma Bengell, a estrela de seu show na boate Fred's.

existia, mas funcionava para a pretensão de Machado, bastando para isso desmentir haver algo entre ambos. Quem chegara de Londres no domingo, 12 de junho, sem sua noiva sueca May Britt, como anunciado, era Sammy Davis Jr. (1925-1990). Chegou e trancou-se numa suíte do anexo do Copacabana Palace, recusando-se a receber a imprensa, alvoroçada com seu show e com o futuro casamento. Havia pois dois motivos excitantes para Sammy Davis Jr. estar na ordem do dia. Nada disso se comparava ao que foi a primeira temporada brasileira de Sammy Davis no Rio e São Paulo.

A imprensa carioca se derramou em elogios e a cada noite Sammy era ovacionado como o maior *showman* do mundo. Após os espetáculos, sua suíte no anexo do Copa abria-se para uma "party" que não tinha hora para acabar. Convidados e eventualmente um ou outro penetra desfrutavam da oportunidade de conhecer o lado social de Sammy, que afinal tinha vasta quilometragem na especialidade, como membro do "Rat Pack" de Las Vegas. Comandava as noitadas correspondendo plenamente como o centro das atenções.

Às 13:15 do dia 20 de junho, Sammy desceu do avião em Congonhas de chapéu à Frank Sinatra, *sweater* de gola rulê, calça apertadíssima e sapatos pretos de camurça, sendo recebido no saguão pela cantora loirinha Cinderela com um beijo no rosto. Atrás dele, a figura de John Hopkins. Sammy conheceu Paulinho de Carvalho, "Mr. Filho", como era chamado pelos americanos. Após a trabalheira que deu para se alugar um vibrafone como ele queria, ensaiou às 18:30 com a orquestra sob o comando do clarinetista Morton Stevens e se preparou para o espetáculo daquela noite.

May Britt, que estava em Paris mostrando a cidade para seu pai, declarava seu amor ao futuro marido — o casamento já estava marcado para setembro. Esperava vir ao Brasil durante a semana, tão logo obtivesse o visto no passaporte.

Passarelas laterais com escadas até o palco foram instaladas no Teatro Record, um microfone foi pendurado no teto para captar os aplausos e sugerir a cada espectador da televisão a sensação de estar numa daquelas poltronas. Eram ideias que eu copiava da mais sensacional sala de espetáculos dos Estados Unidos, o Radio City Music Hall, que frequentava assiduamente em Nova York.

O ponto alto do show de Sammy Davis se iniciava quando introduzia o amigo, arranjador e diretor musical Morty Stevens, que então anunciava em português: "Senhores, senhoras e senhoritas, a televisão ABC e os cigarros Chesterfield apresentam: Mr. Frank Sinatra!". O baterista Michael Silver iniciava nos pratos a introdução de "O Homem do Braço de Ouro" e lá vinha Sammy de chapéu, com uma capa de chuva num dos ombros, em perfeita imitação de Sinatra. Aproximava-se do microfone, soltava uma baforada e dizia com o canto da boca, em sinal de total desprezo:

— *Good ev'nin. I sing. It's really a pleasure to be here, my first time in town and it's a ring-a-ding and I'd like to say that we'll be doing a historical up here folks, let's go to sing some songs, drink some boose and got the name in the paper. Ha ha ha, he he he! Are you ready?*

A orquestra atacava uma introdução swingada dos saxofones e ele entrava: "I go in your way/ Don't start coming my way/ River stay away

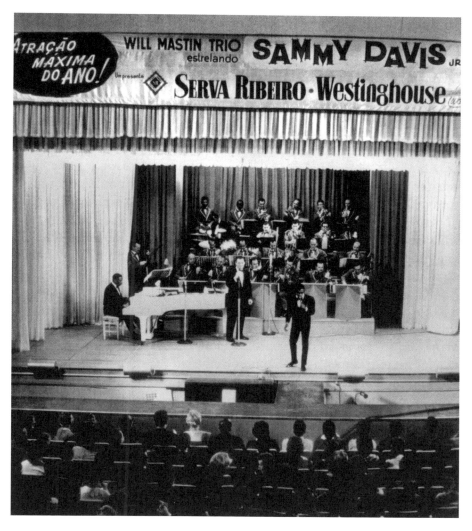

Sammy Davis Jr., que por contrato se apresentava com o nome de
Will Mastin Trio, no palco do Teatro Record, em junho de 1960. O *showman*
veio com o diretor musical Morty Stevens (no microfone), o pianista George Rhodes
e o baterista Michael Silver (junto à orquestra da Record, à esquerda).

from my door...". Para o público era Frank em pessoa quem cantava. Depois, ainda como Sinatra, a música ganhadora do Oscar de 1957: "When somebody loves you/ It's no good unless she loves you/ All the way...". Fazia um *stop* antes da nota final para dizer que, agora, apenas por divertimento, interpretaria a música como alguns de seus cantores favoritos. O primeiro, seu amigo e artista maior, Mr. Nat King Cole. Recuava até o fundo do palco, assumia a altura e o andar, caminhando com passadas largas e os braços balançando. Você jurava estar vendo Nat Cole no palco. Os aplausos eram inevitáveis. As hilárias imitações seguintes eram de Frankie Laine, Billy Eckstine, Louis Armstrong, James Cagney, Marlon Brando — irresistível —, James Stewart e, por fim, um desajeitado Jerry Lewis. Em meio à ovação, Sammy ia agora mostrar seu lado de músico. O som era o mesmo do quarteto de Benny Goodman, com ele ao vibrafone, Morty à clarineta, George Rhodes ao piano e Mike Silver à bateria.[22] Estraçalhava, num andamento prestíssimo, depois tocava trompete nos agudos e bateria, incluindo na metade do número o ápice do show, a sessão de "tap dancing" que dominava desde os sete anos. Sapateava no palco, nas escadas da passarela, chegando até o segundo lance, de onde levava o público ao delírio. Fechava o número voltando ao vibrafone. Quem viu, viu.

O crítico Jota Marciano chegou a escrever: "tem-se a impressão que a Record o está explorando descaradamente, tal o caráter do espetáculo soberbo que apresenta como cantor, bailarino, imitador, músico e *showman*... a programação da Record culmina agora com a temporada espetacular deste tridimensional Sammy Davis Jr.".

Durante a semana foi entrevistado pelo então repórter Ignácio de Loyola, na noite em que esteve na boate Michel, declarando que desejava conhecer João Gilberto. Noutra noite jantou no Gigetto e no sábado, 23 de junho, cantou no Clube Monte Líbano. Sammy conquistou São Paulo e a mais bonita bailarina do balé B9, uma morena de olhos verdes que, segundo fofocas internas, rompeu seu noivado. Mas não havia meio da noiva de Sammy, May Britt, chegar ao Brasil. Não conseguia o visto. As ligações telefônicas entre ambos eram intermináveis. Sammy estava macambúzio.

O sucesso de Sammy Davis era tamanho que, ao se aproximar o final da temporada, aventou-se a possibilidade de um show extra a preços populares em um local mais amplo: o ginásio do Ibirapuera, segunda-feira, 27 de junho. John Hopkins intermediou o pedido de Paulinho de acertar tudo. Para conseguir convencer Sammy Davis, pediu uma câmera fotográfica igual a que cobiçava do próprio Paulinho e mais a metade do

---

[22] Nos anos 30 e 40 eram Benny Goodman (clarineta), Lionel Hampton (vibrafone), Teddy Wilson (piano) e Gene Krupa (bateria).

valor da passagem de May Britt, que participaria do show. Quando confirmou o OK de Sammy, ganhou a câmera, embolsou a grana da passagem e a Record detonou a publicidade incluindo o nome de May Britt nos lambe-lambes espalhados pela cidade.

Porém, antes do show extra, Sammy convocou a imprensa para explicar por que May não poderia mesmo vir: não obtivera o visto. Aproveitou para desancar Paulinho Carvalho pela divulgação feita. Na noite anterior ele já chegara espumando, pedindo-me uma reunião urgente com "Pólino" antes do último show no teatro. Ficamos nós três no camarim e fui o intérprete da descompostura que Paulinho teve de ouvir, assustadíssimo e moralmente arrasado, ainda não entendendo o que houvera.

Como intermediário da negociação, Hopkins prevaleceu-se da situação para iludir as duas partes, com uma versão para Sammy e outra para Paulinho. Já sabia que May não viria mas, para embolsar a grana da passagem, nada revelou a Paulinho. Na outra ponta, pediu a Sammy, como recompensa pelo show extra conseguido, que fosse reembolsado pela câmera "comprada" com seu próprio dinheiro. Sammy foi na onda e pagou.

Depois do show do Ibirapuera é que Sammy descobriu a embrulhada. Convocou novamente a imprensa para um formal pedido de desculpas na presença de Paulinho, declarando: "Peço humildemente desculpas. Estou embaraçado, sem saber o que fazer. Foi bom ter descoberto tudo a tempo, pois ontem eu jurara nunca mais voltar ao Brasil, deixando o país com raiva. Ainda bem que tudo se explicou". Foi enviada à William Morris uma carta com cópias dos recibos assinados pelo embusteiro Hopkins. Pode-se conjecturar quantas vezes o maridão passou a perna em Sarah Vaughan.

A encrenca tinha mais um lance. Na noite em que soube que May Britt não viria, Sammy tivera um acesso, revirando os móveis da suíte presidencial do Othon Palace, onde se hospedava, deixando um caos. Chamado ao hotel no dia seguinte, Paulinho foi comunicado que Sammy se responsabilizaria por todas as despesas. Pagou mesmo, em dólares. Mas deixou uma monstruosa conta telefônica em aberto.

Nada disso impediu que a TV Record ganhasse tanto dinheiro quanto nessa primeira temporada de Sammy Davis Jr. Menos de um ano depois ele retornaria, contratado pelo empresário carioca Flavio Ramos. Mas aí a história foi outra. Viria em abril de 1961, já casado com May Britt e enfrentando nos Estados Unidos violentos protestos raciais por sua união com uma branca.

Nada como o *show business* 303

É plausível que a mais original voz dos anos 40 e 50 seja a do cantor Frankie Laine, de quem pouco se ouve falar hoje em dia no Brasil. Seu timbre anasalado e a forma como se entregava de corpo e alma a cada canção se associavam a um outro elemento diferenciador, com relação aos outros cantores da época: mesmo sem ser bonito, era um homem (com algum exagero feminino) charmoso. Óculos grossos, rosto duro e quadrado, boca larga, era um doce de pessoa e, no palco, um excelente *performer*.

Dotado de uma voz musculosa, Frankie Laine (1913-2007) cantava com dramaticidade e vibração, num fraseado impulsivo e convincente com inegáveis toques jazzísticos. Seu sucesso, no final dos anos 40, determinou o fim do predomínio dos vocalistas românticos (os *crooners*), caso de Bing Crosby, Dick Haymes e Frank Sinatra.

Com efeito, na primeira fase de sua carreira solo, na gravadora Columbia, o Sinatra *crooner* da orquestra de Tommy Dorsey persistia sendo um vocalista. Romântico e soberbo, com os magníficos arranjos de cordas de Axel Stordahl, mas ainda vocalista, ou seja, um dos componentes da orquestra. Quando percebe a mudança no gosto do público, ele também muda. Na gravadora Capitol, surge como cantor intérprete, que não mais depende de um único tipo de repertório, de um só tipo de acompanhamento. Frank Sinatra passa a ser um cantor com personalidade de intérprete e não mais de vocalista, reconquistando o sucesso de forma definitiva.

Frankie Laine, ao contrário, já nasceu intérprete. Tinha forte personalidade desde 1947, quando atingiu seu primeiro *hit*, "That's my Desire", o primeiro de uma assombrosa sucessão a superar um milhão de cópias.[23] Seu repertório penetrava sem o menor preconceito em áreas semi-religiosas e country.

Frankie Laine foi a atração do Teatro Record de 11 a 16 de julho de 1960. Quando desceu no aeroporto vindo de Brasília, julgavam tratar-se de um homem de negócios. Nã-nã-nã. Chegou assobiando e cantando "A Felicidade". Desde que conhecera no Copacabana, em sua viagem de lua de mel, o pianista Dick Farney, por quem perguntou logo ao

---

[23] Seguiram-se, também na casa do milhão, "Shine" e "When You're Smiling" em 1948, "Mule Train" e That Lucky Old Sun" em 1949, "Cry of the Wild Goose" em 1950, "Jezebel", "Jealousy" e "Rose, Rose, I Love You" em 1951, "High Noon" e "Sugarbush", em duo com Doris Day, em 1952, "I Believe" em 1953 e "Moonlight Gambler" em 1957.

A temporada de julho de 1960 no Teatro Record teve como atração um dos cantores americanos mais originais da história da canção americana, o extraordinário Frankie Laine.

chegar, era um interessado na música brasileira. Em seus shows[24] interpretou "Não tem Solução", além das canções que carimbou com marca registrada, "Jezebel", "Jealousie", "High Noon" e "A Woman in Love". Cada um de seus fãs sentia que Frankie cantava exclusivamente para ele.

---

[24] Veio acompanhado por Joe Sinacore (guitarra), Raphael Barr (piano) e Stanley Kay (bateria).

Sua simpatia conquistou a todos no teatro e no Michel, onde também cantou, e, provavelmente, até a alguns corretores de imóveis, pois manifestou desejo de comprar um terreno no Brasil. Francesco Paolo Lo Vecchio, o "garganta de aço", viveu até os 93 anos com a família nas cercanias de San Diego, Califórnia, desfrutando da fabulosa renda de 250 milhões de discos vendidos.

Marcas desse calibre nunca foram atingidas pelas duas atrações programadas em sequência na "Grande Temporada de Rock and Roll" de agosto. Os dois garotos que agitaram a juventude foram Johnny Restivo e Frankie Lymon, o primeiro, um broto bonitinho, boa gente, com dois sucessos medianos, "Oh Johnny" e "I Like Girls". Poucos fizeram mais jus a esse título. Johnny (nascido em 1943) deixou as menininhas cariocas e paulistas enlouquecidas. Eram festinhas e mais festinhas nas quais, justiça seja feita, jamais abusou de tanto assédio. Também deixou saudades em Pernambuco, quando viajamos para a inauguração da TV Jornal do Comércio, dos fidalgos Pessoa de Queiroz.

O segundo garoto, Frankie Lymon (1942-1968), tinha muito mais cancha de show, vinha de uma temporada no Palladium de Londres, depois de se separar do grupo onde cantava com voz de soprano, os Teenagers. Dançava, sapateava, era um dínamo em cena e, fora dela, um azougue em exagerado estado de ebulição. Se não fez o mesmo sucesso que Restivo era simplesmente por uma questão de fachada. A curta e trágica carreira de Frankie Lymon teve um componente fatal: viciado em heroína desde os 16, enfrentou seu declínio artístico um ano após essa temporada, morrendo de overdose com apenas 25 anos.[25]

Seu *personal manager* no Brasil era Bob Redcross, como ele um mulato espertíssimo, que dizia conhecer Deus e o mundo no jazz. Não era conversa. O tema de Charlie Parker dos anos 40, "Red Cross", não é um tributo à Cruz Vermelha, mas a esse ativo personagem que fora *valet de chambre* de Billy Eckstine.

Em Nova York, alguns meses depois, Redcross foi meu guia pelo Harlem, abrindo portas de espeluncas então inacessíveis aos brancos, incluindo um templo onde presenciei uma hierática cerimônia fomentada pela mais desvairada gospel music. Em meio a "Yeahs", "Halellujahs" e "Amens", a música era provavelmente a maior responsável pelo efeito

---

[25] O conjunto "Frankie Lymon and the Teenagers" é considerado precursor do "Jackson Five", o grupo de Michael Jackson que despontou no final dos anos 60.

embriagador que exaltava o subconsciente de alguns fiéis, levando-os a um estado de transe hipnótico, o chamado "get happy". Alguns possuídos eram carregados, passando de mão em mão até o fundo do templo. Um ano mais tarde, a excitação da gospel music foi explorada numa passageira febre que proliferou em bares de Nova York. Na entrada desses locais, uma garçonete vestida de anjinho, com asas nas costas e uma túnica branca bem curta, distribuía pandeiros para o público acompanhar o ritmo. Imagino como a maior estrela do gospel, Mahalia Jackson, encarava esse desfrute comercial da música que professou com a maior dignidade por toda sua vida.

Foi nesse mês de agosto que a sucessão de atrações do Teatro Record produziu o resultado almejado. Depois de um ano e meio de shows internacionais constantes, o canal 7 atingiu pela primeira vez a liderança absoluta entre as emissoras de televisão, com 45% de audiência entre aparelhos ligados, enquanto a pioneira Tupi, canal 4, registrava 37%.

A verdadeira temporada de rock and roll em 1960 ocorreu todavia em setembro, quando aportou no Brasil um dos mais notáveis compositores e cantores no gênero, o canadense de origem Paul Anka. De todos os compositores e cantores que surgiram nos anos 50 na área do rock and roll, ele é o que ostenta a mais sólida posição no mundo do *show business* americano. Poderia viver nababescamente dos rendimentos de suas composições, que continuam sendo gravadas, de "Diana" a "My Way" (para a qual fez a letra em inglês), mas o baixinho Paul Anka, aos 63 anos, mantém até hoje sua carreira de esplêndido *entertainer*. Com absoluto domínio de palco, é protagonista de um show de primeira linha, utilizando telão com vídeo para um duo com Frank Sinatra, acompanhado por uma super *big band*, que também rege em determinado momento, e sabe como levar seu público a uma "standing ovation", como assisti no espetáculo do Festival de Jazz de Montreal em 2005.

Tinha 19 anos e um nariz recém-operado quando chegou no dia 20 de setembro a São Paulo, acenando do alto da escada de um avião da Vasp sem imaginar a recepção que lhe estava reservada, após o sucesso no Copacabana Palace do Rio de Janeiro. Do aeroporto de Congonhas, desfilou em um carro conversível precedido de batedores, e foi seguido por ônibus recheados de moças agitando flâmulas e por rapazes em suas lambretas, tendo por cima o helicóptero da TV Record, que lançava folhetos, até o hotel Othon Palace, na rua Líbero Badaró também entupida de fãs. Tudo com transmissão ao vivo pelo canal 7. A liderança não caía à toa, o show pela televisão começava antes do espetáculo.

Nada como o *show business*

Um dos maiores ídolos da juventude dos anos 60, o compositor e cantor Paul Anka foi muito assediado pelas garotas brasileiras durante sua temporada na TV Record em setembro de 1960.

Antes de o artista chegar para o ensaio, seu maestro dava início à primeira música, mas interrompeu após alguns compassos, como se ouvisse algo estranho. Recomeçou *da capo* e parou novamente, cochichando-me intrigado:

— Que se passa com o segundo guitarrista? Parece que não consegue tocar o que está escrito.

Pois esse músico acabara de chegar do Rio de Janeiro especialmente para integrar a orquestra de Paul Anka como segundo guitarrista, evidentemente tendo que ler música. No Rio não houvera dificuldade, fora Baden Powell. Mas em São Paulo, um dos únicos substitutos possíveis seria Duílio, que estava excursionando no Peru. Tive que apelar então para esse músico carioca, que me garantiu saber ler à primeira vista. Foi contratado, trouxemos pela ponte aérea o homem que supôs poder driblar a todos. Quando se posicionou com a guitarra a meio-pau, como tocador de viola caipira, desconfiei de sua capacidade. Não deu outra. O cara nunca tinha lido aquelas bolinhas pretas da partitura e tentava imitar as posições do guitarrista norte-americano a seu lado. Foi um vexame. Tivemos que dispensá-lo, e nessa primeira noite Paul Anka cantou apenas com seu próprio guitarrista na orquestra.

De *smoking* vermelho, mostrou-se um *performer* muito superior aos jovens do rock and roll. Entre os *hits*, cantou "You Are My Destiny", "Put Your Head on My Shoulder" e "Diana", que fizera aqui o maior sucesso na versão de Carlos Gonzaga. Cantou uma canção sentado na beira do palco, pertinho dos que estavam doidos para alcançá-lo, tocou piano, sapateou, obtendo um sucesso sólido confirmado por sua longa carreira como cantor. Deu show no Clube Monte Líbano, além de quatro vesperais no teatro, todas com lotação esgotada na temporada, encerrada dia 25.

Nessa data eu já estava em Nova York, no terceiro de outros trinta dias para novas negociações. Assisti, graças a Eddie Elkort, num espetáculo de inesquecíveis boas lembranças, o exponencial Harry Belafonte em curta temporada num teatro da Broadway, com o mesmo show que havia levado no Carnegie Hall meses antes.[26] Dias depois, aguardava um encontro no escritório de seu empresário, quando subitamente abriu-se a porta para a entrada de Belafonte em pessoa, um exemplar de homem com indiscutível *donaire* e carisma, óbvios até para o mais insensível ser humano. A tentativa de contratá-lo esbarrou num problema praticamente insolúvel na época: exigia um teatro de no mínimo 3.500 lugares e participação na bilheteria, afora cachê monstruoso e dezenas de passagens. Nessa tivemos que sucumbir, e o Brasil deixou de ver um espetáculo magistral.

Entre os artistas contratados nessa viagem, figurava o elenco completo de uma novidade, para a Record, denominada "The Spectacular Jamboree Circus". Com amplo conhecimento dos atos de variedades programados nos circuitos adequados, do Latin Quarter ao Ed Sullivan Show, Eddie Elkort ofereceu montarmos um circo no palco do Teatro Record. Os mestres de cerimônia seriam os simpáticos Peiro Brothers, dois consagrados malabaristas argentinos estabelecidos há anos em Las Vegas. Com ambos viria um mágico, macaquinhos amestrados que diri-

---

[26] O álbum duplo *Belafonte at Carnegie Hall* é o registro completo desse concerto gravado em 19 e 20 de abril de 1959, um marco na história dos discos ao vivo. Além de Belafonte, assisti, no Radio City, a um grande show brasileiro produzido por Carlos Machado, com a participação do conjunto Farroupilha, Nelson Gonçalves, o passista de frevo Jonas Moura, Russo do Pandeiro e outros mais. O espetáculo tinha cenografia de Oscar Niemeyer e arranjos de Radamés Gnattali e Léo Perachi.

Nada como o *show business*

giam pequenos automóveis, cães que se equilibravam em corda bamba, uma atraente trapezista de cabelos ruivos, o homem dos balões, um grupo de músicos excêntricos e Chaz Chase, o *clown*. Para a vinda desse batalhão de gente, seus animais e equipamentos, viabilizamos o transporte através de uma companhia aérea que utilizava aviões turboélice. Tudo parecia andar sobre carretéis na noite em que Teddy Peiro, Eddie Elkort e eu comemoramos a assinatura dos contratos com um jantar no "La Fonda del Sol", um restaurante da Sexta Avenida que de há muito não mais existe.

O dia da chegada, uma madrugada, foi um pandemônio no aeroporto de Congonhas, devido aos primeiros problemas de uma série que só se extinguiria após o embarque de retorno da trupe. Um dos cãezinhos das domadoras Alma e Judy Michaels (mãe e filha) não resistiu, e acabou morrendo no compartimento de carga da aeronave, despressurizado. Foi um Deus nos acuda. Anos de trabalho para amestrar a pobre cachorrinha foram perdidos, um prejuízo irrecuperável. Inconsoláveis, as duas choravam como se tivessem perdido um filho. Só se apaziguaram depois da compensação concluída. Além disso, quando o inspetor da Alfândega abriu uma das malas do comediante Chaz Chase, deparou-se com uma carga insólita: centenas de caixinhas de fósforos americanas que seriam usadas no seu número de variedades.

— O que o senhor pretende fazer com essa quantidade de fósforos? — inquiriu intrigado.

— Vou comê-los — respondeu inocentemente Chaz Chase.

— O quê? O senhor me afirma que vai comer esses fósforos? Está preso por desacato à autoridade.

Paulo Charuto teve de entrar em ação para livrá-lo da cadeia, e sacou de sua arma infalível: um punhado de ingressos. De fato, o ponto alto do bizarro número de Chaz Chase era o momento em que se punha a entupir a boca com caixas de fósforos, acomodando-as pelos cantos das bochechas, simulando engolir aquilo tudo. Caramba! Um número de encomenda para a antologia dos bate-papos entre empresários no Friars Club.

Resolvidos os primeiros problemas, o elenco do circo foi posto a desfilar numa sensacional parada de rua, do tipo "O Maior Espetáculo da Terra", desde os estúdios da TV Record até a praça da República, no centro da cidade. Antes da partida de futebol do domingo, o helicóptero do canal 7 surgiu no estádio do Morumbi trazendo pendurado um trapézio, com a bela ruiva fazendo acrobacias lá no alto até pousar no centro do gramado. Desceu sob intensos aplausos do público temeroso, e em meio à excitação dos repórteres de campo, que correram céleres de microfone em punho procurando cercar-se o mais juntinho possível daquela mulher curvilínea de maiô, que só falava alemão. Era o Jamboree Circus, que a Record oferecia ao público paulista.

Estrearam no dia 25 de novembro com casa cheia, duas sessões por noite, três no fim de semana; a temporada foi prorrogada e acabou terminando em um domingo, 18 de dezembro, no Ibirapuera, com entrada franca. Nos camarins, a "família unida" do circo só faltava se estapear. Aliás, até isso aconteceu. Numa das noites, o gerente Gaúcho foi obrigado a chamar a polícia para apartar os irmãos italianos do grupo de comédia musical que, no palco, tocavam guizos amarrados às pernas e braços. Armaram um fuzuê entre si, numa gritaria que por pouco não afugentou alguns assistentes. Teddy Peiro, o mais articulado elemento da trupe, cortou um doze tentando evitar trazer à tona cada uma das dificuldades que tinha de resolver diariamente.

No cômputo geral, o sucesso alcançado pelo Jamboree Circus abriu uma nova fronteira para futuras atrações. O jovem empreendedor Eron Alves de Oliveira sorria de ponta a ponta com a projeção que o magazine Eletroradiobraz ganhara por patrocinar a temporada. Foi a última de 1960 no Teatro Record.

Antes do Jamboree Circus, apresentaram-se no final de outubro e início de novembro, respectivamente, a orquestra de Harry James e a atriz Jane Russell.

Lamento desiludir alguns de seus fãs, mas a provocante "O Busto", daquela foto sobre um monte de feno que marcou a divulgação do filme *O Proscrito*, é a antítese da artista que veio para um único show em 23 de novembro. Jane Russell (nascida em 1921) não era nada daquilo que Howard Hughes tinha conseguido incutir na cabeça das pessoas por meio daquela sensual imagem com a blusa despencando de um dos ombros. Não muito alta, mais despachada do que uma *vamp* exigia, até meio jeca em seus sapatos vermelhos, Jane veio para cantar num show em que só se mostrava de maiô, e sob um vestido púrpura, no último número. Entre o sussurrante e o estridente, cantou "I Love Paris", "Stormy Weather" e até "Maracangalha".[27] Ficou nítida a impressão, o que ela mesma confirmaria, de que a atriz queria se ver livre do estereótipo de mulher sensual criado por Hollywood.

---

[27] Acompanhada por seu excelente pianista Hal Scheafer.

Nada como o *show business*

Como Miles Davis na atualidade, Harry James (1916-1983) foi o ídolo da geração dos trompetistas brasileiros de *big bands*. Passou à categoria de astro do cinema depois de atuar com destaque no filme da Metro *Escola da Sereias*, sendo já alvo dos ciúmes da juventude americana depois que se casou com Betty Grable, a "pin-up girl" com as pernas mais cobiçadas pelas forças armadas dos Estados Unidos.

De tudo na vida, Harry James só levava a sério a música. No mais, um pândego sem limites para a bebida, o jogo e a mulherada. Possuidor de uma técnica excepcional e marcante presença à frente da orquestra ou ao lado dos trompetistas, onde fazia questão de se colocar nos momentos de destaque do naipe, Harry era um craque. Tinha a manha de saber encher uma pista de dança. Justifica-se que sua temporada no Brasil, portanto, tenha sido dividida entre apresentações em teatros e atuações em salões de baile de São Paulo, Rio e Porto Alegre.[28]

Na capital gaúcha, estávamos Paulo Charuto e eu no saguão do hotel, com todos os músicos, que haviam descido pontualmente de seus aposentos, aguardando a chegada do chefe para irmos ao Cine-Teatro Guarani. Nada de Harry James. Seu apartamento não respondia. Um gaúcho arriscou: "Vai ver que ele está na casa da Mônica". Era a conhecida e luxuosa casa de prostituição da cidade. Paulo Charuto apanhou um táxi e foi direto. "Está sim aqui", respondeu a cafetina. Paulo bateu forte do lado de fora: "Mr. Harry James! Mr. Harry James! Show! Show!". Depois de uma boa espera, o cara apareceu apertando o cinto e se compondo, mais bêbado que um gambá, sem a menor noção de onde estava. Voaram para o hotel, Harry James subiu naquele estado deplorável e eu pensei: "O Maurício Sirotski vai me comer vivo por esse atraso". Menos de meia hora depois, desce aquele homem delgado, de bigodinho e olhos azuis, lépido e fagueiro, carregando a caixa do trompete como se nada houvesse acontecido. Deu um largo sorriso a todos que o aguardavam pacientemente, entramos nos veículos, e lá fomos para o teatro.

O público se acotovelava à espera do trompete dourado de Harry James. O próprio Maurício, então o mais célebre animador de rádio e televisão do Rio Grande, anunciou com sua voz invejável: "A orquestra de Harry James!!!". O líder entrou em cena, atacaram a primeira música

---

[28] Atuou no Teatro Record de 17 a 23 de outubro, em dois bailes de debutantes (um no Jardim de Inverno Fasano, outro no Palácio de Mármore de Santo André) e ainda no Arakan Club.

e o público delirou com aquela *big band* impecável, que tinha um *swing* que lembrava, e muito, a de Count Basie. Tocou com alma e competência, como se tivesse passado a tarde toda concentrado no seu quarto de hotel, preparando-se para aquela exibição de gala. Assim foram os espetáculos de uma ótima temporada que deixou os pés de valsa e os jazzistas com a sensação de um banquete de alto coturno.[29]

Em 1961, terceiro ano de suas atrações internacionais, a TV Record era líder de audiência, despertando sua mais forte concorrente, a Tupi, a contra-atacar na área. Como suas experiências anteriores em estúdio não tinham produzido grande efeito[30] foi arrendado o Cine Ritz Consolação, quinhentos metros acima do Teatro Record, para ser adaptado como o Teatro Tupi, a ser inaugurado em maio com a cantora Eartha Kitt. Paralelamente, a música popular brasileira conquistava cada vez mais espaço em função dos shows de bossa nova em São Paulo. Tom Jobim já havia feito temporada no Michel, em maio de 1960, e João Gilberto vinha com relativa assiduidade. No Teatro Record as inovações não cessavam. Tendo o Radio City por modelo, foi instalado um órgão Hammond que deslizava sobre trilhos emergindo da lateral direita para que o organista Renato Mendes entretivesse o público nos intervalos.

As duas atrações da pré-temporada de 1961 foram, digamos, produtivas. A cantora Maureen Cannon,[31] praticamente desconhecida e sem disco gravado, esbanjou simpatia por aqui, e o "American Ice Show Revue"[32] (um mini-show se comparado ao "Holiday on Ice", depois frequente no Ibirapuera) inaugurou uma nova moda em São Paulo, a de patinar no gelo. Entre tombos de rapazes e moças do *society* vistos pela televisão e a revelação do jovem patinador Jô Soares, o Rinque Record foi palco desse espetáculo tipo Jamboree Circus, com uma diferença: todo o elenco patinava sobre gelo.

---

[29] Harry James liderou uma entusiástica *big band* e trouxe entre seus músicos o categorizado sax-alto Willie Smith, o trombonista Ray Sims e, como *crooner*, Ernie Andrews, em início de carreira.

[30] A temporada dos Four Aces em dezembro de 1959 foi um fracasso. Vieram depois Lena Horne (maio de 1960), Julie London (setembro de 1960) e Les Paul & Mary Ford (novembro de 1960), alguns apresentados somente no estúdio da Tupi, no bairro do Sumaré.

[31] Taxada de "a explosiva", Maureen atuou também em musicais da Broadway.

[32] Os velozes bailarinos Dennis e Charles Cavanaugh, a malabarista Trixie La Rue (que rodava pratos sobre varetas) e o mágico Ron Urban eram as principais atrações.

Nada como o *show business*

Por mais apagada que seja a atuação do baterista de uma banda, basta um solo para ser o mais aplaudido. Invariavelmente os bateristas solistas acabam se sobressaindo mais que esplêndidos rítmicos como Dave Tough e Arthur Taylor. É como se pode explicar a fama de Gene Krupa, Louie Bellson e Buddy Rich, que, independente de sua participação suingante em inúmeras sessões rítmicas, são lembrados por seus solos, suando em bicas e com os cabelos caindo pela testa.

Tais exibições podem se tornar insuportáveis se ultrapassarem o limite sonoro da música para o do barulho. Não as de Buddy Rich (1917-1987). Seus solos eram verdadeiramente musicais e vibrantes, empolgando por uma destreza ímpar, chegando a causar a impressão de que iria morrer de tanto tocar. Considerado uma criança prodígio no *vaudeville*, cantava e sapateava em complemento a um super show de bateria. Era célebre pelo humor cáustico, no estilo do amigo Frank Sinatra, não atendia a pedidos de jeito nenhum e quando se enfezava o melhor era sair da frente rápido. No mais, uma figuraça.

Buddy Rich estreou na Record em 8 de março com seu quinteto,[33] fazendo o público delirar em meio a aplausos, gritos, assobios e bravos. Ali estava reunida a nata dos bateristas da cidade a pedir baquetas e conselhos ao incorrigível *bon vivant* do jazz que sobreviveu a um enfarto mas não sossegou, voltando a tocar seu instrumento.

Sejamos francos: exceção a certos franceses fanáticos, Sacha Distel (1933-2004) nunca teve o prestígio de um guitarrista de primeiro time no jazz, mesmo tendo gravado com o Modern Jazz Quartet. Em compensação, pergunte às garotas, naquele março de 1961, quem era Sacha. Babavam e arrastavam um trem para aparecer como simples papagaio de pirata numa foto com aquela bela estampa de homem. Sacha era o ex de Brigitte Bardot — assunto proibido nas entrevistas, pois sua noiva, Francine Bréaud, com quem se casaria, estava sempre por perto. Foi o que mais se comentou em sua badalada temporada. O que cantou, o que tocou, pouco importou.[34]

---

[33] Com Sam Most (flauta e clarineta), Mike Manieri (vibrafone), John Morris (piano), Wyatt Ruther (baixo), Vincent Marino (bongo) e Morgana King (*crooner*), Buddy Rich tocou no Farney's e no Círculo Israelita.

[34] Sacha veio com Raymond Le Sénéchal (piano e diretor), Jean-Louis Viale (bateria) e Marcel Dutrieux (baixo), tocando de 21 a 27 de março na Record, além dos clubes Harmonia, Paulistano, Monte Líbano e Israelita.

Ao lado de seus músicos e de Zuza, o grande baterista de jazz Buddy Rich, que se apresentou no Teatro Record em março de 1961. Da esquerda para a direita: John Morris, Mike Manieri, Wyatt Ruther, Buddy Rich, Morgana King, Zuza e Sam Most.

O cantor e guitarrista francês Sacha Distel, aqui ao lado da colunista social Alik Kostakis, fez verdadeiro furor junto às mulheres em sua temporada na Record.

O trágico desaparecimento de Glenn Miller na Segunda Guerra abriu vaga para várias orquestras tentarem ocupar seu espaço em imitações que variaram entre o grosseiro e o esforçado. Tex Beneke, Jerry Gray, Ralph Flanagan e Ray Anthony são os mais conhecidos, pois foram capazes de se livrar da sombra do mestre para ter vida própria.

Ray Anthony (nascido em 1922), que ocupou a cadeira de quarto trompete na fase final da banda civil de Glenn Miller, era um músico vigoroso, e a fama de sua orquestra se confundia com a inveja pela mulher que possuía, a sexy Mamie Van Doren. O casamento foi pro brejo, a orquestra foi desmontada, mas Ray conseguiu segurar a peteca no ar com um "combo" semidançante que trouxe ao Brasil no mês de abril. Como gostava de manter a fama de mulherengo, ou pelo menos de estar sempre bem-acompanhado, a grande atração do grupo não era ele, e sim os dois espetaculares monumentos sob forma de mulher que trouxe consigo, uma loira, Diane Hall, e uma morena, Anita Ray, que, é bom que se diga, também cantavam. Chamadas de *book ends* (suportes de livro), funcionavam exatamente como tal. Uma de cada lado, em vestidos justíssimos, abrindo em rabo de peixe do joelho para baixo, e, no meio de ambas, Ray, um sósia de Cary Grant em tamanho reduzido, soprando seu trompete. Um livro sem qualidade literária que valesse muito a pena.

Ao todo eram sete músicos,[35] em arranjos cujos acordes abertos, na linha de Louis Prima, surtiam o efeito de uma orquestra alegre, típica dos *lounges* dos hotéis de Las Vegas, onde mais se vê do que se ouve. Muito jogo de cena, os músicos participando da coreografia, o baixinho Ray Anthony cantando ou atingindo agudos no seu instrumento, e a rapaziada mais abonada da plateia lançando mão de todos os recursos disponíveis para tirar uma lasquinha daqueles dois aviões. Consta que, debalde.

A atração seguinte estreou apenas dois dias depois. Ficou patente que shows vapt-vupt de certos artistas americanos, altamente profissionais, é verdade, perdiam naquilo que outros, principalmente europeus, tinham de sobra: alma. Caterina Valente tinha alma. Nascida em Paris em 1931, filha de artistas de circo, de nacionalidade italiana, era casada com seu empresário alemão Eric Van Aro, residia na Suíça, falava correntemente esses idiomas, além de espanhol, e tinha facilidade para aprender quantos mais necessitasse. Começou arranhando o português e, ao

---

[35] Além do trompete, dois saxofones, um trombone, piano, baixo e bateria. Na mesma época da temporada no teatro, de 4 a 9 de abril, também atuaram no Jardim de Inverno Fasano, no Clube Pinheiros e no Tênis Club de Santos.

Acompanhado de suas duas cantoras, a loira Diane Hall e a morena Anita Ellis, e com a inseparável câmera a tiracolo, o trompetista Ray Anthony desembarca no Brasil para sua temporada na Record em abril de 1961.

final da temporada, já cantava bossa nova tocando violão como uma brasileira. Tanto que logo depois da estada no Brasil, foi a primeira a mostrar bossa nova na TV americana, no Perry Como Show. Antes de Stan Getz.

Graciosa, inteligente, musical, descontraída, Caterina inundava o ambiente com sua voz gostosa, sua exultante personalidade, merecendo os intensos aplausos recebidos após "Malagueña", quando foi contemplada com uma profusão de flores enviadas por Maria Elisa Soares, a secretária de Paulinho, de quem se tornou grande amiga. Cinco músicas de seu repertório dão uma ideia de sua versatilidade internacional: "Let's Fall in Love", "Nessuno al Mondo", "Bonjour l'Amour", "Istambul" e

Com um vestido típico bordado, a eclética *show woman* Caterina Valente cantava tanto acompanhada da orquestra como tocando violão em seu show no Teatro Record, em abril de 1961.

"Maracangalha", nas suas versões originais. Depois desta, cantava em duo com seu irmão Silvio, ambos com suas guitarras, uma comovente "How Deep is the Ocean".[36] Hoje, com mais de 70 anos, essa artista que dignificou o *show business* pelo mundo vive tranquilamente após uma carreira plena de espetáculos e centenas de gravações em treze línguas.

---

[36] Afora os espetáculos no Teatro Record de 11 a 16 de abril, quando foi acompanhada pela orquestra Record dirigida pelo maestro Gabriel Migliori, Caterina cantou nos clubes Pinheiros e Paulistano, além do Jardim de Inverno Fasano, seguindo depois para o Rio de Janeiro e Buenos Aires.

Em sua segunda temporada no Brasil, Sammy Davis Jr. é recebido por Zuza no aeroporto de Congonhas, em São Paulo, em abril de 1961. Atrás, à direita, o empresário da turnê, Flavio Ramos.

Ainda naquele mês de abril, Sammy Davis Jr. retornou para sua segunda temporada no Brasil, dessa vez contratado pelo proprietário da boate carioca Jirau, Flavio Ramos, que tratou diretamente com o *personal manager* Arthur Silber Jr. O início da turnê no Chile deu-se com um dia de atraso, por motivos não explicados, e a partir daí, como em todas as demais cidades, os shows foram adiados em um dia. Na Record, a estreia foi transferida de 26 para 27 de abril. No fim da linha alguém teria de pagar o pato.

Seu diretor musical era agora o pianista George Rhodes, e Sammy mudou aqui e ali, mas basicamente o espetáculo era o mesmo de menos de um ano antes. A tentação de encher a burra de dinheiro foi maior que seguir uma regra básica do *show business*, a de espaçar duas turnês de um artista com um intervalo conveniente.

"Não houve tanta emoção quanto da primeira vez", escreveu o cronista Jacintho de Thormes, confirmando no Rio de Janeiro o que já acontecera em São Paulo. Para Flavio Ramos, o pior viria antes do espetáculo de encerramento no Copacabana Palace. Após o penúltimo show, Sammy & Companhia arrumaram as malas, desprezaram as passagens da Pan American e se pirulitaram um dia antes, num voo da Braniff. Sammy alegou que recebera um cabograma de Frank Sinatra convocando-o para um show beneficente, e por dinheiro nenhum deixaria de atender ao chefe do clã. É evidente que esse show existia desde o começo da turnê. Conclusão: Flavio Ramos perdeu uma grana preta, e a promessa feita pelo artista, de que voltaria em julho para cantar três dias no Brasil compensando-o pelo prejuízo, jamais foi cumprida. Veio, é verdade, anos depois, quando não existia mais o Jirau e Flavio trabalhava com Sergio Mendes, depois dessa entortada que mudou o rumo de sua vida.

Caso tivesse cantado "I Left my Heart in San Francisco" na sua primeira temporada no Brasil, certamente Tony Bennett teria mais público no Teatro Record e no Jardim de Inverno Fasano.[37] Acontece que só um ano depois é que gravaria a canção de sua vida.[38] Numa daquelas noites de maio ele se apresentou com um inadequado terno branco, para menos de meia casa. Das tantas outras vezes que veio ao Brasil, essa foi seguramente a mais triste para ele.

Ainda que tenha recebido na sua estreia uma plateia repleta de colunáveis, o que era normal nas estreias beneficentes no Teatro Record, Anthony Dominick Benedetto (nascido em 1926) atravessava um perigeu em sua carreira, de tudo fazendo para agradar. Com o coração aberto, cantou lindas canções como "Just in Time", "Without a Song", "Laura" e a deliciosa "How About You" secundado por um acompanhamento primoroso. Tony Bennett, um dos homens de mais puro e generoso caráter que conheci no *show business*, veio com seu fiel acompanhante, o pianista Ralph Sharon, que o orientou a não cair no conto das gravadoras de aderir a modismos, pelo que pagou alto preço por anos seguidos até que enfim os ventos soprassem em definitivo a seu favor.

---

[37] Sucessos gravados antes da temporada paulista, em 17 e 18 de maio: "Because of You" e "Cold, Cold Heart" (1951), "Stranger in Paradise" e "Rags to Riches" (1953), "Just in Time" (1956) e "Smile" (1959).

[38] Em 1954, a única canção de sucesso da dupla Douglas Cross e George Cory foi composta para a cantora lírica Claramae Turner, mas gravada só doze anos mais tarde por Tony Bennett, com um arranjo de Ralph Burns que foi decisivo para seu êxito. Tony recebeu dois prêmios Grammy, o disco vendeu seis milhões de cópias e a canção tornou-se o segundo hino da cidade de São Francisco.

Tony Bennett no palco do Teatro Record, em maio de 1961, com a orquestra da emissora que acompanhava as atrações internacionais, incluindo parte da seção de cordas. Entre os músicos, Pirahy (segundo saxofone da esquerda para a direita), Adolar (quarto saxofone) e Papudinho (o terceiro entre os trompetistas). No contrabaixo, Don Payne, e ao piano, Ralph Sharon.

Num almoço realizado na casa do empresário carioca Flavio Ramos, em São Conrado, Tony Bennett (com o prato na mão) ouve a novidade da música brasileira, a bossa nova, tocada por Roberto Menescal e Chico Feitosa.

Seu baixista chamava-se Don Payne, um músico aberto ao que acontecia de fundamental na música do Brasil, a bossa nova. Estávamos deitados na praia de Copacabana quando me fez um verdadeiro questionário sobre a fascinante revolução que ocorria na música popular brasileira. De imediato ficou louco para ouvir e saber todos os detalhes. Num almoço, na casa de Flavio Ramos em São Conrado, conversou longamente com Luizinho Eça, fazendo anotações sobre a divisão de João Gilberto, depois comprou pilhas de discos, levando tudo para Nova York.[39] Quanto a Tony Bennett, o destino ainda lhe reservava para o futuro os melhores momentos de sua duradoura carreira.

A segunda atração japonesa da história da Record não só confirmou a experiência anterior de 1960, como superou todas as previsões. A fila para assistir "Holiday in Japan" ia desde a bilheteria do teatro, onde é atualmente a loja de lustres Yamamura, até o cemitério da Consolação. Tudo literalmente esgotado nas duas sessões diárias de 27 de maio a 4 de junho, o domingo de encerramento.

Dessa vez foi contratado o super show visto durante meses em Las Vegas, criado pelo marido de Shirley MacLaine, Steve Parker, que não excursionou, enviando como diretor o cenógrafo Paul Godkin. O grupo chegou em duas etapas, totalizando seis mil quilos de bagagem, uma loucura para a Record, incluindo 34 cabeleiras postiças para vestir uma mistureba de artistas com olhos puxados que, sob o prisma dos frequentadores de cassinos de Vegas, eram, para todos os efeitos, japoneses puros. Destacando a mulata japonesa (*sic*) Rye Tanuchi e um guarda-roupa de muito bom gosto, com setenta kimonos de seda pura, alguns deles centenários, o luxuoso show ficou na ponta dos cascos depois da segunda performance, atingida após árduos ensaios em que nosso iluminador Luiz Doce quase endoidou com tantas mutações impostas a seu reduzido menu de operações até então. O sucesso foi tamanho que, após o giro pela América do Sul, o "Holiday in Japan" aportou para novos espetáculos na Record de 22 a 26 de julho, repetindo-se a cena de filas imensas da colônia japonesa.[40]

---

[39] Tão logo chegou a Nova York, Don Payne incorporou a batida e o repertório da bossa nova a seu trio com o pianista Ben Aronov e o guitarrista Gino Beticini, que tocava no bar Chuck's Composite na região leste da cidade. O disco *Jazz Samba*, com Stan Getz e Charlie Byrd, seria gravado meses depois, em fevereiro de 1962.

[40] Além da mulata, havia lindas bailarinas japonesas, cantoras e os filipinos "Ro-

O novo garoto bonitinho do rock and roll chegou na hora errada. Depois de Johnny Restivo e de Paul Anka. Frankie Avalon (nascido em 1939), outro ídolo da brotolândia, pegou um rabo de foguete, embora tivesse um *hit* nos Estados Unidos, "Vênus". Era elegante e simpático, solicitado com frequência no famoso programa da televisão americana de Dick Clark, o "American Bandstand", tocava trompete e sapateava, as garotas mais ousadas ameaçavam despi-lo, seu repertório era variado mas... a temporada de Frankie Avalon não aconteceu.[41] O público não reagiu, o artista não deu lucro, o cantor era o que havia de mais inexpressivo e sua carreira também não emplacou, declinando já nos anos 60.

Dias depois da temporada de Dizzy Gillespie (1917-1993), um velho conhecido e dos melhores seres humanos que conheci no jazz,[42] embarquei para uma movimentada viagem de contratações. Em Los Angeles, o empresário de Zsa Zsa Gabor acenou com a possibilidade de um encontro com "Colonel" Tom Parker, o homem que conduzia com mãos de ferro a carreira de Elvis Presley. Seria recebido desde que concordasse com sua extravagante condição, a de não abordar contratação artística. Após alguns adiamentos, fomos ao seu escritório fixo nos estúdios da Paramount, onde ele fez o favor de nos receber entediado. Depois é que entendi a inutilidade desse encontro: nos anos seguintes o contrato de seu astro previa dedicação exclusiva ao cinema. Elvis chegava ao estúdio muito cedo para as filmagens, vinha deitado no chão do automóvel para evitar ser visto e assim voltava para casa. Parker dominou como quis cada passo de Elvis, que só retornou aos palcos de Las Vegas em 1969. Nunca fez shows fora dos Estados Unidos porque, dizem, o misterioso Parker tinha medo de, ao sair, não poder reingressar no país.

A frieza desse encontro contrastou com a noite deliciosa na qual foi celebrada a assinatura do contrato com o *band leader* Les Brown (1912-

---

cky Fellers", caricaturando o rock, na revista de vinte quadros que fundia a música japonesa do Kotô com as guitarras americanas.

[41] A temporada foi de 19 a 25 de junho e entre as músicas que Frankie Avalon cantou estavam "That Old Black Magic", "Blow Gabriel Blow", "Ol' Man River" e "Walls of Jericho".

[42] Como tinha desmanchado a *big band* que trouxera ao Brasil em 1956, Dizzy veio com o quinteto cujo pianista era o argentino Lalo Schifrin. Sua temporada, de 14 a 19 de julho, coincidiu com os espetáculos da caravana "American Jazz Festival" no Teatro Tupi, a 500 metros da Record, com Coleman Hawkins, Roy Eldridge, Jo Jones, Tommy Flanagan, Chris Connor e outros desse gabarito.

Nada como o *show business*

2001). Com seu Lincoln Continental bege, ele veio gentilmente me apanhar no Beverly Wilshire Hotel para jantar com a esposa Claire em sua bela residência à beira-mar, no alto de um penhasco em Palisades. Como eu sabia de cor e salteado a história de sua Band of Renown, incluindo quem tocava o quê, nosso papo fluiu feito água corrente ao som de suas gravações comentadas pelo próprio, uma graça de pessoa. Falou sobre a ex-vocalista Doris Day, que cantou seu primeiro sucesso, "Sentimental Journey", e contou que seu clássico arranjo para a canção de Irving Berlin, "I've Got my Love to Keep Me Warm", um de meus favoritos, foi gravado na Columbia em 1946, mas como os diretores não gostaram, o disco não só não foi lançado, como esquecido. Dois anos depois, quando foi tocado por acaso no programa de rádio ao vivo de Bob Hope, no qual a orquestra era efetiva, o mesmo arranjo virou um *hit*, tal a quantidade de pedidos dos ouvintes. Os executivos da Columbia decidiram produzir o disco e comunicaram a Les Brown que o estúdio já estava reservado, ao que ele respondeu: "Essa música já foi gravada, é só vocês procurarem no arquivo". A matriz foi localizada e o disco se tornou dos mais vendidos da orquestra. Mesmo não sendo um músico destacado, sabia comandar, sabia encher a pista, foi um querido *band leader*. Les Brown e sua *big band* viriam ao Brasil em maio do ano seguinte.

Nessa mesma viagem logrei assistir aos mais variados espetáculos de Las Vegas e Reno, à episódica *big band* de Gerry Mulligan no Santa Monica Auditorium, a shows em Chicago e até a um Acqua Show. Com o sucesso das grandes montagens anteriores, Paulinho Machado de Carvalho decidiu abrir novos horizontes, encarregando-me de conseguir algo na linha dos "aqualoucos", que tanto sucesso obtiveram durante os anos 50 na piscina do Pacaembu. Com um detalhe: sua meta era montar uma gigantesca piscina de vidro no Ginásio de Ibirapuera para que o público pudesse ver o balé sub-aquático, aquilo que só era possível nos musicais da Metro com Esther Williams. Tomei o rumo norte e parti para Seattle, onde assisti a esse inusitado espetáculo. Estudamos a proposta, analisamos o transporte de navio, mas esbarramos em dificuldades técnicas insuperáveis no Brasil. Arremedando garçons de certos restaurantes, tão solícitos quanto vagos, devo dizer ao leitor que essa "vamos ficar devendo, doutor".

Assim que dei entrada no The Gotham de Nova York recebi uma *"message to Mr. De Mello"*. Era o retorno a uma ligação anterior: *"Please call Mr. Hank Sanicola"*. Era o *manager* de Frank Sinatra. A conversa foi curta e direta: para agendar um encontro, bastava ele marcar a data em qualquer parte do mundo, não importa onde, e eu lá estaria para tratar da vinda de Sinatra ao Brasil. Aquele não era o melhor caminho para iniciar uma negociação, pois a TV Record nada significava para ele. A entrevista publicada em 2 de março de 1960 pelo jornal *Variety*, a bíblia do *show business*, que destacava a Record Televisao (*sic*) como promotora na importação de talentos para o Brasil, em substituição aos cassinos dos anos 40, certamente não foi notada por Sanicola, e Sinatra só viria mais de vinte anos mais tarde.

Ao retornar com outros contratos assinados, montei um dossiê de cantores e atos de variedades, com todo tipo de números disponíveis para o futuro. Esse fascínio pelos artistas do trapézio, do equilíbrio, da contorção, dos truques e da pantomima, deve remontar ao dia em que meu pai me levou a um espetáculo, nunca esquecido, no teatro de variedades "Cassino Antártica", que se erguia no vale do Anhangabaú, em São Paulo, antes da construção da passagem de nível sob a avenida São João. Na infância, vivi tardes e tardes de domingo sob a lona dos dois principais picadeiros de São Paulo. Um deles, no largo da Pólvora, era o circo dos irmãos Seyssel, o *clown* Henrique e o palhaço Waldemar, o Arrelia. Íamos de bonde aberto e completávamos o divertimento tomando frapê de coco numa leiteria da praça da Sé. O outro era o circo do Piolim, não muito longe do início da rua Conselheiro Brotero, onde morava minha avó. Meu tio Flavio me conduzia pela mão até a esquina da General Olympio da Silveira, dobrávamos à direita e avistávamos a fachada do reinado de divertimento infantil daquela São Paulo que valia a pena. Voltávamos rindo, lembrando as cenas de Piolim metido em seu desmedido colarinho duro e tropeçando nos sapatos desproporcionais. Quanto se deve aos circos de Arrelia e Piolim, de incogitável influência na formação artística de uma geração?

A reputação da Record por apresentar atrações internacionais era de tal ordem que a mera passagem por São Paulo do casal mais "in" de Hollywood, Tony Curtis e Janet Leigh, no final de setembro, gerou vários telefonemas de moças perguntando quanto custava o ingresso para assistir Tony Curtis. Não havia temporada alguma programada, ninguém tinha a mais vaga ideia do que o galã de olhos azuis e lábios finos poderia realizar num palco, mas como as moças estavam enlouquecidas para ver Tony Curtis, era preciso agir para atender aqueles coraçõezinhos despedaçados. Em questão de horas Paulinho contratou-o para uma matinê no sábado, dia 30. Janet Leigh partiu para Buenos Aires, enquanto o marido permaneceu em São Paulo. Nilton Travesso foi convocado para tirar

Nada como o *show business*

De passagem pelo Brasil em setembro de 1961, o ator Tony Curtis foi contratado para um show improvisado no Teatro Record, onde, entre outras funções, julgava candidatos ao prêmio de melhor dançarino. Ao fundo, o saxofonista Bolão e o baixista Luiz Chaves.

leite de pedra, tentando montar um espetáculo no qual ele dançava, tocava gaita e, depois, presidia a escolha das melhores dançarinas de samba e rock de um concurso. Para chegar ao teatro, o simpático e despretensioso Tony Curtis teve de se esgueirar por passagens e corredores de serviço do Hotel Jaraguá, livrando-se do assédio quase descontrolado das fãs que lotavam a portaria. Sob gritaria ensurdecedora, foi o personagem dessa performance que mal se aproximava de um show. Mesmo assim nenhuma das garotas chiou nem exigiu o dinheiro de volta.

Show era a entrada de Harold Nicholas (1921-2000). Ainda fora de cena, afastava-se da coxia, tomava impulso para uma corridinha e, como quem fosse voar, dava um salto espetacular, aterrissando no palco com as duas pernas abertas e sorrindo. Quase certamente a grande maioria da imprensa e do público ignorava quem era aquele dançarino, o mais moço dos fantásticos Nicholas Brothers, *top* na lista dos sapateadores negros acrobáticos. Agora, era o "rei do cha-cha-cha".

A granfinagem caiu de cabeça na dança, que tomou conta das boates e dos clubes paulistanos. Lá pelo meio do espetáculo, Harold Nicholas convidou alguma "señorita" para subir ao palco e dançar. A plateia ficou muda. Até que a mais desinibida assumiu, subiu os degraus, tirou os sapatos e mandou ver, assombrando Nicholas. Era a *glamour girl* de São Paulo, Ana Maria de Morais Barros. Foi um acontecimento a que outro colunável, Luiz Cláudio Calimério, não resistiu, subindo também. O esfuziante Harold Nicholas fez do cha-cha-cha a coqueluche do Cave, do Teatro Record, de 23 a 29 de outubro, e também do exclusivo clube do Jardim América, a Sociedade Harmonia de Tênis. Em noite *black-tie*, é claro.

Como se pode perceber, as atrações do Teatro Record tinham o condão de estabelecer vínculos com distintos setores da população. Alta sociedade, classe média baixa, juventude do rock and roll, aficionados do jazz, colônias estrangeiras, como a italiana e a japonesa, garotada acompanhada pelos pais, todos formavam um público cativo da emissora, garantia para uma liderança folgada nas diferentes faixas e classes sociais.

Os patrocinadores, que também se distribuíam em diversas esferas, pagavam em moeda nacional por programas de televisão com artistas que recebiam dólares. Pela mecânica das contratações, que exigia parte do pagamento meses antes da realização do espetáculo, era preciso torcer para que o dólar mantivesse uma certa estabilidade, a fim de não gerar perda financeira nesse intervalo. Todavia, os acontecimentos políticos do Brasil a partir do segundo semestre de 1961 — começando pela renúncia de Jânio Quadros, que afetou a bilheteria da revista "Music Hall das Américas" [43] —, prenunciavam um quadro preocupante no quesito fundamental para o funcionamento da cadeia, a estabilidade cambial. Em novembro, o dólar custava 365 cruzeiros, em dezembro, 415, uma escalada acima de 13% em apenas 30 dias. De sorte que a programação do teatro para 1962 poderia esbarrar em sérias dificuldades. Divisava-se que as atrações internacionais poderiam com o tempo se tornar inviáveis e a programação sofrer de imediato uma forte guinada.

No crepúsculo do ano de 1961 tivemos duas temporadas marcantes. Na terça-feira, 21 de novembro, estreou uma *big band* que deixou o público jazzista em polvorosa. Seu líder era o rei do swing, Benny Goodman

---

[43] Procedente da Argentina, ficou em cartaz entre 17 de agosto e 18 de setembro com 25 figuras: cantores, bailarinos, músicos excêntricos, acrobatas, contorcionistas, mágicos e outros.

Nada como o *show business*

(1909-1986). A disciplina férrea com que conduzia seus músicos resultava em exibições impecáveis dos clássicos gravados quase três décadas antes por Teddy Wilson, Lionel Hampton, Gene Krupa, Harry James e outros. Nenhum deles estava mais no palco, mas o espírito da "Swing Era" se mantinha sob o comando do clarinetista mais admirado no Brasil e em quase todo o mundo.[44] Além de Goodman, em forma impecável, havia um único astro do jazz na banda, que aliás correspondeu plenamente à fama que ostentava, o trompetista negro de olhos verdes Buck Clayton. Clássicos como "King Porter Stomp", "Avalon", "Don't Be That Way" e "Sing, Sing, Sing" foram intensamente aplaudidos nos cinco dias da temporada.

Antes do término de novembro, chegou a São Paulo o mais bem-sucedido artista da história do Teatro Record em termos de bilheteria, um nome jamais mencionado em lista das grandes atrações internacionais de qualquer época, Gene Barry (nascido em 1919). Alguém sabe de quem se trata? Acontece que o ator Gene Barry interpretava o herói do seriado preferido pela gurizada na TV Record, Bat Masterson, um defensor dos fracos e oprimidos no Velho Oeste, onde tinha nascido. Pois era assim mesmo que se iniciava a versão em português do *hit* nacional, na interpretação de Carlos Gonzaga:[45] "No Velho Oeste ele nasceu/ E entre bravos se criou/ Seu nome em lenda se tornou/ Bat Masterson, Bat Masterson". Esse refrão, que nenhum garoto ignorava, por mais alienado que fosse, representa metade da espetacular campanha que antecedeu a vinda de Gene Barry ao Brasil. A outra metade foi um golpe de mestre de Paulinho, uma sacada de marketing que arrebentou a boca do balão: a cada duas entradas vendidas para assistir a Bat Masterson em pessoa, o paizão ganhava para dar de presente ao filho uma bengalinha e uma cartola iguaizinhas às do herói do Oeste. Uma semana antes das catorze apresentações de Gene Barry no Teatro Record, três quartos da lotação já estava vendida. No dia da estreia, não havia nenhum bilhete disponível.[46]

---

[44] Como nos anos 30, o sexteto interracial de Benny Goodman, que assumia o lugar da orquestra em certo momento do espetáculo, alinhava Harry Sheppard (vibrafone), Derek Smith (piano), Arvell Shaw (baixo), Moise Alexander (bateria) e Howard Collins (guitarra).

[45] Foi o cantor que mais faturou com versões no Brasil.

[46] No seriado de televisão, Bat Masterson era um garboso advogado que percorria o Oeste montado em seu cavalo Stardust, utilizando como arma uma bengala encastoada de ouro.

Gene Barry, trajado como o personagem Bat Masterson, com sua bengala, cartola e mala de advogado, desembarca em São Paulo, em dezembro de 1961, sem ter a mais vaga ideia da monumental recepção que o esperava.

Assim que a porta do avião da ponte aérea se abriu, quando vislumbrou a multidão de crianças gritando o nome do herói que encarnava, Gene Barry deve ter ficado arrependido, imaginando que poderia ter pedido muito mais pelos shows. Isso não era nada. Enquanto percorríamos o trajeto até o hotel no banco traseiro de um automóvel fechado, ele não sabia em que direção olhar: pelas avenidas e ruas, de Congonhas ao Othon Palace, no centro da cidade, milhares de crianças agitavam cartolas e bengalinhas dando boas vindas a Bat Masterson. Nenhum garoto sabia quem era Gene Barry, que, por seu turno, não conseguia disfarçar uma expressão de incredulidade no que via. Não consegui perceber se sua vontade era amaldiçoar ou abençoar Bat Masterson. Quando o apresentei a Paulinho de Carvalho na calçada do teatro, que ostentava na fachada o nome do herói e não o seu, não escondeu seu desapontamento: "Não tenho o menor prazer em conhecê-lo". Declarou à imprensa que estava cansado de ser Bat Masterson e que não iria mais fazer esse filme. Foi prudente presenteá-lo com um par de abotoaduras cafonérrimas para esquecer o assunto.

O que ficou claro em pouco tempo é que Gene Barry, embora tivesse atuado em musicais da Broadway, não conseguiria realizar um show condizente sem um suporte adequado. De modo que em lugar de seguir o esquema consagrado por três anos — uma primeira parte com artistas locais e a segunda com a atração internacional — optou-se por desenvolver um enredo integrado com a performance de Gene Barry, num saloon de faroeste.

No momento em que o bandido Kid Matador se preparava para matar o personagem vivido pelo querido comediante Chocolate, nesse momento crucial, *tam-tam-tam-taaaam!*, surgia o herói, ele mesmo: Bat Masterson! Num lance cinematográfico, varava a porta vai-e-vem e, ao som da música que a petizada cantava a plenos pulmões erguendo suas bengalinhas, ele rumava decidido para salvar Chocolate e dava uma bofetada bem aplicada em Kid Matador. Saíam todos de cena para que Bat Masterson, isto é Gene Barry, fizesse seu show de quarenta minutos, cantando, sapateando, imitando Chevalier e recebendo com carinho os garotos mais ousados que subiam ao palco para ter certeza que tudo aquilo era verdade.

Numa das noites ocorreu o mais sensacional show da temporada: Kid Matador era vivido por um substituto que, não se conformando com o pé-de ouvido de Bat Masterson, revidou na lata. Atônito, Gene sapecou de volta, dando início a uma tremenda confusão com os figurantes tentando dominar o substituto aos safanões, o que acrescentou tal autenticidade à briga que levou o público ao delírio. Como se não bastasse, acidentalmente uma das bambolinas do urdimento despencou em chamas, forçando os maquinistas que estavam na coxia a invadir o cenário para apagar o fogo o quanto antes. Tudo isso ao som da orquestra tocando "Bat Masterson". O público urrava empolgado, jamais imaginando ser possível tamanha realidade no palco do Teatro Record. Foi uma cena nunca vista. Aplausos ensurdecedores, bengalinhas e cartolas voavam na plateia, era um desvario incontrolável do público bendizendo os cruzeiros gastos para ver o melhor show de suas vidas, o inesquecível show de Bat Masterson.

Em 1962, o dólar continuava subindo e as dificuldades aumentando. De fato, para abrir o ano, o Teatro Record anunciou um show nacional, "Skindô", que fizera grande sucesso no Golden Room do Copacabana Palace. Era um musical com um enredo tipo "tanto faz como tanto fez", montado às expensas do empresário Abraham Medina, da cadeia de lojas Rei da Voz e da Midas Propaganda. Desde agosto, estavam no Rio de Janeiro o casal Bill Hitchcock (arranjador e maestro) e Sonia Shaw (coreógrafa que viera com Marlene Dietrich) para montar o show com Aloísio de Oliveira, o vitorioso produtor/letrista que vivera em Los Angeles como membro do Bando da Lua. O elenco completo veio para São Paulo,[47] o sucesso se repetiu, iniciando-se uma nova fase no Teatro Record, a de shows produzidos no Brasil.

Foi desse modo que, depois de "Skindô", sucederam-se outros na nova linha de musicais, "Oba!",[48] "Tio Sam... ba"[49] e "Boa Noite Bettina",[50] que mostraram a necessidade de uma reforma no palco do Teatro Record. Para efeito de programa de televisão, nenhum desses espetáculos poderia render mais que uma exibição, reduzindo as temporadas de vários meses no teatro a quatro programas de TV. Enquanto isso, os shows

---

[47] Em cartaz de 4 a 19 de janeiro de 1962, o elenco incluía Silvinha Telles, mulher de Aloísio, o Trio Irakitan, Moacyr Franco, Odete Lara, Agnaldo Rayol, as Irmãs Marinho, o Trio Pagão, e um grupo de bailarinas que incluía Betty Faria e Marly Tavares, a Skindô.

[48] Em cartaz de 2 de maio a 3 de junho de 1962, era produzido por Carlos Machado, com cenografia de Gianni Ratto. O destaque do elenco era Wilma Vernon, elevada à categoria de estrela após ter participado do balé do Teatro Record em anos anteriores.

[49] Produzido em São Paulo pela TV Record com a mesma trinca Bill/Sonia/Aloísio, tinha a participação de Chocolate, Regina Célia, Madalena de Paula, Hilton Prado, Trio Marayá, José Tobias, Gina Le Feu, modelos, corpo de baile (incluindo Betty Faria) e as cabrochas de Herivelto Martins. Era um musical em onze quadros sobre a vinda de um americano (Bob Barran) que queria conhecer a música brasileira. Depois de estrear no Golden Room do Copacabana em 12 de junho, o show ficou em cartaz no Teatro Record de 9 de agosto a 28 de outubro de 1962.

[50] Dirigido por Gianni Ratto, o musical da dupla italiana Garinei e Giovannini era estrelado por Procópio Ferreira, Zeloni, Anilza Leoni, Walter Stuart e Manuel Vieira, tendo estreado em 24 de novembro de 1962.

Nada como o *show business*

No ensaio do musical "Tio Samba", montado no Brasil sob direção de Sonia Shaw e Bill Hitchcock, com produção da TV Record, em 1962, o bailarino norte-americano Bob Barran salta ladeado pelas bailarinas Yoko, Letícia, Iracity Segretto, Irene Lima e Betty Faria. Encoberta, à direita, Leda Troika.

internacionais, que eram intercalados com os brasileiros, caminhavam para um impasse insolúvel em função da alta do dólar.

Aos 23 anos de idade, quando esteve pela primeira vez no Brasil atuando no Teatro Record e no clube Harmonia, Peppino di Capri deixou evidente a brilhante carreira que faria na música italiana. Sabia conciliar como um mestre a tradição da soberba melodia napolitana com a novidade do twist, em interpretações delicadas e cativantes. Comandando ele mesmo um avançado equipamento sonoro para seu sexteto, Peppino deu um sopro inovador às belas canções que escolheu, como "Malatia", "Nun è Peccato" e "Luna Caprese". "Roberta" e "Champagne" ainda não existiam, mas Peppino provou desde sua primeira temporada que era um intérprete *fuori serie*.

Em agosto foi apresentado em uma única vesperal o cantor de "Runaround Sue" e "The Wanderer", Dion.[51] As temporadas eram cada vez mais reduzidas, quando não adiadas *sine die*, como ocorreu com a de Yves Montand.

A vinda do rei do twist, Chubby Checker, na fase em que a dança era o máximo nas boates e bares de São Paulo, foi cheia de contratempos. Por fim, sua temporada limitou-se a dois dias (29 e 30 de setembro), e assim mesmo a peso de ouro. Já se dizia abertamente que era um dos últimos artistas internacionais a se apresentar no Brasil. Motivo: a alta do dólar.

Em plena reforma do palco do Teatro Record para atender às produções de musicais, Paulinho arriscou apresentar, numa única noite do mês de agosto do ano seguinte, um artista máximo do *show business*, Maurice Chevalier. Felizmente não choveu e nem ele olhou para cima durante o show. Se olhasse veria que o palco ainda não tinha telhado.

Paulinho já tinha conseguido fechar um contrato com Ray Charles. A TV Excelsior, que acabara de entrar no circuito das atrações internacionais promovendo a temporada de Gilbert Bécaud no Teatro Paramount, entrou de sola. Numa boate de Paris, seu diretor presidente, Wallinho Simonsen, e um conhecido cronista social que o assessorava ofereceram mais dinheiro ao empresário de Ray Charles. O contrato assinado foi desprezado, firmou-se outro e Ray Charles não veio pela TV Record.

Nesse mês de setembro de 1963 um dólar custava 1.005 cruzeiros. A Record apresentou o italiano Nico Fidenco, que conquistou o coração dos paulistas. Depois dele ainda viriam Sergio Endrigo, Rita Pavone, Gino Paoli e Edoardo Vianello, representantes do primeiro time da nova canção italiana dos anos 60.

A fase áurea das atrações internacionais da TV Record chegava gradativamente ao ocaso inevitável. O gás estava acabando. Minhas missões

---

[51] "Lobo mau", sucesso de Roberto Carlos, é uma versão de "The Wanderer".

Nada como o *show business*

A cabine de som do Teatro Record, com a mesa Gates de oito canais, de onde, durante dez anos, foi operado o som dos espetáculos da então emissora de maior sucesso no país.

de contratação ainda tiveram três viagens, em março de 1962, junho de 1963 e dezembro de 1967.[52]

A rápida ascensão da TV Excelsior, suplantando antes da metade dos anos 60 a líder absoluta TV Record, pode ser atribuída a pelo menos três fatores: a súbita injeção, pela Excelsior, de uma descomunal soma de dinheiro para a contratação de profissionais de televisão; a concentração de esforços desta para montar uma rede nacional; a visão de marketing voltada ao produto de venda. A TV Record sabia vender programas, sabia como criá-los e produzi-los, sabia detectar o que o povo desejava, servindo seu produto como uma iguaria de banquete. A mercadoria que a TV Excelsior vendia, cujo conceito deu origem à estratégia da TV Globo, era outra. Enquanto a TV Record vendia programas, a TV Excelsior vendia tempo.

Em 1965, a TV Record apostou numa cantora que fez nascer a música popular brasileira pela televisão, Elis Regina. Na cola do sucesso de "O Fino da Bossa" vieram outros programas musicais, e em seguida os

---

[52] Ver em apêndice, ao final do capítulo, uma relação das atrações internacionais e espetáculos apresentados no Teatro Record entre 1959 e 1965.

festivais, quando a Record retornou ao topo por novo período. Mas, depois deste, nunca mais voltou a ser a líder absoluta. Nunca mais voltou a ser o que era quando tinha no comando o mestre do *show business* brasileiro, Paulo Machado de Carvalho Filho.

Hoje, não há a mais vaga hipótese de, ao passar pela rua da Consolação em direção ao centro, defronte à loja Lustres Yamamura, eu deixar de me voltar para o lado esquerdo e visualizar o que não está mais lá, a fachada do Teatro Record.[53] A São Paulo dos dias de hoje não imagina o que foi a São Paulo daquela época.

O incêndio do Teatro Record, em 28 de março de 1969, soterrou em seus escombros testemunhas silenciosas daquelas noites. Não destruiu porém as evocações dos movimentos, das luzes, dos sons e da música. Nem a presença viva da arte criada pelos seres privilegiados que pisaram naquele palco. Nem as emoções dos que viveram momentos desse mundo mágico, ao qual não é mais possível voltar. Tem razão Irving Berlin: "there's no business like show business".

---

[53] O Teatro Record, inaugurado em 17 de janeiro de 1959, se situava na rua da Consolação, n° 1.992, em São Paulo. Para mais detalhes sobre a história do Teatro Record, assim como para a ascensão da TV Excelsior, ver o livro *A Era dos Festivais: uma parábola*, de Zuza Homem de Mello (São Paulo, Editora 34, 2003).

Nada como o *show business*

Apêndice

Atrações internacionais no Teatro Record entre 1959 e 1961

1959
Março — Roy Hamilton
Abril — Nat King Cole (no Teatro Paramount)
Maio — Cab Calloway & The Cotton Clube Revue (no Teatro Paramount até 7/6)
Junho — Yma Sumac
Julho — Giacommo Rondinella e Renato Carosone
Agosto — Marlene Dietrich e Sarah Vaughan
Setembro — Domenico Modugno e Brenda Lee
Outubro — Charles Aznavour
Dezembro — Billy Eckstine

1960
Janeiro — Hiroshi Maki
Março — Ink Spots e Yvonne de Carlo
Maio — Ella Fitzgerald
Junho — Sammy Davis Jr.
Julho — Frankie Laine
Agosto — Johnny Restivo e Frankie Lymon
Setembro — Teddy Reno e Paul Anka
Outubro — Harry James Orchestra
Novembro — Jane Russell e "The Spectacular Jamboree Circus"

1961
Janeiro — Maureen Cannon
Fevereiro — "American Ice Show Revue" (no Rinque Record)
Março — Lonnie Sattin, Buddy Rich e Sacha Distel
Abril — Ray Anthony, Caterina Valente e Sammy Davis Jr. (segunda temporada)
Maio — Tony Bennett
Junho — "Holiday in Japan" e Frankie Avalon
Julho — Domenico Modugno (segunda temporada) e Dizzy Gillespie
Agosto — Music Hall das Américas
Setembro — Tony Curtis
Outubro — Brenda Lee (segunda temporada) e Harold Nicholas
Novembro — Eri Chiemi e Benny Goodman Orchestra
Dezembro — Gene Barry (Bat Masterson)

Principais atrações internacionais e espetáculos no Teatro Record entre 1962 e 1965

1962
Janeiro — "Skindô" (musical)
Fevereiro — Johnny Restivo (segunda temporada)
Março — "Hey Amigos Let's Twist" (elenco do Peppermint Lounge)
Maio — "Oba!" (musical de Carlos Machado) e Les Brown Orchestra
Junho — Peppino di Capri e "A Visita da Velha Senhora" (com Cacilda Becker e Walmor Chagas)
Agosto — "Tio Sam... ba" (musical) e Dion
Setembro — Chubby Checker e "Tio Sam... ba"
Outubro — "Tio Sam... ba"
Novembro — "Boa Noite Bettina" (musical)

1963
Março — Duke Hazzlet
Agosto — Maurice Chevalier
Setembro — Nico Fidenco e Dalida
Novembro — Sarita Montiel

1964
Fevereiro — Bobby Rydell
Março — Sergio Endrigo
Abril — Edoardo Vianello
Maio — Friedrich Gulda
Junho — Rita Pavone
Julho — American Beetles
Agosto — Basil Rathbone
Setembro — Françoise Hardy
Outubro — Trini Lopez
Novembro — Carmen Sevilla e Stella Dizzi
Dezembro — Gino Paoli

1965
Março — Edoardo Vianello (segunda temporada)
Maio — Rita Pavone (segunda temporada)
Junho — Tommy Dorsey Orchestra
Setembro — Stan Getz
Outubro — Trini Lopez

Nada como o *show business*

Fontes consultadas

1. O coração da música

Publicações:
Dicionário de Música Zahar, 1982; Dicionário Musical, de Isaac Newton, 1904; Grove's Dictionary of Music and Musicians, 1955; Harvard Dictionary of Music, de Willy Apel, 1956.

Depoimentos:
Depoimento de Ray Brown para a série de programas "First Bass", produzida pela BBC em 1996, e conversas com Ray Brown ao longo de mais de 40 anos.

Agradecimentos:
Lenita Miranda de Figueiredo, Wilson Cúria, Luiz Torres.

2. Bandolim do Jacob

Publicações:
Enciclopédia da Música Brasileira, da Art Editora, 1977; Discografia brasileira 78 rpm, de Alcino Santos, Gracio Barbalho, Jairo Severiano e Nirez, 1982; Dicionário de Música Zahar, 1982; Grove's Dictionary of Music and Musicians, 1955; Harvard Dictionary of Music, de Willy Apel, 1956; Dicionário Houaiss Ilustrado de Música Popular Brasileira, 2006; Dicionário de Termos e Expressões da Música, de Henrique Autran Dourado, 2004; Tocando com Jacob, do Instituto Jacob do Bandolim, 2006; texto de Zuza Homem de Mello no LP Do Arquivo do Jacob, 1978; texto de J. L. Ferrete no LP Jacob do Bandolim e Waldir Azevedo, 1974.

Depoimento ao autor:
Antonio D'Auria (em 1977).

Agradecimentos:
Isaías de Almeida, Alberto Rossi (in memoriam).

3. O poder da voz

Gravações:
Arquivo do "Programa do Zuza" de Zuza Homem de Mello.

Agradecimentos:
Mario Fanucchi, Fausto José de Macedo, Lia Machado Alvim, Lima Duarte.

4. Aceita dançar?

Publicações:

Enciclopédia da Música Brasileira, da Art Editora, 1977; *Discografia brasileira 78 rpm*, de Alcino Santos, Gracio Barbalho, Jairo Severiano e Nirez, 1982; *Dicionário de Música Zahar*, 1982; *Dicionário Houaiss Ilustrado de Música Popular Brasileira*, 2006; *Dicionário de Termos e Expressões da Música*, de Henrique Autran Dourado, 2004; *Jazz em Porto Alegre*, de Hardy Vedana, 1987; *História social da música popular brasileira*, 1998, e *Os sons que vêm da rua*, 1976, de José Ramos Tinhorão; *Orquestras em desfile e pequenos conjuntos — documentário*, de Homero Dornellas, 1974; *Jazz panorama*, de Jorge Guinle, 1953; *Panorama da música popular brasileira*, de Ary Vasconcellos, 1964; *Um século de música*, de Arthur de Faria, 2001; *Jazz al Sur*, de Sergio Pujol, 1992; *Memórias sem maquiagem*, de Carlos Machado, 1978; *Pixinguinha, vida e obra*, 1997, e *Elisete Cardoso, uma vida*, 1994, de Sérgio Cabral; *Francisco Alves, as mil canções do rei da voz*, de Abel Cardoso Jr., 1998; encarte do LP *Severino Araújo*, de J. L. Ferrete, 1975; contracapa do LP *A Tabajara*, de Zuza Homem de Mello, 1977; *Café-Concert et Music-Hall*, catálogo do Musée D'Aquitaine, 2004; *Um músico... sete vidas*, de Georges Henri, 1998; *Nos bares da vida*, de Lucia Helena Gama, 1998; *Noites paulistanas*, de Helvio Borelli, 2005; "Apontamentos históricos sobre o jazz no Brasil: primeiros momentos", de Alberto T. Ikeda (separata de *Comunicações e Arte*, vol. 13, 1984); "Pequena história do violino na música popular brasileira", artigo de Esdras Rodrigues Silva acessado pela internet; recortes de jornais do arquivo do autor.

Depoimentos ao autor:

Aristides Zaccarias (em 2/12/1998), Capiba (Lourenço da Fonseca Barbosa) (em 1976), Cavalo Marinho (Sátiro Augusto de Almeida) (em 1/10/1977), Dante Zanni (em 16/12/1976), Ferrugem (Oswaldo Kasnalvaski) (em 14/10/1975), Furinha (Dermeval Fonseca Neto) (em 5/5/1976), Gaó (Odmar Amaral Gurgel) (em 11/12/1976), K-Ximbinho (Sebastião Barros (em 28/9/1977), Plínio Araujo (em agosto de 1977), Sut (João Batista das Chagas Pereira) (em 3/9/1977), todos já falecidos. Paulo Moura (em 28/9/1977), Severino Araújo (em 1/12/1998), Settimo e Franco Paioletti (em 19/1/2006), Lambari (Eduardo Pecci) (em 26/1/2006), Walter Godinho (em 26/1/2006), Hector Costita (em 23/2/2006), Carlos Alberto Pereira (em 1/3/2006), Jericó (Odésio Jericó da Silva) (em 2/3/2006), Jacir Urban (em 3/3/2006), Biu (Severino Gomes da Silva) (em 4/3/2006), Jaime Araújo (em 10/4/2006).

Agradecimentos:

Claudinho Pereira, Jairo Severiano, Armando Darug, Edson José Alves, Alberto Ikeda, Arquivo Tinhorão do Instituto Moreira Salles (José Luiz Herencia), Hector Costita, Lito Robledo, Silvinho Mazzuca Jr. e, muito especialmente, a Paulo Moura, amigo desde a Rádio Nacional, nos anos 50.

5. "An Impression of Jazz in New York"

Livros:

The Swing Era, de Gunther Schüller, 1989; *Myself When I Am Real*, de Gene Santoro, 2000; *Times Square Style*, de Vicki Gold e Steven Heller, 2004; *The Penguin Guide to Jazz*, de Richard Cook e Brian Morton, 2000; *Reading Jazz*, de Robert Gottlieb, 1999; *The Oxford Companion to Jazz*, de Bill Kirchner, 2000; *Blue Note*

Records, de Richard Cook, 2001; *Miles Davis*, de Ian Carr, 1985; *Miles Davis, a autobiografia*, de Miles Davis e Quincy Troupe, 1991; *Beneath The Underdog*, de Charles Mingus e Nel King, 1971; *Jazz*, de André Francis, 1987; *The Big Band Era*, de George T. Simon, 1974; *Obras-primas do jazz*, de Luiz Orlando Carneiro, 1986; *Weather Bird*, de Gary Giddins, 2004; *The New Grove Dictionary of Jazz*, editado por Barry Kernfeld, 1994; *New York in the 50's*, de Dan Wakerfield, 1992; *The Hulton Getty Picture Collections — 1950's*, de Nick Yapp; *Fifties Style*, de Richard Horn, 1993; *Cars of the Fabulous 50's*, de James M. Flammang, 1995.

Jornais e revistas:
Folha da Noite (coluna semanal "Folha do Jazz", coluna "Bilhetes de Nova York", crônicas e reportagens de J. E. Homem de Mello), *Folha da Manhã* (reportagens), *The Jazz Review*, *Metronome*, *Down Beat*, *Jazz Today*.

Outros:
Contracapas dos discos mencionados, correspondência do autor com Alcyr Porchat, com Newton de Siqueira Campos e com sua mãe, Lisah Homem de Mello.

Agradecimentos:
Glorinha Kalil, Zé Nogueira, Gary Giddins.

6. Swing Heil!

Livros:
Alle neuen Tänze, de Katharina Rathaus, 1927; *Art in the Third Reich*, de Berthold Hinz, 1979; *Ascensão e queda do Terceiro Reich*, de William Shirer, 1962; *Berlin Cabaret*, de Peter Jelavich, 1993; *Blue Note Records*, de Richard Cook, 2001; *Cabaret Berlin*, de Lori Münz, 2005; *Deutsche Hot Discographie*, de Rainer E. Lotz; *Different Drummers*, de Michael H. Kater, 1992; *Herb Flemming: A Jazz Pioneer Around the World*, de Egino Biagioni, 1977; *Jazz Records 1897-1942*, compilados por Brian Rust, 1972; *Lud Gluskin: A Bio-Discography*, de Horst Bergmeier e Rainer E. Lotz, 1991; *Michael Danzi: An American Musician in Germany, 1924-1939*, de Rainer E. Lotz, 1986; *Tango: uma possibilidade infinita*, de Helio de Almeida Fernandes, 2000; *Tango!*, de Simon Collier, Artemis Cooper, Maria Susana Azzi e Richard Martin, 1997; *Tanzdielen und Vergnügungspaläste*, de Knud Wolffram, 1992; *The Dance Band Era*, de Albert McCarthy, 1971; *The Hulton Getty Picture Collection — 1920's*, de Nick Yapp, 1998; *The New Grove Dictionary of Jazz*, editado por Barry Kernfeld, 1995.

Artigos:
"Eduardo Andreozzi: Jazz Pioneer from Brazil", de Rainer E. Lotz, publicado no periódico *Storyville*, n° 122, dezembro de 1985; "Forbidden Fruit? Jazz in the Third Reich", de Michael H. Kater, publicado na *The American Historical Review*, n° 1, vol. 94, fevereiro de 1989; texto de Andreas Schmauder no CD *Lud Gluskin 1924-33*, 2004; texto de Knud Wolffram no CD *Jeepers Creepers*, 2003; texto de Knud Wolffram no CD *Sing, Baby, Sing!*, 2002; texto de Knud Wolffram no CD *Swinging Delphi*, 2001; texto de Peter Jelavich no CD *Berlin Cabaret Songs*, com Ute Lemper; textos de Stephan Wuthe na série de CDs "Tanztempo", volumes 1 a 11, 2001; textos na série de oito CDs "Swing Tanzen verboten", 2004; textos na série de CDs "Die grossen Deutschen Tanz Orchester", 2005; textos na série de CDs "Unerwünschte Musik", 2004.

Fontes consultadas

Depoimento:
Herr Bodo Wulfert (Stellvertretender Direktor do Savoy Hotel, Berlim).

Sites:
European Big Band Data Plus.

Agradecimentos:
Bodo Wulfert, Rainer E. Lotz, Alexander Willand.

7. Vozes da alcova

Livros:
Brown Sugar, de Donald Bogle, 1980; *Intimate Nights*, de James Gavin, 1991; *Jazz Singing*, de Will Friedwald, 1990; *The Great American Popular Singers*, de Henry Pleasants, 1966; *Ao vivo no Village Vanguard*, de Max Gordon, 2006; *Ellos y ellas: las grandes voces del jazz*, de Jorge Garcia e Federico Garcia Herraiz, 1994.

Artigos:
"Discovering Great Singers of Classic Pop", de Roy Hemming e David Hajdu, 1991; "Portrait of a Lady", de Gene Lees, 1998; "Peggy Lee, Singer Who Sizzled for Six Decades, Dies at 81", de Enid Nemy, no *New York Times*, 2002; "Chris Connor: An Appreciation", de Will Friedwald, no CD *Warm Cool*, 1999.

Sites:
April Stevens, Eartha Kitt, Peggy Lee, Chris Connor, Julie London.

Agradecimentos:
Ivan Santiago, Steve Albin, Lori Muscarelle e, muito especialmente, a Jim Gavin.

8. Nada como o *show business*

Livros:
Elisete Cardoso, uma vida, de Sérgio Cabral, 1994; *Marlene D*, de Marlene Dietrich, 1984; *The Da Capo Companion to 20th Century Popular Music*, de Phil Hardy e Dave Laing, 1985; *Million Selling Records*, de Joseph Murrells, 1984; *Who Wrote that Song?*, de Dick Jacobs, 1988; *A History of Popular Music in America*, de Sigmund Speath, 1948.

Jornais e revistas:
Última Hora, de São Paulo (colunas de Alik Kostakis, Ricardo Amaral, Jota Marciano, Miguel Vaccaro Neto, Stanislaw Ponte Preta/Sergio Porto, Ignácio de Loyola Brandão, Marcos Rey, Salgueiro Jr. e Moracy Do Val).

Depoimento ao autor:
Paulo Machado de Carvalho Filho (em 22/10/2003).

Gravações:
Arquivo de fitas do autor.

Agradecimentos:
Banco de Dados da *Folha de S. Paulo* (Carlos Henrique Kauffmann, Edimir de Farias Lima Jr., Luiz Carlos Ferreira), Don Payne.

Créditos das imagens

Arquivo Alberto Ikeda: pp. 77, 86a
Arquivo Don Payne: p. 321b
Arquivo Fausto José Macedo: p. 63b
Arquivo Hector Costita: p. 132a
Arquivo James Gavin: p. 240
Arquivo Lenita Miranda de Figueiredo: p. 17a
Arquivo Lito Robledo: p. 132b
Arquivo Lori Muscarelle: p. 249
Arquivo Luiz Torres: p. 17b
Arquivo Mario Fanucchi: p. 63a
Arquivo Paulo Moura: p. 107
Arquivo Público do Estado de São Paulo/Acervo Última Hora: pp. 120a, 262, 267, 271, 275a, 279, 283, 287, 295, 297, 299, 305, 308, 315b, 317, 318, 321a, 326, 329, 332
Arquivo Silvio Mazzuca: pp. 125a, 125b, 143b
Arquivo Wilson Cúria: p. 15b
Arquivo Zuza Homem de Mello: pp. 15a, 23a, 23b, 31, 39, 53a, 53b, 53c, 53d, 55a, 55b, 55c, 57a, 57b, 57c, 67a, 67b, 79, 81, 82a, 82b, 86b, 89a, 89b, 90a, 90b, 95a, 95b, 97a, 97b, 101a, 101b, 105, 111a, 111b, 120b, 140a, 140b, 143a, 156a, 156b, 157a, 157b, 159a, 159b, 160a, 160b, 161a, 161b, 190a, 190b, 197a, 275b, 289, 301, 315a, 319, 334
Art Kane Estate: p. 186
Reprodução/Divulgação: pp. 154a, 154b, 167a, 167b, 171a, 171b, 177, 184a, 184b, 197b, 201a, 201b, 203a, 203b, 205a, 205b, 207a, 207b, 211a, 211b, 213, 216a, 216b, 221a, 221b, 223, 227a, 227b, 232, 237, 245, 254

Índice onomástico

Abreu, Esther de, 112
Abreu, Zequinha de, 94, 102
Acioly, 76
Adderley, Cannonball, 168, 181
Adolar, 123, 321
Agostinelli, Mario, 173
Aguiar, Lia Borges de, 54
Aguilera, Christina, 235
Aimoré, 37-8
Aires, Jorge, 135-6
Alan, 181
Albano, Léo, 96
Albers, Hans, 210
Albritten, Dub, 285
Albuquerque, Fernando, 78, 82
Alcione, 66
Alcyr, Tio, 7
Alencar, César de, 56, 285
Alexander, Moise, 328
Alfonso, Gino, 94
Allen, Red, 176, 179-80
Allen, Woody, 292
Almeida, Aracy de, 47
Almeida, Flávio Elói de, 89
Almeida, Isaías de, 38, 48
Almeida, Laurindo de, 107
Almir, 117
Altino, Ewaldo, 90, 128
Altman, Robert, 285
Alves, Alessandra de Souza, 61
Alves, Ataulfo, 47

Alves, Carmelia, 104
Alves, Chico, 56
Alves, Francisco, 104
Alves, Heraldo, 91
Alves, Luiz, 25
Alves, Nelson, 80
Alves, Walter Ferreira (Varti), 71
Amaral, Juvenal, 11, 24, 158
Amaral, Odete, 102
Americano, Luiz, 80
Américo, 120, 144
Ames, Jack, 255
Ammons, Gene, 288
Amorim, 33
Anderson, Cat, 170, 172
Andrade, Carlos Drummond de, 61
Andrade, Heitor de, 54
Andrade, Leny, 67
Andrade, Zé, 89
Andreozzi, Eduardo, 84-5, 208
Andreozzi, José, 85, 208
Andrews, Ernie, 313
Ângela Maria, 56, 67, 121, 264, 285
Anjos, Augusto dos, 41
Anka, Paul, 289, 307-9, 323, 336
Ansaldo, Hélio, 58, 268
Anthony, Ray, 316-7, 336
Antonio Cláudio, 283
Aprígio, Artur, 89
Aragão, Jonas, 94-5

Araújo, Antonio Silva, 108
Araújo, Jaime, 66, 135, 140
Araújo, Juarez, 141, 145
Araújo, Manoel, 133, 135-6, 141
Araújo, Plínio, 135-6, 138, 140
Araújo, Severino, 66, 133, 134-43, 145
Argento, Luis, 119
Arias, José, 85
Arlen, Harold, 276
Armstrong, Louis, 149, 176, 179, 239, 246, 261-4, 292, 302
Aro, Eric Van, 316
Arrelia (Waldemar Seyssel), 325
Arruda, 85
Arrudinha, 16
Assumpção, Itamar, 61
Assumpção, Nico, 25
Assumpção, Zeca, 25
Astor, 141, 143
Atahualpa, 270
Austin, Claude, 109
Avalon, Frankie, 323, 336
Avancini, Walter, 54
Azeitona, 16
Azevedo, Waldir, 36-7, 45
Aznavour, Charles, 286-7, 336
Bach, J. S., 218
Bacharach, Burt, 274-5, 277

Índice onomástico

345

Baffa, Emil, 296
Bailey, Buster, 180, 186
Bailey, Dave, 186
Baker, Chet, 169
Baker, Josephine, 78, 202-3
Baker, La Vern, 183
Balleroni, Fernando, 54
Bandesc, Ray, 215
Bandolim, Jacob do, 25, 27-33, 35-42, 45-8
Banjo, Dudu do, 13
Banjo, Zezinho do, 94-6
Bankhead, Tallulah, 246
Barão, 48
Barber, Philip, 155-6
Barber, Stephanie, 155-6
Barbosa, Adoniran, 52-5
Barbosa, Castro, 56
Barbosa, Darcy, 111
Barbosa, Severino A. de Souza, 87
Barbour, Dave, 243-4
Bardot, Brigitte, 241, 314
Barksdale, Everett, 250
Barnet, Charlie, 242
Barr, Raphael, 305
Barran, Bob, 331-2
Barreto, Evídio, 89
Barrios, Gregório, 116
Barriquinha, 107, 111
Barros Filho, Teófilo de, 90
Barros, Ana Maria de Morais, 327
Barros, Arthur Leite de, 52
Barros, Célio, 25
Barros, Pascoal de, 62, 80-1, 102, 105, 120, 122, 144
Barros, Raul de, 66, 119-20, 144
Barros, Sebastião, 100, 141
Barros, Théo de, 90
Barroso, Ary, 60, 96
Barroso, Sergio, 25

Barry, Gene, 328-31, 336
Bartholomew, Billy, 215
Bartok, Bela, 181
Basie, Count, 19, 99, 122, 186, 189, 191, 226-7, 242, 246, 248, 313
Basilio, Carmen, 168
Batista, Linda, 56
Bauru, 131
Baxter, Stuart, 294
Bécaud, Gilbert, 333
Becker, Cacilda, 337
Beethoven, Ludwig van, 218
Beiderbecke, Bix, 176
Bela, Dajos, 219-20
Belafonte, Harry, 309
Belardi, Armando, 98
Bellson, Louie, 314
Benatzky, Ralph, 210
Benedetto, Anthony Dominick, 320
Benedictis, Savino de, 18
Beneke, Tex, 316
Bengell, Norma, 298-9
Benjamin, Joe, 186
Bennett, Tony, 320-2, 336
Bergman, Ingrid, 352
Berigan, Bunny, 176
Berle, Milton, 293
Berlin, Irving, 324, 335
Bernardi, Francisco, 78
Bernstein, Leonard, 168
Beroldi, Alvino, 91
Betinho, 107, 111
Betti, Henri, 239
Beyoncé, 235
Bianchi, Cido, 24
Bicão, Zé (José Alves), 129
Bier, Amaury, 173
Bitteli, Walter, 48
Bittencourt, Adylia Freitas, 34, 37, 43-4, 48
Bittencourt, René, 37
Bittencourt, Sergio, 32, 37, 44

Biu (Severino Gomes da Silva), 115, 117, 131
Bizzoquinha, 100, 117
Blackwell, Otis, 246
Blake, Ran, 160, 181
Blakey, Art, 149, 153, 186, 188, 288
Blanco, Billy, 117
Blanton, Jimmy, 21-2, 24
Blecaute, 56
Bodega, Zé (José Araújo), 62, 66, 115, 135-6, 138, 140-5
Bogart, Humphrey, 252
Bolão (Isidoro Longano), 116-7, 124, 145, 285, 326
Boldrini, José Antonio, 25
Bonádio, Arlindo, 131
Boneca (Luiz Andrade), 117, 131-2
Bonfá, Luiz, 135
Bonomi, Maria, 173
Borba, Emilinha, 107
Borba, Oswaldo, 121-2, 137
Borges, Lauro, 56
Bororó, 25
Borschelde, Otto, 214
Bottallo, 214
Botelho, Tony, 25, 142
Botinão (Sebastião Gilberto), 131
Boulanger, George, 230
Bountman, Simon, 94, 104-5, 109, 119
Braff, Ruby, 178, 187
Braga, Ernani, 73
Braguinha, 137
Brahms, Johannes, 218
Branca, Pena, 67
Brandão, Ignácio de Loyola, 302
Brando, Marlon, 302
Bréaud, Francine, 314
Bregman, Moyse, 264
Brice, Percy, 278
Bright, Ronnel, 278

Brisola, Julio, 58
Britinho, 144
Britt, May, 299-300, 302-3
Broegas, 131
Brogiotti, Raphael, 207
Brown, Clifford, 149, 176, 188
Brown, F. W., 74
Brown, Les, 185, 323-4, 337
Brown, Ray, 11, 19-24, 151, 155, 158-61, 176-7
Brown, Ruth, 251
Brubeck, Dave, 175
Buda (Dorival Aurieni), 115, 126, 129
Bueno, Cunha, 87
Burke, Vinnie, 250
Burns, Don, 250
Burns, Ralph, 251, 320
Bush, Irving, 268
Bushell, Garvin, 200
Butterfield, Don, 215
Byington, Alberto, 93-4
Cabral, Sacadura, 88
Caco Velho, 51, 116
Caçulinha, 48
Cage, John, 181
Cagney, James, 302
Calandra, Armando, 14
Caldas, Silvio, 99, 113
Calimério, Luiz Cláudio, 327
Calloway, Cab, 122, 269-70, 272, 287, 336
Camargo, Hebe, 117
Campello, Celly, 282
Campello, Tony, 282
Canaro, Francisco, 214
Candeia, 61
Candinho, 252
Candoli, Conte, 244
Canela, 86
Cangaceiro (Antonio Arruda), 129, 132
Canhoteiro, 114

Canhoto (Waldomiro Tramontano), 65-6
Cannon, Maureen, 313, 336
Canova, Fausto, 66
Cantor, Eddie, 74
Capacete, 129-32
Capiba, João (João da Fonseca Barbosa), 87, 89
Capiba, Lourenço (Lourenço da Fonseca Barbosa), 87-90
Capiba, Severino (Severino da Fonseca Barbosa), 87, 89
Capitão, 132
Capri, Peppino di, 332-3, 337
Cardoso, Elizeth, 25, 48, 61, 66, 114, 139-41, 144, 265, 272
Cardoso, Ismerino, 91
Cardoso, Mirtilo, 135
Cardoso, Sylvio Túlio, 46
Cardoso, Wanderley, 123
Careca, João, 116
Carey, Mariah, 235
Carioca, 100, 119-21
Carlitos (Carlos Blassifera), 83
Carlo, Yvonne de, 294-6, 336
Carlos, Roberto, 68, 333
Carmichael, Hoagy, 268
Carneiro, Luiz Orlando, 181
Carnera (Filinto Nunes de Alencar), 88
Carney, Harry, 170-2
Carosone, Renato, 274, 336
Carrapicho, 120
Carrilho, Altamiro, 65, 144
Carrol, Bob, 123
Carter, Betty, 166, 188
Carter, Ron, 24

Carvalho Filho, Paulo Machado de, 40, 261-6, 272, 279-80, 282, 286, 288-9, 291, 294-6, 300, 302-3, 317, 324-5, 328, 330, 333, 335
Carvalho, Paulo Machado de, 58
Carvalho, Hermínio Bello de, 27, 48
Carvalho, Leopoldo de, 91
Carvalho, Tuta Amaral de, 59, 62, 64-5, 68-9
Casado, Luiz, 90
Casé (José Ferreira Godinho Filho), 114-5, 124-6, 145
Cassetário, José, 125
Casti, Nick, 215
Castro, Armando, 123
Cato, Bob, 181
Cauchiolli, Renato, 129
Cavalcante, Leda, 68
Cavalcanti, Manuel, 90
Cavalo Marinho (Sátiro Augusto de Almeida), 78
Cavanaugh, Charles, 313
Cavanaugh, Dave, 266
Cavanaugh, Dennis, 313
Cavel, Lili, 291
Cazuzinha, 133
Celestino, Vicente, 104
Célia, 67
Célia, Regina, 331
Cella, Ricardo, 272-3, 294
Centopeia, 99
Cerulli, Dom, 182-3
César, João, 89
César, Luiz, 116-7
Cesari, Roberto, 106-7
Cesarini, Mauro, 273
Chagas, Walmor, 337
Chambers, Paul, 24, 188, 192
Chameck, Lucio, 85, 104

Índice onomástico

Charell, Erik, 210
Charles, Ray, 166, 169, 183, 185, 246, 251, 333
Charron, Georges, 207
Charuto, Paulo, 262, 310, 312
Chase, Chaz, 310
Chateaubriand, Assis, 66, 136, 139
Chaves, Luiz, 24-5, 326
Checker, Chubby, 333, 337
Chevalier, Maurice, 330, 333, 337
Chiemi, Eri, 336
China, 80
Chocolate, 330-1
Choster, Oliver Von, 135
Christian, Charlie, 166
Christian, Emile, 204, 206-7
Christy, June, 247-8
Cicillo, Dom, 272
Cinderela, 300
Cinderella, Joe, 250
Cipó (Orlando Costa), 102, 121, 137
Cirino, Sebastião, 83
Claire, 324
Clancy, Jim, 64
Clapton, Eric, 183
Clark, Dick, 323
Clark, Spencer, 206-7
Clarke, Kenny, 166
Claypool, Edward, 73
Clayton, Buck, 328
Clementino, Lourival, 136
Cleon, 128
Clooney, Rosemary, 255
Coelho, Nelson, 173
Cohn, Al, 142
Coker, Henry, 189
Cole, Louie, 16
Cole, Maria, 267
Cole, Nat King, 21, 129, 243, 252, 259, 266-9, 277, 302, 336

Coleman, Ornette, 180, 251
Collins, Howard, 328
Collins, John, 268
Coltrane, John, 151, 163, 169, 181, 187-8, 251
Como, Perry, 255, 317
Condon, Eddie, 178
Connor, Chris, 247-52, 255-7, 323
Connover, Willis, 169
Conti, Amílcar de, 61
Cook, Bill, 265
Cooley, Eddie, 246
Copinha (Nicolino Copia), 96-7, 103-4, 108
Cordelia, Tia, 52
Cordelle, Phillipe, 264
Cordovil, Hervê, 47
Corinaldi, Emanuelle, 8
Correa, Alcebíades, 86
Correa, Horacina, 102
Coruja, 105
Cory, George, 320
Cosenza, Mario, 39
Costa, Porfírio, 121, 136-8, 141, 145
Costa, Vitor, 117
Costita, Hector, 129-30, 132
Coutinho, 188
Coutinho, Gago, 88
Cozy Cole, 180
Crawford, Ray, 165
Crispin, 68
Crosby, Bing, 96, 107, 238, 288, 304
Cross, Douglas, 320
Crowley, John, 14
Cruz, Hamilton, 140-1
Culley, Wendell, 191
Cúria, Wilson, 14-5, 17
Curtis, Tony, 14, 325-6, 336
Cury, Ivon, 56
Cutia, 120

D'Auria, Antonio, 38, 40, 48-9
D'Ávila, Gilberto, 136
Dalí, Salvador, 170
Dalida, 337
Dameron, Tadd, 288
Damme, Art Van, 16
Danzi, Michael, 204, 215, 229-30
Darin, Bobby, 185
Davenport, Johnny, 246
Davis, Charlie, 198
Davis Jr., Sammy, 161, 168, 270, 279-80, 288-90, 299-300, 301-3, 319-20, 336
Davis, Eddie "Lockjaw", 189
Davis, Miles, 24, 130, 149, 163, 168, 188-9, 192, 247-8, 288, 312
Davis, Richard, 278
Day, Doris, 148, 238, 304, 324
Dedé, 94, 99, 114
Deems, Barret, 264
Del Loro, 136
Delmiro, Hélio, 279
Denny, Peter, 161
Déo (Ferjalla Riskalla), 96
DeSylva, Buddy, 243
Dias, José Alves, 7
Dickenson, Vick, 187
Dietrich, Marlene, 210-1, 239, 274-8, 331, 336
Dino Sete Cordas, 65
Dion, 333, 337
Dior, Christian, 148
Disney, Walt, 94
Distel, Sacha, 314-5, 336
Ditinho, 131
Dizzi, Stella, 337
Doce, Luiz, 322
Dolores, 182
Dom Um Romão, 297
Donga, 80, 83
Doren, Mamie Van, 316
Dorham, Kenny, 288

Dorough, Bob, 160
Dorsey, Tommy, 96, 109, 123, 139, 284, 304, 337
Dorval, 188
Dowd, Tom, 183-4, 251, 265
Downey, Wallace, 94
Duarte, Arthur, 38
Duarte, Raul, 35, 63
Dudu, 68, 283-4
Duílio, 308
Dunham, Katherine, 238
Duque, 73, 80
Durães, Manoel, 54-5
Duran, Dolores, 277
Dutra, Eurico Gaspar, 32, 108
Dutrieux, Marcel, 314
Eça, Luizinho, 322
Eckstine, Billy, 287-8, 302, 306, 336
Eduardo, João, 134
Edwards, Maceo, 201
Einhorn, Mauricio, 142
Eldridge, Roy, 168, 176, 180, 298, 323
Elgart, Larry, 185
Elgart, Les, 185
Elisa, Vovó, 51
Elkort, Eddie, 291-3, 309-10
Ellington, Duke, 21, 62, 96, 151, 163-4, 170-2, 175, 181, 208, 228, 246-7
Ellis, Anita, 317
Ellis, Herb, 21, 151, 160-1
Elly (Elly Elias Darug), 114-6
Elpídio, Fats (Elpídio Pessoa), 80-2, 99, 111-2
Endrigo, Sergio, 333, 337
Ertegun, Ahmet, 251
Ertegun, Nesuhi, 183, 251
Esmeraldino, 16

Espanhol, 132
Esther, Little, 76
Evans, Bill, 129, 165
Evans, Gil, 247-8
Eversong, Leny, 51, 53, 98
Faconi, Roberto, 215
Faísca, 138
Faith, Percy, 68, 152
Falce, Vicente La, 82
Fanucchi, Mario, 58, 63
Faria, Betty, 331-2
Faria, César, 29
Faria, Nelson, 142
Farias, Jorge, 138
Farney, Dick, 17, 24, 56, 68, 107, 128-9, 269, 304
Faro, Scott La, 24, 165
Fasanello, Ricardinho, 274, 277
Fasano, Fabrizio, 272
Fath, Jacques, 139
Feitosa, Chico, 321
Felpudo (Geraldo Aurieni), 123, 128, 131-2
Feniano, 80
Ferguson, Maynard, 153
Ferraz, 40
Ferreira, Abel, 62, 144
Ferreira, Átila, 8
Ferreira, Dôdo, 25
Ferreira, Procópio, 331
Ferrer, José, 255-6
Ferri, Orlando, 119
Ferrugem (Oswaldo Kasnalvaski), 131
Feu, Gina Le, 331
Fidenco, Nico, 333, 337
Figueiredo, Abelardo, 278
Figueiredo, Lenita Miranda de, 13, 17
Filho, Caldeira, 18
Filho, Ernani, 298
Filho, Ferreira, 104
Filho, Ribeiro, 56-7
Finegan, Bill, 185

Fitzgerald, Ella, 20, 151, 168, 170, 172, 251, 278, 296-8, 336
Fitzgerald, Scott, 71
Flanagan, Ralph, 316
Flanagan, Tommy, 323
Flavio, José, 135
Flavio, Tio, 7-8, 325
Flax, Marty, 150
Fleming, Bob, 112
Flemming, Herb, 201
Fon-Fon (Otaviano Romeiro Monteiro), 80, 99-103, 105, 136-7, 141
Fontes, Hermes, 41
Forbes, Graham, 265
Ford, Mary, 313
Formiga, 113
Forrest, Helen, 242-3
Forrester, John, 76, 84-5
Forster, Walter, 54, 57, 117
Foster, Frank, 189
Fourneaut, William, 268
Fowlkes, Charlie, 189
Fox, Roy, 215
França, J., 124
Franco, Aurélio, 136
Franco, Moacyr, 331
Franklin, Aretha, 21, 183-4
Freed, Paulie, 206-7
Freire, Cláudio Luna, 136
Freire, Homero, 90
Freire, Olegário de Luna, 135
Freitas, Théo Carvalho de, 147
Frias, Carlos, 138
Friedman, Moysés, 101
Friedrich, Helmuth, 215
Fuhs, Julian, 198-9, 201-3, 218
Fuller, Curtis, 115
Fuqua, Charlie, 293
Furinha (Dermeval Fonseca Neto), 104

Índice onomástico

349

Gabin, Jean, 277
Gabor, Zsa Zsa, 323
Gaden, Robert, 214
Gaeta, Uccio, 98
Gafieira, 116, 132
Gagliardi, Gilberto, 104, 107, 132
Gagliardi, Raul, 107
Galhardo, Carlos, 56, 109
Gama, Nogueira da, 101
Gaó (Odmar Amaral Gurgel), 94-9, 103, 106, 113
Garcia, Isaurinha, 16
Garcia, Russ, 256
Gardner, Ava, 187
Garinei, 331
Garland, Red, 24, 188
Garner, Erroll, 19, 22, 149, 155, 192
Garoto (Aníbal Sardinha), 37-8, 97
Gastel, Carlos, 266
Gaúcho, 286, 291, 311
Gaúcho (contrabaixista), 101
Gauss, Rogério, 264
Gaya, Lindolpho, 110
Gelba, Juvenal, 136
Gentil, Vicente, 97, 107, 131
Germano, Luiz, 135
Gerron, Kurt, 210
Gersch, Squire, 264
Gershwin, George, 54, 138, 228, 251
Gerson, 117
Getz, Stan, 149, 183, 317, 337
Giacomo, Gegè Di, 274
Gianullo, Edgard, 129-30, 132
Gidali, Márika, 276
Giddins, Gary, 182
Giffone, Adriano, 25
Gilberto, João, 16, 302, 313, 322
Gilberto, Sebastião, 131

Gillespie, Dizzy, 13, 19-20, 150, 158, 166, 168-9, 174, 181, 186, 188-9, 288, 323
Gioia, 173
Giorgetti, Piero, 274
Giorgio, Hamilton Di, 283
Giorgio, Romeu Di, 35
Giovannini, 331
Giuffre, Jimmy, 22, 153, 160-2, 175
Givens, Cliff, 293
Glaser, Joe, 292
Gluskin, Lud, 205-7
Glyson, Serge, 207
Gnattali, Radamés, 24, 56, 61, 100, 102-3, 105, 117, 119, 144, 309
Godinho, Clovis, 114-6
Godinho, José Ferreira, 114
Godinho, Pedrinho, 114-5
Godinho, Sebastião, 114-5
Godinho, Walter, 114-5, 131
Godkin, Paul, 322
Goebbels, Joseph, 217-8, 224, 226, 230-3
Goiabinha, 128
Gomes, Marinho, 125
Gomez, Eddie, 24
Gonçalves, Nelson, 109, 309
Gonsalves, Paul, 170, 172
Gonzaga, Carlos, 309, 328
Gonzaga, Luiz, 54, 56, 116
Gonzaguinha, 61
Goodman, Benny, 96, 108-10, 134, 141, 145, 226, 228, 242-3, 246, 302, 327-8, 336
Gordon, Dexter, 288
Gordon, Max, 239

Goulart, Jorge, 56, 60, 67
Grable, Betty, 312
Graetz, Paul, 210
Granford, Allen, 294
Grani, Atílio, 94, 96
Grant, Cary, 246, 316
Grant, W., 82
Granz, Norman, 20, 168, 170, 296, 297-8
Grappelli, Stéphane, 178
Gray, Glen, 111, 222
Gray, Jerry, 316
Gray, Wardell, 288
Green, Freddie, 191
Green, Jack, 293
Grey, Al, 189
Grey, Joel, 210
Grimes, Henry, 165
Grothe, Franz, 215
Grotto, Tony, 274
Grünewald, Helmut, 91
Guaracy, 89
Guarnieri, Gianfrancesco, 61
Guaximin, 101
Guerino, 111, 132
Guilherme, Walter, 16-7
Guimarães, Djalma, 104
Guimarães, Leonel, 78
Guinle, Arnaldo, 80
Guinle, Jorginho, 74-5, 278
Guinle, Otavio, 78
Guizar, Tito, 106
Gulda, Friedrich, 337
Guy, Joe, 166
Haden, Charlie, 24
Hadi, Shafi, 174
Hadlock, Richard, 158
Haggart, Bob, 13
Haley, Bill, 148, 264
Hall, Diane, 316-7
Hall, Edmond, 149, 264
Hall, Jim, 162, 298
Haller, Herman, 210
Hamilton, Arthur, 253
Hamilton, Chico, 168, 188

Hamilton, Jimmy, 170, 172
Hamilton, Roy, 165, 336
Hardy, Françoise, 337
Hardy, Fred, 64
Harris, Charlie, 268
Hart, Larry, 244
Hawkins, Coleman, 19, 112, 151, 168, 178-80, 186, 323
Hayes, Louis, 21
Haymes, Dick, 304
Haynes, Roy, 163
Hazzlet, Duke, 337
Heath, Percy, 22, 24, 151, 165
Hefti, Neal, 189
Helder, Jorge, 25
Henderson, Fletcher, 179, 209
Hendricks, Jon, 188
Henkel, Paul, 215
Henri, Georges, 116
Herman, Woody, 129, 168
Heston, Charlton, 170
Heyman, Werner Richard, 210
Higginbotham, J. C., 180
Hildebrand, Hilde, 210
Hitchcock, Bill, 331-2
Hodges, Johnny, 170, 172, 276
Holiday, Billie, 19, 149, 151, 153, 169, 171, 246
Holland, Dave, 24
Hollaender, Friedrich, 210, 217, 277
Holley, Major, 21, 24
Hope, Bob, 324
Hopkins, John, 279, 288-90, 300, 302-3
Horne, Lena, 246, 288, 313
Hornez, André, 239
Howe, George, 201
Hughes, Howard, 311

Hugot, Madame, 73
Ikeda, Alberto, 75-6
Irã, 131
Irmãos Cópia, 119
Irmãos Wilbur, 149
Irmãs Marinho, 331
Jackson, Mahalia, 158, 307
Jackson, Michael, 306
Jackson, Milt, 151, 155, 158, 160
Jackson, Quentin, 172
Jacques, Tio, 52
Jacquet, Illinois, 168, 175
Jairo, 39
Jamal, Ahmad, 188
Jamelão, 139
James, Harry, 185, 242, 270, 311-3, 328, 336
Januário, 120
Jararaca, 137
Jeanjean, Faustin, 207
Jeremias, 123
Jericó (Odésio Jericó da Silva), 117
Jesus, Paulinho Lima de, 126
Joãozinho, 16
Jobim, Tom, 61, 68, 272, 313
John, Little Willie, 246
Johnson, Benny, 252
Johnson, Budd, 288
Johnson, Gus, 297-8
Johnson, James P., 181
Johnson, Jay Jay, 168, 179, 188
Jones, Elvin, 187
Jones, Eddie, 191
Jones, Hank, 19-20, 187, 251
Jones, Jimmy, 186
Jones, Jo, 153, 155, 168, 186, 323
Jones, Norah, 278
Jones, Orville "Hoppy", 293

Jones, Philly Joe, 24, 169, 188
Jones, Quincy, 21, 155
Jones, Thad, 176, 187, 191
Jorge, Fred, 282
Juca, Seu, 18
Júlio, 105
Júnior, Blota, 272
Juquinha, 132
Kane, Art, 185-6
Karlweiss, Oskar, 210
Kay, Connie, 151
Kay, Stanley, 305
Kaye, Bob, 252
Kaye, Danny, 239
Kelly, Jim, 206-7
Kelly, Wynton, 169
Kennedy, Howard, 204, 206-7
Kennedy, Jimmy, 230
Kennedy, Ken, 242
Kenny, Bill, 293-4
Kenton, Stan, 13, 243, 247-8, 266
Kessel, Barney, 21, 172, 252-3
King, Morgana, 314-5
Kitt, Eartha, 239-41, 257, 270, 313
Klein, James, 210
Kleve, Hans Werner, 232
Kline, Teddy, 215
Klinger, Edmundo, 298
Knepper, Jimmy, 174
Koellreutter, Hans-Joachim, 141-2
Kok, James, 222-4
Kolman, Ignácio, 104-5
Konitz, Lee, 168, 248
Kosarin, Harry, 74-7, 87, 104
Kostakis, Alik, 294, 315
Koussevitzky, Serge, 12
Kramer, Sam, 172
Kreuder, Peter, 228
Krupa, Gene, 149, 180, 186, 302, 314, 328

Índice onomástico

351

K-Ximbinho (Sebastião Barros), 100, 135-6, 141-2, 145
Kyle, Billy, 264
Ladnier, Tommy, 201
Lago, Mário, 58
Laine, Frankie, 270, 302, 304-5, 336
Lambari (Eduardo Pecci), 125-6, 131
Lambert, Dave, 188
Lane, Virginia, 107
Lara, Agustín, 106
Lara, Odete, 331
Larkins, Ellis, 250
Lattari, Vitório, 109
Lázaro, 48
Leander, Zarah, 228
Leão, Nara, 61
Leatherwood, Ray, 253
Lee, Brenda, 284-5, 336
Lee, Peggy, 242-7, 256-7, 266
Lee, Rita, 60
Lee, Scott, 252
Leiber, Jerry, 247
Leigh, Janet, 325
Leitão, Madame Poças, 87
Lelé, 129
Lemos, Fafá, 107
Leocádio, José, 135-6, 138
Leoni, Anilza, 331
Lester, Ketty, 270
Letícia, 332
Levy, Morris, 187
Lewis, George, 149
Lewis, Jerry, 302
Lewis, John, 156, 158, 160, 181, 183, 251
Lewis, Willie, 201
Lima, Irene, 332
Lima, José Alves, 80
Lima, Vicente Andrade, 88, 90
Lima, Walfredo, 89
Lion, Margo, 210
Lipoff, Raul, 74

Lips, Nestório, 54
Lira, Abdon, 78
Lisah, Dona, 18
Llossas, Juan, 214
Lobo, Ana Maria, 178
Lobo, Ercília, 24, 64
Lobo, Fernando, 90-1
Lobo, Gastão Bueno, 78
Lobo, Henrique, 67
London, Julie, 253-7, 313
Longano, Isidoro, 116, 285
Longo, Afonso, 86
Lopes, Ivan C., 82
Lopes, Luiz, 78, 82
Lopez, Trini, 337
Lucca, Ernesto de, 125
Luiz, Silvio, 267
Luizinho, 39
Lutter, Adalbert, 220-1
Lymon, Frankie, 306, 336
Lynne, Gloria, 188
Lyra, Oswaldo, 94
MacDonald, Jeanette, 107
Macedo, Fausto, 62
Macedo, Renato, 51, 62-3
Macedo, Ricardo, 62
Machado, Carlos, 96, 106-8, 265, 292, 298-9, 309, 337
Machado, Edson, 144
Machito, 188
Maciel, Edson, 115, 145
Maciel, Guary, 102
Mackey, Bernie, 293
MacLaine, Shirley, 322
Madonna, 235
Maia, Luizão, 25
Maki, Hiroshi, 291, 336
Malik, Ahmed Abdul, 163, 187
Malta, Pedro, 90
Mandrake, 132
Manieri, Mike, 314-5
Mansfield, Jayne, 238
Manzanero, Armando, 130
Marciano, Jota, 302

Marcilio, José, 29
Marcio, 107
Marcus, Tio, 8, 52
Mariano, César Camargo, 13, 24, 68
Marinho, Augusto, 134
Marinho, Hélio, 144
Marinho, Jorge, 144
Marino, Alberto, 94
Marino, Vincent, 314
Marlene, 56, 107
Marmarosa, Dodo, 20
Marques, José, 89
Marquette, Pee Wee, 153-4, 192
Marti, Francisco, 78
Martin, Bobby, 201
Martin, Dean, 239
Martinez, Fernando, 29
Martins, Aldemir, 165
Martins, Alfredo, 73
Martins, Herivelto, 331
Massey, Ilona, 107
Mastin, Will, 260, 289-90, 301
Mata, João da, 48
Mattar, Pedrinho, 16
Maurílio, 111-2, 141
Mayer, Mr., 259
Mayer, Rodolfo, 52
Mayo, Rogério Botter, 25
Maysa, 16, 68, 129
Mazzini, Luiz, 8
Mazzini, Roque, 8
Mazzuca, Armando, 125
Mazzuca, Silvio, 116, 124-6, 131, 143
McFarlane, Howard, 215
Medeiros, Genaldo, 135-6
Medeiros, Geraldo, 135-6
Medina, Abraham, 331
Meira (Jayme Florence), 65
Mello, Kiko Homem de, 56
Mello, Geraldo Homem de, 8, 54, 58
Mendelsohn, Erich, 210

Mendelssohn, Felix, 218
Mendes, Cassiano Gabus, 54, 57
Mendes, Luiz Fernando, 13, 17
Mendes, Otávio Gabus, 52
Mendes, Tato Gabus, 57
Mendes, Renato, 313
Mendes, Sergio, 320
Menescal, Roberto, 253, 321
Menezes, 37
Menezes, Emilio de, 46
Menezes, Zé, 144
Mengalvio, 188
Mercer, Johnny, 243
Merrill, Helen, 168
Mesquita, 110-2
Mesquita, João de, 73
Michaels, Alma, 310
Michaels, Judy, 310
Middleton, Velma, 264
Middlebrooks, Wilfred, 298
Migliori, Gabriel, 318
Milani, Gerson, 117
Milani, Lelo, 117
Milani, Osmar, 114, 116-7, 126, 131
Miller, Gene, 294
Miller, Glenn, 96, 109-10, 231, 242, 316
Milonguita, 29
Minelli, Liza, 210
Mingus, Charles, 24, 148, 155, 174-6, 186, 251
Minton, Henry, 166
Mirabeli, 277
Miranda, Bibi, 78
Miranda, Carmen, 75, 102, 104, 106, 244
Miranda, Lauro, 113
Miranda, Luperce, 27
Mistinguett, 106, 212
Mitchell, Johnny, 201
Mitchell, Louis, 199
Mitchell, Red, 24, 176

Modugno, Domenico, 273, 280-3
Moffett, Charnett, 24
Monk, Thelonious, 151, 161-7, 169, 176-7, 180-1, 186-7, 189, 192-3
Monroe, Marilyn, 148, 241
Montand, Yves, 239, 333
Monte, Heraldo do, 16, 131
Monteclaro, César, 58
Monteiro, Cyro, 47
Monteiro, Gastão do Rego, 52
Monteiro, José, 74, 80
Montiel, Sarita, 337
Montrasio, Raf, 274
Mooney, Joe, 250
Moore, "Big Chief", 180
Moraes, Vinicius de, 61, 69, 272, 278
Morais, Chiquinho de, 117, 137
Morais, Dulcina de, 55
Morais, Edith, 54-5
Moreira, Vera Godoi, 185
Moreno, César, 38, 42
Morgan, Lee, 169, 188
Morgan, Paul, 210
Morgan, Robert, 296
Morris, John, 314-5
Morrow, George, 188
Most, Sam, 314-5
Moten, Benny, 264
Motian, Paul, 165
Motta, João Eduardo, 56
Moura, Jonas, 309
Moura, José, 107
Moura, Paulo, 66, 71, 107, 110, 142, 145
Moura, Waldemar, 110
Mozart, 111-2
Mozart, Wolfang Amadeus, 44, 218, 230
Mulligan, Gerry, 149, 151, 155, 168, 176, 186, 248, 324

Murce, Renato, 56
Murray, Billy, 236
Nagib, Alfredo, 51, 53
Nance, Ray, 170, 172
Napoleão, Raimundo, 135
Nardi, Ernesto, 94, 96
Nascimento, 131
Nascimento, Milton, 68
Natal, 125, 141
Nathan, 68
Navarro, Fats, 288
Nazareth, Ernesto, 73, 78, 110
Negrão, Péricles, 87
Nelson, Bob, 56
Nelson, Rudolph, 210
Nettelmann, Georg, 215
Neto, Franco, 62
Neto, Juvenal Cruz, 8
Neto, Miguel Vaccaro, 283
Neto, Rosinha, 61
Neto, Silvino, 121
Neto, Tião, 25
Neves, Julinho, 147
Newborn Jr., Phineas, 153
Newman, Joe, 191, 251
Ney (Cristino Ney de Castro Mello), 117
Ney, Nora, 41, 56, 67
Nhô Totico, 52, 55
Niccolini, José, 94, 119
Nicholas, Harold, 326-7, 336
Niemeyer, Oscar, 309
Nirez (Miguel Angelo Azevedo), 85
Nogueira, Paulinho, 67
Nonô, 128
Norato, 110
Norman, Murray, 79
Novaes, Guiomar, 178
Novak, Kim, 181
Nunes, Manoel, 135
O'Day, Anita, 149, 247-8
Oderigo, Nestor, 13
Odrich, Ronnie, 250

Índice onomástico

Olinda, Dona, 52, 55
Oliphant, Grassella, 165
Oliveira, 16
Oliveira, Aloísio de, 67, 331
Oliveira, Bonfiglio de, 30, 91
Oliveira, Dalva de, 102
Oliveira, Eron Alves de, 311
Oliveira, Geraldo Junqueira de, 147
Oliveira, José Maria de, 87
Oliveira, Renato de, 24
Oliver, King, 176
Oliver, Sy, 248
Olmsted, Frederick Law, 156
Ormandy, Eugene, 12
Ornstein, Oscar, 266, 297
Orpheu, 111
Pacheco, Felix, 78
Paes, Luiz Arruda, 116, 128
Paganini, Niccolo, 75
Page, Hot Lips, 176
Page, Walter, 19
Paioletti, Franco, 123
Paioletti, José, 97, 128
Paioletti, Settimo, 117, 123
Paiva, Hélio, 139
Paiva, Vicente, 100, 108
Palito, 131
Pancho Lococo, 261-3, 298
Pandeiro, Jackson do, 61
Pandeiro, Russo do, 309
Panicalli, Lírio, 110
Paniguel, José, 54
Paoli, Gino, 333
Papagaio (Clécio Arruda), 129
Papudinho, 16, 321
Paraíso, João Batista, 74
Parenti, Tony, 180

Paris, Sidney De, 149
Parish, Mitchell, 238
Parker, Charlie, 13, 20, 62, 149-50, 165, 174, 177, 187, 189, 248, 288, 306
Parker, Steve, 322
Parker, Tom, 323
Passarinho, 284
Passos, 101
Patané, Eduardo, 101
Patton, 277
Paul, Les, 313
Paula, Madalena de, 331
Pavone, Rita, 333, 337
Payne, Don, 321-2
Payne, Sonny, 191
Pedro de tal, 118
Peer, Beverly, 250
Peiro, Teddy, 310
Peixe (Domingos Pesci), 125
Peixe, Guerra, 117
Peixoto, Cauby, 121
Peixoto, Moacyr, 11
Pelé, 188, 290
Peña, Ralph, 22, 162
Pepe, 188
Peracchi, Léo, 117
Pereira, Carlos Alberto, 131
Pereira, Cyro, 133, 274
Pernambuco (Aires Pessoa), 82
Perón, Evita (Eva Maria Duarte), 228
Perrone, Luciano, 76, 101, 144
Peruzzi, Edmundo, 122-3, 133
Peruzzinho, 122
Pes, Carlos, 128
Pes, Paulo, 128
Pessoa de Queiroz, 306
Peterson, Oscar, 21, 151, 156, 160, 168, 181
Petit (Hudson Gaya), 94
Petrônio, Francisco, 126

Pettiford, Oscar, 155, 168, 176-8, 251
Phillips, Flip, 168
Piaf, Edith, 239, 246, 269, 276
Picareta (Romeu Arendi), 118
Pick, Raquel, 28
Pickmann, Alexandre, 73
Pingitore, Mike, 74
Pinheiro, Toninho, 24
Pinho, Amador, 40
Piolim, 325
Piper, Carlos, 129-31, 133
Pirahy, 128, 321
Pirituba, 129, 132
Piston, Zezinho do, 94-5
Pittman, Booker, 16, 264
Pixinguinha, 42, 48, 54, 68, 80, 83-4, 91, 103, 119
Pizzani, Décio, 96
Poland, Louis, 74
Ponte Preta, Stanislaw (Sergio Porto), 269
Porter, Cole, 21, 54, 62, 187
Povo, Zé, 83
Powell, Baden, 308
Powell, Benny, 189
Powell, Bud, 13, 20, 174, 192-3
Powell, Richie, 188
Pradeo, Hilton, 331
Prado, Ruth, 265
Prates, Guilherme, 87
Prendergrast, Gene, 207
Presley, Elvis, 284, 323
Previn, André, 256
Prima, Louis, 316
Procope, Russell, 172
Quadros, Jânio, 327
Quincas, 99, 101
Quintão, Pedro, 101
Rachou, Ruth, 276
Raft, George, 170
Rago, Antonio, 67
Rains, Claude, 252

Ram, Buck, 294
Ramos, Flavio, 303, 319-22
Ramos, Vidal, 24
Rasimi, Madame, 83
Rathbone, Basil, 337
Ratinho, 137
Ratto, Gianni, 331
Ray, Anita, 316
Ray, Johnny, 264-5
Rayol, Agnaldo, 331
Real, Roberto Corte, 67, 124
Redcross, Bob, 306
Redding, Otis, 183
Redondo, Jaime, 104
Regiane, 283
Regina, Elis, 25, 61, 66, 68, 133, 284, 334
Reis, Mario, 104
Renatão, 132
René, 148
René, Henri, 236, 241
Reno, Teddy, 336
Restivo, Johnny, 306, 323, 336-7
Rey, Ruy, 104, 122
Rhodes, George, 301-2, 319
Ribamar, José, 124-6
Ribeiro, Solano, 283-4
Ricci, Nina, 267
Rich, Buddy, 126, 153, 155, 314-5, 336
Richards, Johnny, 188
Richmond, Danny, 174
Riddle, Nelson, 185, 246
Rielli, José, 94, 96
Rio, Chuck, 124
Rios, Elvira, 106, 116
Rita, Maria, 68
Ritten, Eddie, 204, 206
Roach, Max, 155, 158, 160-1, 174-5, 188
Robitschek, Kurt, 210
Roberto, Luiz, 253
Roberto, Paulo, 136
Robinson, Sugar Ray, 168

Robledo, Lito, 25
Robledo, Rogério, 116, 132
Rocha, Caribé da, 109
Rockefeller, Nelson, 168
Rodgers, Richard, 244
Rodrigues, Décio Bellergade, 17
Rodrigues, Lolita, 51, 53
Rogério, 132
Roland, Nuno, 104, 112
Rolla, Joaquim, 106
Rollins, Sonny, 149, 151, 155, 169, 186, 188-9
Rondinella, Giacomo, 273-4
Rondon, J. C., 104-5
Roosevelt, Franklin D., 92
Roriz, Nelson, 85
Rosa, Albino, 91
Rosa, Noel, 80, 96
Rosa, Walter, 101
Rose, Peter De, 238
Ross, Annie, 188
Rossi, Alberto, 29-30, 32-6, 39-42, 44, 47
Rossi, Mario, 102
Rossi, Mirtila, 38
Rossi, Spartaco, 117
Rowles, Jimmy, 244, 256
Royal, Marshall, 189
Rue, Trixie La, 313
Russell, Jane, 311, 336
Russell, Pee Wee, 178
Russo, Bill, 158, 160
Russo, Paulo, 25
Rüth, Ludwig, 208, 214
Ruther, Wyatt, 314-5
Rydell, Bobby, 337
Sabá, 24
Sablon, Jean, 112
Saboya, Roberto, 13
Safranski, Eddie, 13
Salgado, Horacio, 13
Salinas, 111
Sanches, Elenita, 57
Sancovski, Israel, 8
Sanders, John, 172

Sandoval, 113
Sangiorgio, Vitório, 96
Sangirardi, Estevam Bourroul, 61
Sanicola, Hank, 324-5
Santiago, Emilio, 66
Santos, Agostinho dos, 48, 114, 123, 129, 133
Santos, Moacyr, 121
Santos, Silvio, 117
Santos, Zerró, 25
Sarmento, Morais, 67
Sarrafo, 129
Sattin, Lonnie, 336
Saussy, Tupper, 161
Scala, Vicente, 86
Scalabrini, Angelo, 86
Scalabrini, Antonio, 86, 97
Scannell, Tom, 161
Scarambone, 105
Scatena, José, 128
Scheafer, Hal, 311
Schifrin, Lalo, 323
Schubert, Lee, 106
Schüller, Gunther, 180
Scott, Leslie, 270
Scott, Tony, 165-7
Sedaka, Neil, 282
Sedric, Eugene, 201
Seelen, Jerry, 239
Segovia, Andrés, 179
Segretto, Iracity, 332
Sénéchal, Raymond Le, 314
Sepe, Tony, 235
Sergi, Antonio (Totó), 97-8
Sergi, Francisco, 101
Sergi, José, 97
Sergio, Nilo, 109
Sérgio, Vitório, 97
Sevilla, Carmen, 337
Seyssel, Henrique, 325
Seyssel, Waldemar, 325
Shakira, 235
Shank, Bud, 256
Sharon, Ralph, 251, 320-1

Índice onomástico

355

Shaughnessy, Ed, 244
Shavers, Charlie, 180
Shaw, Artie, 109, 141, 185, 228
Shaw, Arvell, 180, 328
Shaw, Sonia, 276, 331-2
Shearing, George, 16, 149, 153
Sheppard, Harry, 328
Shih, Hsio Wen, 184
Sid, Symphony, 188
Sieber, Rudolf, 277
Silber Jr., Arthur, 319
Silva, Homero, 54
Silva, Ivã Paulo da, 119
Silva, Mario, 78
Silva, Mauro, 39-40
Silva, Moacyr, 111-2
Silva, Orlando, 29, 56, 61, 102
Silva, Ribeiro, 54
Silva, Romeu, 76, 78-82, 85, 99-100, 108, 264
Silva, Vital Fernandes da, 52
Silva, Walter, 67
Silveira, Orlando, 34, 51, 65
Silver, Horace, 149, 151, 181, 186, 188, 192
Silver, Michael, 300-2
Simões, Júlio, 118
Simonal, Wilson, 123
Simonetti, Enrico, 116, 128-32
Simonsen, Wallinho, 333
Sims, Ray, 313
Sims, Zoot, 169, 251
Sinacore, Joe, 305
Sinatra, Frank, 226, 246, 270, 284, 287-8, 298, 300-1, 104, 307, 314, 320, 324-5
Sinhô, 96
Sirotski, Maurício, 312
Sivuca, 144
Smith, Derek, 328
Smith, Jack, 236

Smith, Jimmy, 188
Smith, Paul, 15, 172, 297-8
Smith, Stuff, 172
Smith, Willie, 313
Soares, Jô, 313
Soares, Maria Elisa, 317
Sobrinho, Pagano, 51, 53
Sousa, Luiz de, 73
Souza, Raul de, 133
Souza, Silvio de, 78, 99
Spears, Britney, 235
Spencer, Clark, 206-7
Spencer, Seu, 264-5
Spodeck, Hector, 264
Spoliansky, Mischa, 210-1
Stafford, Jo, 284 ˙
Stanley, Aileen, 236
Starr, Kay, 243, 285
Stauffer, Teddy, 225-7
Stearns, Marshall, 158, 160
Steiner, Benjamin, 173
Sternberg, Josef von, 274
Stevens, April, 235-8, 241, 257
Stevens, Morton, 300-1
Stewart, James, 302
Stewart, Rex, 158
Stewart, Slam, 24
Stitt, Sonny, 288
Stoller, Mike, 247
Stordahl, Axel, 304
Strauss, Richard, 218
Stravinsky, Igor, 181
Strayhorn, Billy, 62, 163
Stretton, Gordon, 76, 84
Stuart, Bob, 96
Stuart, Walter, 331
Sullivan, Ed, 291, 309
Sullivan, Maxine, 247
Sumac, Yma, 107, 269-72, 336
Suossi, 101
Suozzo, Luiz, 125-6
Sut, 80-2, 94-5, 104-5, 108, 120
Sverner, Isaac, 68

Syllos, Gilberto de, 25
Tabaco (Orlando Bertozzi), 128
Tadeu, Leal, 98
Tangeman, Robert, 162
Tanuchi, Rye, 322
Tatum, Art, 19, 149
Tavares, Ivan, 90
Tavares, Marly, 331
Tavares, Napoleão, 86, 94-5, 113
Taylor, Arthur, 192, 314
Taylor, Billy, 149
Taylor, Cecil, 180-1
Taylor, Elizabeth, 170
Teachout, Terry, 247
Teagarden, Jack, 149
Telles, 8
Telles, Silvinha, 252, 266, 331
Tempo, Nino, 238
Termini, Joe, 163
Terry, Clark, 172
Thibor, 13-4
Thigpen, Ed, 21
Thompson, Lucky, 288
Thormes, Jacintho de, 319
Thornhill, Claude, 247-8
Thorpe, John, 161
Tico-Tico (José Carlos de Moraes), 261
Tinhorão, José Ramos, 118
Tinoco, 62
Tirijo, 128
Tizol, Juan, 175
Tobias, José, 331
Tok, Gê, 61
Toni, 39
Toquinho (Antonio Pecci Filho), 16
Tormé, Mel, 266
Torres, Luiz, 17
Tough, Dave, 178, 314
Tozzi, Gianni, 274
Travesso, Nilton, 66, 325
Tristano, Lennie, 158, 176

Troika, Leda, 332
Troup, Bobby, 253, 255-7
Truman, Harry, 32
Tucker, Bobby, 288
Tuma, Nicolau, 63
Tupã, Nelson de, 117
Tupinambá, Marcelo, 84
Turner, Claramae, 320
Turquinho, 125-6
Urbach, Paul, 16
Urban, Jacir, 123
Urban, Ron, 313
Usura, 134
Vaccaro Neto, Miguel, 283, 291
Vadico, 80
Vadinho, 105
Valdez, Alex, 269
Vale, João do, 61
Valee, Rudy, 87
Valente, Caterina, 316, 318, 336
Valente, Silvio, 318
Valentine, Val, 298
Valetti, Rosa, 210
Van Gogh, Vincent, 290
Vanderley, 83
Vandré, Geraldo, 67
Vargas, Getúlio, 33, 93
Vargas, Pedro, 100
Vasconcelos, Dora, 179
Vasconcelos, José, 286
Vasseur, Augusto, 83
Vaughan, Sarah, 188, 251, 278-80, 288, 303, 336
Vavá, 262-3
Vecchio, Francesco Paolo Lo, 306
Veiga, Jorge, 56
Veneno, Oswaldo, 101
Veridiano, 122
Vernizzi, Narciso, 64
Vernon, Wilma, 331
Viale, Jean-Louis, 314
Vianello, Edoardo, 333, 337
Vianna, Oduvaldo, 58

Vianna, Rodolfo, 16
Vianna, Xu, 11, 13, 24
Vidossich, Eduardo, 13
Vieira, Manuel, 331
Villa-Lobos, Heitor, 178
Viola, Paulinho da, 29
Vittorinho, 123
Vivanco, Moisés, 271-2
Vivi, 82
Wald, Jerry, 247
Waldoff, Claire, 210
Walfrido, José Maria de Pádua, 88
Waller, Fats, 164, 228
Wallichs, Glenn, 243
Wanderley, Walter, 16
Ware, Wilbur, 163
Waronker, Si, 255
Warren, John, 201
Washington, Dinah, 153, 168
Washington, Lady, 270
Watkins, Ralph, 246
Watson, Ivory "Deek", 293-4
Wayne, John, 277
Wayne, Max, 244
Webb, Chick, 296
Webb, Jack, 253
Webster, Ben, 149, 151, 172, 186
Welk, Lawrence, 19
Welles, Orson, 239
Wess, Frank, 189
West, Mae, 241
Weston, Randy, 181, 188
Wetzel, Ray, 176
Wey, Otto, 119
Whiteman, Paul, 73-4, 204, 219, 236, 238
Wildi, Gus, 248
Williams, Esther, 324
Williams, Hank, 284
Williams, Joe, 191, 246
Williams, Martin, 181-2, 184, 193
Williams, Mary Lou, 149, 186

Williams, Tony, 294
Wilson, Shadow, 163, 187
Wilson, Teddy, 302, 328
Winding, Kai, 188
Wiser, Paul, 76, 84
Wokenski, Bert, 14-5
Wolfert, Jon, 64
Wood, Jimmy, 172
Wooding, Sam, 190-202, 208
Woodman, Britt, 172
Woods, Phil, 169
Woodward, Sam, 172
Wyman, Jane, 236
Xavantinho, 67
Xuxú (Dirceu Medeiros), 131
Yaged, Sol, 180
Yoko, 332
Young, Lee, 267-8
Young, Lester, 142, 149, 151, 155, 168, 176, 181, 186, 188, 248, 267
Young, Snooky, 191
Young, Trummy, 264
Zaccarias, Aristides, 80-2, 100-1, 104, 108-13, 165
Zanni, Dante, 85-7
Zelão (José Cecatto), 123, 128
Zeloni, 331
Zezinho (José do Patrocínio de Oliveira), 94
Zingg, David Drew, 166
Zuzinha (José Lourenço da Silva), 88

Sobre o autor

Zuza Homem de Mello nasceu em São Paulo, em 1933. Atuando como baixista profissional na cidade, em 1955 abandona o curso de engenharia para dedicar-se à música. No ano seguinte, inicia-se no jornalismo, assinando uma coluna de jazz semanal para a *Folha da Noite*. Entre 1957 e 1958, morando nos EUA, frequenta a School of Jazz, em Tanglewood, quando teve aulas com Ray Brown, estuda musicologia na Juilliard School of Music de Nova York e literatura inglesa na New York University, além de ter estagiado na Atlantic Records.

De volta ao Brasil, em 1959, Zuza ingressa na TV Record, onde permanece por cerca de dez anos trabalhando como engenheiro de som de programas musicais e dos festivais de música brasileira e atuando como *booker* na contratação das atrações internacionais da emissora.

Entre 1977 e 1988 concentra suas atividades no rádio e na imprensa: produz e apresenta o premiado *Programa do Zuza*, faz críticas de música popular para *O Estado de S. Paulo*, escreve para diversas revistas e coordena a *Enciclopédia da Música Brasileira*. Em 2017 produz e apresenta o *Playlist do Zuza* pela Rádio USP, retransmitido pela Rádio MEC e disponível na Rádio Batuta do Instituto Moreira Salles.

Desde 1958 realiza palestras e cursos sobre música popular brasileira e jazz no Brasil e no exterior, tendo sido também jurado dos mais importantes festivais de música em nosso país.

Como produtor e diretor artístico, Zuza dirige nos anos 70 a série de shows *O Fino da Música*, no Anhembi, São Paulo. Nos anos 80, dirige o Festival de Verão do Guarujá e produz a *tournée* de Milton Nascimento ao Japão (1988); nos anos 90, assume a direção-geral das três edições do Festival Carrefour, e dirige, para o Sesc, vários shows, como *Lupicínio às Pampas*, o premiado *Raros e Inéditos*, a série *Ouvindo Estrelas* (por dois anos) e os dez espetáculos comemorativos dos 50 anos da entidade.

De 1981 a 1986, é presidente da Associação dos Pesquisadores da Música Popular Brasileira.

Na televisão, apresenta a série *Jazz Brasil* na TV Cultura, e na área fonográfica produz discos de Jacob do Bandolim, Orlando Silva, Severino Araújo, Fafá Lemos & Carolina Cardoso de Meneses e Elis Regina, entre outros. Entre 2001 e 2004 é diretor musical do Baretto, em 2005 produz as vinhetas da Band News FM e, no ano seguinte, da TV Band News. De 2006 a 2008 é curador da série de música popular brasileira no Café Filosófico da CPFL em Campinas, da série *Telefônica Open Jazz* e do projeto Itaúbrasil — *50 anos da Bossa Nova*. Ainda para a CPFL, idealiza, dirige e apresenta em 2011 a série *O Amor na Canção Brasileira*, em que traz à luz os letristas e suas canções, e em 2012 Sobre o autor 511 idealiza e dirige musicalmente o espetáculo *100 Anos de Luz e Som*, para comemoração do centenário da empresa.

Como jornalista convidado participa dos mais representativos festivais de jazz do mundo. Integra no Brasil a equipe do Festival de Jazz de São Paulo (1978 e 1980), é curador do Free Jazz Festival desde sua primeira edição, em 1985, do seu sucessor, Tim Festival (2006 a 2009), e do novo sucessor, BMW Jazz Festival, em suas quatro edições (2011, 2012, 2013 e 2014).

Na última década, ministra regularmente cursos e profere palestras na Casa do Saber a cada semestre, alternando como conteúdo o jazz e a música popular brasileira.

Na Secretaria de Estado da Cultura de São Paulo integra a Comissão do Prêmio Governador do Estado para a Cultura (2011, 2013, 2014 e 2015) e atua como membro da Câmara Setorial de Música, que compõe o Conselho Estadual de Cultura (2013 e 2014). Desde sua inauguração até 2011, participa do Conselho do Auditório Ibirapuera em São Paulo. No Instituto Itaú Cultural atua como consultor e também como idealizador e apresentador do programa mensal de rádio *Mergulho no Escuro*.

Escreve colaborações especiais para *O Estado de S. Paulo*, para a *Folha de S. Paulo*, para o Caderno Eu & Fim de Semana do *Valor Econômico* e para os principais órgãos de imprensa do país.

É autor dos livros *Música popular brasileira cantada e contada...* (Melhoramentos, 1976, reformulado e relançado pela WMF Martins Fontes em 2008 com o título *Eis aqui os bossa-nova*), *A canção no tempo*, dois volumes em coautoria com Jairo Severiano (Editora 34, 1997-98), *João Gilberto* (Publifolha, 2001), *A Era dos Festivais* (Editora 34, 2003), *Música nas veias* (Editora 34, 2007), *Música com Z* (Editora 34, 2014, que recebeu o Prêmio APCA na categoria Ensaio/Crítica/Reportagem) e *Copacabana: a trajetória do samba-canção* (Editora 34/Sesc-SP, 2017).

Faleceu em 4 de outubro de 2020, em São Paulo, pouco depois de ter estreado a série digital *Muito Prazer, Meu Primeiro Disco* nos canais digitais do Sesc-SP, com Lucas Nobile e Adriana Couto, e de ter concluído o texto de seu último livro, *Amoroso: uma biografia de João Gilberto* (Companhia das Letras, 2021).

Este livro foi composto em Sabon e
Imago pela Bracher & Malta, com
CTP e impressão da Edições Loyola
em papel Alta Alvura 90 g/m^2 da Cia.
Suzano de Papel e Celulose para a
Editora 34, em outubro de 2021.